社会学の
理論的挑戦

飯田 哲也

学文社

はしがき

　社会学を専門とする者とりわけ理論研究を軸とする者は〈社会学原理〉あるいは〈社会学原論〉を一度は書いてみたいと思うのではないだろうか．第二次世界大戦以前には，青井和夫氏の指摘にもあるように，〈社会学概論〉的な本も含めて個人が単独で執筆したものがかなり見られた．しかし，社会学の知的遺産の増大と社会的現実の複雑化・多様化にともない，〈社会学概論〉的な本だけでなく個別分野の本でも単著が少なくなっている．そのような状況のもとで，あえて挑戦したのが本書である．

　1964年3月，私は法政大学大学院修士課程選抜試験の口述試験の時に，「どんな研究をするつもりか」という質問にたいして「本田喜代治先生のように，マルクスをベースとする自分の社会学理論の構築」であると答えた．今にして思えばあきれるほどの大風呂敷だったと思う．だからそんな大風呂敷は10年も経たないで破れてしまい，その後の私の社会学徒としての推移にはいろいろと紆余曲折があった．家族研究を突破口とする具体的な経過については私の著書・編著などが示しているが，それからちょうど40年が経過した．

　周知のように，学術研究には金と時間を多く必要とするが，私（だけではないだろうが）はその両方とも乏しいなかで，研究生活を続けてきた．理論についての関心を軸としながらも，家族・その他の個別分野について取り組みながら，社会学理論そのものについての研究（目配り程度かもしれないが）も継続して取り組み，私の最初の理論書である『テンニース研究』をまとめたのはやっと1991年であった．これをまとめるのに10年を要したので，本書をまとめるにも1991年から10年計画で執筆準備をはじめた．社会学理論や学説についての論文はほとんど発表していなかったが，関心は持ち続けており，古典を読み返したり新しい理論研究の本には継続して接していたので，社会学理論研究の動向そのものからは離れることはなかった．本書執筆のための数年の準備期間には，かつて読んだことのあるものを読み返したり，次々に出版される膨

大な「理論書」を読み続けた．それはかなり厳しい作業ではあったが，理論的彫琢としての楽しさもあったようである．

　1996年に本書についての基本的な思惟方法と全体の輪郭がようやくおぼろげながら見えてきたので，青写真的なものについて大学院で講義をはじめた．大学院生に私の研究過程を示すこと，そして批評を求めることによる私自身の更なる理論的彫琢という意味が込められていた．最初は，A4で30枚程度の講義レジュメが毎年多くなっていった．1999年度前期の講義レジュメでは，私が書き下ろしの著書を執筆する時の常ではあるが，本書の目次が項まで含めてほぼできあがり，A4で100枚以上になった．

　さて本書は，社会学論と社会学理論という2部構成になっているが，この構成は清水幾太郎氏の『社会学講義』から学んだものである．発想あるいは思惟方法についても多くの先学の諸見解から学んでおり，とりわけマルクス，テンニース，サルトルの思惟に負うているところが多いことを言っておいてよいであろう．そして日本では富永健一，青井和夫，布施鉄治などの諸氏から示唆・刺激を得ていることを加えておきたい．

　〈第1部〉は，私にとっての知的遺産の継承を重視して展開されている．本文でも触れているが，〈第1部〉の性格について，誤解を避けるために若干述べておきたい．固有名詞に結びつくそれぞれの論及については，専門に深く「研究」している方々からは2つの点で異論・批判があるであろうことを充分承知している．1つは取り上げ方についての異論・批判である．M・ヴェーバーを例として言えば，社会科学方法論と理解社会学に簡単に触れているにすぎない．これは，私自身の理論構成に必要な「絞り込み」に過ぎないのであって，けっして〈M・ヴェーバー研究〉ではないのであり，その他の諸説についてもほぼ同じようなスタンスでの論及が一貫しているはずである．もう1つは最近の諸説も含めて言及していない諸説についての異論・批判である．例えば，デュルケム，ルーマン，ゴフマンなどを挙げることができるが，これも同じように私自身の理論的スタンスによるものであり，社会学説史では当然論及される位置にあることを否定するものではない．なお，取り上げた諸見解について

は若干の疑義を示すにとどめたが，これまた批判すれば際限ないほどに拡大する性格であり，〈第2部〉で理論構成を展開することがそれら諸説にたいする私の批判の表明を意味するものである．ここでもまたもっとも基本的な思惟を示しているにすぎない．関連する諸見解の検討や具体的現実への応用などを展開すれば，各章がさらに多くなるので，これらについては今後の課題としたいところだが，果せるかどうかはわからない．

ところで，実は2001年の出版予定が諸般の事情で3年間遅れた．展開内容そのものにはさして大きな問題はないのだが，この間の私の仕事上の身分の変化＝「生活の構造転換」が，今度の出版事情に大きく影響した．2001年に立命館大学を定年退職したことによって，学内では専任教授から特別任用教授へと身分がかわったことが，本書の出版に大きく作用した．私は，国際共同研究・その他の研究でこれまでに学術助成を9回申請したが，すべて不採択であった．今回は10回目（そしておそらく最後）の申請であったが，残念ながら不採択であった．私は「日本社会学会」とはよほど縁がないようである．日本社会学会はともかくとして，日本の社会学界で生きるものとして，私が所属している個別学会（社会学史学会，家族社会学会，日中社会学会など）からは多くの学問的示唆・刺激を受けているので，今後は微力ながらもお返しができたらよいと考えている．

とはいえ，上に示した私の生活の「構造転換」は本書の出版に厳しい結果をもたらした．学術助成が不採択なケースでは，立命館大学から一定の助成を何回か採択していただいたが，身分変更によって大学内での出版助成の申請資格がなくなったのである．そのために，出版社に多大の迷惑をかける結果となった．学術出版事情がますます厳しくなっている昨今，本書の出版を引き受けて下さった学文社には感謝という言葉では言い尽くせない思いを抱いている．本書の研究スタンスにもとづいて，厳しい出版事情を打破するような仕事をしていくことが，学文社の好意に報いることであると，気持を引き締め直している．

最後に，学生，大学院生，社会学研究者だけでなく，私と接したすべての人々から私は有形無形の知的糧を得たことに厚くお礼を申し上げたい．なぜな

らば，私自身の生活関係から，いろいろな着想を得るなど多くを学んでおり，その意味では，本書で見え隠れする日本社会の未来に資する生き方が今後の私に求められていると思われるので，これまでと同じように未来を見つめて，これからも「ためらわずに前進しよう」という心境である．

2004 年 7 月

大阪を超える猛暑の京都にて

飯田　哲也

目　　次

はしがき……………………………………………………………… i

序章　化合なき混棲の時代に…………………………………… 1
　Introduction　1
　1. 社会学と社会的現実　2
　2. 社会学の性格をめぐって考える　13
　3. 近代社会のスタート＝市民社会の生成　21

第1部　社会学論

　Introduction　30

第1章　社会学の発端………………………………………………… 33
　1. 自然法から社会学へ　33
　2. 社会的現実と社会学の発端　44

第2章　現代社会学の源流………………………………………… 57
　Introduction　57
　1. 「第2世代」と社会的現実　58
　2. テンニース　62
　3. ジンメル　69
　4. M・ヴェーバー　74
　5. 「源流」の意味　78

第3章　現代社会と社会学………………………………………… 86
　Introduction　86
　1. 現代社会の一般的問題性　87

    2. 西欧の危機と社会学　92
    3. アメリカの2つの社会学　100
    4. マルクス主義の動向　112

第4章　転換期と社会学……………………………………………………132
    Introduction　132
    1.「転換期」とは　133
    2. 混棲の社会学　141
    3. 現代日本社会と社会学　161
    中間考察　186

第2部　社会学の理論構成

    Introduction　202

第5章　生産活動論……………………………………………………………205
    1. 基本視角　205
    2. 4つの生産活動　213
    3. 生産諸活動の相互関係　217
    4. 活動の所産としての社会的条件　219

第6章　生活関係論……………………………………………………………227
    1. 生活関係の座標軸　227
    2. 生活関係における現実的諸形態　236
    3. 生活関係における「構造化」と「構造転換」　241
    4. 生活関係における「構造化」作用　249
    5. 生活力　252

第7章　集団・組織論…………………………………………………………261
    Introduction　261

1. 第3の視角としての集団分化　262
　　2. 3つの端緒範疇　268
　　3. 階級と階層　275
　　4. 前近代における集団分化　280
　　5. 近代における集団分化の進展　285

第8章　社会機構論……………………………………………………293
　　1. 社会機構とは　293
　　2. 社会機構の構成要素　304
　　3. 民族と国家　310
　　4. 作用としての社会機構　318

第9章　意識と社会的現実……………………………………………329
　Introduction　329
　　1. 意識の生産　331
　　2. 意識と意識的条件　342
　　3. 文化の生産　355

第10章　社会変動論 …………………………………………………380
　Introduction　380
　　1. 社会変動についての発想　383
　　2. 歴史的素材としての明治維新　388
　　3. 社会変動と社会構造　397
　　4. 構造化・全体化と社会変動　407

終章　「日本社会学」の発展のために ……………………………417
　　1. 日本社会と社会学の行方　417
　　2. 人間の未来のために　423

人名索引……………………………………………………………… 430
事項索引……………………………………………………………… 433

序章 化合なき混棲の時代に

Introduction

　経済的生産力や経済的諸関係を発想の軸とする時代は終わった．にもかかわらず依然として経済があらゆる発想の軸になっているところに，地球レベルでの現代の問題性がある．しかし，このような考えは人間社会における経済（的要素）の重要性をいささかも否定するものではない．人はパンのみにて生きるにあらず，されどパンなしには生きることができない．その意味では，20世紀末から21世紀初頭にかけては，社会や生活のあり方の転換が鋭く問われている．社会学（社会科学）のあり方にも新たな発想が要請されている．

　この論考は，混迷する現代社会に対応するはずの社会科学の「理論的」閉息状況にたいして，社会学の立場からなんらかの活路を方向づける理論的挑戦の試みである．日本における社会学の方向づけあるいは新しい原理の確立は，単に社会学だけでなくすべての社会諸科学に提起されている今日的課題である．したがって，新しい方法的原理の追求は，社会学的論考としての展開であっても，単に社会学だけでなく他の社会諸科学にも適用できる一般性を備えた論理構造と日本社会の現実認識が要請される．この意味においてはこの論考の底流には主に日本における「社会科学的理性批判」の意図があることを，あらかじめ言っておいてもよいであろう．

　ところで，「理性批判」を意図したものとしては，カントの『純粋理性批判』やサルトルの『弁証法的理性批判』を容易に想起することができるであろう．そのほかにも「理性批判」の試みがあるが，それらの「理性批判」の意図が成功しているかどうか，あるいはそれらの「理性批判」に賛成するか否かはともかくとして，例えばカントについては思惟の「コペルニクス的転換」とも言われているように，それらの「理性批判」がそれまでの支配的な思惟方法にたい

して発想の転換を迫る主張であったことは確かである．サルトルの場合も，結果的にヘーゲルに回帰しているとしても，またそうである．

ではなぜ発想の転換の主張がなされたのであろうか．私は発想の転換が必要な社会的変化によるものであり，認識と実践のあり方が鋭く問われている社会的な転換点にさしかかっていたことによる，と考えている．サルトルを例とすれば，なぜ「弁証法的思惟」を検討する必要に迫られたのか．彼が『弁証法的理性批判』の序説として『方法の問題』を発表したのは1962年であった．それは，マルクス主義的思惟の基本にある弁証法的思惟が，社会主義社会の変化と新たな問題性という現実のもとで，鋭く問い直すことが提起されていた時期にほかならない．

現在，つまり1990年代から21世紀初頭にかけては，40年以前とは異なった意味で，いやそれ以上の意味をもって発想の転換が必要な時期に直面している．世界史的スケールで1つの転換期にさしかかっているなかで，これまでの生活やそれを支える価値観，とりわけ「近代」を普遍化するような価値観なり思惟方法が根源的に問われている．そのような提起は「かけ声」としてはすでに出ている．しかし大事なことは，人類の学問的・知的遺産の正しい継承を変化し続ける社会的現実と結びつけることによる新たな発想である．まずはそのような社会的現実と支配的思惟方法の確認からはじめることにしよう．

1. 社会学と社会的現実

◆ 発想の転換を迫る社会的現実

経済合理主義が社会生活の隅々まで浸透しているという疑いもない事実は，まさに問われる必要がある代表的な価値観であろう．小は個人生活の諸問題から大は世界的レベルの諸問題にいたるまで，いろいろな矛盾・問題が指摘されている現在，その根底には経済合理主義という価値観にもとづく人間の諸活動があり，もしこの価値観を前提ないしは至上としないならば，社会・生活の状況は違った局面へと転換するであろう．部分的には疑問や批判的見解などが現

れてはいるが，欧米社会に発するいわゆる近代社会とそれにかかわる価値観を普遍化する発想を転換するにあたっては，新しい社会的現実と支配的思惟について基本的に確認する必要がある．その確認なしには，いたずらに新奇性を求めたり，思惟のなかだけの転換にとどまり，現実的に意味のある発想の転換にはならないであろう．私はまず，発想の転換を迫る4つの新しい社会的現実を指摘したいと思う．

1) グローバルな新たな変化

第1には，地球環境問題が社会生活全般にわたって視野に収めなければならない状況になってきたことである．1970年代にローマクラブが提起した資源枯渇問題とは異なる問題として，地球環境問題が進展していることが誰の目にも明らかになってきており，しかもより重大な問題として人類に提起されている．自然科学では相対的に早い時期から指摘され警鐘されていたが，「持続可能な開発」("Sustainable Development") 問題という表現である程度一般的に問題化したのはごく新しいことである．具体的には，オゾン層破壊問題，地球の温暖化や異常気象，ダイオキシン汚染に代表されるような地球規模での各種の汚染の拡大，森林破壊や砂漠化，地球の生態系の破壊の進行などはつとに強調されているところである．それらの直接的原因，人間生活への影響，技術的対応などについての具体的研究は自然科学に委ねられる性格のものであるが，そのような事態をもたらした人間の社会的諸活動やそれへの社会的対応問題は人文・社会科学が取り上げる性格のものである．したがってこの問題は，今やすべての科学が総力を挙げて取り組む性格をもつ問題である，と言えよう．その場合に重要なことは，例えば自然科学が「地球に優しい」エネルギーのあり方を探りかつ具体的方策を提起しているのと同じように，社会科学においてもまたそれに照応するような人間生活のあり方および社会のあり方を探りかつ具体的なあり方を提起することが求められているということである．

第2には，国際化の新たな進展が社会生活のすべてに浸透してきていることを重要な変化として確認する必要がある．1945年の敗戦後の占領期そしてその後の日米安全保障条約のもとでアメリカの動向の圧倒的影響下にあった状

態から，例えばアジア諸国の世界史的位置の変化など国際関係の性格の大きな変化に示されているように，いまや世界的に全体として国際化が進展する状況へと変化しているもとで，日本のあり方が全体として問われているという新たな局面を迎えている．つまり言葉の正しい意味でのグローバリズムという見方と現実的なあり方が，単なるかけ声にとどまらないで，それぞれの国における現実的なあり方が提起されているということにほかならない．しかし，「日米安保体制」という条件のもとで，多数の日本人の実質的な非国際性が存続している状況にある．新たな国際化の進展は，日本社会と日本人のあり方に対してこの面においても発想の質的転換を具体的に迫る性格のものである．より具体的には，全面的な国際化が進行するなかで，国際的変化やいわゆる「外圧」にたいして，これまでのように単に受動的にしかも小手先の技術で対応し続けるのか，それとも国際社会の方向づけにとって意味のある存在として能動的に新たな変化に対応するのか，が問われているといえよう[1]．

　第3には，情報化の新展開であり，そのことが単に技術の発展という自然科学あるいはテクノロジーの域を越えて人間生活そのものの捉え直しという社会科学的課題を提起していることである．情報化の進展については新たな現象としていろいろなかたちで語られており，日常生活においても大抵の人は様々なかたちで体験・見聞しているはずである．情報機器のかつてない急速な発展とかなり広範囲の普及についてはおおかたの認めるところであろう．世界中の出来事がリアルタイムで伝達可能になり，いろいろなかたちでのコミュニケーションが簡単にできるようになるという利便性がますます進んでいる．しかし，そのような利便性とともに，それに伴う問題性をもまた見据える必要がある．情報化の進展にともなう問題性については，これまでにはなかった社会現象として2つの点を考慮する必要がある．1つは，コミュニケーションにおいて「顔が見えない」ということから生まれる「人間関係」つまりコミュニケーションにおける「生身の」人間の不在という問題性である．このことを抜きにしては人間存在や人間関係について考えることができなくなっている．そのことによってどのような人間存在なり人間関係が産出されているかということを

意味する．もう1つは，情報機器の氾濫と階層差や地域差による情報格差という背反する現実である．情報の氾濫がどのような意識的現実をもたらしているかということ，にもかかわらず情報化の進展とは無縁である多数の人々がいるという問題性である．情報化の進展は商業主義とも結びついて不可逆的に進行すると思われるので，この2つの事態にたいする適切な社会的対応が切実に求められている．

　第4には，人権・差別問題が世界的スケールで提起されており，それを構造的に生産し続ける社会的諸条件についての根元的な問い直しが要請されていることである．人権・差別問題は決して新しい問題ではないが，文化や生活の「近代化」・「民主化」問題として提起されているという新たな事態に注目する必要がある．しかも民族，性，マイノリティなどあらゆる面にわたっていることが特徴であるが，日本の対応はかならずしも適切かつ積極的であるとはいえない．例えば女性差別への対応にそのことが典型的に現れていると思われる．ここ10数年では形式的には一定の対応がなされているが，実質的にとりわけ日常生活では差別の解消への歩みは遅々とした状況にある．この問題については意識的条件があまり形成されていないことはいうにおよばず，形式的にも社会的合意形成と適切な対策がきわめて不十分な状況にある．1975年の国際婦人年を契機として，女性のなかでは一定の運動が前進しており，法律的にも一定の措置がとられている．しかし，日本の対応にはおおむね「外圧」が作用しており，多様な運動のあり方あるいは考え方もまた外国の大きな影響も加わって混沌としている．女性差別だけでなくその他の人権・差別問題についても，民主主義を基軸とした解決の方向を求める積み上げが具体的に求められている．

　なおこれらに加えて，「戦争と平和」問題という古くて新しいグローバルな問題が新たな局面を迎えていることにも注目する必要がある．その重要性においては上に指摘した4つの新たな動向に優るとも劣らない性格の問題であるが，近年では新たな性格を帯びたものとして，平和を軸にして新たな問い直しが提起されている．簡単に指摘だけしておくと，核問題と民族問題を人類という視点から問い直すということである．さらに考慮する必要がある変化としては，

広い意味での生命と健康についての思惟と具体的対応についても新たな段階にさしかかっていることを挙げることができる．これまた簡単に指摘すると，「生命の尊厳」と「健康の発展」ということを軸とした問い直しを意味する[2]．

2) 歴史の新段階

上に簡単に指摘したような新たな事態は，日本において社会科学が出発してから継続して支配的であった発想の転換を迫る現実であると考えられる．1990年頃から現在にいたる時期は現象的には新たな変化が多様に続出し，その変化動向がきわめて見えにくい時期そして先行き不透明な時期として特徴づけられる．21世紀が間近に迫ってきた1990年代には「世紀末」という表現がしばしば見うけられたこと，と同時に「転換期」という表現も数多く使われるようになったことは事実であろう．しかし，「世紀末」とか「転換期」といわれることをめぐっては，この時期の歴史的位置づけについて考えてみる必要がある．年代としては1000年の区切りであるとともに20世紀から21世紀へという区切りであるが，2000年前後は100年前の1900年前後とは明らかに異なっている．世界的に見るならば，19世紀末のヨーロッパでは資本主義社会における階級矛盾の激化，帝国主義戦争の危機，そして退廃的・厭世的な精神的雰囲気に充ちており，以後の歴史的方向が定かでないいわば出口なしとでもいうような気分があったと考えられる．現在も現象的には「出口なし」という雰囲気がないわけではないが，果たしてどうであろうか．

現在は年号自体に特別な意味があるのではなくて，近代社会の転換期にさしかかっており，その意味を確認することによって新たな方向を打ち出せる可能性がある歴史段階であるというのが，私の基本的な見方である．すなわち，これまでの社会や生活のあり方とそれを支えている価値観が鋭く問われており，新たな価値観の創出とそれにもとづく主体的活動が求められているという課題にたいして，人々が積極的に応じるかこれまでの支配的な価値観に受動的なままでいるかが問われているということを意味する．このことは世界史的にも大きな意味があるが，ここでは日本に限定して「転換期」認識として確認する必要があることについて簡単に指摘しておこうと思う．日本社会の支配的価値観

をめぐっては歴史的に見るならば，いくつかの点で次のような局面にあると考えられる．

　所有にもとづく支配層と被支配層がはっきりと確立してからほぼ1400年，商品経済が成長しはじめてからほぼ400年，近代社会が成立してからほぼ130年，現代社会がスタートしてから60年近くが経過しているこんにち，そのような社会のあり方のもとでは当然と思われている，あるいは当然とは思わなくても日々の生活では従わざるを得ない価値観が根本的に問われていると考えられる．具体的に指摘するならば，〈支配—被支配〉関係に起因する価値観としては，それにもとづく固定的な社会的上下関係として一般化することによって人間を価値づけする，いわゆる「偉いひと」意識と差別意識という価値観を指摘することができる．商品経済に起因する価値観としては，貨幣価値にもとづくいわゆる「損得勘定」という意識や，値段が高いものがよいものだという意識を指摘することができる．つまり貨幣価値への換算あるいは貨幣信仰が問われていることを意味する．〈近代社会〉に起因する価値観としては，封建制を打ち破った自由・平等という理念についての意識というよりは，上の2つとの関連でその意識の現れとしての現実的あり方が問われている．すなわち，自由・平等という価値観を抽象的に問うのではなく具体的に問うということを意味する．そして〈現代社会〉に起因する価値観としては，利便性にのみ結びつく合理性という近代に起因するものとは異なって現れている合理性という価値観が問われていると考えられる．私見では，論理的飛躍と受けとめられるかもしれないが，これらすべてが民主主義に結びつく性格をもっており，戦後民主主義の実質が問われている，と考えている．具体的には自由への極端な傾斜の問題という意味である[3]．

　1980年代に世界史的変化が進行しはじめ，現在も進行中であるように思われる．変化の進行を典型的に示しているものとしては，ソヴィエト連邦の崩壊をはじめとして東欧社会の激変や中国の政策転換などの世界史的出来事を容易に想起することができるであろう．世界史的変化のまっただ中にあって，日本社会は変化の兆し程度ではないかと私は見ている．社会体制そのものについて

は，政治においても国政レベルでの選挙結果が螺旋的な変化を示してはいるが，質的な変化はまだ認められない．経済や国民生活でも時々は変化の兆しにも似た現象が認められるが，これまた質的変化にまではいたっていない．

　思想的言説や論評などでは「転換」について語られることが多くなっているが，上に指摘したような変化の兆しに似た現象にたいして，「質的転換」を頭の中だけで想定する現実であったり，あるいは願望や希望的観測であったり，あるいは一般的な「かけ声」にとどまっているという範囲を大きくは出ていないように思われる．ただし相対的に若い世代では部分的ではあるが，これまでの支配的な価値観とは異なる価値観による活動が現れている．しかし，これもまた支配的な意識の質的転換をもたらすまでにはいたっていない．とはいえ，暗黙の前提であった価値観が問われているという点では，発想の転換を必要とする歴史段階にさしかかっていることを確かに意味しているように思われる．そして日本の社会科学には，社会学流儀で言えば「現代社会の科学的自覚」への姿勢の必要性が，そのような状況に照応して意識されはじめている．しかし，適切な発想による具体的な方向は「理論的」にはまだ出てはいない．そこで，社会科学におけるこれまでの支配的思惟へと論及を進めることにしよう．

◆ 3つの信仰

　未曾有の社会的激変に対応するために発想の転換が必要であるが，その場合，発想の転換を新たに主張するにあたっては，これまでの支配的な発想を批判的に検討することを通して，いかなる発想の方向が求められるかを明らかにする作業が必要である．これまでの支配的な発想をめぐっては，日本の社会科学，そしてその強い影響下にある多くの日本人の常識的思惟には，3つの信仰があると考えられる．発想の転換の主張はこれらの信仰を批判的に検討することからはじまるのであり，私の言う「社会科学的理性批判」とはそのような意味にほかならない．

　1）欧米的思惟方法への信仰
　第1には，合理主義への信仰というかたちでの欧米的思惟方法への信仰を挙

げることができる．この思惟は次の経済への信仰と密接にかかわっている．日本人にとっては明治維新以降の科学はすべて欧米からの輸入科学であったと言ってもそれほど言い過ぎではないであろう．自然科学はその対象として何を重視するか，基礎理論の重視か応用技術の重視か，どのような分野を重視するか，という動向として考えることができる．そのかぎりにおいては日本的特質があるにしても，対象の性格からしてそのような信仰を論じる必要はあまりないであろう．しかし社会科学においては，一方では欧米的思惟方法から学びつつも，他方では，欧米とは著しく異なる歴史的・社会的・文化的性格をもつ日本社会，さらにはアジア社会などにどの程度適用できるかが問われる必要がある．しかし，このようにいうことが反合理主義あるいは非合理主義の立場を主張することをそのまま意味するものではないことを，ことわっておかなければならない．

　欧米人の思惟においても合理主義に対抗するものとして，いろいろなかたちでの反合理主義が主観主義にもとづく主張としてしばしば現れており，そのような思惟が合理主義と同様に日本で依拠されていることも確認することができるのである．したがって，さしあたり言えることは，合理主義にたいして反合理主義や主観主義を単純に対置するのではなく，社会科学における哲学的基礎について，認識論と存在論とを区別し，認識論における合理主義を保持しつつも存在論における非合理主義をいかに導入するかという困難な課題があるということにほかならない．

　認識論と存在論とを論理的に区別するとは，人間存在の見方において区別することを意味する．科学的認識が徹頭徹尾合理的認識であることはいうまでもないことであり，合理的人間の存在があってはじめて合理的認識が可能になる．しかし，認識においては合理的である人間が具体的活動において合理的に振る舞うとはかぎらないであろう．とりわけ人間関係にかかわる諸活動ではそうである．したがって，欧米的思惟方法がこのような人間存在，人間関係を射程におさめることができるかどうかについては，慎重な検討が必要であろう．私見では，人間関係の究明を基本的性格とする社会学は，このような検討にとって

は恰好の素材となると同時に新たな方向への可能性をもっている．

　明治以来，日本の社会諸科学は欧米からの輸入科学であり，とりわけ社会学理論では戦前はドイツ社会学，戦後はアメリカ社会学，最近は欧米のいろいろな諸理論の導入という流れがほぼ続いている．欧米の諸説から学ぶことは一般的には必要なことであるが，問題はその学び方にある．歴史的，文化的に性格が異なるアジア社会への適用がどれだけ可能かが問われることになる．とりわけ人間存在つまり国民性が著しく異なる日本への適用に関しては，欧米の諸説を絶対化しないことが大事であることを強調したい．

　2) 経済（学）への信仰

　第2には，経済（学）への信仰を挙げることができる．この信仰は上に指摘した信仰と不可分の関係にある．M・ヴェーバーの言葉を借りるならば，近代資本主義社会の進展は「合理化」の進展にほかならないが，それが生活の隅々まで浸透する性格のものであり，K・マルクスの言葉を借りるならば，世界中に資本主義化を押し進めることになる．いずれにせよ，経済至上主義そして経済的生産力が社会発展の支配的なメルクマールとなることによって，人々の思惟や生活感覚もまた同様になる．例えば一般に使われている「先進国」と「発展途上国」という見方（＝言葉の使い方）は，経済的生産力において先進的である，あるいは発展途上にあるという意味であるが，それが世界各国の社会発展そしてまた日本の各地域の発展の一般的基準になっている．社会の歴史的推移を発展とみなすならば，経済的生産力を指標とするかぎりにおいてのみ上記の見方があてはまるのであって，もし別の指標をもってくれば上記の見方があてはまるとはかならずしも言えないのである．このようにいったからといって，経済的生産力が「発展」の重要な要素であることをいささかも否定するものではないが，それを「発展」の唯一のあるいは一般的・絶対的メルクマールとすることを暗黙の前提としていることに，私は異議を唱えるのである．

　このことは，「豊かさ」あるいは「豊かな社会」ということについて具体的に考えてみれば，容易にうなずけるはずである．日本が「経済大国」になったことについては，頭から否定するものはまずいないであろう．しかし，「豊か

な社会」になったことについては肯定する人もいればそうでない人もいる．かならずしも肯定しない場合のなかには，「豊かさ」については経済以外のメルクマールをいろいろなレベルで想定しているものも含まれている．そのような見方はその通りではあるが，概念構成にまでその思惟が貫かれているとは言えない[4]．このことは重要な理論問題の1つなので，詳しい展開は後述するが，私が主張したいのは，日常生活では当たり前のことを，社会学方法論の基本にすえてはどうかということである．誤解を避けるためにあらかじめことわっておくが，このような思惟を多元的相対主義として単純に受けとめないこと，経済（学）の重要性をいささかも否定しているものではないこと，そして先に挙げた人間存在の見方にとってはぜひとも必要であることを，とりわけ確認しておく必要がある．

3）数字データへの信仰

第3には，数字データへの信仰を挙げることができる．これが科学的根拠の代名詞のように思われている．GDPで示される経済成長指標に典型的に現れているように，数字による表現が科学的認識であるとされることが相対的に多い．社会学においては，これと性格の同じものとも考えられる実態調査至上主義があり，実態調査による「実証」がないと，主観的あるいは思弁的であるとみなされる．数字データには2つの種類がある．1つは統計資料であり，もう1つは実態調査資料とりわけアンケート調査集計数字である．しかし，それらが社会的現実をどの程度示すものであるかが具体的に問われなければならないであろう．前者は平均あるいは大勢を示すものであり，個別具体的な多様性をどのように組み込んで現実認識を組み立てるかという方法が問われるであろう．後者は逆に現実の一部分，しかもきわめてかぎられた現実を意味するものであり，したがってそれが1つの典型としての意味があるかどうかということおよび一般化の仕方が問われることになろう．そのような数字を示すのみにとどまるならば，その数字の説明がされているとしても，1つの資料としての意味があるにすぎず，科学的認識としては著しく不充分であることを指摘しておこう．統計的データについては，長期的変化を射程に入れるという歴史的思惟が不可

欠であり，実態調査とりわけアンケート調査による数字はまぎれもない事実ではあるが，意識と実際の振る舞いを考慮した慎重な一般化が必要であろう．統計的数字にしてもその他の数字データにしても，社会的現実の認識にとっては重要な素材ではあるが，それのひとり歩きは厳に慎む必要がある．

　これら3つの信仰にたいするアンチテーゼとしてのそれらの全面否定あるいは対極的主張は，これまでもいくつか表明されている．しかし，それらの主張は主に哲学あるいは思想としての表明という性格のものであり，社会科学としての主張つまり社会的現実と遊離しないかたちでの主張としては果たしてどうであろうか．疑問や課題提起はあるが，理論的展開が充分になされているかという点ではどうであろうか．そのような思想，社会科学の情況がここ10数年の混沌情況＝化合なき混棲をもたらしているのではないだろうか．そのような現実的・理論的混沌情況を打破して，一般的に社会科学の原理と方向を示すことが，社会学の今日的課題である．そのための基礎作業として，社会学の性格の特徴を整理し，そこから思惟方法における指導原理を明らかにすることが要請される．

　これら3つの信仰からの脱却に加えて，「権威主義」からの脱却の必要性ということをさらに付け加えておこうと思う．〈第2部〉の「生活関係」を論じるところでより詳しく触れるが，日本では社会のあらゆる分野に「権威主義」が浸透している状態が存続している．「権威主義」とは，権力的性格による上下関係を絶対化することに結びつく性格という意味であり，他者が認めることによる指導・被指導関係に結びつくものとしての「権威がある」ことと峻別されなければならない．日本の学界では「知的権威」ではなくて「知的権威主義」が長い間支配的であることを，自信をもって否定できる者は果たしているであろうか．このことは単に実際の人間関係における振る舞いについてだけではなく，学問にたいする姿勢と支配的な思惟方法と深く結びついているという意味なのである．「知的権威主義」からの脱却とは，これまでの知的遺産を単純に否定することを決して意味しない．権威ある知的遺産の全面否定によっていたずらに新奇性を主張することではなく，旧来のアカディミズムを一方では

尊重しつつも，他方ではその枠内にとどまらないことを意味する．したがって，これまでの学問的遺産が知的権威として継承に値するかどうか，どのように継承するかをきちんと見極めることが大事である．

2. 社会学の性格をめぐって考える

◆ 社会学理論・社会学の多様性

　社会学研究とは？　この問いに一言で答えることはきわめてむずかしいであろう．試みに『社会学』『社会学概論』『社会学入門』などという表題の本の目次を見れば，初学者はその多様性に驚かされるであろう．かつては「社会学者の数だけ社会学がある」といわれた時期が長い間続いた．しかし，後でも触れるように，戦後のある時期からは「社会学とは？」という問いが消えて，欧米の社会学的（と思われる）諸見解の紹介的・解釈的な「研究」と「社会学的視点」による多様な現実「研究」という動向が支配的になり，このような問いについては論議されなくなった．ところが最近では再び「社会学者の数だけ社会学がある」という新たな様相を呈している．それは新たな「社会学的視点」が続出していることであるが，一部には新たな「社会学的視点」によることが社会学の特質であるという見解すらある．すなわち，なんらかの現象をこれまでとは異なる視点から見ると異なる現実が見えてくることに社会学の面白さがあるという具合にである．

　しかし，1つの社会科学が自己主張するにあたっては，独自の課題，対象，方法が必要である．そうでないならば，「学」以前の「論」あるいは評論の域にとどまるであろう．したがって，なんらかの「新しい視点」を単純に出すことだけではそのまま根本的な発想の転換になるとは限らない．「社会学者の数だけ社会学がある」といった多様性には，歴史的事情と現在の「知的事情」があると考えられる．社会学の発端から現在に至るまでに日本で取り上げられている社会学理論を挙げてみると，歴史的には初期綜合社会学，形式社会学，文化社会学あるいは知識社会学を容易に想起することができる．そして，現代社

会学と言われているものとしては機能主義あるいは構造・機能分析，現象学的社会学，闘争理論，交換理論，構造主義，エスノメソドロジー，さらには，ハーバーマス，ブルデュー，ルーマン，ギデンズといった社会学者の名前で知られている社会学理論・社会学的視角（あるいは社会理論）などがある．

それらの社会学理論あるいは社会理論に論及するにあたっては，社会学史あるいは社会学説の研究と社会学理論（構築）の研究とは性格を異にするものであることを確認する必要がある．前者にあっては，なんらかのプリンシプルにもとづいてそれらの内容や理論的意義についてほぼ全面的に論じ，場合によっては新しい事実を発掘することを基本的性格とするものである．後者にあっては，なんらかのプリンシプルにもとづく点では同じであるが，それぞれの諸見解について全面的に論じるのではなく，社会学理論の方向を求めるプリンシプルに結びつくかぎりにおいて取り扱われることになり，そのような検討にもとづいて新たな理論的提起あるいは理論構築がなされることになる．

しかしながら，日本においては必ずしも上記のようなかたちで取り上げられていないことに，そして独自の新たな提起がきわめて少ないところに，欧米とは異なる多様性が認められる．すなわち，前者にあってはプリンシプルなしに論じられること（場合によっては単なる紹介）が圧倒的に多い．このことは，「社会学史」，社会学史的論考，社会学史上の個別理論の論考に容易に見いだすことができるであろう．さきに例示した著名な理論家についての論考を具体的に検討するだけで，そのことが明らかになるであろう．そのような論考の多くは，一種の文献資料としての意味があるにすぎない．

◆ 多様性の増幅について

社会学の多様性をめぐっては，上に指摘したような多様性の増幅ともいえるかたちで具体的な研究テーマの多様性が加わる．それは混沌とも思われる研究テーマの多様性であり，社会学の研究テーマがいかに多様で混沌としているかについては，上に指摘した概説書で取り上げられているテーマにとどまるものではなく，最近はさらに「多様化」が進展している．ここ数年の日本社会学会

大会の報告テーマを見ればただちにわかる．それは単なる多様性というよりは社会学の「拡散状況」とでも表現すべき状況であり，しかも1つの科学としての求心性が見あたらないことによって，「……の社会学」とされているものがなぜ社会学的論考かわからないような状況であるとも言える[5]．

　より具体的に言えば，いわゆる連字符社会学と言われてきた社会の個別分野を対象として論じる社会学としては，家族社会学，都市社会学，農村社会学，地域社会学，産業社会学，労働社会学，社会病理学などがある程度の歴史的蓄積をもって存在している．その場合にかならずしもすべてではないが，そして欧米の社会学の強い影響のもとにあったとはいえ，一定の理論的蓄積がなされているとともに，日本の具体的現実研究という性格もあって，日本独自の理論・視角もまた加えられている．

　しかし他方では，その他に〈××の社会学〉といった表現で実に多様な「社会学」が存在している．全26巻に別巻を加えた『岩波講座「現代社会学」』を例として簡単に指摘しよう．そのすべてを並べることは煩雑なので若干ピックアップすると，

　現代社会の社会学，〈聖なるもの／呪われたもの〉の社会学，成熟と老いの社会学，差別と共生の社会学，贈与と市場の社会学，環境と生態系の社会学などなど．

　つまり，社会的現実と見なされるものはすべてが研究テーマとなることを意味する．しかし，研究テーマのそのような措定は全面的に否定される性格のものではなく，むしろ社会学の学問的宿命といった方がよいであろう．なぜならば，かつて早瀬利雄が指摘しているように，社会学は「現在科学」として成立したのであり，社会的現実の変化，矛盾，問題が新たに現れるにしたがって，解明を迫られるテーマが新しく突きつけられるからである．したがって，問題は，それらにどのような社会学的プリンシプルが貫かれているかにあると同時に，それらから「現在科学」である社会学が捉える日本像が見えるか，見えないまでも見える見方になっているかということにある．

　もう1つは，これまた先に指摘した歴史的展開の事情もあって，理論的・方

法論的な違いが加わることによって，学問としての性格が異なるのではないかと思われるほどの多様性が認められることである．社会的現実が多様であることはいうまでもないが，変化の激しい時期にあっては部分的であるとはいえ，新たな事実や問題が続出して「新しいテーマ」になるとともに，プリンシプルなき「新しい視点」とが結びついて「新しい社会学」が次々に現れるという社会学の拡散状況がある．

　さらに指摘できることは，多数の執筆者による概論書あるいは入門書の性格についての二重の多様性があるということである．まず，概論書・入門書そのものが多様であることを指摘することができる．具体的には，1つの概論書・入門書の構成や狙いに多様性があることである．すでに指摘したように，かつては「社会学者の数だけ社会学がある」と他の社会諸科学から言われていた日本の社会学が，そのような疑問が表だって言われなくなり，大抵の大学で講義があるというかたちでの市民権を獲得したが，ここ十数年の間に，以前とは異なる形で再び「社会学者の数だけ社会学がある」という混沌とした状況が生まれている．そのような混沌あるいは拡散といった多様性で果たしてよいのであろうか．

◆ 社会科学的認識の必要条件

　ここでは，考えてみればごく当たり前のことを確認したい．というのは，以下に示すごく当たり前の諸条件が意識的にか無意識的にかなおざりにされているところに，「社会学者の数だけ社会学がある」という悪しき状況が再びもたらされ，知的分野における「化合なき混棲の時代」が出現したからである．

　そこでまず社会学について考える前に，社会科学について考えることからはじめよう．人間の社会生活についての学は，ギリシャ哲学を想起すればわかるように，はじめは哲学であり，やがては社会思想として立ち現れ，社会科学としての性格が認められるものが出現するのは，やっと17世紀においてである．このことはマキァヴェリィの政治学を想起するだけで十分であろう．そして，政治学，法学，経済学あるいは政治経済学などのあとにやっと社会学が出現す

る．そこでまず，社会科学にとって不可欠な条件を確認することにしよう．上に指摘したような社会科学が出現するのは，「社会認識」が思弁のみの段階を脱したことを意味する．したがって，社会科学にとっては当該社会の具体的な社会的現実とのかかわり抜きの認識は考えられないのである．

　第1には，歴史意識が不可欠である．歴史あるいは歴史学ではないが一定の歴史的認識なしには，現実の単なる特徴づけに終わり，とりわけ変化がきちんと捉えられない．おおげさに言えば，人類はどこから来てどこへ行くのかが問われるということであるが，現在とはいろいろな意味で歴史的遺産を継承し，さらに未来へ続く位置にある．歴史意識は現実を「変化」するものとして捉える基本的な前提である．具体的対象の歴史性への着目は社会科学にとっては不可欠である．この意味において，歴史意識は哲学とともに社会科学を性格づけるものとして，社会科学を支える重要な前提的要素をなしている．

　第2には，社会的現実を射程に入れることが不可欠なのである．すべての社会科学は，社会的現実とのかかわりにおいて哲学や思想から相対的に独立することによって社会についての科学となった．当たり前のことだと思われるかもしれないが，日本の社会諸科学においては，この当たり前のことがはたして満たされているであろうか．具体的な社会的現実が欠落ないしは著しく不十分な場合とか，頭で作り上げた現実に過ぎない場合が意外に多いのである．とりわけ社会学においてはいわゆる「理論研究」と社会的現実の具体的研究が分離していることが往々にして認められるのである．社会的現実と社会的事実とは異なるのであり，社会的現実についての概念的認識こそが科学的認識なのである．

　第3には，社会科学は哲学そのものではないが，哲学あるいは思想と切れた場合にはその性格が曖昧になることを確認する必要がある．より具体的に言えば，現象的には混沌の渦とも思われる社会的現実を後追い的に適当に叙述するものではないことを意味する．なんらかの社会的事実をいかなる意味で重視するのか，社会的現実がどのような問題性を孕んでいるのか，社会的現実がいかなる課題を提起しているのか，ということは背後に哲学あるいは思想なしには導き出されない．この意味で哲学を脱すると同時に哲学あるいは思想を背後に

序章　化合なき混棲の時代に　17

保持することが社会科学にとって不可欠なのである．単なる社会的事実の叙述は，たとえそれが問題告発であったとしても今や時代遅れである．そうでないならば，詳しいルポルタージュの方がより優れた現実認識の素材を提供するであろう．

　思想については，私の立場をあらかじめ言っておいた方がよいであろう．きわめて一般的かつ抽象的ではあるが，民主主義をどのように考えるかが問われるということに私の立場を求めている[6]．民主主義は人類が歴史的に蓄積してきた最良の遺産の1つであり，人類の普遍的価値として継承・発展させられるものである．少数の例外はあるかもしれないが，民主主義を一般的に否定する者はおそらくいないであろう．問題はそのような民主主義をどのような内実として意味づけるかである．私は民主主義についてはもっとも原理的には2つのメルクマールを措定している．簡単に示すと，1つは人間みな平等ということであり，これが〈状態としての民主主義〉であり，社会のあり方に結びつく面を意味する．もう1つは人間が歴史・社会をつくるということであり，これが〈活動としての民主主義〉であり，人間の振る舞いとりわけ主体性に結びつく面である．私は，このような概念による認識方法の必要性を主張しているのであり，したがって，民主主義は単なるイデオロギーではないことを強調したい．認識方法の背後にあるのが思想であり，それは民主主義の中身を問うことを意味する．その問いなしに一般的に民主主義について論じることを否定あるいは黙殺することこそがイデオロギーである[7]．

　第4には，研究史のレビューという前提条件を欠かすことができない．他の諸見解のつまみ食い的な利用でなく，到達点をふまえることを意味する．知的遺産の正しい継承は学問の生命である．これらの前提にもとづくならば全体的思考が要請されるのであるが，これについてはあとで具体的に展開するであろう．

◆ 社会学的研究の必要条件

　以上のような社会科学の一般的条件の確認に加えて，社会学の場合にはさら

に社会学特有の必要条件が加わる．すでに述べたような（プリンシプルなき）社会学の多様性あるいは拡散状況のもとでは，これが社会学的研究であるという必要最小限の条件を確認しておかねばならない．

1) 研究の意味の自覚

ごく当たり前のことであるが，「いま，なぜこの研究か」ということの自覚が大事である．一般的には問題意識などともいわれているが，社会のあり方との関連，より具体的にいえば社会的諸問題あるいは問題状況への着目が直接的ではないにしても背後にあることを意味する．もしそのような自覚がないならば，面白そうだからとか，なんとなく関心があるからとか，ということになるが，それは趣味の域をおそらく出ないであろう．つまり，その研究の社会的意味にほかならない．

2) 課題の確認

社会学的論考において課題がなおざりにされている場合が意外に多いのである．このことを2つの面から指摘することができる．1つは社会学的現実研究においてであり，もう1つは社会学的理論研究（あるいは検討）においてである．課題については，一般的には理論的課題と現実的課題の2つがある．そして両者の統合が目指されることがもっとも望ましいと言えよう．実際にはどちらかに重点をおいた研究になるが，前者については理論的到達点の確認と発展の方向が目指されることになる．その場合には，現実的課題が先行し，それとのかかわりで理論的課題が設定されることになる．後者についてやや具体的に述べよう．出発点はいうまでもなく関心であるが，単なる関心から課題への飛躍をどのようにするかが問われる．

関心から課題への飛躍にとっては，2つの思惟プロセスを必要とする．1つは，「当該社会の科学的自覚」と結びつくという意味で，社会のあり方と提起されている諸問題について大雑把に確認することである．そのことによって自己の関心がどのような社会的位置にありどのような現実的意味があるかがわかるはずである．もう1つの思惟としては，関心があるテーマについての研究史を押さえることである．そのことによって，これまでに何が明らかにされてい

るか，何が不十分であるか，つまり研究の現在の到達点を一般的に確認できるはずである．

3) 対象について考える

次には社会学の対象について考えてみよう．ある意味ではこれこそが社会学の性格を決めるものと言えるのであるが，すでに多様性の項で指摘したように，この確認は一般的にはきわめてむずかしいので，ここでは対象の確認あるいは確定の意味について述べよう．理論構成における対象の確認とは，社会的現実の何かを対象として研究するという単純な確認ではないのである．理論構成が基本的な概念構成の仕方と基本視角によって性格づけられることは当然であろう．ここで対象の確認とは，概念構成が依拠する対象にほかならない．経済学との違いを例として具体的に示しておこう．〈生産〉概念と〈価値〉概念が経済学の重要な基本概念であることはおおかたの認めるところであろう．その場合の概念構成は経済学が対象とする社会的現実にもとづいて構成されている．生産とは物質的財の生産であり，価値とは生産された物質的財（最近ではサービスも含む）に結びつく概念であり，哲学や思想における価値観と結びつく概念ではない．

このような意味での対象は社会学ではきわめて曖昧である．問題あるいは問題性という表現がなされたり，課題と対象の区別が曖昧もしくは混同があったり，さらには方法の学という性格づけにとどまっていたり，概念が単なる常識語や他の科学からの借り物であったり，ということが多くの社会学の実状であろう[8]．では，社会学には独自の対象に依拠していかなる基本概念が措定されるであろうか．ここではこのような理論問題があるという指摘にとどめ，社会学独自の基本概念の措定については〈第2部〉で展開される．

4) 方法は多様である

すでに再三指摘しているように，「社会学者の数だけ社会学がある」という悪しき多様性と歴史的展開の事情による多様性は，社会学の方法論（方法論がないあるいは曖昧な場合も含む）の多様性をもたらすことになる．そのような事情のもとで方法についてはっきりさせるにあたっては，多少とも有効と思わ

れる視点（これがしばしば方法と混同されている）や方法をともあれ活用することは厳に慎む必要がある．方法論の相違については，「背後に哲学・思想がある」ということから，哲学的認識論の根本的違いに注目することが大事である．哲学的認識論としてはいくつかの説があるが，いかなる認識論的基礎があるかによって，社会学の方法としての概念構成の仕方や意味が違ってくる．その具体相については，〈社会学論〉の展開にしたがって明らかになるであろう．

3. 近代社会のスタート＝市民社会の生成

◆ 出発点における2つの確認

　これからもしばしば出てくるが，社会学が「近代社会の科学的自覚」という性格をもっているというのが私の社会学にたいする基本的な性格づけの1つである．その後の史的展開から現在にいたるまでの社会学を一般的に考える場合には，「当該社会の科学的自覚」が常に問われることになる．この意味では，近代社会の生成とその現実的結果を「基本的に」どのように見るかということは，社会学の性格づけおよびそれにもとづく具体的現実研究にとって決定的に重要である．そこでまず，そのための前提的出発点を確認しよう．K・マルクスは『ドイツ・イデオロギー』で次のように述べている．

　「われわれが出発点としているところの諸前提は，どんな勝手気ままな前提でも，どんな教条でもなく，それはただ勝手に頭のなかでのみ度外視されうるような現実的前提である．それは現実的諸個人，彼らの行動，および彼らの物質的生活諸条件—既存の生活条件ならびに彼ら自身の行動によって産出された生活諸条件—である．したがってこれらの前提は純経験的な方法で確かめうるものである」[9]

　そして具体的前提として「人間的諸個体の現存」および「それら諸個体と爾余の自然との間柄」が挙げられている．このことをわかりやすく言い直すと，世界に存在するものは人間と自然であり，これは誰しもが純経験的に確認できる前提なので，それらの関係から出発するということを意味する．私も，社会

学的思惟の出発点をこの疑いもない事実に求めるものである．したがって，この前提から論理必然的に導き出されるのが，次の2つの関係であり，社会学的思惟はこの確認からはじまる．すなわち，

　a．人間と自然との関係
　b．人間と人間との関係

　この2つに，もっとも抽象的な出発点を求めるのが私の基本的な立場である．この基本的立場には私の歴史意識と哲学的立場が働いていることは言うまでもない．近代社会の現段階についてはポストモダンだとか脱工業社会とかいろいろな見方があるが，この基本的立場から見れば，近代社会の性格が基本的に変わったわけではない．このことは現実的には崩壊したり修正されたりしている社会主義社会においても同様である．したがって，近代社会としての現段階を捉えるにあたっては，このような立場にもとづく近代社会（の成立過程）の確認からスタートすることになる．この確認が「当該社会の科学的自覚」の成否にかかわることはいうまでもないであろう．

◆ 封建社会から近代社会への転換の意味

　共同体社会から市民社会への転換とも言われている近代社会への転換の諸契機とその生誕について，上で確認した2つの軸にしたがって，この転換の基本的意味をはっきりさせておくことが大事である．かつてF.エンゲルスが『イギリスにおける労働者階級の状態』で次のように述べていることは，確認する必要がある重要なことである．

　「産業革命がイギリスにたいしてもつ意義は，政治革命がフランスにたいして，哲学革命がドイツにたいしてもつ意義と同じである．1760年のイギリスと1844年のイギリスとのあいだの懸隔は，すくなくとも，旧制度のフランスと7月革命のフランスとのあいだの懸隔と同じくらいに大きい．しかし，この産業革命のもっとも重要な成果は，イギリスのプロレタリアートである」[10]

　私流儀に言い直すと，イギリスにおける産業革命（17世紀），フランスにおける政治革命（18世紀），ドイツにおける思想革命（18,9世紀），この3つの

革命の意味を根元的におさえることがきわめて重要であるということにほかならない．それぞれが先に出発点として挙げた2つの軸の転換を典型的に示しているが，そのことによって社会のあり方および諸個人のあり方が原理的に転換したのである．以下で簡単に確認する．

1）イギリスにおける産業革命の意味

まずは，イギリスにおける産業革命の意味から確認することにしよう．産業革命についてはいろいろな点から意味づけすることが可能であるが，もっとも原理的には人間と自然との関係の変化として意味づけられる．人間は生活資料の獲得のために労働によって自然に働きかける（＝自然と関係を結ぶ）場合，一方では自然的諸条件に制約されるが，他方では自然的諸条件を変更して利用することによって，生活資料を生産するのである．自然と人間との関係は，自然にたいする主体的な働きかけであるとはいうものの，産業革命以前までは，自然からの制約が圧倒的に強かった．産業革命についてはそのような基本的な見方から歴史的に位置づけることが大事である．

産業革命はいうまでもなく科学・技術の発展によるものであるが，それは労働が自然の制約から次第に解き放たれることを意味する．このことは人間と自然との関係という面では自然にたいする人間の主体性の増大を意味することになるが，この主体性の前進こそが重要な注目点の1つである．もう1つの注目点は，科学・技術の発展による生産力の上昇が大量生産を可能にすることによって，生産における質（個別的注文生産）から量へと変化したこと，および合理的態度（あるいは思惟）の形成という筋道である．この合理的態度の形成を産業革命の結果として確認することがさらに重要である．

2）フランスにおける政治革命の意味

次には，フランスにおける政治革命の意味について，同じような見方で確認することにしよう．1779年のフランス革命は，周知のように，自然法思想にもとづく民主主義思想が政治革命として現実的に1つの結実をみたものである．社会学的に見るならば，そこに至るプロセスは，人間観の変化＝人間と人間との関係の変化を基本的には意味するものである．産業革命以前には，自然は人

間にとってはある意味では運命としての環境（＝外的条件）であったのと同じように，この政治革命以前には，社会もまた運命として人間を拘束する外的条件であった．産業革命によって獲得された人間の自然にたいする主体性がはじめは「神」からの解放へ，そしてやがては身分に象徴される社会制度＝アンシャン・レジームからの解放へと拡大していくことになる．その具体的プロセスは，ルネッサンスにおける人間の尊厳・人間性の解放（典型例として肉体・性の解放），宗教改革における平等思想の発展，人間の主体性の発展を経て自然法思想にもとづく民主主義思想に結実することになる．すなわち，個人の尊厳と自然状態の措定そして社会契約という発展にもとづく国民主権という思想，自然と同様に社会をも与えられた運命として甘受しないという思想が近代市民革命というかたちで結実することにほかならない．これは人間と人間の関係の客観的側面を軸とした見方に結びつくとみなすことができる．

3）ドイツにおける思想革命の意味

上の２つの革命が人間と自然との関係および人間と人間との関係についての客観的側面であるのにたいして，ドイツにおける思想革命は，それら２つの関係についての主観的あるいは主体的側面に結びつくものとして性格づけられる．諸個人それぞれの自然的・社会的な外的条件にたいする主体的なあり方の基本的変化を一言で言うならば，非合理主義から合理主義への変化を意味する．この思想革命以前では，自然的条件にたいしても社会的条件にたいしても，それらからの拘束を与えられた運命として甘受するということ，より具体的に言えば神の摂理として受け止めるという意識が支配的であった．そのことは人間が主観的にもまた主体性および合理的思惟に乏しい存在であったことを意味する．近代社会への転換は客観的条件と主体的条件の成熟によってはじめて現実化する．近代社会だけではなくあらゆる社会的転機はそうである．その意味では，近代社会への転機において重要な位置を占めているとはいえ，自然法思想だけでは不充分なのである．社会・人間についての科学的思考・科学的認識の条件としての合理的思惟・思惟における主体性もまた社会の転機にとっては不可欠である．その意味で，「思想革命」は人間，自然，諸関係の主観的意味を軸と

した見方に結びつくことを確認することができる.

　近代社会への転化の意味を3つの国に代表させて簡単に確認したが,この確認は単なる歴史的確認以上の意味をもっているのである.近代社会へのこのような転化は程度の差はあれすべての社会に見られるのであり,それが現代社会をその変化を含めて捉える重要なメルクマールという意味をもっているのである.したがって,現代社会の変化を考えるにあたっては絶えずここに立ち返る必要性に注意をうながしたい.

注

1)　国際化の進展と関連して,グローバリゼーションとかボーダレス化といった表現などでいろいろと語られるようになってきている.そのような動向が進展していることは確かであり,例えば多国籍企業,金融資本,労働力市場などの動向をあげることができよう.しかし,それらの動向については主として経済的分野であることに留意する必要がある.政治,生活,文化,環境(問題)などでは国民国家が依然として単位になっており,そのような状況のもとでの国際化の進展を考えるべきであろう.研究動向としては,経済以外の分野についてはグローバル化やボーダレス化という言葉だけが先行しているきらいがあり,したがって,国際化をめぐっては具体的現実のトータルな認識の方向が求められている.
2)　具体的に若干の指摘をするならば,「生命の尊厳」をめぐっては「クローン」問題や「代理母」問題などを挙げることができる.ある意味ではその別の側面ともいえる「健康と疾病」をめぐっては,「安楽死」問題や「精神障害」問題などを挙げることができる.これらの諸問題は,地球環境問題とは異なる意味も加えて,自然科学だけでなくいや社会科学こそが取り組む必要がある新たな問題として人類に提起されている.戦争と平和の問題もまた新たな局面に対応する新たな思惟が具体的現実の認識にもとづく問い直しを必要としている.
3)　〈支配—被支配〉関係に起因する価値観を除いて他の支配的な価値観がすべて自由のあり方にかかわっていることは容易にうなずけるはずである.したがって,民主主義の構成要素である自由のあり方が問われるということは,民主主義の現実的あり方が問われることを意味する.以後の展開で必要に応じて言及することになるが,私は民主主義の現実的あり方については,自由,平等,友愛という構成要素のバランスある発展に着目している.
4)　最近の論じ方には相対的に少なくなっているが,家族を労働力の再生産の場

とすることをその例として挙げることができる．経済学の立場からは労働力を人間の概念の1つとすることは一向差し支えないのであるが，人間は労働力としてだけで生きているわけではない．したがって，経済学的概念を必要に応じて活用するにしても，人間については社会学独自の概念構成が要請されるのである．

5) 社会学の「拡散状況」について2000年度の日本社会学会大会の報告テーマを参考として挙げておこう．やや繁雑ではあるが，分科会のすべてのテーマを列挙する．

学史・学説　理論　研究法・調査法　人口・家族　家族　都市
産業・労働・組織　権力・政治　社会運動　環境　文化・社会意識
宗教　情報・コミュニケーション　福祉・保健・医療　性・ジェンダー
民族・エスニシティ　国際・エリアスタディ　地域社会・地域問題
社会病理・逸脱　階級・階層・移動　災害・環境　教育　高齢者
社会学における農と食　電子ネットワーク社会とグローバリゼーションの展開
高齢期の自立生活をめぐる今日的問題　福祉国家・福祉社会研究のニューフェーズ
（あとの4つは特別分科会である）

社会学の非専門家は，このような分科会の雑多なテーマからはたして社会学の性格をどのように受け止めるであろうか．「拡散状況」を示すにはこれだけでは不充分である．なぜならばそれぞれの分科会での具体的報告には，政治学，教育学，哲学，その他とは異なる「社会学的視角」が認められるかもしれないからである．そこで個々の報告テーマをアトランダムに取り出していくつか例示してみよう．

①「他者」としてのペット
②インターネットを活用した講義改良実践の一例
③書くことと主体性——戦後作文教育の実践記録分析
④銀行員の職務犯罪の研究
⑤タイ社会における女性の経済的役割と性産業
⑥生命倫理の社会哲学

例示はこの程度にとどめておこう．他の学問分野の専門家のなかで社会学に共通する学問的性格をこれらのテーマから読みとる者がはたしているであろうか．

6) 民主主義を社会学としてどのように理解するかについては，飯田哲也『現代日本生活論』（学文社，1999年）61～68ページを参照．なお本書の〈中間考察〉においてもそのエッセンスに言及される．

7) 理論的論考であれ現実分析的論考であれ，A・W・グルドナーが指摘しているような「背後仮説」がそこにはあるはずである．それが明言されていない場合が多いのであるが，私は理論の根幹にかかわる「背後仮説」の表明が必要であ

ると考えている．その意味で民主主義を現実認識のメルクマールの1つとすること，しかも主観的な価値ではなくて人類が歴史的に獲得し発展させてきた普遍的価値として位置づけている．したがって，民主主義に言及するかどうかではなくて，普遍的価値であるかどうか，もし普遍的価値であることを認めないならば，いかなる価値選択に依拠しているのかというかたちで論議することを主張したい．

8) 社会学における主要な概念というよりは言葉には，常識的な日常語あるいは他の科学からの借り物が多いことについて，若干例示しておこう．生産・消費は経済学から，国家・権力は政治学から，学習は教育学から，自我は精神分析学から，といった例を挙げることができる．ただし誤解を避けるためにことわっておくが，私はそのような言葉を使うなと言っているのではなく，社会学の基本概念として不適切であること，（理論的に）使用するにあたってはこのことを自覚する必要があると言いたいのである．そうでないと，例えば政治社会学が政治学と「理論的に」どのように異なるのかがあいまいになるであろう．

9) K・マルクス「ドイツ・イデオロギー」大内兵衛／細川嘉六監訳『マルクス＝エンゲルス全集　第3巻』大月書店，1963年　16ページ

10) F・エンゲルス「イギリスにおける労働者階級の状態」大内兵衛／細川嘉六監訳『マルクス＝エンゲルス全集　第2巻』大月書店，1960年　244ページ　なお，この文については3つをセットにして受け止めること，および変革における主体的条件への射程がエンゲルスの思惟に含まれていること，の2つに留意を促したい．

第1部
社会学論

Introduction

　社会学原論は2つの部分から構成される．1つは社会学論であり，もう1つは社会学原理論（理論構成）である．すでに序章で述べたように，社会学理論と称されるものあるいは社会学理論として扱われるものはきわめて多様である．しかも，多様な社会学的論述のなかには，社会学の史的展開（＝知的遺産）を十分に念頭に置いているものはそれほど多くはない．社会学がいわゆる社会理論をも含むものとして性格づけられているならば，社会学としての主張が明確になされていない諸見解をも視野に入れる必要がある[1]．

　ところで，概論的な社会学に端的に認められるように，多様な社会学があるなかで，理由をかならずしもはっきりさせないで，ある特定の見方があたかも一般的な見方つまり定説であるかのような印象を与えるかたちで展開されていることが往々にしてあるのである．具体的には，日本の社会学では欧米の特定の理論的主張に依拠されている場合が多い．戦前では主にドイツ社会学の新たな動向に依拠されており，戦後では主にアメリカ社会学の動向に依拠される時期がかなり続いていたが，現在も相対的に大きな位置を占めている．私は，欧米の社会学理論から学ぶあるいは取り入れることを，いささかも否定するものではない．問題は取り入れ方や活用の仕方にある．

　すでに述べたように，社会学が「現在科学」であるとするならば，私たちにとっては日本社会の現在との関連＝現代日本社会の科学的自覚が鋭く問われることを意味する．ここでは，「社会学らしい」テーマの1つである家族生活を例として考えてみよう．家族生活を全体として捉えることは，おそらく他の社会科学のなしえないところであるとともに，社会学的研究に際しての理論的出発点を意味する．それは経済学が商品からスタートすることに似ている．そのような理論的意義に加えて，現実的意義についてもまた指摘しておかねばならない．すなわち，家族生活が1つの国民あるいは民族の特殊性を典型的に示しているということにほかならない．家族研究の専門家にとっては周知のことで

あるが，かつて「制度から友愛へ」というかたちでいわゆる「近代家族」の特徴がバージェスらによって唱えられた．そのような特徴が現実的に実質化しているかどうかはともかくとして，封建社会を知らないアメリカにとっては，その実質化を阻む条件が相対的に強固でなかったことは容易に推察されるであろう．しかし，日本社会ではどうであろうか．

　日本の家族については，そのような「近代家族」の特徴という見方を取り入れるにはかなり慎重であらねばならない．夫婦関係についてと同様に，「核家族論」をどのように取り入れるかについても，やはり慎重であらねばならないであろう．日本の社会学は具体的現実分析においては当然きわめて日本的である．そして，そのような諸研究から日本的な社会学理論への素材が数多く見いだされるのであるが，それが日本の社会学理論としての結実の方向へは，かならずしも向かっていない．「社会学論」はそのような意識を背後において展開されることになるであろう．というよりはむしろ，そのような意識が背後にあるので，社会学原論の試みにとっては「社会学論」の展開がまず必要であるといった方がよいのである．

　一般に社会科学は社会的現実の歴史的進展と深く結びついている．社会学はかつては「近代社会の科学的自覚」とも言われているという意味で特にそうである．しかし，この意味および社会学のそのような自己認識がいまや忘れ去られている場合が多いのではないかと思われる．理由は3つある．

　第1には，社会学の史的展開の認識が希薄になっていることである．
　第2には，近代の延長としての現代社会の問題性の自覚が乏しいことである．
　第3には，その帰結でもある歴史的思惟の希薄さあるいは欠如である．
　〈第1部〉は一見社会学史のような構成になっているが，社会学史ではないことをあらかじめことわっておかねばならない．社会学の史的展開のなかに素材を求めて，社会学の課題，社会学の性格などについて考えることを通して，社会学の史的展開から知的遺産をどのように求めるか，これが基本的な狙いである．知的遺産の継承の仕方はいろいろあり得ると思われるが，その仕方は同時に独自な社会学思想の表明であることを意味する．

このような狙いにしたがって社会学の史的展開の認識の仕方について論じるので，具体的に取り上げる諸説がかなり限定されることになる．また，具体的に取り上げる諸説についても，人，業績，意義と評価などといった学説史的な論じ方ではなく，狙いに応じて必要なかぎりでの論考となる．なお，社会学の史的展開の認識においては圧倒的に乏しいマルクスの継承についても論考するのが，私の社会学論の特徴の1つである．

　すでに確認したように，近代市民社会の成立と近代化の進展は産業革命が起点であること，人間の主体性，合理主義，理性主義への賛歌，そして民主主義はその論理的帰結にほかならないこと，したがって，成立した近代市民社会の性格とその後の進展が実質的にはいかなる現実であるかが問われることになり，現在も問われている．どのように問うかが重要である．社会科学は，そのような近代市民社会の成立と進展のもとで成立・発展してきた．したがって，社会学の成立・展開もまた，そのような観点から確認する必要がある．〈第1部〉では，序章で提起した理論的諸問題を具体的に鮮明にするかたちで展開されるので，諸見解への論及はそのかぎりにおいてなされることになる．

注

1) 社会学における理論的論考としては，社会学理論，社会理論，現代社会論などを挙げることができるが，私自身は社会理論一般と社会学理論とを区別すべきであると考えている．社会理論は社会学の専売特許ではなくて他の社会科学でも論じられているので，社会学の立場から社会理論について論じるならば，なんらかの社会学理論にもとづくことが要請される．現代社会論についても同様であるが，実際にはこの関連が明確でない場合が多い．したがってそのような場合には，社会学的思惟方法を探ることが求められるのである．

第1章　社会学の発端

1. 自然法から社会学へ

◆ **自然法思想の社会的背景**

　社会学の発端をどこに求めるかについては，かつてはいろいろな見解があった．それは社会学の学問的性格をどのように考えるかということと深く結びついている[1]．しかし，そのような思考がほとんどなくなった現在では，発端について論じることも乏しくなったようである．しかし，そのことによって失われたものが少なくとも2つある．1つは自然法思想についての認識である．自然法思想がもっている民主主義の源流としての意義は，現在でも存続している．もう1つは人類史的視野と人類史的課題にたいする自覚である．この章で具体的に取り上げるコントとマルクスだけではなく，H・スペンサー，L・フォン・シュタイン，L・F・ウォードなど一般に初期綜合社会学として位置づけられている諸見解に共通して認められるのは人類史的思惟であり，「近代社会の科学的自覚」としての人類史的課題である．そのためもあってそれらの諸説には社会哲学としての性格が濃厚であることは否めない．さらに付け加えるならば，そのような歴史的思惟だけではなくて，人類という思惟にも注目する必要がある．詳しくはあとで述べることになるが，グローバリズムという言葉に象徴されているように，すでに指摘した新たな世界的現実は，人類という思惟が思想の域にとどまらず社会科学的認識にも求められている．

　一般に社会科学は，すでに確認したような近代市民社会の成立と進展のもとで成立・発展してきた．つまり，社会的現実の進展と不可分であるということにほかならない．社会学がかつては「近代社会の科学的自覚」といわれていたのもこの意味においてそうである．したがって，社会学の発端についてもまた，そのような観点から確認する必要がある．

さて自然法思想については，まだ社会学にはなっていないが，そこには社会学の萌芽があるという意味で前史としての位置を占めている．1つの社会科学としての社会学にとっての〈課題〉，〈対象〉，〈性格〉について考えるにあたっては，自然法思想の確認が，社会学と対比した場合に，いかなる意味で社会学ではないのか，そしていかなる意味で社会学の前史として継承し得るのかということを，具体的に問うことが必要なのである．そこでまず，自然法思想が現れる社会的背景あるいは現実的根拠からはじめることになる．近代社会が成立するにあたっての変化のプロセスとしての3つの契機については，すでに簡単に指摘しているが，社会的現実の歴史的進展における3つの契機については，現在にも結びつくかたちでより具体的に再確認することにしよう．

　第1には，ルネッサンスにおける「人間の発見」である．ルネッサンスは「文芸復興」ともいわれており，また古代への回帰ともいわれている．いずれも誤りではないであろうが，キリスト教の支配による非人間的な状態に対置して，より人間的な方向を求める文化運動として性格づけられる．その方向が具体的にはキリスト教（教会）支配とは異なる古代への回帰あるいは自然性を求めるかたちをとったと言えよう．文学や芸術だけでなく哲学・思想・科学さらには宗教改革の萌芽にまで及んだルネッサンスに全面的に触れるわけにはいかないので，ここでは，人間の発見と中世批判について簡単に触れて，近代社会成立の契機の1つとしての意味を確認するにとどめる．人文主義とも表現されているルネッサンス的思惟（あるいは感性）は，人間あるいは人間性（＝人間の本性）を軸にする思惟の表明であり，具体例を数多く指摘することができる．

　フランソワ・ラブレの『パンタグリュエル物語』を例として簡単に指摘しておこう．これは後の啓蒙主義の典型であるモンテスキューの思惟につながるとも言える．すなわち，中世の神学的人間観を基準とした人間の見方を痛烈に批判し，そのような西欧文明を絶対化する世界観・人間観による「野蛮」の見方が普遍的思惟ではないという考えが認められる．そしてそのような思惟には神学的思惟を相対化するという意味では宗教改革への萌芽もまた認められるのである．

第2には，宗教改革における個人的良心の自由の確立である．宗教改革においてはいくつかの立場があることに照応していくつかの見方（理解の仕方）がある．それらの異同について全面的に触れるわけにはいかないし，またここではそこまで触れる必要もないであろう．社会学において比較的よく知られているのはプロテスタンティズムの倫理を職業倫理と結びつくものとして論じられているカルヴィニズムであるが，ここでは宗教改革の源であると同時になんらかのかたちで他の宗派のベースになっており，いろいろな点で影響が強いと考えられる M・ルター（1483 — 1546 年）の思惟の本質的部分を確認する．

　ルターの思惟については，『キリスト者の自由』における基本的思惟と『キリスト教界の改善について』における現実批判の2つに簡単に触れておこう．前者においては，神学的解釈はいろいろあるであろうが，私は，近代民主主義の思想つまり自由，平等，友愛の主張を信仰に結びつけて（あるいは信仰の範囲で）主張されている，と理解することができると受け止めている．ルターにおける自由は「霊的自由」として主張されているが，その意味においては俗世の教会が設けた戒律をはじめとした様々な掟には束縛されないというのがキリスト者の自由である．神の下ではひたすら信仰するという意味で人はみな平等であるという主張はそのような自由の帰結にほかならない．そして「キリスト者は自分自身のうちに生きるのではなく，キリストと自分の隣人とにおいて生きる．すなわち，キリストにおいては信仰を通して，隣人においては愛を通して生きるのである」[2] と述べていることは友愛の表明を意味する．いささか簡単過ぎる指摘だが，信仰と霊を横において考えるならば，いやそうでなくてもこのような思想から中世までの教会（法王）の「秩序」を痛烈に批判したことは，近代民主主義に今一歩のところまで迫っている．

　第3には，産業革命を契機とした「個人の自由」の確立である．これは前の2つの契機を経て〈近代人〉が生誕したという意味で重要である．先の指摘と若干重複するが，人間生活，社会のあり方，人間のあり方にとってどのような意味をもつかについて，それらの相互関係という点から整理しておこうと思う．ここでは人間のあり方と社会のあり方との関連を確認することがとりわけ大事

なポイントになる．産業革命は現実的には自然にたいする人間の主体性の増大を意味するが，そのことによってただちに人間諸個人の主体性が一般的に確立したわけではない．近代人の生誕にあたっては，もう一方では思考における主体性をも要求されるのであり，それなしには近代的自我は確立されない．より具体的に言うならば，自然にたいする主体的関係としての労働＝モノの生産活動における主体性と同時に，諸個人のあり方および人間関係（ミクロなレベルからマクロなレベルまで）における主体性＝ヒトと関係の生産活動における主体性をも要求されるということである．

自然にたいする主体的活動としての労働の意味の変化は，人間の主体的あり方の変化にほかならず，その変化は人間と人間との関係つまり社会諸関係の意味の変化へと必然的に進展することになる．社会諸関係の変化への進展とは，社会のあり方にたいする諸個人の関係の変化へと進展することを意味する．一言で言えば，主体性の増大が社会のあり方にも及ぶことにほかならない．

これらは論理的にそうだということであり，3つの契機がそれぞれ作用することによって，具体的には社会のあり方が運命として動かすことができないものであり，あるいは神の摂理を現す秩序として受けとめられていた中世の身分社会からの脱却へと進展していくということにほかならないのである．自然法思想はこれらの変化を社会的・思想的背景として生まれ，近代市民革命の思想となる．

◆ 自然法思想とは

自然法思想の核心については，社会思想史上代表的な思想としてほぼ確定されていると思われるホッブス，ロック，に簡単に触れ，ルソーに代表される民主主義思想と社会学にとってのそれの意義（歴史的位置）について述べておこうと思う．自然法思想の発端は，いろいろな評価があるにせよ，T・ホッブス（1588－1679年）を挙げることにはあまり異論がないと思われる．自然法思想に共通に認められる自然状態を想定し，人間を自然権をもつ自由な存在としたことは当然であるが，何よりも確認する必要があるのは，自己保存の権利であ

る.そのような措定によるならば「人は人にたいして狼である」といわれるような万人の万人にたいする闘いという状態がもたらされることになる.したがって,自然権を1人または複数の人に譲渡することによる一種の「服従契約」を結ぶことがいわゆる「社会契約」とされているものにほかならない.これが「社会」である.ホッブスについては,絶対王政の思想という側面があるという評価がかなり一般的であるようだが,そのような社会思想史上の位置づけの問題はともかくとして(社会学的論考において深入りする必要はない),積極面としての人間性および社会をつくる(社会契約)という人間の主体性の主張を継承に値する知的遺産として確認すべきである.

次にJ・ロック(1632―1704年)については,自然状態の想定と社会契約という考え方は基本的にはホッブスと同じである.彼にあっては,理性による自然権の一部放棄が社会契約の内容をなしているとともに,現実に成立した「主権者」への絶対服従ではなくて,主権の乱用にたいして抵抗権を主張したことが特徴である.ロックについては,イギリス名誉革命の思想ともいわれているが,彼についてもまた,人間理性の重視(精神面の主体性)および基本的人権に結びつく抵抗権の主張を確認することが大事である.

自然法思想における民主主義つまり人民主権という考え方をもっとも徹底して主張したのは,J・J・ルソー(1712―1778年)であったといえるが,前二者の考えを引き継いでいることはいうまでもない.

「人間は自由なものとして生まれた.しかしいたるところで鎖につながれている」

「社会秩序はすべての他の権利の基礎となる神聖な権利である.しかしながら,この権利は自然から由来するものではない.それはだから約束に基づくものである」[3]

『社会契約論』(1762年)の冒頭に述べられている文章である.ここにはルソーの自然法思想にもとづく人間観と社会観そして両者の関係についての見方がもっとも原理的に示されていると言えよう.人間と社会についてのこのような見方から主権についての彼特有の民主主義の見方が導き出される.すなわち,

社会契約とは諸個人の平等を保証するものとして性格づけられる．「約束」によって，諸個人それぞれが自我の特殊個別意志を放棄し再び普遍的な共通我としての人格を取り戻したものが「一般意志」とされる．したがって，国家がもろもろの力を発揮できるのは人々の共通の意志としての一般意志によるという考え方であり，主権とはそのような一般意志の行使にほかならない．

三者には国家的・時代的背景による違い，特に〈人民主権〉についての違いがあるが，基本的に共通している点をまとめて確認しておこう．人間はもともと（＝自然状態では）自由で平等な存在であるという主張，そのような人間たちが「社会契約」というとりきめによって国家・社会を形成するという考え方であり，そこには理念としての人間の尊厳にもとづき，理念としての民主主義が高らかに宣言されている．ルソーはそのような考えにもとづく主権のあり方としての人民主権論をもっとも徹底して鮮明に展開しており，自由・平等・友愛という合い言葉に代表される近代市民革命の典型としてのフランス革命の思想となるのである．自然法思想の受け止め方として注意する必要があるのは，このような理念としての民主主義を，複雑化している現代の社会と人間のあり方にたいして知的遺産としてどの様に継承するかにあり，後でまとめて整理しよう．

◆ もう１つの前史

自然法思想に「近代社会の科学的自覚」をそそぎ込んだのが社会学であるという意味で，自然法思想が１つの前史として位置づけられるとするならば，もう１つの前史は社会学の発端に直接結びつくものとして位置づけられることになる．すなわち，サン＝シモンとイギリス経験論，そしてドイツ観念論とりわけヘーゲルである．これらについてもまた，社会思想史・哲学史などでさまざまに論じられているが，社会学の前史というかぎりにおいて考慮に値する知的遺産として簡単に確認しておくことになる．

1）サン＝シモン（1760―1825年）

サン＝シモンは一般にはフーリェ，オーエンとともに空想的社会主義者とし

て知られているが,「空想的」とは社会的現実をきちんと捉えていないこと,社会主義への具体的道筋を示さなかったこと,とりわけ後者の意味でそうなのである.社会思想史的には18世紀までのフランス思想を継承しているが,ここではそこまでは立ち入らない,とりわけ「空想的社会主義者」と言われている面に立ち入らないで「前史」としての彼の見解に簡単に触れる(ここには私自身の社会学にたいするスタンスがある).

　サン＝シモンの見解のエッセンスとしては後の社会学との関連で2つの点を確認することが大事である.1つは,社会存立の物質的基盤として有用労働＝産業をごく一般的にすえていることである.この〈産業〉の措定が後の社会学(あるいは社会論)に多様なかたちで自覚的あるいは無自覚に継承される性格を有しているのである.もう1つは,産業的体制＝産業者による労働組織の具体的な確立によって労働者に労働と生活を保障するという主張である.そのための科学的＝実証的精神の必要性が主張されるが,上に指摘した2つの特質,および企業家と労働者を一括して産業者とした発想が,後にコントとマルクスに分かれるとも解釈できるという意味で,社会学の直接の前史といえる.これについても次の節で具体的に考えることになる.

2)ドイツ観念論——カントとヘーゲル——

　近代哲学としてのドイツ観念論はI・カント(1724—1804年)から発すると言ってよいであろう.そしてフィヒテやシェリングなどを経て,G・W・F・ヘーゲル(1770—1831年)にいたる哲学の流れを指すと一応は考えられる.カントとヘーゲルについては,哲学史上の位置づけではなくて,社会学にとっては単なる前史という以上の意味をもつものとして位置づける必要がある.すでに述べているように,社会学にはなんらかの哲学的基礎が背後にあることが必要であり,私はその自覚が大事であると考えている.社会学の立場から背後にある哲学について考えてみると,現在にいたるまでこの両者の対立であるとみなすこともできるという意味で,前史以上の位置を占めているのである.

　哲学史上ではよく知られているように,カントの代表的著作は『純粋理性批判』,『実践理性批判』,『判断力批判』であるが,批判という表現に示されてい

るように，カントの思惟の核心は人間理性の検討であった．ここでは前史としての性格が主要に問われるという意味で，『純粋理性批判』のエッセンスのみに簡単に触れることで充分であろう．カントによれば，人間の認識として感性的，悟性的，理性的認識が措定されるのであり，それぞれの認識能力が詳細な「批判」の対象となる．カントは，感性は経験的認識，悟性は判断，理性は推論による現実の組立て，というかたちで「批判」を展開することによって，認識における理性の優位性を主張する．これがカントのいわゆる「構成的認識」の主張のエッセンスである．詳細かつ緻密に展開されるカントの認識論を簡単化しすぎていることを承知で言えば，認識論における「構成的認識」をどのように評価するか（賛成か，反対か，部分的活用か）はともかくとして，それをどのような知的遺産として受け止めるかが問題なのである．私は，次のヘーゲルもそうなのであるが，人間理性の能動性への着目，そしてそのことを通して単純な経験主義では科学的認識ではないという主張，この2つを継承に値する知的遺産であると受け止めたい．

　次にヘーゲルについては，社会学にかかわる代表的著作として『精神現象学』『歴史哲学』『法哲学』を挙げることができる．カントとの対比において重要なのは『精神現象学』であり，市民社会認識として社会学の前史にかかわるのが『法哲学』である．ここでもまた難解なヘーゲル哲学について論じるつもりはないのであって，社会学の前史としての意味を簡単に確認すればよいのである．1つは方法論についての確認である．『精神現象学』における論理展開は精神（知）の弁証法として基本的には性格づけられる論理である．カントとある意味では同じように，感覚，悟性，自己意識，理性，絶対知が措定されているが，精神の発展についてはより高次な知への止揚の過程として対象認識における内的矛盾から展開する（弁証法）ところにヘーゲルの特徴がある．この弁証法的論理を単に精神の発展過程にとどめないで，具体的現実認識にどのように適用するか，これが知的遺産の継承である，と私は受けとめている．もう1つは社会認識についての確認である．家族，市民社会，国家という認識（あるいは思惟方法）であり，これは私自身の理論構成として展開する〈第2部〉

における「位層」という発想の萌芽として受け止めている.

3) イギリス経験論

イギリス経験論をどのように評価するかについては，哲学史・社会思想史においてはいまだに確定しがたい問題であろう．というのは，この哲学（あるいは思想）は唯物論とも観念論とも確定しがたいとされているからである．イギリス経験論の源流としては，デカルトと並んで近代哲学の祖とも言われているF・ベーコン（1561―1626年）にまで遡ることができる．すなわち，種族，洞窟，市場，劇場という4つの偶像批判を軸として現実を直視するという主張である．「現実直視」として特徴づけられるイギリス経験論（あるいは社会理論）はその後の展開においては，すでに簡単に触れたホッブスやロックのイギリスにおける自然法思想はおくとして，『市民社会史論』で著名なA・ファーガスン（1723―1816年），『国富論』で著名なA・スミス（1723―1790年）をこの流れの代表的存在として挙げることができる．ここではスミスについて源流という意味のかぎりで簡単に触れておこう．ここでもまた前史において考慮に値する知的遺産という意味であり，私は，次の2つに注目することが大事であると受け止めている．1つは，『道徳情操論』における人間観である．ある意味ではヨーロッパの近代社会の人間観の典型ともいえる利己的個人の措定および諸個人の同質性という人間観の措定が認められる．大事なことは，この同質性が共通感覚あるいは共通意識であると考えられていることである．拡大解釈であるというそしりを免れないかもしれないが，人間たちを実際の活動において結びつける共感の論理という思惟をそこに見いだすことができるのではないかと思われる．もう1つは『国富論』における社会認識を指摘することができる．一般にはイギリス古典経済学として知られており，利己的個人の措定，「予定調和」という社会認識，「夜警国家」という考え方などが広く知られている．スミスについてのそのような受け止め方の是非については深入りしないで，具体的な社会的現実の観察（認識）にもとづく知的遺産として，ここでは（経済学的遺産ではない）2つのことを確認したい．1つは，国家とは概念的に異なる市民社会としての「社会」把握であり，もう1つは，社会的存在としての

諸個人を階級的存在として捉える原理を提示したことである.

　唯物論とも観念論とも確定しがたいことについて付言すると,観念論における理性を重視しないわけではないが,直接的経験を最重視することを特質としていると言えるからである.したがって,存在論と認識論との未分化とも言われている.そのことが社会学的思惟としては理論的な弱点と強みの両方に結びついていると考えられる.すなわち,新たな現象が次々に生じる変動期に柔軟に対応できる可能性があり,最近はほとんど論じられなくなっているが,社会学的視点から再び掘り起す必要があると考えられる[4].

◆ 前史からの問題の提起

　社会学の前史としての3つの流れについて簡単に確認してきたが,それらを人類の知的遺産として現在どのように受け止めるかあるいは位置付けるかについて,問題提起的に言及しておこうと思う.以下で取り上げる社会学の諸説にたいして,検討の導きの糸となると同時に,いかなる社会学徒でも自らの研究活動を意味付けるにあたってもそうである.理論研究か現実分析かのいずれを焦点としていてもそうである.というのは,その背後に社会の状態やいろいろな出来事についての問題意識があるはずだからである.すでに述べたことを再確認すると,課題をどのように設定するか,研究対象についてどのように考えるか,方法に結びつく発想はどうか,という3つである.学史的にとりわけ重要なのは,社会学が「近代社会の科学的自覚」として成立したことに象徴されているように,〈現在科学〉という性格が社会学の特徴であり,「現代社会」へのトータルな問題意識にもとづく課題設定が問われることである.最近では滅多に触れられなくなっている社会学の前史についての簡単な確認には,私のそのような意図が込められている.3つの流れとして整理した前史では,社会学の必要条件である社会的現実認識という点がきわめて不十分であり,また現実認識の方法論においても未成熟さが認められる.しかし,社会学の行方を考えるにあたっては,継承し豊かにしていく必要がある知的遺産を確認することが不可欠なので,簡単に整理しておこう.これには理論を軸にして社会学につい

て考えるにあたって必要な基本要件を具体的に示すという私の意図が込められている．

　まず自然法思想については，言うまでもなくその民主主義思想である．「化合なき混棲の時代」である現在，共同性が希薄になり，意識的自由のみが突出している状況を考えるならば，2つの確認が大事である．自由・平等・友愛という民主主義の原理は単なるかけ声ではないはずである．具体的には社会のあり方や人間活動のあり方について実質的な確認が必要である．自然法思想からは時代を見る目の必要性と観察者にとどまらない姿勢，そしてそのためのプリンシプルをどのように確定するかという方向へ進むことが問われるであろう．サン＝シモンについては，人間の精神の進歩を1つの歴史観としてではなく，人間精神が進歩し続けるという人間精神への信頼を読み取ってはどうであろうか．人間精神にたいする信頼についてはドイツ観念論にもまた当てはまるというのが私の解釈である．イギリス経験論もまた現実の直視というかたちでの精神への信頼を読み取る方がよいのではないだろうか．

　以上のような前史についての確認から社会学の発端へと論及を進めるが，そのような論及がそれらを含めて現在の社会学的研究に結びついていることを付け加えておこう．具体的には，課題の設定，研究対象の確定，方法論の3つが社会学の性格＝基本要件にかかわるのであるが，とりわけ課題設定が最重要であることを強調したい．というのは，先に指摘したように，その背後に社会の状態やいろいろな出来事についての問題意識があるからである．このことを現在における社会学的研究について具体的に触れるならば，こんにち具体的にどのようなテーマに迫るにせよ，現在の社会にたいするなんらかの科学的自覚が背後にあり，いわゆる問題意識とはそれとの結びつきによって性格づけられる．つまり，なぜそのようなテーマかという自覚にほかならない．

　私自身を具体例として簡単に示しておこう．〈現代日本社会の科学的自覚〉としては，すでに述べた近代社会にいたる歴史的展開の見方を現代日本社会に適用したものと言えよう．人間と自然との関係に結びつくのは，言うまでもなく高度経済成長の過程・結果であり，それがもたらした問題性（環境問題が代

表的)である.人間と人間との客観的関係に結びつくのは,資本主義的生産様式が支配的であることとあらゆるものの商品化(特に貨幣物神)の進展であり,それがもたらした問題性とりわけ日本人諸個人のあり方である.そして人間と人間との主観的関係に結びつくものとしては,共通項の乏しい意識関係を顕著なものとして指摘することができる.自分主義および無関係という関係という逆説的状況がその具体的な現れである[5).〈社会学論〉としてこれまでの主要な諸説を検討する場合には,このような視点を基軸として展開されることはいうまでもない.自然法思想との関連で,民主主義をめぐってどのように考えるかも重要なポイントであるが,このことは人類の知的遺産の何をどのように継承するかということすべてにかかわっている.民主主義については〈中間考察〉および〈第2部〉で基本的な考え方を示すことになろう.

2. 社会的現実と社会学の発端

◆ コント

社会学史上では「社会学の父」ともいわれているA・コント(1798—1875年)については,単なる学説史上の人として簡単に触れられるか,あるいはサン=シモンとセットで取り上げられるか,全く取り上げられないか,という扱いがなされている.この問題については最後に述べることにして,ともあれコント社会学の性格についてみてみよう.

コントの仕事は前半期の実証哲学と後半期の実証政治学であるが,社会学としての仕事は実証哲学に限定してよいであろう.彼は実証哲学の主張のなかで社会学の提唱あるいは社会学的思惟を表明している.そこでコントの社会学の内容に入る前に,彼の課題とはどのようなものであったかをまず確認することからはじめよう.彼の現実的課題は〈社会の再組織〉であった.この現実的課題に彼の〈当該社会の科学的自覚〉として,彼が生きていた時代のフランス社会の現実認識を明瞭に認めることができる.

歴史上周知のことであるが,1789年の「大革命」のあとのフランス社会は,

度重なる短期間の政権交替に象徴的に示されているように，ある意味では不安定で混乱に充ちていたともいえる．コントの目に映ったのは，政治的混乱をはじめとして経済界の腐敗，公衆道徳の退廃，家族制度の揺らぎなど社会のあらゆる分野にわたる問題性であった．そのような現実的課題を背後におきながら，実証哲学にもとづく綜合社会学が主張される．

実証哲学の核心は〈三段階の法則〉にある．コントによれば，人間の歴史は人間精神の進化の歴史である（この思惟はコンドルセおよびサン＝シモンの思惟をそのまま継承）．具体的には，第1の段階が〈神学的段階〉であり，拝物教・多神教・一神教に細分されている．この段階の人間精神は擬制的な性格として特徴づけられている．第2の段階は〈形而上学的段階〉であり，人間精神は抽象的・憶測的・絶対的という性格として特徴づけられている．そして第3の最後の段階が〈実証的段階〉であり，これが科学的性格としてとりわけ第2の段階への批判として対置される．

コントのこのような主張は，さきに指摘した当時のフランス社会の問題状況の批判的立場によるものである．コントは諸科学の体統として，数学，天文学，物理学，化学，生物学，社会学の順で諸科学が実証化すると主張する．彼によれば，数学から生物学にいたるまでの自然科学がすでに実証化されているのにたいして，社会学だけが実証化されていない．そのために革命後の社会の問題状況がもたらされているとされる．すなわち，革命が自然法思想にもとづくものであること，そこでは個人の自由のみが重視されているというドグマが支配的であること，つまり人間の精神が形而上学的段階にとどまっていることに問題があるとみなした．そして社会についての学（＝人間精神）が実証的段階になる必要性を主張した．「実証的」の意味にその考え方が示されている．

コントによれば，自然法思想に認められる形而上学的思惟の性格が架空，無用，不確実，曖昧，破壊的，絶対的であることへのアンチテーゼとして，実証的＝現実的，有用性，確実性，明確性，建設的，相対的という性格をもつとされる．そのような性格の実証的思惟のなかでもとりわけ強調されるのが相対的という性格である．実証的精神＝科学的精神を社会にまでおよぼすというコン

トの社会学の主張をまとめておこう.

　諸科学の体統という考え方によって明らかなように，コントの社会学は自然科学に対置される科学として，社会現象すべてを研究するものであり，これが初期綜合社会学といわれる所以である．そのような社会学として，コントは社会静学と社会動学を構想した．現代風に言えば社会構造論と社会変動論である．社会動学は，人類の歴史とは人間の精神の進化の歴史であるという基本的な見方にもとづき，すでに簡単に示した〈三段階の法則〉を主な内容とするものとして性格づけられる．3つのそれぞれの段階については歴史認識として比較的具体的に述べられている．実証的段階については，「予見せんがために見る」というよく知られている言葉に表れているように，当時のフランス社会の問題状況にたいする批判的立場によるものであり，「大革命」後も続いている形而上学的思惟にもとづく社会状況にたいしての将来構想として語られている．実証的段階としてコントが構想した社会とは，具体的には産業家（資本家・銀行家を意味する）が主導する社会であった．他方，社会静学については個人と家族についての言及がなされているとはいうものの，家族が社会構成の単位であり家族道徳を重視する考えが簡単に示されているにすぎない．それは個人の自由を軸とする形而上学的思惟を批判したコントの立場からは当然であろう．しかし，それ以上の具体的展開はほとんどなされていない．

　なお一言追加しておくと，コントは後に実証政治学体系の展開を試みている．それ自体は，彼独自の「人類教」の主張という性格であり，科学的価値は皆無に等しいが，単なる現実認識にとどまらず社会改革の実践的志向という性格が社会学の発端においてはあったということを指摘しておこう．

◆ マルクスの思惟過程

　K・マルクス（1818—1883年）もまたコントとは異なる意味で社会学史上ではいろいろと異なる取り上げ方があると同時に，全く言及されないという扱い方が多い．コントとは異なる意味というのは，マルクス自身が社会学という表現で学問的諸見解を展開していないということだけではなく，彼以後の「マル

クス主義」的諸見解の大部分によって，社会学にたいしてはブルジョワ・イデオロギーという性格づけ（レッテル）で社会学批判が長期にわたって展開されていたという事情もかかわっている．

マルクスの学問的営為は哲学，経済学，その他社会科学全般にわたっているので，ここでは社会学的思惟にかかわる点にしぼって考えることになり，その他の営為については必要なかぎりで触れるであろう．マルクスの現実的課題はずばり資本主義社会としての市民社会の止揚であり，理論的課題も含めてあらゆる論説がこの1点に結びついていると言っても言い過ぎではないであろう．その背後には19世紀前半のドイツ社会の状態つまりイギリスやフランスにたいして「遅れたドイツ」という認識があった．しかし，理論形成においては「先進国イギリス」の状態が大きくかかわっていた．具体的には資本主義社会としての市民社会の人間疎外，階級対立，国家・資本家による人民収奪のきびしさ，労働者階級の貧困・疎外状態からの人間の解放を現実的課題としており，その課題の解決の方向を市民社会の止揚に求めたのである．

マルクスの本格的な学問的スタートはヘーゲル哲学からであるが，すでに簡単に指摘したヘーゲルの市民社会認識にたいして観念論的であるとする批判的立場から，ドイツの具体的現実認識を通してそれを唯物論的に乗り越えることが目指される．その思惟プロセスを簡単に見ておこう．まず初期の「出版の自由」についての論考では，検閲制度の存在への厳しい批判的見解が表明されており，次いで「木材討伐問題」についての論考では，人々の具体的な生活のあり方と人為的な制度との関係に根源的に迫る性格のものとして，厳しい現実批判の構えが貫かれている．そして，「ユダヤ人問題」についての論考にも社会と人間のあり方に根源的に迫ろうとする思考を見て取ることができる．彼のこのような根源的（ラディカル）な思考という構えについては，「いかなる権威との衝突もおそれない」と彼が述べていることに示されているように，そこには徹底した民主主義思想が貫かれていることを見いだすことができる．

このように，徹底した民主主義思想にもとづいていろいろな社会的諸問題に鋭く迫ることからはじまったマルクスの学問的歩みは，資本主義社会の根本的

矛盾とその克服の主体的条件へはっきりと着目する方向へと進んでいくことになる．すなわち，労働の自己疎外の捉え方として『経済学＝哲学手稿』で展開されている疎外論においては，例えば「労働者は，彼が富をより多く生産すればするほど，彼の生産の力と範囲とがより増大すればするほど，それだけ貧しくなる．労働者は商品をより多くつくればつくるほど，それだけますます彼は安価な商品となる」[6]という表現のなかに，〈資本―賃労働〉関係の根源的矛盾の把握が明瞭に認められる．そして「理論も大衆の心をつかむやいなや物質的武器となる」という『ヘーゲル法哲学批判序説』での見解表明は，変革主体としての労働者の発見を意味するものである．現実認識に結びつくそのような思惟過程を経ての『ドイツ・イデオロギー』で示されている自己了解は，私のいう方法的基礎としての史的唯物論の成立という位置を占めている．

　マルクスは，〈資本―賃労働〉関係の根源的矛盾をめぐっては，生産力と生産関係を軸とする経済的諸関係に着目し，以降の研究の大部分は社会の「土台」としての資本主義的生産関係の経済法則を解明する経済学の研究に充てられることになる．具体的には「賃労働と資本」や「賃金，価格および利潤」などの小論を経て『経済学批判要綱』，『経済学批判』などで理論化を深め，大著『資本論』へという思惟過程をたどる．それらは，彼の現実的課題である資本主義社会としての市民社会の止揚にとって，社会変革における客観的条件の認識に結びつく理論化としての意味を持つものである．では主体的条件に結びつく理論化はどうであろうか．この問題をめぐっては，〈フランスにおける階級闘争〉についての3部作[7]やエンゲルスの『ドイツ農民戦争』などの現実分析，そして最後の著作『剰余価値学説史』などにいくつかの示唆が認められるとはいうものの，経済学のような理論化までには至っていなくて，変革主体としての労働者階級の提示・その中核的位置づけを与えたこと，そして資本主義の矛盾がそのような変革主体を必然的に産み出すこと，という指摘にとどまっている．

◆ マルクスの「社会科学」

　マルクスの思惟過程でわかるように，経済学が重要な位置を占めながらも，コントとは異なるかたちで，社会現象のすべてが射程にあるという意味で，マルクスの場合もやはり総合社会科学として性格づけられるものである．社会学に関連しては，あとで彼の仕事に認められる社会学的要素に着目してまとめて示すことにして，ここでは方法論的に重要であると考えられる点に絞って整理する．

　「人間自身は彼らの生活手段を生産しはじめるやいなや動物とは別なものになりはじめる．そしてこの生活手段の生産は人間の身体的組織のせいでどうしてもとらざるをえぬ1つの措置なのである．人間は彼らの生活手段を生産することによって，間接に彼らの物質的生活そのものを生産する」[8]

　『ドイツ・イデオロギー』でこのように述べているように，マルクスの理論的出発点は〈生活の生産〉である．このことは，人間疎外からの真の人間解放を目指す初期マルクスが措定した現実的課題からして当然であろう．社会の問題性にたいする根源的把握のために徹底して経済学研究に打ち込んだことについては，このような現実的課題抜きに理解することはマルクスの理論を人間不在の理論に歪めることになるであろう．

　さて『ドイツ・イデオロギー』では，歴史と社会についての徹底した唯物論的見方が弁証法的思惟方法にもとづいて展開されているが，ここでは〈第2部〉の社会学の理論構成に活用されるという意味で，その論理と重要な項目に限定して簡単に触れておこう．歴史認識における唯物論的前提とは，人間諸個体とそれを取り巻く自然という純経験的に確認できる前提である．

　〈生活の生産〉から出発して，人間と自然との関係・人間相互の関係を軸とした歴史発展の4つの契機として，生活資料の生産，新たな欲求の産出，他の人間の生産，協働様式の生産が導き出される．これらの唯物論的確認のあとにやっと意識の生産に辿り着くという論理展開になっている．意識は現実的（＝物質的）土台にもとづいて生産されるという意味で，はじめはすべて現実的意識であるが，やがては意識の一人歩きによって現にないものの意識もまた生産

されるようになる.「……まわりの諸個人と結合関係にはいらざるをえない必須性の意識が,自分は要するに社会のなかに住んでいるのだということにかんする意識の発端なのである.この発端はこの段階の社会生活そのものと同じほどに動物的であり,……」[9]と意識の生産の発端について述べられている.

すでに簡単に指摘したように,その後のマルクスは経済学の研究に多大のエネルギーを注ぐのであるが,経済学以外の仕事(あるいは見解表明)も若干まじえるかたちで,彼の社会科学としての重要部分について整理しておこう.マルクスの方法論は基本的には唯物論と弁証法によって性格づけられることをまず確認することができる.ここでは唯物論,弁証法がいかなる思惟方法であるかについては立ち入らない.というのは,その後の社会科学的思惟でも同じことだが,それ自体をどのように解釈するかが問題なのではなくて,自らの理論や現実認識においていかに具体的にその思惟が貫かれているかどうかが大事だ,と私が考えているからである.このことはマルクスだけに限らないのであって,どんな理論や方法についても現実認識(分析方法)としてどうかということが具体的に問われなければならない[10].次に,歴史および社会についての基本的な見方を確認する必要がある.一般には史的唯物論の定式として受け止められている『経済学批判』の序文を引用して若干の説明を加えよう.

「人間はその生活の社会的生産において,一定の,必然的な,彼らの意識から独立した関係,生産関係にはいる.この生産関係は,彼らの物質的生産力の一定の発展段階に対応する.これらの生産関係の総体は社会の経済的構造を形づくる.これが現実の土台であり,そしてそのうえに法律的および政治的な上部構造がたち,そしてそれに一定の社会的意識形態が照応する.物質的生活の生産様式が社会的(soziale)・政治的・精神的な生活過程一般を条件づける.……(中略)……社会の物質的生産力は,その発展のある段階で,その生産力が従来その内部ではたらいてきた現存の生産関係と,あるいは同じことの法律的表現にすぎないが,所有関係と,矛盾するようになる.これらの関係は,生産力の発展のための形態からその桎梏にかわる.そのときに社会(soziale)革命の時代がはじまる.……(中略)……このような変革の時期を,その時代の

意識から判断することはできないのであって，むしろ，この意識を，物質的生活の諸矛盾，社会的生産諸力と社会的生産諸関係とのあいだに現存する衝突から説明しなければならないのである．……（中略）……大ざっぱにいって，経済的社会構成が進歩してゆく段階として，アジア的，古代的，封建的，および近代ブルジョワ的生産様式をあげることができる」．[11]

ここには，マルクスの思惟方法のエッセンスがほぼ示されていると考えられるのであるが，簡単化すると次のようになる．すなわち，社会の土台としての生産関係，生産力，生産様式へ着目し，これが人間の意識から独立した存在であるとされる．土台と上部構造という見方による両者の関係が「照応する」「条件づける」という表現で示されている．歴史的変化を捉える視角として，生産力と生産関係の矛盾という客観的条件の見方とそれの反映としての主体的条件という見方が示されているとともに，経済的社会構成（体）の発展という人類史的思惟が認められる．なお，そのような歴史認識にもとづいて，資本主義社会の矛盾とその止揚としての未来への展望についてもいくつかの著作で述べられており，主として運動論という性格であることを指摘しておこう[12]．

以上簡単に紹介したことによってもわかるように，マルクスの場合もやはりすべての社会現象が射程にあり，総合社会科学という性格をもっていたと言える．ここでは彼の社会学的要素への着目が必要なのであり，この意味においては２つの点に着目することが大事であると私は考えている．１つは，方法的基礎としての弁証法的・史的唯物論であり，社会学の理論構成における基本視角に結びつくものとして性格づけられる．もう１つは，社会変動についての見方であり，歴史認識の基礎に生産力と生産関係の矛盾が措定されていることである．これが客観的条件に結びつく視角を意味するのにたいして，階級闘争の措定とそれぞれの歴史的時期における被支配層（資本主義では労働者層）の重視という主体的条件に結びつく視角を提示していることである．

マルクスの思惟過程について最終的に整理しておこう．民主主義をベースとした個別的な社会的諸問題への関心からはじまって，人間疎外への問題意識（『経済学・哲学手稿』）を，表現の仕方はともかくとして〈資本―賃労働〉関

係に注目し，資本主義的生産にもとづく社会の矛盾へと認識が進展し，社会変革＝市民社会の止揚を課題とする．「理論も大衆の心をつかむやいなや物質的武器」となるという表現に示されてもいるが，変革主体としての労働者の発見（「ヘーゲル法哲学批判序説」）を経て，史的唯物論の成立（「ドイツ・イデオロギー」）をみることになる．以後のマルクスは社会の土台としての資本主義経済法則の解明つまり経済学の研究に全力を尽し，『経済学批判』を経て『資本論』へという過程をたどる．これらは社会変革にとっての客観的条件の認識に結びつく理論化を目指す研究を意味する．他方，主体的条件に結びつく研究は理論化までにはいたっていなく，変革主体としての労働者階級の提示（あるいは発見）にとどまっている．

　以上簡単に概観したマルクスの諸見解から社会学的思惟としての着目点を私なりに整理しておこう．人間疎外の原理的理解，社会関係のアンサンブルとしての人間理解，変革のための社会認識の試み，社会学の課題と解明の方向づけ，社会変革という実践的志向，変革主体産出の論理（形成の論理には到っていない）などを挙げることができる[13]．

◆ 何を確認するか

　以上，社会学の前史として位置づけられる諸見解と社会学の発端として位置づけたコントとマルクスを極度に圧縮して言及したが，それらはすべて社会学的研究・理論について考えるための素材であり，そこから何を導き出すかが問題なのである．社会学史的論考あるいは学説研究などでは，その意義と問題点あるいは他者の批判的見解などに言及されているのが普通である．しかし，再三繰り返しているように，〈第1部〉での狙いは，社会学的諸見解の検討を通して，それらの諸見解における知的遺産をどのように継承し，社会学をどのように性格づけるかを確認することにある．そこで，自然法思想などがなぜ社会学の前史なのか，そしてコントやマルクスはそれらとどのように違うのかを述べることによって，それらがいかなる意味で知的遺産であるかを整理したいと思う．

まず自然法思想の出現は，言うまでもなく社会と人間についての近代思想（＝合理的思惟）の誕生を意味する．しかし，それだけでは合理的思惟方法の提起にとどまっているにすぎない．彼らの思惟は理念あるいは思想からスタートしている．したがて，それにもとづく現実の告発であると同時に，人々に現実の問題性を一定程度は喚起するという意義は認められる．しかし，具体的な現実認識からスタートしないという意味では，まだ社会学ではない．換言すれば，「社会と個人」問題および「主観－客観」問題が理論的にはまだ提起されていないことを意味する．それでは自然法思想は知的遺産としていかなる意味で継承に値するか．私は，人間の解放という課題を設定したこと，およびその課題に答える方向として民主主義思想を主張したことに，継承すべき知的遺産を求めたいと思う．

　もう1つの前史からは，サン＝シモンにおける「産業社会」認識をどのように受け止めるかということ，および労働者の労働・生活の保障という提起を挙げておきたい．スミスに代表されるイギリス経験論については，一見具体的現実からスタートしているかのように思われるが，諸個人の富の総和が社会の富であり，諸個人の自由な利益追求には社会全体としては神の見えざる手による「予定調和」の想定があり，資本主義社会の問題性への射程に乏しいと言えよう．他方，もう1つの前史として位置づくドイツ観念論の流れについては，現実認識が背後にありながらも，具体的現実そのものの認識には踏み込まず，認識の仕方についての展開にとどまっている．社会学のポイントは課題，対象，方法・理論を押さえることにあるが，このような意味においては「近代社会の科学的自覚」にもとづく展開が不十分である．

　では，コントとマルクスについては，両者はいろいろな意味で異なる立場にあるが，どのような意味で社会学の発端であり，そこからどのような知的遺産を継承するか．コントの「社会の再組織」，マルクスの「市民社会の止揚」＝人間疎外の解決に示されているように，現実問題を社会全体の問題として捉えて社会を変える（どのように変えるかはいろいろな方向があり得る）という課題意識，つまり現実認識にもとづく実践的志向がある．しかも，社会のあり方

とその変動の統一的把握の試み，およびコントの〈三段階の法則〉，マルクスの〈経済的社会構成体〉の変動という見方に示されているように，人類史的射程での思考を指摘することができる．近現代社会の問題性を具体的にどのように見るにしても，社会のあり方とその変動の統一的把握については，現在の社会学の理論的課題として存続しており，人類史的射程での思考は最近とみに重要になっているが，社会学の発端にそのような思惟があったことを確認したい．

注

1)　社会学の起源をどこに求めるかによって社会学の性格が異なることになる．詳しく論述されているものの例としては，阿閉吉男・内藤莞爾編『社会学史概論』（勁草書房　1957年）を挙げることができる．そこでは，古代起源・近代自然法起源・経験的社会論起源・19世紀前半起源・19世紀後半起源などの諸見解の説明がなされている．
2)　M・ルター「キリスト者の自由」『世界の名著18 ルター』中央公論社，1969年 77ページ
3)　J・J・ルソー，桑原武夫／前川貞次郎訳『社会契約論』岩波文庫，1954年　15ページ
4)　知的遺産の継承の仕方については，〈第1部〉の論述全体にかかわるという意味で，若干の説明を加えておこう．大事なことはどのように継承するかにある．仮に有力と見なされる1人の理論的諸見解をすべて継承するならば，現実分析への適用ならばともかくとして，理論プロパーの場合は単なる模倣ないしは追随にすぎないのであって，そこからはいかなる理論的発展も期待できないであろう．つまり，単なる説明・解説にすぎないということである．論議する必要があることかもしれないが，私は「そぎ落とし」であると考えている．盛り沢山な理論的諸見解から自らの理論構築（あるいは理論的見解）にあたっては，一方では何をどのように継承するかということ，他方では不要なものをそいでいくことを意味する．したがって，〈第1部〉の展開は「そぎ落とし」という私の継承の仕方を示すという意味をも持っている．
5)　私自身の〈現代日本社会の科学的自覚〉については，それを示すことを意図したわけではないが，拙著『現代日本生活論』（学文社　1999年）の〈第1部 日本社会の変化と生活〉の展開で具体的に示されている．とりわけ最近の日本社会を「問題状況」と見なしており，「生活の社会化」の進展にともなう人間の絆の希薄化によって，人間のあり方・関係のあり方が危機的状況を呈しているというのが私の認識である．詳細は拙著を参照のこと．なお，本書の理論の適用という意味も込めて，「現代日本社会論の試み（上），（下）—社会学による構

成一」(立命館大学産業社会学会『立命館産業社会論集』第39巻第3号, 2003年 第40巻第1号 2004年)では, より詳細な展開を試みている.
6) K・マルクス, 城塚登／田中吉六訳『経済学・哲学草稿』岩波文庫, 1964年 86ページ
7) 3部作とは,「ルイ・ボナパルトのブリュメール18日」,「フランスにおける階級闘争」,「フランスの内乱」を指すが, エンゲルスの「ドイツ農民戦争」も含めて, 社会変革における主体的条件とりわけ具体的な階級関係について詳細に分析・説明されている. いずれも変革に失敗した歴史的事例であるが, 労働者階級 (あるいは農民) がそのままでは変革主体にはならないのであって, 具体的な社会的条件とりわけ錯綜している階級・階層関係という条件こそが重要であることを, それらの叙述からみてとることができる.
8) K・マルクス「ドイツ・イデオロギー」大内兵衛／細川嘉六監訳『マルクス＝エンゲルス全集　第3巻』大月書店, 1963年　17ページ
9) 同上書　27ページ
10) 唯物論および弁証法にたいする私自身の受け止め方について, 若干の補足説明を加えておきたい. 唯物論的思惟については, 物質と精神 (あるいは観念) における物質の第1次性というきわめて単純な受け止め方に尽きると考えている. したがって, 具体的な概念構成や現実認識において, 精神にかかわることに関してこの思惟をどのように適用するかが問われることになる. 弁証法的思惟についても受け止め方はほぼ同じである.「対立物の統一」とか「量から質への転化」とかといったことが「公式」として知られているが, これまたその公式をプロクルーステスの寝台に当てはめるような「適用」ではなく, 内的矛盾や変化・発展という思惟を理論構成や現実認識においてどのように駆使するかということが問われることになる.
11) K・マルクス, マルクス＝レーニン主義研究所訳『経済学批判』大月書店, 1953年　9ページ　この文章をめぐっては, いかに解釈するかということや「(経済的) 社会構成体」概念の理解などについて, かつては多様に論議されたことがある. しかし, 上で示した弁証法と唯物論にたいする私自身の受け止め方と同じように, いわゆる公式として受け止めることは厳に避けるべきである. マルクスはここに示されている見解を導き出すに当たって, 本文で引用した文のすぐ前で述べている.「私の研究はつぎのような結論に到達した. すなわち, 法諸関係ならびに国家諸形態というものは, それ自体によっても, またいわゆる人間精神の一般的発展からも, 理解されるものではなく, むしろそれらは, 物質的な生活諸関係……(中略)……に根底をもっていること, だがこの市民社会の解剖はこれを経済学のうちにもとめるべきであるということであった. ……(中略)……私の到達した, そしてひとたび自分のものとなったのちは私の研究にとってのみちびきの糸となった一般的結論は, 簡単につぎのように定式化することができる」つまり, マルクス自身の具体的研究の結果から導き出

された（自己了解的）定式であること，彼の研究の導きの糸であること，この確認の大事さを強調したい．なお蛇足的に付け加えるが，引用するにあたって，「人間の意識が彼らの存在を規定するのではなくて，逆に，彼らの社会的存在が彼らの意識を規定するのである」という文を，私は意図的に省略した．というのは，社会を構成する諸要素の関係について，規定・被規定という単純な思惟方法であるという曲解を避けるためである．

12) 若干例示するならば，「共産党宣言」，「ゴータ綱領批判」，第1インターナショナルをめぐるいくつかの小論があるが，そのような論考から運動のあり方・方向の提示が具体的な現実認識にもとづいていること，したがって両者を関連づける思惟方法に着目することが大事である．

13) マルクスに限らないのであるが，このような整理の仕方（解釈）に様々な異論があるであろうことを，私は充分承知している．マルクス解釈をめぐっては膨大な論議があることは，例えば（経済的）社会構成体をめぐって1960年代から70年代にかけて多くの論争があったこと，あるいはエンゲルスの『家族・私有財産及び国家の起源』の「序文」の解釈をめぐっての世界的スケールでの論争などに示されている．しかし問題は，どのように解釈することが正しいかという論議ではなくて，知的遺産としてどのように受け止めてそれを自らの理論形成や現実認識に活用するかということであり，論議をそのレベルでおこなうことが学問の発展につながることを主張したい．

第2章　現代社会学の源流

Introduction

　この章では19世紀後半のドイツ社会学を代表すると考えられるF・テンニース，G・ジンメル，M・ヴェーバーの3人の社会学の理論問題について論考する．いわゆる社会学史であるならば，ドイツにおいてはフィアカントやヴィーゼなどを，フランスではデュルケム，タルド，ブーグレなどを，イギリスではウォーラスなどにも言及する必要がおそらくあるだろうが，社会学史の叙述ではなく，現代社会学の源流としての意味では，この3人で十分であろう．ほぼ周知のように，これら3人の諸説については世界的にも日本においてもそれぞれについて多様かつ大量に論考されている．それら膨大な文献で取り上げられている紹介や論点などすべてにわたって言及することはひとりの研究ではおそらく不可能であり，多数の共同研究が必要であろう．ここではすでに簡単に示した〈社会学論〉の基本的な狙いにしたがって，かなり絞り込んで述べようと思う．

　すでに指摘しているように，課題，対象，方法がある程度鮮明であることが社会学理論の必要条件である．社会学の発端においてはそれらがすべて鮮明であったとは言えないことについては，前章で述べた．この章では，一般に社会学の「第2世代」といわれている諸説がなぜ「現代社会学の源流」として位置づくかということを軸にして考えてみようと思う．社会学史的な論考あるいは学説研究という性格ではない〈社会学論〉としての論考では，社会学の性格をどのように確定していくかということ，およびどんな知的遺産をどのように継承していくかということが大事なのである．より具体的に言えば，1つの特殊科学（したがって1つの独立科学）としての社会学の理論的主張および「当該社会の科学的自覚」に焦点を当てるのが私の論考の基本的構えであり，そのこ

とを通して社会学の学的性格を考えることによって新たな理論構築の方向を探るということにほかならない．

社会学の発端として位置づけられる社会学的思惟については，彼らの生きていた社会的現実と不可分の関係にあることを確認したが，社会学の新しい展開としての「第2世代」の社会学諸理論もまた，当該社会と密接にかかわっていたことは言うまでもない．したがって，彼らにとっては何が問題であったのかということ，つまりどのような現実的課題に立ち向かおうとしていたのかが，まずは問われることになる．社会学理論の性格つまり対象や方法についてはそれぞれの現実的課題とのかかわりで理解する必要がある．そのような論考のプロセスを通して当時における意義と現代的意義を考えることもまたきわめて重要であり，〈社会学論〉としての検討はまさにその点にあると言ってもよいであろう．

前章で取り上げたマルクスと同じように，彼らそれぞれの仕事は多岐にわたっており社会学の枠に収まらないものも多く認められる．ここでは，この時期についての検討を3人に絞ったのと同じように，彼らの膨大な仕事についてもまた，上に述べた基本的構えにもとづく検討ということにかかわるかぎりにおいて，範囲を限定することになろう．具体的には，それぞれの仕事における社会学理論としての核心との関連で，社会学理論としての性格について必要なかぎりで概観し，もっとも特徴的な理論的性格と主要な見解・遺産の確認，現代的意義と課題，その他必要と思われる追加説明などという論述になるであろう．なお，それぞれが一定の具体的現実分析をおこなってはいるが，これについても上記の理論的見解との関連においてのみ若干触れるにとどめるであろう．

1.「第2世代」と社会的現実

◆ 世界史の新たな段階

はじめに繰り返し強調するが，社会学は「当該社会の科学的自覚」である．その意味では新たな社会学についての理論的検討に際しては，新たな社会的変

化を確認することがきわめて重要である．なぜならば，新たな社会的変化がどのように見なされているか，そして変化した新たな社会的現実がその時期に特有の課題を提起することに，それらの諸理論がどのようにかかわっているか，ということが問われるからである．さて，19世紀後半は世界史が新たな段階に入る時期である．このことについては，いくつかの重要な歴史的事実を挙げるだけで容易にうなずけるはずである．

1848年　いわゆる2月革命
1852年　ルイ・ナポレオンがフランス皇帝に
1858年　英領インドの成立
1862年　ビスマルクが首相となる
1863年　ポーランドの独立運動
1864年　第1インターナショナルの結成
1868年　明治維新
1870年　イタリア統一
1871年　ドイツ帝国成立，パリ＝コミューン成立
1877年　インド帝国成立
1882年　世界経済恐慌を経て慢性的不況始まる
1887年　仏領インドシナ連邦成立

世界史が新たな段階に入ったことを告げるような諸事実が次々に起こるなかで，このような変化を全体としてどのように見るかが重要である．この時期は一般的には資本主義が比較的に安定して発展した時期であるとされている．しかし，他方では植民地支配問題と国際的にも社会労働運動の一定の高揚や社会主義思想の進展などに示されているように，帝国主義戦争・植民地争奪競争が激化し，植民地の最終分割がほぼ終わりに近づくことと並行して，資本主義社会の矛盾が次第に露になっていくというのが，19世紀後半のヨーロッパの姿であった．このような新たな社会的変化が哲学・思想および人々の意識，とりわけ知識人の意識と無関係ではあり得ないことは当然であろう．この意味では，民族，国家，西欧，世界それぞれのあり方と問題が俎上に上がってきた時期で

あると言えよう．

　この時期には西欧のなかでも英，仏，独，露などによる植民地（＝世界）分割競争がとりわけ顕著に進展する．具体的にはインド，インドシナ，ビルマなどの東南アジアの植民地化，アフリカの植民地化に加えて，阿片戦争・太平天国の乱などを契機としての中国の半植民地化もまた新たに進展する．戦争をも辞さない帝国主義競争が激化するなかで，戦争・動乱の火種が充満し，20世紀の植民地再分割へと動いてゆく．

　他方，哲学・思想・意識面については，それまで隆盛をほこっていたヘーゲル哲学の余燼がいまだ消えやらぬなかで，カント哲学復興の兆しが見え始める．哲学史上では周知のことであるが，オットー・リープマンが「カントと亜流」のなかで「さればカントにかえらねばならぬ」と繰り返し強調したことが，新カント哲学の復興の狼煙であった．さらには新カント哲学だけでなく，生の哲学に代表される非合理主義の新たな主張が展開され，ヨーロッパの危機意識の芽生えもまた認められる時期である．

◆ 19世紀後半のドイツ

　以上簡単に示した世界史的な新たな進展のなかで，19世紀後半のドイツの具体的状況に目を転じてみよう．3人の社会学の巨匠が生きて活躍したのは，近代国家としての統一後のドイツであり，その社会学的思想が培われたのはいわゆるビスマルク帝国として知られている時代（1871年—1890年）にほぼ相当する．その後第一次世界大戦までのヴィルヘルム帝国時代もまた彼らの生きた時代であるが，ビスマルク時代の方が重要であると見た方がよいであろう．徹底したプロイセン人であったビスマルクによって，プロイセンの主導権を確保するかぎりで統一されたのが成立当初のドイツ帝国であった．

　統一されたドイツ帝国は成立当初から内的矛盾をかかえていた．政治面については，保守党，国民自由党，カトリック中央党，社会民主党などが主な政党であり，それぞれの階級的立場を代表して対立していた．ビスマルクはそれらの諸政党を巧みにあやつりながら「遅れたドイツ」の近代化政策を強力におし

すすめた．外見的には，ユンカーに代表される絶対主義的原理いわゆる旧勢力の立場と大ブルジョワジーに代表される自由主義的原理いわゆる新興勢力の立場との妥協によって，プロレタリアートの立場に対抗する勢力の結集がはかられて，表面的にはしばしの安定が保たれていた．やや具体的に示すと，ビスマルクの政策はプロイセン的ドイツを「強国」にすることだけが目的であり，かの「鉄血政策」はその現れにほかならない．悪名高い「社会主義鎮圧法」に示される社会労働運動の弾圧とドイツ金融資本の形成・確立がこの時期の特徴であるが，その結果として資本主義的矛盾の進展と階級闘争の激化は必然であったと言える．この時期のドイツは，ある意味では資本主義社会の歴史的性格と問題性を典型的に抱えていたと言ってもそれほど言いすぎではないであろう．

しかし，表面的な安定は当時の学問状況にとってはかなり意味のある背景であったとも言える．新カント派の勃興に象徴されているように，そしてまた講壇社会主義にも象徴されているように，資本主義社会の矛盾・問題性から遊離してとまでは言わないにしても，具体的現実とその問題性からは一定の距離を置いた「アカデミズム」が支配的傾向として続いたことも否定できない事実である．

以上簡単に示した歴史的事情をやや一般的にまとめると，資本主義経済としてはイギリスやフランスに「遅れて」スタートしたということ，政治的には階級・階層関係が政党にかなり鮮明に現れていること，精神的にはヨーロッパ的思惟と哲学の最先進的存在であることを，当時のドイツの特徴として指摘することができる．そのような物質的・意識的条件の下での新たな主張として，「第2世代」の巨匠たちは他の社会諸科学とは異なる特殊個別科学としての社会学，しかも社会主義とも異なる社会学の市民権を学界で得るという困難な課題にも直面していた．

社会学史上ではよく知られているように，「諸科学を1つの壺のなかに投げ入れて，これに社会学というレッテルを貼るだけではなんにもならない」というジンメルのコント批判の文に代表的に示されているように「第2世代」の社会学の特質は，他の社会諸科学とは異なる個別科学としての社会学の主張にあ

る.だから「第2世代」をもって社会学がはじまるという見方もある.「発端」とは異なって「個別科学」としての社会学の主張はその通りではあるが,上に簡単になぞったヨーロッパの,そしてとりわけドイツの社会的現実が,以下で取り上げる3人の巨匠にとってはいかなる「近代社会の科学的自覚」であったか,ということに注目する必要がある.

　社会学的研究にとっては,この「第2世代」をどのように理解するかはきわめて重要である.なぜならば,現代社会が抱えている諸問題の大部分が当時のドイツ社会に認められることに照応して,現代社会学が抱えている理論問題と現実問題が,すべてとは言わないまでもほぼ出ていると言っても言いすぎではないからである.彼らの社会学について考える場合に,彼らのかかげた諸問題と理論的主張は現在の社会的現実および現代社会学の方向との関連においてとりわけ重要である.成立期の社会学的思惟からの継承についてはすでに確認したが,以後の社会的現実に一貫して通じる認識があるにもかかわらず,その後の社会学においてはかならずしも継承されていない.「第2世代」の場合には,社会的現実認識とその問題性についてはともかくとして,理論的思惟の面では以後の社会学の展開と密接に結びついている.その後に新しい諸説が次々に出てくるが,「新しい装い」にすぎない群小の「理論的主張」にすぎないか,それらの根本的思惟において,ここに（場合によってはそれ以前に）回帰するものが多い.この意味で「第2世代」はそれにどの程度依拠するかどうかにかかわらず,源流としての検討が不可欠なのである.

2. テンニース

◆ テンニースの社会学

　その時期の社会学の代表的存在をどのように見るかということは,社会学思想と深くかかわっている.日本では一般的な指摘としてはG・ジンメルやM・ヴェーバーと並んで挙げられているF・テンニース（1855—1936年）が,この二者に比べるとあまり評価されていなくて,紹介・論考も著しく少ない.こ

のことをめぐって富永健一は次のように述べている．「テンニエスは日本においては，名前だけはたしかに非常によく知られてきたが，よき理解者に恵まれたとはけっしていえないし，『ゲマインシャフトとゲゼルシャフト』以外の多数の諸著作はそもそもほとんど研究されてこなかった」[1]．

　このような事情もあって，日本におけるテンニースへの理解はきわめて狭いだけでなく誤った理解が現在でもあとを絶たないようである．彼にたいする理解がきわめて浅いという事情があるが，私自身は他の2人に勝るとも劣らないと評価しており，さらには私自身の社会学の「源流」の1つなので，やや詳しく言及しようと思う．

　彼の現実的問題意識をめぐっては，近代社会における商品経済（＝資本主義経済）の進展にともなって，人間がそれぞれ他の人間にとっての目的のための手段化しているところに人間疎外という問題状況が看取されており，これへの対処が彼の現実的課題であった．他方，理論的課題もまたきわめて鮮明であった．『ゲマインシャフトとゲゼルシャフト』の初版の序文では次のように述べられている．

　「合理主義的見解と歴史主義的見解の対立は，19世紀の社会諸科学や文化諸科学のあらゆる領域に浸透している」

　「この2つの方法論にたいして一定の立場を決定することが，社会生活の根本問題の新しい分析をくわだてるこの試みにとっても，少なからぬ意義をもっている」[2]

　ここに示されている理論的課題は，自然法的見方＝個人を軸とする見方と有機体的見方＝社会を軸とする見方の対立の克服，つまり社会学の古くして新しい問題である「社会と個人」問題を真正面からかかげたことを意味する．

　社会学史のなかでのテンニースはもっとも広い意味での形式社会学のなかに組み込まれているが，彼の社会学はより広い異なった性格をもっているとともに，「第2世代」に共通して認められる特殊個別科学としての社会学の樹立という方向もまた明瞭に認められるのである．彼の社会学的研究のそのような全体像の性格は，晩年の『社会学序説』にほぼ示されている．それによれば，社

会学は大きくは純粋社会学，経験社会学，応用社会学の３部門によって構成される，という一種の体系化の試みが示されている．体系化の試みとは，この３つが相互に密接に結びついていることを意味するものであり，それらの関連抜きにはテンニースの社会学を正しく把握したことにはならない．詳しくはすぐあとで述べるので，まずはそれぞれについて簡単に触れておこう．

　純粋社会学とは，人間の共同生活における様々な関係態（＝結合態）を具体的に認識するための基本概念として，ゲマインシャフト，ゲゼルシャフト，本質意思，選択意思，を措定し，歴史的・社会的現実から具体例を豊富に用いながら，やや図式的ではあるが，それらの概念構成を明確にすることによって，１つの特殊個別科学としての社会学の方法的原理として位置づく性格の部門である．

　経験社会学は社会誌学とも言われており，社会生活の具体的な現実的諸現象を社会の総体のなかで観察と比較を行なうことによって認識することを基本的性格とする部門である．社会誌学とも言われるのは，地理学が空間の自然状態を描くように，経験社会学においては「空間」における人間生活の具体的諸相を，人間の共同生活全体のなかに位置づけるかたちで描くことになるからである．

　応用社会学とは，純粋社会学の静態的概念構成や経験社会学の空間的位置づけとは違って，具体的現実の「時間的」位置づけ，すなわち歴史的動態把握を目指す研究として性格づけられる部門である．歴史学や歴史哲学などとは異なり，歴史的事実の叙述でもなければ，歴史そのものの見方を示すものでもなくて，社会諸事象の発展やその問題性を人間の共同生活全体と関連させて認識する性格の部門である．

　以上簡単に述べた３つの構成部門に示唆されているように，社会学を，人間の共同生活＝関係態を研究するものとして基本的に性格づけることによって，対象が鮮明に打ち出されていることを指摘することができる．このような体系化の提示は実は具体的現実研究の結果であり，そのような研究の進め方のために彼の社会学的研究は多岐にわたっているが，その全体像の把握と正しい理解

は日本ではきわめて不充分である．富永の指摘にもあるように，彼の名前だけ知られていたり，2つの基本概念が言葉としてだけ知られており，原義を想起する言葉でありながらも原義と異なる意味づけなど，言葉の一人歩きが多い[3]．ここでは先に簡単に示した彼の社会学の3つの構成部門について個別に述べたが，それらの相互関係についてあとで整理することによって彼の社会学を最終的に性格づけたい．

◆ ゲマインシャフトとゲゼルシャフト

主著の第2版からは副題が「純粋社会学の基本概念」とされているように，ゲマインシャフトとゲゼルシャフトの2つの概念が，文字通り人と人との関係のあり方を表すという意味での純粋社会学の基本概念として展開されている．「前者においては連関が先行し，敵対や給付の諸関係はあとから生じる．後者においては，関係が所与のものかつ確かなものとなってから，はじめて（人格的な）連関が生じる」[4]と，テンニースが述べていることに，両概念の違いがもっとも明瞭に示されている．換言すれば，ゲマインシャフトにおいては，人間はあらゆる分離にもかかわらず本質的に結びついているのにたいして，ゲゼルシャフトにおいては，人間はあらゆる結合にもかかわらず本質的に分離している．前者の具体例としては親子関係が適切であろう．親子関係は子どもが生まれた時から結びついており，お互いに離れて生活していても生涯にわたって結びついている．後者の例としては商人と顧客の関係が適切であろう．商人と顧客の関係は顧客が何か買い物をすることによって始まるが，それはいわゆるギブ・アンド・テイクの関係として性格づけられる．この関係がどんなに頻繁であっても，どんなに親しくなっても基本的な性格は同じである．これについては喫茶店やスナックの常連と経営者のマスターやマダムの関係を想起すればよいであろう．両概念については，これまでにいろいろな解釈がされているが，以上簡単に示したもっとも抽象的・根本的な違いを基礎として具体的に理解する必要がある．

ゲマインシャフトとは，上に指摘したように本来的あるいは自然的状態とし

て結びついている関係態つまり関係そのものに意味がある関係である．人間の完全な意思の統一体であるとされるゲマインシャフトは，テンニースによれば，3種の発展形式があるとされている．第1には，血のゲマインシャフトである．それは家であり，血と性の結合であって，母子関係，夫婦関係，きょうだい関係という3つの型が統一されたものである．その萌芽形態である母子関係は本能に近い「適意」，さらには相互の慣れ・記憶に根ざした関係である．「家の構成を経済的見地から見れば，それは共同労働と共同享楽のゲマインシャフトである」5)とも説明されている．

　第2は，場所のゲマインシャフトである．それは村落であり，近隣は村落の共同生活の一般的性格である．そこでは，住居の接近，田畑の共有等によって，相互交渉が多く，相互に慣れ親しみ，相互に熟知するようになり，共同の関係・関与が必然となること，さらには，村落共同体が共有森や共有の放牧地に結びついているとも指摘されている．第3の精神のゲマインシャフトは都市である．これは一種の友情関係として性格づけられており，ゲマインシャフトの最高の形式である．前の2つの形式とはかかわりなく，「協同の労働と考え方との条件および結果として成立する．つまり何よりも職業あるいは技術の同一性および類似性によって与えられる」6)という特徴があるとされている．この第3の形式は，人々の共通の感覚と精神とに結び付けて理解される関係であり，「人為性」つまり創造するものというのが他の2つとは異なる性格である．

　ゲゼルシャフトもまた，平和に隣りあって生活している関係であるが，先に簡単に指摘したように，人々はあらゆる結合にもかかわらず，本質的に分離している．ゲゼルシャフトにはゲマインシャフトとは異なって共有財はなくて，共同価値と関連した擬制された社会意思があるだけである．このゲゼルシャフトにもゲマインシャフトと同じように，3つの発展形式が措定されている．原型としての第1の形式は，大都市あるいはゲゼルシャフトそのものである．そこにおいては，自由な人格である商人にその性格が典型的に示されている．商人には国境がない．商業こそがゲゼルシャフトの前提的なものとしての重要な位置づけがなされている．

第2の形式は，国あるいは国家である．商人には国境がないことに示されているように，無限に拡大する傾向にある第1のゲゼルシャフトにたいして，地域的な制限を加えるものとしてつくられたのであり，諸個人の自由と財産を保護することを目的として設立されたものとして性格づけられる．第3のつまり最高の形式は，世界・学者共和国である．学者共和国という言葉は一般にはなじまない表現であろうが，それは国家の多数性を廃棄して建設される世界を想定したものである．すなわち，思惟する者，知識人・文筆家によって指導され，心理的な手段以外の強制を必要としない状態として措定されたものである．このように性格の異なる2つの関係態は，テンニース独自の2つの概念である本質意志と選択意志によって展開されている意志論に基礎づけられている．彼の意志論による基礎づけについてはいろいろな評価があるが，私は，社会学の知的遺産としては具体的な展開の内容よりも発想に意義があると考えているので，簡単な紹介にとどめる．

　テンニースの意志論の特質は，2つの関係を基礎づける人間の意志として本質意志と選択意志の2つを措定したことである．もっとも一般的には，本質意志とは「そのなかに思惟が含まれるかぎりにおける意志」であるとされている．ゲマインシャフトに対応する本質意志は，心理学的な人間の身体に等しく，実在的・自然的な生の統一性の原理であり，過去的なものによって説明されるとされている．本質意志の形式にもゲマインシャフトと同じように，人間の適意，習慣，記憶の3つの形式が対応的に措定されている．

　ゲゼルシャフトに対応する選択意志とは，「そのなかに意志が含まれているかぎりにおける思惟」であるとされている．つまり，選択意志は思惟によって生み出される観念的なものであり，主体との結びつきでのみ実在性をもつにすぎず，未来的なものによって理解されるとされている．選択意志の形式にもまた考量，任意，概念の3つが措定されている．なお，個人意志に対応して社会意志としては，本質意志においては一体性，慣習，宗教が，選択意志においては協約，政治，世論という独特の意志の形式が措定されていることをも確認しておきたい[7]．

テンニースにたいするこのような解釈について簡単に付け加えておこう．2つの基本概念の解釈としては，集団としての理解や社会類型としての理解があるが，私はあくまでも関係のあり方を意味する概念であると理解している．もう1つ確認しておく必要があるのは，現実的課題に対応する思惟およびそれにもとづく未来志向である．当時のドイツ社会およびイギリス社会の認識が彼の社会学理論形成の背景になっている．すなわち，牧歌的な状態でもあるが非近代的で経済的貧困が支配的状態であるというドイツの状況，および近代的な商品経済の発展が顕著であるがそれが産出している人間の物象化が進行しているというイギリスの状況，という現実認識である．ゲゼルシャフトの進展が避けることのできない歴史的趨勢であるという現実認識，人間の共同生活にとってのゲマインシャフトのプラス面とマイナス面を見据えること，彼の未来への思惟はこの現実認識にもとづいている．一般に知られている「ゲマインシャフトの復活」は単なる過去への回帰ではない．復古主義（あるいはペシミズム）とも解釈されているが，そうではないことが後にゲマインシャフトの下位概念としてヘルシャフトとゲノッセンシャフトという2つの概念が設定されたことにも示されている[8]．

◆ 社会学の体系化の試み

　以上簡単に示したゲマインシャフトとゲゼルシャフトという言葉については，その正しい理解があるかどうかはともかくとして一般的には知られているが，社会学体系の意義についてはあまり知られていないと思われるので，テンニースの社会学におけるもう1つの重要な柱として確認する必要がある．構想としては一般社会学と特殊社会学という体系化プランがあり，前者は綜合哲学体系のような性格と解されるが，具体的な展開はなされていない．ここでは先に簡単に触れた特殊個別社会学について確認することにする．

　まず純粋社会学は社会学基礎理論として性格づけられる．すでに述べた『ゲマインシャフトとゲゼルシャフト』およびその他若干のものがそれに相当する．純粋社会学については『社会学序説』抜きには理解が不十分になるとともに，

他の2つとの関連もまた曖昧になる．例えばゲマインシャフトがヘルシャフトとゲノッセンシャフトの2つの概念へと豊かにされることが，前者だけでは見えてこない[9]．

次に，経験社会学は社会誌学とも言われており，具体的な現実分析として性格づけられる特殊社会学の構成部分の1つである．純粋社会学にもとづく比較的短期間の具体的現実分析であるが，ハンブルクの港湾労働者の参与観察研究に代表される労働者の状態研究，統計資料を活用した自殺，犯罪，農民生活などの実証的研究がある．

応用社会学は，経験社会学と同じく具体的な現実研究ではあるが，より長期的かつ巨視的な動態研究として性格づけられる．社会変動論的性格をもつ歴史認識であり，純粋社会学が社会的実在を静態的に捉えて概念化するのにたいして，社会的実在を運動・変化するものとして様々な諸要素を性格づけることに，応用社会学の特質がある．具体例としては，国家，教会，都市などの歴史的変化，さらには社会規範・社会的価値（道徳や慣習など），言語・芸術・科学・思想などの歴史的動態研究などを挙げることができる．

重要なことは，上に簡単に述べた3つの分野の相互関連である．一般には経験社会学と応用社会学が，純粋社会学にもとづく現実研究，あるいは純粋社会学を実証する研究という2つの理解があるが，そのような面だけではない．すなわち，純粋社会学からスタートして，経験社会学，応用社会学に至るが，応用社会学は経験社会学の成果を取り込むとともに経験社会学的分析にたいする社会的・歴史的位置づけを提供するという関連があり，さらには，それらの諸研究の成果によって，再び純粋社会学に発展的・螺旋的に回帰するというかたちで，基礎理論をより豊かにするという性格の体系化の試みである[10]．

3. ジンメル

◆ ジンメルの課題と思惟

一般に社会学史上では，G・ジンメル（1858―1918年）はいわゆる形式社会

学の代表者として知られている．彼の社会学的思惟を考える上では，歴史哲学や生と文化の哲学という学問的営為が，社会学そのものではないが，重要な意味をもっていると思われる．また彼の社会学は後に「現実遊離」という批判を受ける形式社会学というような狭いものではなかった．最近日本でジンメルにたいする新たな見直し＝一種の復活の試みがはじまっているのも，そのためであろう[11]．ここでは彼の社会学にしぼって考えるが，その背後にある哲学，現実認識，課題についてまずは簡単に触れておく必要がある．

　ジンメルの思惟（あるいは価値観）については「相対的世界観」とも言われているように，歴史や社会を相対化するという見方から社会・人間の諸分野にたいして多様に論じていると一般的には受け止めることができる．このことが，ジンメルをわかりにくくしていると同時に多くの示唆（解釈）を与えるという魅力にもなっていると思われる．マルクスも含めた初期綜合社会学にたいする批判的見解，つまり目的論的思惟による進歩史観にたいする批判も，歴史・社会の相対化の主張にもとづくと考えられる．これはジンメルの思惟のほんの一部に過ぎないのであるが，ここではジンメルの思惟について全面的に展開しないで，社会学理論に深くかかわっていると考えられる近代社会認識と文化についての思惟（これも近代認識と不可分）にしぼって述べておこう．

　ジンメルが近代社会を（テンニースやヴェーバーと違って）どのように認識していたかを「確定的に」言うことは困難である．彼の近代社会認識およびその問題性の自覚を挙げるならば，集団の拡大に伴う個人の孤立化傾向に近代社会の問題性を見ており，このような問題性をめぐって名人芸的に多面的な論じ方がされているのではないだろうか．人間の置かれているそのような状況を文化からの疎外と見ること，都市論であると同時に都市的人間像についての論及，そして「心的相互作用」に着目した社会学の主張，つまり近代社会の矛盾を背負った人間への関心と問題性こそがジンメルの思惟の根底にあったと考えられる．したがって，後に現実遊離と批判されるような単なる形式社会学の主張のみにとどまらない思惟があったことに再び注意をうながしたい．

　そこで，「文化からの疎外」に結びつく課題提起としての生の哲学および文

化の哲学について，ジンメルのもう1つの「当該社会の科学的自覚」として簡単に確認する．ジンメルの近代社会における個人の運命＝「社会と個人」問題にたいする認識は彼独自（例えばディルタイやベルグソンとは異なる）の生の哲学に強烈に支えられていた．ここで確認する必要があるのは（近代社会における）生と文化との関連である．生の流出（＝主観的な生）が文化という形式（＝客観的な生）をとるが，生は客観的な生のなかで主観的な生を流出するという意味において文化そのものも生とは別のものではなく，生は両者の統合であるとするのがジンメルの基本的な考え方である．しかし近代社会では，文化が生そのものとは別のものになる，別言すれば文化は生の目的ではなくて手段となる（典型例としては貨幣）ことによって，生の喪失あるいは硬直化といった状況がもたらされることになる．このような意味では，「社会と個人」問題は生の哲学にもとづく人間と文化の問題であり，生のそのような分裂が文化の危機，文化の硬直化，文化享受からの疎外として意識されていたと言えよう．

　このような多岐にわたるジンメルの学問的営為には明確な理論的課題があったことを確認することが大事である．1つは社会名目論と社会実在論にたいする批判つまりこの対立を（哲学的にではなく）どのように克服するかという課題であり，もう1つは（綜合社会学的発想にたいする批判として）特殊個別科学としての社会学の確立という課題である．ある意味ではテンニースときわめて類似しているが，社会哲学的発想が軸になっていることにジンメルの特徴があると言えよう．したがって，この2つの課題に応えることと結びつけて形式社会学の発想を受け止めることがきわめて大事であり，知的遺産としての意義もそこにあるとも言える．ジンメルによれば，上の2つの見方は基本においては社会を実在と見なすことによる対立であり，対立の克服の方向を広い意味での機能主義的思惟に求めることになるが，そこに「社会と個人」問題という課題を見てとることができるとともに，素朴実在論への批判をも見てとることができる．

◆ 方法としての社会学

　初期綜合社会学にたいする批判として，社会学の固有の対象と方法を主張することによって，社会学を1つの特殊個別科学とすることが形式社会学の提唱にほかならない．この主張は社会学史上ほぼ周知のことなので簡単に確認しておこう．ジンメルの方法論における基本的思惟については，『社会学の根本問題』に簡潔に示されている．

　よく知られているように，「諸科学を1つの瓶に入れてそれに社会学というレッテルを貼ってもなんら得るところがない」という表現で初期綜合社会学（コント）を批判して，それまでの社会諸科学が経済とか政治などの具体的内容を研究するのにたいして，特殊個別科学としての社会学は幾何学のごとく「社会化」の形式を研究することである，というのがジンメルの主張である．例えば，上下関係，競争，党派形成などがその形式であるが，このような形式社会学において注目する必要があるのは方法である．「われわれの思惟は，むしろいかなる場合にも，与えられたものを科学の対象としての形象に，しかも，直接現実的なもののなかに全く対象を見出せないような方法において，総括するのである」[12]

　ジンメルによれば「社会関係化」とは人間の心的相互作用である．社会現象を内容と形式に分ける思惟は新カント哲学の発想であり，カントの構成的認識にもとづいて社会学の理論的挑戦として具体化したものである．すでに確認しているように，カントの構成的認識とは認識における人間理性の優位という発想による．ジンメルは次のような例で説明している．水の分子は存在するが川が存在するかどうかはわからない．色彩は存在するが絵画が存在するかどうかはわからない．すなわち，川や絵画は人間理性が構成した概念であることを意味する．

　方法論的にはこのような思惟にもとづいて，ジンメルの社会学的思惟が具体的には集団論あるいは社会関係論として展開していることを大事な見解として確認しよう．人間の心的相互作用としての「社会関係化」の形式への着目から出発するジンメルにおいては，「現実に存在するのは，社会集団にたいする個

人の内的および外的な関係の諸形式である」[13]として展開される彼の『社会学』から，基本的な社会化の形式と社会圏の交差に絞って取り上げる．

　社会関係化の形式は3つの観点（あるいは要素）によって抽象される．まずは孤独であるが，これは単なる孤立した（相互作用を行わない）個人を意味するのではない．孤独とは，社会がともかくも表象されながらも，その後で社会が拒否されるという個人のあり方を意味する．孤独は，個人となんらかの集団との関係において個人によって振る舞われるものであり，そのことによって個人の振る舞いが集団になんらかの影響を与えるものとして措定される．次に2者関係が挙げられる．2者関係は方法論的にはもっとも単純な形式であるが，多数の関係とは異なる独自の特徴を持つとされる．すなわち，多数からなる集団が個々の成員を超えた存在であることとは異なり，2者の純粋な個性に依存していること，片方の離脱がただちにこの関係の終焉を意味することである．次に3者関係は，中立者と媒介者・漁夫の利・分割支配といった3通りの集団化形式を生み出す，とされている．

　社会圏の交差についての論述はジンメルの形式社会学の思惟を具体的に示すものとして位置づけられる．諸個人が多様な集団にかかわっていることは経験的事実であるが，それらの諸集団を社会圏と表現し，個人においてそれらが交差することによって異質な圏が個人において統合されるとともに，この交差が個人の人格の発展にも結びつくのであるが，そのような交差現象について歴史的な具体例や近代における「社会分化」の進展における具体例について説明されている．これらはいわゆる形式社会学としての展開ではあるが，ここでは後に現実遊離と批判されるような性格ではなかったことを確認しておきたい．

　もう1つ確認しておく必要があるのは都市論であろう．ジンメルの都市についての見解は，「大都市と精神生活」として論じられることが多い．私はそのような着目の重要性をいささかも否定しないが，都市社会学としてどのように継承・活用するかという議論はさておくとして，社会学の理論問題を考えるという私の狙いからして，都市論あるいは都市社会学という各論的にだけ見ないで，空間秩序としての展開，空間の理論的位置づけという理論問題が提起され

ていることに着目したい．ともあれジンメルの時代認識と受け止められるものとしては貨幣論やその他の着目点もあるが，方法として彼独自のものは（テンニース，ヴェーバーと異なる），関係化形式や社会圏の交差などに示されているように，関係化形式に着目することを社会学の認識原理としたことである[14]．

4．M・ヴェーバー

◆ ヴェーバーの課題と思惟方法

　社会学における「巨匠中の巨匠」とも見られているM・ヴェーバー（1864—1920年）の仕事もまたきわめて多様であり，社会科学において意義があると見なされている著作は膨大である．彼の仕事もまた単純に社会学におさまるものではないので，ここでもまず社会科学としての主張を社会学との関連に絞って取り上げることになる．まずはヴェーバーの課題を確認し，それとのかかわりで社会学の性格づけを見ることによって対象問題に触れ，方法についてもまた社会学的遺産として意味があるものに絞って考えてみたい．

　ヴェーバーがどのような現実的課題をかかえて現実に立ち向かったかについてはほとんど確認されている周知のことと言ってもよいであろう．一般的には以下の3つに整理することができる．1つには，予感的な危機意識との関連でヨーロッパとは何か，より具体的に言えばヨーロッパだけになぜ近代資本主義が成長したのか，ということである．2つには，かれの歴史認識と近代社会認識との関連で，合理化の進展のなかでの人間（＝人間疎外）および関係をどのように見るかということである．3つには，国民国家としてのドイツ社会の発展である．私は，彼の膨大な諸研究はすべてこれらの課題と結びついていると見ている．具体的に指摘するならば，宗教社会学的研究は第1の課題と結びついており，『プロテスタンティズムの倫理と資本主義の精神』は広く知られているところであろう．いわゆる「支配の社会学」は第2の課題と第3の課題とに結びついていると受け止めてもよいであろう．具体的には官僚制論や「支配

の社会学」などを想起すればよい[15]．

　社会学に引きつけてヴェーバーの課題を確認したが，社会学に限定されない広範囲な諸研究については指摘だけしておこう．『ロッシャーとクニース』，「古代文化没落の社会的原因」などの歴史学的研究，『一般社会経済史要綱』『古代農業事情』などの経済史的研究，『国民国家と経済政策』「新秩序ドイツの議会と政府」などの社会政策学・政治学的研究等々でわかるように社会科学全般に及んでいた．彼の理論的課題はこのような社会科学全般にわたる研究（学問的関心）と不可分であったと考えられる．

　次に理論的課題については，周知のように社会科学における客観的認識の確立を挙げることができるが，この課題の背後に当時のドイツにおけるいわゆる「社会政策論争」があったことは言うまでもない．この論争については，大河内一男が詳細に論じているので簡単に指摘だけしておこう．19世紀後半のほぼ30年間にドイツ社会政策思想を担っていたと見なされる「『講壇社会主義』の生成・衰滅を叙述することを任務とする」として，大河内一男はドイツマンチェスター派から論考をはじめて，シュモラー，ワグナー，ブレンタノを軸にして論じており，ヴェーバーをその批判者として位置づけている[16]．

　このような課題に立ち向かったヴェーバーの学問についての基本的な思惟方法の性格をわかりやすく示しているのが，広く知られている『職業としての学問』である．そこで述べられている学問観（あるいは学問にたいするスタンス）が，社会科学方法論として展開されることになる．上に指摘した社会政策論にたいする批判としての社会科学における「客観性」の主張は，社会科学（あるいは文化科学）の認識とはいかなる認識であるかについてのヴェーバーの基本的主張を意味する．この主張については群小の亜流等の不充分な理解（現実認識における適用や他の諸見解にたいする批判において現れる）が多いので，いくつかの主要な点を確認する．

　ヴェーバーにおける社会科学（＝経験科学としての文化科学）とは，無限とも思われる文化現象にたいして，なんらかの価値理念にもとづいて「知るに値する」ものにたいする意味づけとして性格づけられるものである．そしてその

ような主観的価値前提にもとづく認識が科学的認識としていかにして普遍妥当性たり得るのか，またそのような性格の経験科学は何が出来るかということが，彼の方法論的関心であった．ヴェーバーによれば，経験科学のなし得ることは，〈目的―手段〉関係，目的の意義，目的と理念との整合性であるとされる．したがって，価値理念を鮮明にすると同時に認識と意欲とを峻別すること，目的論的思惟を排除すること，が要請されることになる．この意味ではいわゆる「没価値性」の主張ではなくて「客観性」の確保の主張として受け止めることが大事である．

このような方法論的要請にたいして，ヴェーバーは理念型的概念構成による「客観性」の主張を表明するが，この理念型については，概念のもつ論理的機能と構造が重要である．「この思惟像は，歴史的に関心を引く生活のうちの一定の諸関係と諸事情とを集めてそこから思惟によって構成された諸連関の，その中に矛盾のない１つの世界を作り上げる．内容上この構成は，それ自身１つのユートピアの性格を帯び，現実のうちの一定の諸要素を思惟によって昇華させることによって得られたものである」[17]

理念型的概念構成による認識方法はほとんど周知のことなので，この概念構成は現実から構成するが現実そのものではないこと，および認識論的には（カントの）構成的認識を社会科学的認識方法として一般化しているという概念構成における方法論的意味を確認しておくことで十分であろう．ただし，これの正確な理解がかならずしも徹底されないばかりでなく誤った理解がきわめて多いこと，したがって，いわゆる「実証主義」とは異なるという点に注意をうながしたい．

ヴェーバーのこのような社会科学的認識にたいする性格づけ（方法論を含めて）がいかなる現実認識になるかについて，これまた周知のことなので，簡単に指摘しておこう．先に触れた「経験科学のなし得ること」とりわけ〈目的―手段〉関係を説明することと不可分なのである．すなわち，一言で言えば〈因果連関〉の認識および〈客観的可能性判断〉に尽きると言えるであろう．ヴェーバーにおける歴史的個性の認識，発生史的認識，経済と理念を軸とした

歴史認識そして宗教社会学的研究に示されている諸認識は，そのような社会科学の思惟方法にもとづいている[18]．

私は，ヴェーバーの膨大かつ緻密な思惟方法をいささか簡単化し過ぎたかもしれないが，これには私の学問的スタンスが作用していること，そして繰り返しになるが，私の理論的思惟に応じた「そぎ落とし」による絞り込みがあること，つまりいわゆる「ヴェーバー研究」ではないことをことわっておこう．以上のような意図にしたがって，彼のいわゆる理解社会学に絞って論及する．

◆ ヴェーバー社会学の性格

ヴェーバーの研究がマルクスと同様に社会学にかぎらず社会科学全般について多岐にわたっていることは，上に簡単に述べた通りである．ここでは彼の社会学理論としては社会的行為論から出発する理解社会学に絞り込むことにする．

社会学とは，「社会的行為を解釈によって理解するという方法で社会的行為の過程および結果を因果的に説明しようとする科学を指す」

社会的行為とは，「単数あるいは複数の行為者が主観的意味を含ませているかぎりでの人間行動を指す」[19]

これが社会学の出発点であるとともに社会学の性格づけをも示しており，ヴェーバー自身が意識していたかどうかは定かではないが，1つの特殊個別科学としての社会学の性格づけがこのようなかたちでなされているという意味で，「第2世代」における共通した社会学へのスタンスを確認することができる．

ヴェーバーは「1人の行為者が実際に主観的に考えている意味」および「類型として考えられた単数或いは複数の行為者が主観的に考えている意味」の2種類を措定し，このような意味理解の方法が展開される．ヴェーバーによれば，理解には直接的理解と説明的理解があり，木を切り倒す人間の行動やドアを閉めようとしてハンドルに手を伸ばす行動などをそのまま直接に理解するのが前者である．説明的理解としての理解とは，動機決定的に行為の意味連関を把握することであり，例えば，$2 \times 2 = 4$という計算の場合，商売上の勘定なのか，科学上の証明なのか，技術上の計算なのか，をわかることが行為の意味を動機

的に理解することになる．ヴェーバーによれば，「具体的行為の正しい因果的解明とは，その外的経過と動機とが的確であり，同時にその連関が有意味的に理解的に知られることを意味する」[20]

このような行為の理解という思惟にもとづいて，ヴェーバーは社会的行為を目的合理的，価値合理的，感動的，伝統的の4つの類型に区分する．これについてはほとんど周知のことであるが，諸個人の社会的行為のこのような説明的理解から出発して，ミクロな社会関係からマクロな支配秩序にまで「理解」がいたるかたちで展開されている．社会関係については，「社会関係はまったくもっぱら（有意味的に）一定の仕方で社会的行為の営まれるチャンスのうちにある」とされており，関係の類型としてのフェルゲマインシャフトゥングとフェルゲゼルシャフトゥング，開放的関係と封鎖的関係などの概念が措定されており，関係の秩序づけとしての団体についても具体的な概念が措定されている[21]．

方法的個人主義とも評価されているこのようなヴェーバーの社会学的思惟については，2つのことを指摘しておこう．1つは行為の意味理解においては，行為者における意味と研究者が付与する意味という二重性をもった概念であるということ，もう1つは，言うまでもなくこれらの概念は現実ではなくてあくまでも理念型としての性格であることである．このことは，価値理念においてもまた対象とする当事者の価値と研究者の価値という二重性があることをも意味することになる．したがって，ヴェーバーの社会学における思惟を活用する場合には，このことの自覚が必要であると思われる．

5.「源流」の意味

◆ 課題意識とそれへの対応

以上簡単に確認した「第2世代」の代表的社会学については，それぞれの意義や理解の仕方についてはいろいろなかたちで膨大に論じられている．前史と発端における諸説について，それらの知的遺産を前章で確認したのと同じよう

に，ここでもまた「源流」としての意味を軸にしていくつかの点についてまとめて確認する．

　資本主義社会として生誕した近代社会は，当然のことではあるが人間生活にとって正の部分と負の部分の両面をそなえていた．正の部分とは生産力の発展にともなう経済的な豊かさの前進および民主主義の発展の可能性という点である．負の部分としては，資本主義的生産様式が本質的に有している矛盾であるが，この矛盾は労働における自己疎外を含めて主に経済学の分野に属する．社会学が真正面にすえて取り組むことが要請されるのは，そのような矛盾との関連における人間存在と人間関係のあり方の現実である．そのような近代社会に対峙する「第2世代」の社会学にあって，現在とのかかわりで確認しておく必要があることは，人間疎外（＝人間の非人間化）という問題状況についての強烈な意識である．つまり近代社会の問題性（＝当該社会の科学的自覚）に結びつく現実的課題を社会的現実の一般的認識から人間存在と人間関係のあり方に焦点が据えられていることを意味する．簡単に指摘だけしておくと，テンニースは，人間関係そのものに意味があるゲマインシャフトに対置して，すべての人間が他の人間にとって目的のための手段となるというゲゼルシャフトに人間存在の問題性を見たのである．ジンメルは，生活圏の極度に拡大した大都市における「自立的」人間が精神の一貫性を保持するために無関心を軸とする精神のあり方に傾斜することに生活のあり方の問題性を見たのである．ヴェーバーは，合理化の進展のもとではいろいろな組織には必然的に官僚制化が進展し，目的合理性が容易に形式合理性に転化することによる人間活動のあり方に問題性を見たのである．この問題状況はいろいろな解釈があるにせよ現在でも存続しているだけでなく，ますます進展していることは疑いもない事実である．

　次に，社会学を個別科学として性格づけることへの志向を確認することができる．すなわち，それぞれには違いがあるが，独自の課題，対象，方法を具体的に追求したことであり，とりわけ方法においては，それまでの理論的アポリアへのチャレンジとして性格づけられるであろう．この追求は社会学としての自己主張になっていると考えられるので，何をどのように継承するかが問われ

る．理論的に注目する必要があるのは方法論の精緻化の追求であり，とりわけ概念構成の仕方に注目することが大事である．

　まとめていえば，社会学の性格，方法をめぐる論点がほぼ出尽くしているともいえるのであり，より具体的には「社会と個人」問題，つまり全体と個を方法論的にどのように位置づけるか，主観と客観をめぐる問題，認識論と存在論との複雑な絡み合いなどである．ジンメルの形式社会学の主張に典型的に示されるように，「第2世代」の社会学的思惟に共通する特徴は，それまで「講壇」ではかならずしも認められていなかった社会学にたいして，学問的市民権を得る努力であり，1つの社会科学としての性格を確立しようとするものであった．テンニースの主著が注目されるようになったのは初版が発行された1887年から25年後であったことやジンメルの大学での地位がきわめて不遇であったことなどにもそのことが示されている．そこで「第2世代」における社会学的思惟の異同について整理し，私の立場からいくつかの「遺産」を課題提起的に示そうと思う．

◆ 知的遺産について

　上に簡単に指摘したように，「第2世代」においては社会学の性格や方法そしていわゆる社会理論をめぐる主要な論点はほぼ出ているとみなすことができる．私なりに論点を大きく分けると，3つに整理することができる．社会学の源流として以下のように整理するということには，以後の社会学の位置づけ，理論研究の仕方に深くかかわっている．具体的には以後の展開でも触れられるので，ここでは簡単に指摘しておこう．

　社会学のプリンシプルと概念構成についての知的遺産を確認することが重要である．すなわち，社会学が何を軸として社会的現実に迫るか，いかなる基本概念にもとづくのかということを意味する．私は，人間活動のあり方および関係のあり方とりわけ後者に焦点を当てたことを，個別科学としての社会学の性格づけとして継承すべき最重要な理論的遺産である，と受け止めている．この場合注意すべきことは社会学のプリンシプルにかかわる性格づけであり，その

他に有効と考えられる視点を継承するにしても，この性格づけ抜きの単純な利用を避けて，社会学的研究の拡散を推し進めないことである[22]．

次には，近代社会認識が明確であり（いわゆる社会理論としてではないかたちで），理論的主張の背後には現実的課題が具体的に意識されていることである．すなわち，人間と関係のあり方の問題性にいかに対応するかという意識であり，人間の疎外状況として一括される問題性を社会のあり方の問題性と結びつけて捉えようとする近代社会認識にほかならない．したがって，そのような問題性を解決する理念としての未来志向を内に宿しつつも，そのような未来への展望の論理が現実認識において模索されることを意味する．したがって，彼らの「模索」のなかに模索にとどまらない発展の芽を探り，それらをどのように伸ばすかということが知的遺産の継承としての意味を有すると考えられる．

このような思惟を継承すべき知的遺産として確認するとともに，社会学の性格，方法をめぐる論点（理論的課題を意味する）を簡単に示しておこう．社会学の継続している論点としてのいわゆる「社会と個人」問題が強烈に意識されているとともに，それぞれの見解が提示されているが，理論的に明確になったわけではない（もし明確になっていればその後は論点にならないはずである）．次に，主観と客観をめぐる問題を重要な論点として確認しておく必要がある．テンニースの場合は「構成的認識」による理論化がかならずしもはっきりしていなかったが，ジンメルにおいては「形式」というかたちで明確に提示されており，ヴェーバーの「客観性」の主張においてそれが1つの方法論として一般化されるが，このような認識方法の意義と限界を，私は論点の1つとして提起しておきたい．

その他の論点については2つだけ指摘しておこう．1つは，哲学的基礎としての認識論と存在論とをどのように関連づけるかという論点である．この論点はそれ自体として哲学的に論じるのではなく，社会学の理論構成と現実認識への射程，とりわけ人間存在の認識と理論形成との関連という論点として性格づけられる．もう1つは，社会学における「社会理論」あるいは社会認識の理論的位置づけという論点である．社会学の理論構成であれ具体的現実認識であれ，

「社会理論」と言われているものを社会学理論の構成部分としたり，現実認識をなんらかの「社会理論」に依拠したりする方向を目指すのかどうか（社会理論と社会学との関連）という論点を挙げることができる．

　社会学の性格についての論点がほぼ出ていることが以上によって確認できるが，それら全体としての確認との関連で，最後に社会理論をめぐっての論点について若干の指摘を追加しておこうと思う．この論点は現在の社会学にまで及んでいるので，論点の性格の指摘が必要であろう．社会学理論と社会理論とはどのような関連にあるかについては，3つの考え方が想定される．1つは，社会学理論には社会理論が組み込まれているという立場である．次には，社会学理論と社会理論とは異なるという立場つまり社会理論にまで社会学理論を広げない立場である．そして最後にかならずしも鮮明ではないが，社会学理論が社会理論にまで拡大できると解釈されるような立場である．それぞれの立場を検討するにあたっての論点としては，社会理論として一般化すればするほど社会哲学になる可能性があることにどのように対応するか，社会理論と社会学理論とが理論的一貫性を有しているかどうか，社会学理論にとって社会理論はどのように理論的に位置づけられるか，という論点がある．したがって，いずれの立場であろうともこれらの論点になんらかのかたちで答えることが要請される．

注

1) 富永健一「戦後日本の社会科学におけるパラダイム相克とその終焉」（山之内靖他編集『岩波講座　社会科学の方法Ⅰ　ゆらぎのなかの社会科学』岩波書店，1993年，340ページ）
2) F. Tönnies : Gemeinschaft und Gesellschaft. Neuausgabe. 1978. S. XV
3) 典型的な具体例としては『社会学事典』（見田宗介他編　弘文堂，1988年）を挙げることができよう．〈ゲマインシャフト／ゲゼルシャフト〉という項目では，「テンニースの，過剰に意味負荷されてしまった諸規定からは自由に，マルクス，ヴェーバーの用法をも視野に入れつつ，より一般的な，かつシンプルに規定された用語として，この対概念を使いこなすことが生産的である」「『ゲマインシャフト』とは，一般に，諸個人の人格的 personlich な，（したがって非限定的 diffuse な，）関係態であり，『ゲゼルシャフト』とは，物象的 sachlich な，（したがって限定的 specific な，）関係態である」「一般的な概念としてのゲマインシャ

フト／ゲゼルシャフトは，両項各々に，成員の自由な意志によって（対自的に）形成される社会の類型と，成員の自由な意志の外部に（即自的に）存立してしまう社会の類型をともに含みうる」特に説明をしないで読者の判断に委ねるが，過剰に意味負荷しているのはテンニースであろうか，それともこの執筆者であろうか（同『社会学事典』257 〜 259 ページ）．

4) F. Tönnies : Soziologische Studien und Kritik I. 1925. S. 21.
5) F. Tönnies : Gemeinschaft und Gesellschaft.Neuausgabe 1978. S. 22.
6) F. Tönnies : Gemeinschaft und Gesellschaft.Neuausgabe 1978. S. 29.
7) テンニースの発想あるいは「思想」についての解釈は多様であり，ある1時期をのぞいてはどちらかと言えば否定的評価が多いようである．しかし，人間の相互関係（＝結合体）は意志にもとづくという思惟は人間の主体性への着目としてきちんと受けとめる必要があることを強調したい．しかも個人意志論から出発しているとはいえ，結合された意志としての社会意志をも措定していることは，共同性に結びつく論理をも含んでいることに注意をうながしたい．
8) テンニースにたいする思想面での評価としては，ペシミズム，保守的（さらにはナチズムに結びつくという極論）という評価がいまだに後を絶たないが，正しい理解ではないことを表明しておきたい．このことはドイツ社会民主党との関係，ナチズムにたいする論難，晩年の彼が戦う民主主義者として評価されていたことによって明らかである．最近の例として，社会学史であると同時に社会学理論の論述として性格づけられる好著『社会学的思考とはなにか』（三溝信著　有信堂，1998 年）でペシミズムと断じられていることを挙げておこう．
9) ヘルシャフトがテンニースの社会学の基礎概念の1つであることについてはほとんど知られていない．彼は晩年の『社会学序説』（Einführung in die Soziologie. 1931）で本文で述べたような体系化の試みを提示し，基本概念について再整備している．それによればゲマインシャフトのサブ概念（あるいは下位概念）として，過去的なヘルシャフトと未来的なゲノッセンシャフトが措定されている．私はテンニースの独自な概念の措定として重視する必要があると考えている．
10) 「序」で述べたように，テンニースはマルクスと並んで私の社会学の理論構成において重要な位置を占めていること，日本における受容が著しく不充分であることからやや詳しく述べたが，彼の研究プロセスにおいては「源流」の前史まで思惟体験をすることおよび思惟方法，現実認識両方において螺旋的発展という見方があることから多大の示唆をえた．詳しくは飯田哲也『テンニース研究』（ミネルヴァ書房，1991 年）を参照．
11) 日本におけるジンメル解釈は長期にわたってほぼ確定していた感がある．社会学に引きつけた代表的な受け止め方としては，形式社会学および小集団理論の2つに絞られるが，最近の新たな動向としては，居安正・副田義也・岩崎信彦共編『ゲオルク・ジンメルと社会学』（世界思想社，2001 年）『21 世紀への橋

と扉　展開するジンメル社会学』(世界思想社,2001年)早川洋行『ジンメルの社会学理論』(世界思想社,2003年)などを参照．特に早川の本はジンメル社会学の全面的捉え直しの試みとして興味深い．

12) ジンメル「社会学の根本問題」(『世界大思想全集　社会・宗教・科学思想篇16』6ページ　所収)

13) G. Simmel : Soziologie 5Aufl 1968. S. 42

14) 相互関係を理論的出発点としたことには，早川の指摘にもあるように(前掲書)，独自の意義があることを認めるにやぶさかではないが，ジンメル自身が明確に自覚していたかどうかはともかくとして，彼の社会学がマクロな全体社会までの射程を有するかについてはいささか疑問が残る．したがって，いわゆる方法的個人主義でないならば，ジンメルの方法に依拠することによって全体社会への射程を有するという道筋が示される必要があるであろう．そのことによってはじめて単なる形式のみを問題としたのではないという解釈が説得性をそなえることになる．

15) ここでは合理化の進展という近代社会認識や「官僚制論」については展開しないがこれらの課題がセットになっていると受け止める必要があるとだけ言っておこう．

16) 大河内一男『獨逸社会政策思想史』日本評論社，1936年を参照．ヴェーバーの「客観性」の主張はこのような背景抜きに受け止めないことが肝要である．

17) M.Weber : Gesammelte Aufsatze zur Wissenschaftlehre, 3Aufl, 1968. S. 190 (『社会科学と社会政策にかかわる認識の「客観性」』(富永祐次／立野保男訳　岩波文庫，1998年　111ページ)

18) ヴェーバーのこのような認識の仕方については独自に詳細な論考を必要とする方法論の問題であり，これまでも賛否両論の立場から多様に論じられている．私自身はかならずしも賛成の立場にはないが，ここでは疑問というかたちで一言だけ述べるならば，理念型的概念構成による現実認識では概念と概念との関連は明快であるが，概念と具体的現実との関連をどのように考えるかという問題が残るという疑問である．

19) M. Weber : Gesammelte Aufsatze zur Wissenschaftlehre, 3Aufl, 1968. S. 542 (『社会学の根本概念』(清水幾太郎訳　岩波文庫，1972年　8ページ)

20) 同上訳書，20ページ

21) 社会的行為から出発して最終的にはマクロな社会(関係)に到るという思惟については継承・発展させる知的遺産としておおむね肯定できるが，その関連をどのように構成するかという問題についても疑問というかたちで付け加えておこう．社会関係が社会的行為の営まれるチャンスにあるとするならば，例えばもっともマクロな支配関係をも説明し得る論理としてはたしてどうであろうか，という疑問である．

22) ヴェーバーを例として具体的に示すならば，注18)や19)で簡単に疑問をだ

したことは1つの「ヴェーバー研究」のテーマになる性格の理論問題なのであり，ヴェーバー研究の理論問題はこれらに尽きるわけではない．したがって，例えば「ヴェーバーのある概念について」という論考はあり得るしまた実際にも多くなされている．しかしそのような論考においては，その概念を文献解釈学的にのみ論じるならば，有効と思われる視点が多様な拡散をもたらすかたちで主張されるにすぎない結果になることの危惧を自覚する必要があるのではないだろうか．

第3章　現代社会と社会学

Introduction

　第一次および第二次の2つの世界大戦を経て現在にいたるまでの20世紀の社会学の動向を全面的に展開することは，1人の研究者ではほとんど不可能に近いであろう．社会科学の展開については，ダニエル・ベル『社会科学の現在』（蝋山昌一訳　TBSブリタニカ，1984年）がある．参考までにその内容を示すと，

　1. 社会生物学　2. 経済学　3. ネオ・マルクス主義　4. 構造主義，

となっている．それが20世紀の社会科学を網羅しているとはまず考えられないであろう．そこにはベル流儀の大胆な取捨選択があるのであって，異なった取り上げ方があることは言うまでもない．そのような展開を何人が行うにしても，それぞれの歴史的現実認識と学問観があるということにほかならない．そこで，ここでもまた私流儀の取捨選択にもとづいて諸説についての現実的意味と理論的意義について批判的に触れることを通して，現在とこれからの社会学にとっての意味を考えるという範囲でいくつかの諸見解に言及する．そのような論考の仕方は，（社会学の原理論としての）〈第2部　社会学の理論構成〉へ向けての私の思惟のプロセスを示すことを意味するであろう．

　さて，20世紀に入ってから第二次世界大戦までの社会学は，現代社会学のスタートとしての重要な位置を占めている．とりわけ日本の社会学においてはそうである．あとでやや詳しく触れることになるが，日本における社会学については，戦前ではドイツ社会学の直輸入が圧倒的に多く，それに若干のフランス社会学の輸入，そしてアメリカの社会学からの影響は鈴木榮太郎などきわめて限られていた．ここで直輸入というのは欧米の社会学の紹介・解説・解釈にとどまり，理論構成については1人ないしは複数の社会学理論にほぼ全面的に

依拠していることを意味する．この性向はごく少数を除いては戦後にも継続しており，私はそこに日本社会学の理論的貧困を見ている．具体例を挙げるならば，戦前においては高田保馬，新明正道，戦後においては清水幾太郎，本田喜代治，青井和夫，富永健一などを一定の独自性のある理論的挑戦として挙げることができる程度である．戦後日本におけるこれらの諸見解については，第4章で具体的に触れられるであろう．

なお，マルクス主義については，経済学・哲学・政治学などについての独自の展開が若干は認められるが，社会学をめぐっては，後の社会学的思惟に示唆を与える性格の論考があるにとどまる．これまでのいわゆる「社会学史」などでは，マルクスには触れられることがあっても，マルクス以降のマルクス主義についての言及はきわめて少ない．触れられる場合は，自己の社会学に部分的思惟として活用している例との関連で取り上げられる程度である．それにはマルクス主義のその後の歴史的流れについての事情があることは否めない．すべてとは言わないまでも，「マルクス主義者」の多くが社会学をブルジョア・イデオロギーとみなすことによる批判的見解を表明するというレベルにとどまっていたという事情である．しかし，マルクスを社会学の発端の1つとして位置づける私の立場からは，マルクス（マルクス主義ではない！）のその後の流れについても，それぞれの立場から言及することが要請されるはずであると言いたい[1]．

さて「第2世代」以後20世紀前半の社会学は，ある意味では「当該社会の科学的自覚」がさらに鮮明に出てくるとも言える．しかもその現れ方が，「繁栄」のアメリカにおける社会学が加わることによってより複雑になるが，そのことがある意味では現在も存続していると言える．

1. 現代社会の一般的問題性

◆ 20世紀前半の世界

19世紀後半のヨーロッパがすでに資本主義社会の矛盾の進展に直面してい

たことについては，いわゆる「第2世代」に共通する人間疎外の状況認識，前章で取り上げた3者それぞれに違いがあるが，近代社会の動向そのものが孕んでいる問題性（＝当該社会の科学的自覚）をめぐって，すでに確認したところである．しかしながら，資本主義の矛盾が世界史的レベルで露になるとともに，危機意識がはっきりと現れるのがこの時期の特徴である．そこでまず，この時期の主な出来事によって第一次世界大戦を挟んだ20世紀前半（第二次世界大戦の終結まで）の世界の現実を簡単に確認する[2]．

1906年　イギリス労働党成立
1912年　ドイツ社会民主党が総選挙で進出
1914年　第一次世界大戦勃発
1917年　ロシア革命
1918年　ドイツで社会民主党が政権樹立
1919年　ヴェルサイユ講話条約調印
　　　　コミンテルンの結成
　　　　ワイマール憲法の制定
1921年　ワシントン軍縮会議
1922年　ムッソリーニ政権の成立
　　　　ソヴィエト社会主義共和国連邦の成立
1924年　ソ連　レーニン（死去）からスターリンへ
1929年　世界大恐慌
1932年　ヒットラー内閣成立
1933年　「満州国」独立宣言
1936年　無制限軍拡競争はじまる
　　　　二・二六事件　　西安事件
1937年　日独伊3国防共協定の成立
1939年　第二次世界大戦はじまる
1941年　太平洋戦争はじまる
1945年　第二次世界大戦の終結

帝国主義的競争の激化は，周知のように第一次世界大戦という帝国主義戦争へと進展した．その結果，資本主義の環のもっとも弱いところであるロシアで社会主義革命が現実化したこともまた周知のことであろう．その後，第二次世界大戦勃発までの「大戦間期」における世界史的出来事は，その間の世界の情況を物語っている．短期間の平和への努力があったとはいうものの，1929年のウォール街からはじまる金融・経済恐慌が世界的規模での経済恐慌へと拡大したことを契機として，一方ではドイツ，イタリア，日本などの「後進資本主義国」でのファシズムの台頭と侵略戦争の準備，他方では自由主義的民主主義の擁護，民族主義の高揚と植民地解放運動が新たに進展する時期である．後者についての具体的事実としては，オーストリア・ハンガリー帝国の解体，エジプト，イラク，ヨルダンなどのイギリスからの独立，中国での西安事件を契機としての抗日民族統一戦線の結成，インドにおけるガンジーを中心とした独立運動，東南アジア，アフリカ，ラテン・アメリカにおける各種の民族独立運動などを挙げることができる．

　これらの事実については世界的規模での民主主義の前進を意味するが，その意義の人類史的レベルでの確認が大事である．つまり，基本的には資本主義経済が支配的な近代社会，そして世界全体がそれに覆われることによる矛盾の具体的現れであることの確認である．そこで次にそのような近代社会のあり方のもっとも基本的な性格について，「経済学的」に確認をしておこう．

◆ 資本主義社会の基本性格と矛盾

　現代社会についてはいろいろな表現で多様な性格づけがされている．煩雑ではあるが現代社会論として言われているものをアトランダムに挙げてみよう．大衆社会，管理社会，知識社会，産業社会，情報社会，脱工業化社会，成熟社会，高度消費社会，後期資本主義社会，都市化社会，企業社会などなど．現代社会の特質の1つの認識としては，それらが別に間違っているわけではない．しかし，資本主義社会として生まれ進展してきた近代社会から上に挙げたような社会へと「変動」したわけではない．資本主義社会としての基本的性格を維

持しつつも,いろいろと特徴づけられる面を同時に見いだせるということにほかならない.このことはいわゆる資本主義社会変質論にたいしても同様にあてはまる.したがって現代社会の特質をきちんと認識するには,資本主義経済のもとで上に挙げた特徴との関連こそが問われる必要がある.資本の運動を軸とした資本主義的生産様式は経済学の領域に属するのであるが,この項では資本主義社会の基本性格についての原理的な確認をしておく.マルクス経済学においては常識に近い資本の運動法則については,

$$G-W {\begin{matrix} \diagdown A \\ \diagdown Pm \end{matrix}} -P-W'-G' \quad (G+g)$$

というもっとも基本的かつ単純な範式を確認しておこう.これについては具体的な現実との関連や経済学の立場の違いなどによっていろいろな論議があるが,ここで確認したいのは,これにもとづいて考えた場合の現実的結果である.

まず,資本の運動法則は必然的に拡大再生産を要請するということである.自由競争による市場経済は拡大再生産を必然とする.詳細はともかくとして,剰余価値がすべて消費されないでなんらかのかたちで資本蓄積に向けられることを意味する.具体的には国家政策などによって,市場経済の実際のあり方が多様であることはいうまでもない.

次には,資本主義社会は2つの基本矛盾を常に宿しているということである.市場経済における生産が社会的性格を有するのにたいして,労働力商品の販売によるものであろうと,剰余価値の獲得によるものであろうと,あるいは社会的分業の一環としての自営業によるものであろうと,私有財産制を基本とする経済システムのもとでは取得は私的なものとして性格づけられれる.このことは取得に極端な格差をもたらすことは当然であり,客観的には階級の利害・対立を必然的に孕んでいるという矛盾を意味する.ただし現実的な現れ方はいろいろな条件によって異なることは言うまでもない.

第3には,拡大再生産が市場問題に直結するということである.拡大再生産が生産財と消費財の販路の拡大=市場の拡大を要請することは,商品生産(売るための生産)を基本とする経済にとっては当然のことであろう.市場の不断

の拡大というこの要請は常に不充足であることも基本的に確認することができる．このことは一時的あるいは部分的に過剰生産が生じることを否定するものではない．したがって，資本主義的生産においては，自由競争から独占への移行が程度の差はあれいずれは現実化する．

　資本主義的生産による経済の発展した社会では基本的矛盾もさることながら，現代社会においては第3に指摘した方向がより大きな問題になっているともいえる．すなわち，世界的規模での資本主義化と世界的な経済格差が極度に進展しているこんにち，生産力の発展に結びつく消費市場と資本市場の問題は，国内市場だけでは解決できない段階にあり，生産物の輸出に加えて資本の輸出が必然的に要請されるということである．この意味で，経済的先進諸国の国外進出は資本主義化の進展の必然的帰結である．

　発達した資本主義社会での社会的現実には以上のような基本的性格が変化したように見えるかもしれない．しかし，国際化の進展のもとで1つの国だけでなくグローバルな資本主義化の進展という現段階では，経済的先進諸国といわゆる発展途上国との関係をも視野におさめるならば，世界的規模で上記の基本的性格が認められるはずである[3]．

　経済学的にもっとも基本的な性格と問題性については以上のようにおさえることができるが，すでに簡単に挙げたいろいろな現代社会論が現れていることに示されているように，資本主義社会としての近代社会のその後の変貌は，基本的な把握とその適用だけでは済まされない新たな状況をもたらしている．とりわけ都市化の進展，第3次産業の発展，さらには情報産業の拡大とそれにともなう新たな問題は重要な変化である．そのような新たな現実に対応して，経済学的には以下の3つの理論問題が浮かびあがってくる．

　第1には，再生産表式の再構成の必要性
　　第I部門＝生産財の生産　　第II部門＝消費財の生産　に加えて
　　第III部門＝サービスの生産　を再生産表式にどのように組み込むかという
　　　　　　　課題．
　第2には，地代論の新たな理論的展開

現代的な農地及び土地問題への対応として

農地の激減と住宅，工場等のための土地利用の激増に応じ得る理論を追求するという課題．

第3には，1国規模つまり国民経済学という発想の転換による理論化

社会主義社会，「南北問題」，多国籍企業の拡大といった新たな現実に対応して，国際経済論とは異なる発想としての世界経済という発想による理論化という課題．

さらには，情報産業の嵐のような発展をどのように経済学に理論的に組み込むかという課題も提起されているように思われる．専門外ではあるが．これらは経済学の理論的課題を私なりに提起したものである．大事なことは，経済学にそのような理論的課題があること，およびそのことを念頭においた理論的追求が社会学に要請されるということであり，経済学が答えないから社会学が答えるということではない[4]．

2．西欧の危機と社会学

◆ 西欧の危機について

20世紀初頭のヨーロッパでは，O・シュペングラー（1880－1936年）の『西欧の没落』，K・ヤスパース（1883－1969年）の『現代の精神的状況』という2つの著作に典型的に現れているのだが，階級対立のさらなる激化，帝国主義戦争の危機の進展が誰の目にも明らかになり，いわゆる「予定調和」の思想の崩壊という局面にさしかかっていた．それは先に原理的に確認した資本主義社会の矛盾が世界的に露わになってきたことを意味する．

すでに述べたような経済分野での定期的に訪れる恐慌，社会労働運動の激化，さらにはロシア革命といった社会情況のもとでの西欧の「危機意識」がいろいろなかたちで現れることになる．一般的には例えばヤスパースが「人間は無の前に立っている」と述べていることに象徴されるように，人間存在そのものの危機とヨーロッパの危機が鋭く意識されているのであるが，具体的には以下の

ような意識に示されていると言えよう．

　歴史的には広く知られていることであるが，危機（意識）にかかわる特徴的な諸相を簡単に指摘しておこう．まずは，自然科学の大転換を挙げることが出来る．具体的には（ニュートンの）力学的な自然観・物質観が根底から揺るがされたことである．電磁場の発見，相対性理論，量子論などはそれまでの常識的な思惟の大転換を意味する．次に，世紀末意識あるいは終末意識がいろいろなかたちで現れたことであるが，とりわけ終末意識の負の側面が前面に出てきたことを指摘することができる．簡単に言えば，キリスト教（さらにはユダヤ教）で言われている「千年王国」あるいはメシアの再臨といった至福の世界の到来（正の側面）に先立つ一種のカタストロフィ意識（負の側面）がある種の「滅亡の危機」意識として表面化してきたことを意味する．

　厭世主義と西欧中心史観への疑念もまたこのような危機意識の現れとして性格づけられる．先の章で（社会学的思惟の範囲ではあるが）オプティミズムに結びつく人間理性への信頼を見てきたが，帝国主義戦争や社会労働運動にたいする現実的危機および上で指摘したような危機意識を背景として，理性の力への不信がとりわけ哲学・思想界にペシミズムに結びつく性格をも孕んで現れる．理性よりも意志あるいは意欲を重視することによって意志と意志との葛藤が前面に浮かび上がることになる．そのような苦悩から逃れることの極端な表現がそのような意志の否定というかたちを採るところに厭世主義の特徴がある．西欧中心史観への疑念（あるいは脱却）はシュペングラーの『西欧の没落』という書名によって知られており，それは新たな文明批評の表明ではあったが，これまた危機意識としてマイナス面として俗流化される結果をもたらすことになる[5]．

　このような社会的・意識的（思想的）現実は，資本主義の「相対的安定期」における新カント哲学的思惟，そしてそれにもとづく形式社会学の現実遊離的思惟では済まされない大きな変化と言えるであろう．事実，そのような社会的現実の科学的自覚による社会学が，新たな現実科学としてたち現れることになる．

◆ マンハイム

　この時期の西欧の社会学についてはK・マンハイム（1893—1949年）を代表的存在としてよいであろう．他にA・ヴェーバー，H・フライヤーなども挙げられるが，あとで問題提起的に簡単に触れようと思う．なぜマンハイムなのか．いわゆる「第2世代」が形式社会学的であったとしてもかならずしも現実遊離ではなかったことは，すでに見た通りである．しかし，先の3人については彼らの仕事全体と彼らの内にある思惟方法の基本的性格とは一致していたとは言えない．簡単に指摘しておくならば，テンニースでは未来への展望が乏しいこと，ジンメルでは現実遊離に陥る論理を宿していること，M・ヴェーバーにおける「客観性」の孕む理論的問題性などを指摘することができる[6]．

　あとで簡単に触れるように，フライヤーは現実遊離のロゴス科学を批判してエトス科学としての社会学を主張した．マンハイムの社会学がフライヤーの言うエトス科学であったかどうかはともかくとして，現実的課題を据えて初期綜合社会学とは異なるかたちで再び全体社会の把握を目指すとともに，未来へも思いをはせたこと，つまり未来を射程に入れるものとして社会学を性格づけたこと，しかも単なる予測にとどまる思惟ではないことは明らかである．マンハイムの目指したことについては，次のように整理できる．

　まず現実的課題としては現代社会の診断と展望（方策）ということを指摘することができる．診断については単に『現代の診断』という直接的な取り上げ方だけでなく，マンハイムの著作の大部分が現代社会の診断として性格づけられるとも言える．展望はまさにこの診断を根拠としており，「社会計画」にまで踏み込んでいることを挙げることができる．理論的課題としては存在と意識との関係につきると言えよう．

　対象については，「第2世代」とは異なり，再び全体社会を浮上させたことに彼の特徴があるが，意識あるいは文化現象としての認識が軸になるところに初期綜合社会学との違いがあると言えよう．それは意識あるいは意識された現実と言ってもよいであろう．

　方法論としては基本的には相対主義とは異なる「相関主義」という主張に

よって特徴づけられる．相関主義とは思惟の存在被拘束性という見方によるイデオロギー分析における独自の主張として性格づけられる．すなわち，なんらかの基準設定による評価的思惟（一応は「絶対主義」）にたいして「相対主義」が没評価的な思惟方法であるが，それらとは区別される「相関主義」という主張は，基準そのものを固定化しないで，存在との関連で比較評価するという思惟方法の主張である．「相関主義」の是非はともかくとして，この思惟方法が認識論やイデオロギー分析だけでなく，具体的な現実分析や未来への展望においても一貫していることがマンハイムの社会学の特徴と考えられる．

さて，マンハイムの仕事は大きくは3つに分けることができる．第1には，知識社会学である．認識と存在との関係を解明することによって認識（＝知識）の意味を明らかにすることが基本的な狙いである．彼の『イデオロギーとユートピア』は後に『知識社会学』で若干の修正・整備がなされるが，イデオロギー分析によって思惟の存在被拘束性という彼の見方を基本的に主張したものである．『イデオロギーとユートピア』は，1) イデオロギーとユートピア，2) 政治は科学として成り立つか，3) ユートピア的な意識という3つの部分から構成されている．

マンハイムによれば，認識論（＝知識と受けとめてもよい）自体は真偽を明らかにしないのであって，さまざまな知識＝認識内容の意味を社会的存在との関連で明らかにすることを目指すものとして知識社会学が性格づけられる．彼のイデオロギー論はそのための理論装置あるいは判断基準にほかならない．彼のイデオロギー論は，部分的イデオロギーと全体的イデオロギーを措定し，そのようなイデオロギーが存在のあり方との関連においてどのように性格づけられるかを追求するものである．

まず部分的イデオロギー概念は，敵対者の主張の一部分だけをとりあげて，心理学的次元に関連させて思考を分析・批判するものとして性格づけられる．具体例としては，ベーコンのイドラ説があげられる．人間の思惟の誤りの源泉としてのイドラ批判は，人々の心理的平面にとどまるかたちでの虚偽性の暴露であるにすぎないとされる．また，マキァヴェリィの思想のなかにもそれが見

いだされているとしているが，この場合には利害心理学という表現が使われている．

　全体的イデオロギーはこれとは違って，思考・知識の全体を社会的次元に関連させて分析・批判するものとして性格づけられる．具体的には，それぞれの世界観全体を社会的・集団的存在と関連づけて取り上げる．したがって，個人的な心理的レベルを超えて知識の全体を精神的・理論的次元において追求するという性格であり，とりわけ社会構造（主として階級が想定されている）における機能との関連において分析・批判するものとされる．この全体的イデオロギー概念は具体的にはカントの意識哲学，ヘーゲルによる歴史化，マルクスの階級性というふうに進展をみせるとされている．つまりいろいろなイデオロギーが他を批判するが，批判する立場もまた存在被拘束性をまぬがれないということにほかならない．マンハイムについては，存在との関係で意識と文化を真正面から取り上げた「源流」として位置づくことの確認が大事である．なお，ユートピアとの関連での主体性への着目は見落としてはいけない主張である．すなわち，ドイツ観念論の特徴である精神（意識）の能動性の復活が目指されていたことを意味する．

　第2には，現代社会論を挙げることができる．次の社会計画との関連で，マンハイムの現実認識＝現代の診断の性格を（とりわけM・ヴェーバーとは異なるという意味で）確認しておく必要がある．「もしわれわれがこのような一般的な診断や漠然とした予言で打ち切りにしたいと思うならば，われわれは社会学者ではないだろうし，科学者でさえないであろう」[7]と述べていることに，「治療」のない「診断」は診断ではないという考え方を見てとることができる．このような考え方にもとづく現代社会の診断として，マンハイムは現代社会には産業社会と大衆社会という2側面があると見る．この見方は次の社会計画についての見解の表明と連動する性格と考えられる．

　マンハイムによれば，産業社会としての現代社会はあらゆる社会分野で機能的合理主義が進展していく性格をもっており，民主主義の一定の前進が認められるとはいうものの，目的達成における効率化が最優先される大きな組織体に

ほかならない．このような点では M・ヴェーバーとの類似が認められるが，このような効率志向性により生じる現代社会のもう1つの側面が大衆社会として捉えられる．すなわち，集団や組織における効率的な目標達成に向けては社会参加としての主体性を一定前進させるが，他方では巨大化・複雑化した現代社会の全体的状況との相互関連における主体性は見失われることになる．このような大衆社会状況は，一定獲得された民主主義（あるいは個人主義）のエネルギーのはけ口を逆に非合理的方向へ向かわせる危険性を孕んでいる（ナチズムの台頭とコミュニズムの脅威という認識が背後にあることは明らかであろう）．

第3には，社会計画についての考え方を確認しておこう．マンハイムの社会学的研究は現代社会の診断にもとづいて「自由と民主主義」を基軸とした社会計画を打ち出したことに大きな特徴を認めることができる．すでに確認したように，産業社会と大衆社会という2側面をもつ現代社会とは，合理性と非合理性の両面を持つものとして性格づけられる．やや拡大解釈というそしりを免れないかもしれないが，コミュニズムとファシズムはその片方に着目した計画であるのにたいして，マンハイムは「戦闘的民主主義」を第三の道として主張する．具体的には平和に結びつく社会改革，経済の計画化，軍事・行政，マスコミ，そして教育による人間改善の主張を挙げることができる．しかし，ここで大事なことは，社会計画を提唱したこともさることながら，計画が諸個人の自由を損なわない「自由のための計画」であり，民主主義とは合理性と非合理性の関係についてその調和をいかに具体化するかにかかっているという思惟である．

マンハイムについては，イデオロギー論を軸とした思惟にたいするいろいろな批判的評価があるが，「第1世代」および「第2世代」と対比して考えると，未来を射程に入れた現実認識と社会学理論にはあまりないと思われる民主主義を真正面にかかげる主張をどのように受け止めるかが問われるであろう[8]．

◆ 社会学の新たな理論的提起

「現実遊離」の形式社会学にたいするマンハイムの批判と彼の新たな主張は，

「危機の時代」においては必然であったとも言えるのであり，似たような新たな提起を簡単に取り上げて，この時期の社会学的主張の性格と知的遺産を確認しておこう．そこでマンハイムとは若干異なる2人の社会学者の見解に簡単に触れる．

マンハイムにおいては知識社会学が理論的軸であったのにたいして，A・ヴェーバー（1868－1958年）は文化社会学の主張として受け止めることができるであろう．形式社会学の現実遊離の批判として，文化を重視して社会生活全体を射程に入れながらも，初期綜合社会学とは異なるかたちで，社会全体を対象とする新たな見解の表明として性格づけられる．彼の社会・歴史についての基本的な思惟の特徴は，社会過程，文明過程，文化運動の3つの領域に分けて，それらを統合しようというところにある．

社会過程とは政治史・経済史・社会史などの歴史学を素材として，例えば民族といった運命共同体のような歴史的個体の自然的・人間的な衝動力および意志力の総体であり，具体的な出来事の成り行きの総体（あるいは一般的形態）であり，社会進化の観点から社会過程をみることが社会学的考察とされる．

文明過程とは，自然観・知識の体系・知識を実現する手段の体系であり，社会過程，文化運動とは異なって単線的に進化するものであり，したがって他の社会へも伝播する普遍妥当性をもつものとして性格づけられる．したがってヴェーバーによれば，それは創造されるものではなくて発見されるものとして性格づけられるのである．

文化運動については，個性的かつ排他的（他の領域）な文化創造（宗教・芸術・理想など）として文化が発現する領域とされる．文明過程とは違って創造として性格づけられる文化運動は進化・発展段階としては捉えられなくて，ヴェーバーは「新しい魂の状況」と表現しているように，それぞれの歴史的個体の一回的な独自の状況である．

ヴェーバーにおける歴史とは（したがって社会的現実）この3つの統合体であるが，彼の主張の特徴は，文明過程と文化運動を区別することを強力に打ち出したことにあり，そのことを通して社会の問題状況を捉えることにある．文

化運動に生の発現を見るヴェーバーは，硬直した文明過程に新たな精神の息吹を吹き込むのが文化運動であり，統合体としての歴史について「生の凝縮体」と表現していることにもその思惟が示されている[9]．

1時期に日本でも脚光を浴びたが最近ではほとんど忘れられた存在である感があるH・フライヤー（1887—1969年）にも簡単に触れておこう．彼もまた形式社会学をロゴス科学として徹底的に批判するかたちで登場したが，主著『現実科学としての社会学』にあるように〈社会学における現実〉が彼の主張の中軸をなしている．

「精神科学が問題としなければならない現実は，2つの区別し得る次元を兼ね備えている．すなわち，精神的な内容と心的な行為，意味連関と体験連関，精神と生，『客観的精神』と『主観的精神』，『対象層』と『自我圏』，『論理と心性』という2つの次元である」[10] このような現実がフライヤーにとっては社会学の展開の前提であるとともに主要な原理をも意味する．つまり，社会的現実は「生起としての自らの実現」と「形式としての意味内実を完成するもの」という2つの契機を含んでおり，精神科学（＝社会学）はその論理構成においてこれら2つが統一されていると性格づけられる．したがって，後者を認識目標とし，前者を形式の単なる条件とするロゴス科学にあっては，真の社会的実在は認識されないままで底に眠っていることになる．

フライヤーは，彼にとっては非現実的あるいは現実遊離として性格づけられるロゴス科学にたいして，社会学はエトス科学であることを主張する．エトス科学の主張の核となる思惟が生からの形式，時間への関係，人間の実存的状況への着目であり，ここにもまた生の哲学との関連が濃厚であることを見て取ることができる．では，フライヤーにおけるエトス科学としての社会学とはいかなるものであったか．彼が強調したのは歴史認識の導入であり，具体的には身分から階級へという視点および「成層」という概念を提起したことに尽きると言えよう．フライヤーについてはいろいろな批判があるが，トータルな社会的現実認識への志向，文化あるいは意識的現実への射程，哲学的基礎については認識論にとどまらない存在論への思考があったことを指摘しておこう．

マンハイムも含めて，これらの諸説にたいしていろいろな批判があり，私自身も双手を上げて全面的に賛意を表するものではない．しかし，社会学の展開方向あるいは社会学的視野の拡大方向をそれぞれのプリンシプルにしたがって示していることに意義を見いだせると考えられる．このことを継承に値する知的遺産として簡単に確認しておきたい．彼ら以前にも意識や文化が無視されていたわけではない．しかし，社会的な意識の世界と文化を社会的現実の構成部分として，それまでは主として哲学などの人文科学として論じられていたのにたいして，「具体的に」つまり単に意識とか精神とかという一般的なかたちではなしに，社会学の対象として措定したという意義を第1に確認する必要がある．

第2には，歴史的世界に射程を具体的に拡大したことである．より具体的に言えば，歴史的世界としての「現在」を変革期として位置づけようとしたことを意味する．その意味では，動揺する帝国主義という現実をなんらかのかたちで見事に反映している．ここまでの流れから，社会学には未来に結びつく「現在科学バネ」がある，と私は性格づけているが，彼らの知的遺産は「現在科学バネ」の具体例として意義づけることが大事である．最近の1部の「新しい」社会学の主張に現実遊離が認められるが，時には現実遊離をしても社会学は「現在科学」として甦る性格を有するというのが私の見解である．したがって，現在は現実遊離に見える社会学にたいして，単に現実遊離として全面的に否定的に批判するのではなく，「現実科学バネ」を探るスタンスが常に求められるのではないだろうか．この意味において，「現実科学バネ」の具体的あり方が示されていることを，私が触れた諸説を対比して確認することに意義があると言えよう[11]．

3. アメリカの2つの社会学

◆ もう1つの現代社会

ヨーロッパの先進資本主義諸国が内外の矛盾の激化のもとで危機意識が充満

していたのにたいして，20世紀に入ってからのアメリカ社会はヨーロッパとは異なっていた．すなわち，モンロー主義のもとで経済が飛躍的に発展し，第一次世界大戦に遅れて参加したが，戦火による疲弊にいたらず，逆に経済発展を遂げるとともに「大恐慌」をも乗り越えて独自の繁栄の道を突き進んだとも言える．しかし，ある意味では「みせかけの繁栄」であり，資本主義経済のもとでの自由競争の継続は多くの矛盾を内に抱えていたと言える．具体的には富の不平等な配分，したがって購買力の低下，農業の停滞などであり，さらに自由な金融のあり方を加えると，1929年の恐慌は，先に確認した資本主義経済の性格からして必然であったと言えよう．消費者消費＝消費財と資本膨張＝生産財の部門のアンバランスは当然であり，さらには資本主義的退廃とも言える不健全な投資熱．

　1929年の恐慌を乗り越えることによって「豊かな社会」へ突入という局面，すなわち，2回のニューディールによる経済的発展へ向かう局面が繁栄へ進んだと言われている．ニューディールについての評価はいろいろある．それが不況克服の打開政策でありその性格を一応はそなえていたことは確かであるが，経済政策の面だけに単純化する評価については慎重に考える必要がある．国家のあり方（＝国家政策）の変化とも結びついた「社会のあり方」の面を含めて総合的な評価が必要であろう．この時期には，都市化の進展とそれにともなういわゆる「病理現象」が多発するという面もまた進展しており，この時期のアメリカ社会を全体として特徴づけることはむずかしい．そこで，いくつかの特徴について並列的に挙げておく．

　この時期のアメリカの世相を示すキーワードとしては，〈ジャズ〉と〈アル・カポネ〉が適切ではないだろうか．さらに付け加えるならば，小説・映画・音楽に当時のアメリカ社会・世相をもうかがうことができる．チャップリンの「モダンタイムス」「独裁者」，スタインベックの「怒りの葡萄」，ベニー・グッドマンやガーシュインなどの音楽などを代表例として指摘できるであろう．それらには「繁栄」のもとでの労働者，農民，とりわけ移民（白人以外の有色人種）の貧しさなどが象徴的に表されているのではないだろうか．資本主義経

済の発展にともなう都市化の進展などを背景として，移民の導入や階級・階層分化の進展による人間・関係・生活のあり方の多様性が進展する．より具体的に言えば，基幹産業の労働者，周辺の労働者，農業従事者，黒人などの極端な生活格差をともなう多様性，さらには移民の増加による民族の多様性は経済的な消費水準の格差にとどまらない生活全体の多様性をもたらすことになる．このことはいわゆるエスニシティ問題を独自にかかえていたことをも意味する．

いわゆる「アメリカンドリーム」が消失してはいないが，階層ヒエラルヒーが形成される．やや曖昧な表現ではあるが，「繁栄」のもとでの混沌，アメリカの行方の模索というふうに，さしあたりは押さえておくのがベターであろう．いわゆる社会病理現象が多発しているとはいうものの，ヨーロッパの社会問題にたいする受け止め方とそれに結びつく危機意識とは異なっていることによって，アメリカ社会は独自の史的進展を見せることになる．具体的に指摘するならば，ファシズムでも共産主義でもないあり方でありながらも政治権限の強化の方向が，自由主義的な民主主義の擁護，共産主義への批判的態度にもとづいて進展する．ともあれ自由競争の終焉と「管理された資本主義」への道を進み始めたのが当時のアメリカの姿であったと言えるであろう．このように多様性に充ちたアメリカ社会の社会的現実が，やや性格の異なる2つの社会学としてたち現れることになったと思われる．

◆ シカゴ学派とリンド夫妻

この項では，ある意味ではアメリカ社会学の典型であるとともに，知的遺産として現在でも意義があると考えられるシカゴ学派とリンド夫妻の2つの社会学研究を取り上げる．一般には都市社会学として，あるいはシカゴ学派という意味で社会調査との関連で論じられることが多い両者について，そのように論じることの意義を認めるにやぶさかではないが，ここでは社会学理論としての意義について考えることを主な狙いとする．

周知のようにシカゴ学派として位置づけられている社会学の性格はかならずしも一様ではなく，トマス，パーク，ワース，さらにはあとで触れるミードな

ど一括して論じられない多様性に彩られている．ごく一般的には，都市の人間生態学，具体的には都市底辺の社会的諸問題に主に着目した研究，そしてこの学派によって浮浪者，自殺，家族解体，ギャング団，スラム街，犯罪などの実態調査研究が進められていること，事例調査研究，生活史研究，参与観察法などによる調査研究法が開拓されたことでシカゴ学派は知られており，またそのようなかたちで取り上げられることが多い．このような研究の仕方がその後のアメリカ社会学の特徴の1つになっているが，ここではアメリカ社会の1つの反映（つまりアメリカ社会の科学的自覚）という位置づけによって，社会学の理論問題としてトマスとパークについて若干言及しておきたい[12]．

W・I・トマス（1863―1947年）は一般的には『ヨーロッパとアメリカのポーランド農民』（ズナニエツキとの共同研究）で広く知られているが，トマスの関心は初期のアメリカ社会学の思弁的性格から脱して，人間生活の経験的な考察から理論構成を追求することであった．心理学，人類学，民俗学の研究成果を活用して，理論と実態研究とが結びついた社会学における理論の一般化の追究として，トマスの研究は性格づけられる．

トマスの独自な概念や理論については，研究の進捗に応じて変化したり追加されたりしており，重要な概念としては「態度」と「価値」，「統制」と「注意」，本能よりも欲求を重視する立場からの4つの願望の理論（新しい経験を求める欲求，認知を求める欲求，反応を求める欲求，安定を求める欲求），そしてそのような概念や「部分理論」を駆使した社会的パーソナリティの理論（気質，性格，生活組織が基本概念）など，矢沢修次郎の表現では「社会理論」とされている諸見解を挙げることができる．このようなトマスの理論的見解については，肯定あるいは疑問的な評価がいくつかあるが，社会解体とその再組織に社会的パーソナリティ論を組み込んで，「状況」と社会変動の把握の方向を示そうとしたことの確認に社会学としての理論的意味があると考えられる．

社会解体とは，トマスにおいては，従来の社会的統制が緩んでその有効性が失われるような「状況」を意味する．そのような「状況」が出現するのは，願望にもとづく結合が維持困難になり，従来の態度に替わって新しい態度が現れ

てくることによるとされる．社会の再組織が要請される「状況」において，そのような社会的現実と対峙する諸個人（とりわけリーダー）のパーソナリティがどのように性格づけられるかが重要になる．トマスの見解の意義については，一般的には社会変動の認識について客観的側面と主体的側面が当然問われることになるが，社会解体という「状況」と社会的パーソナリティ（類型）という措定に，どのような意義を見いだすか，概念装置をどのように活用するか，といったことがとりわけ調査研究において提起されていることに着目すべきであろう．

　R・E・パーク（1864―1944年）はシカゴ学派の代表的存在ともみなされているが，パークにもエスニシティ問題の自覚があったことは当然である．しかし，パークにとっての主要な関心は社会変動（あるいは社会変革）問題ではなく，「当該社会のあり方」を前提とした社会的諸問題の具体的認識であったと考えられる．ここでは，パークの意義はそのような現実認識にとどまらない理論的意義にがあったことについて考えてみたい．パークの関心が概念の開発，集合行動の研究，人種関係の研究，人間生態学の研究であったことについては，おおむね知られているところである．

　パークの研究はその関心でもわかるように理論的・実証的両面において多面的に展開されており，彼の研究については論者それぞれの関心に応じて着目点（全面的になぞることも含めて）が異なっている．社会学とは集合行動の科学であるとするパークにおいては，先の関心ともかかわって，人間性に結びつく模倣と共感，パーソナリティ，文化特性・文化葛藤に結びつく社会問題，伝播・伝達，移動性，社会的差別，そして競争，闘争，応化，同化という概念による社会過程論について多様な理論的展開がなされている．それらにたいする評価はいろいろあり得るが，知的遺産としての可能性があると思われる彼の「文化と人間性」を結びつけようとする思惟に着目してはどうであろうか．

　パークによれば，人間社会にはコミュニティとソサイエティの両側面があり，コミュニティは共棲的な相互関係として性格づけられ，ソサイエティはコミュニティの上につくられるものとされており，他のもろもろの集団・社会の2分

法とは発想を異にしている．つまり「共棲的」関係のコミュニティからどのようなソサイエティをつくるかが問われるというのがパークの発想の根底にあると思われるのである．したがって文化（特性・葛藤）も人間性もそこに結びつけて考えることに意味があると思われる．人間性に結びつくパークのパーソナリティ概念はほとんどトマスを引き継いだものであり，模倣と共感もまたタルドやスミスを引き継いだものであると考えられる．パークにおいて意味があるのは，伝播・伝達も含めて文化特性についての考え方や移動性・適合性・統合という視点からの文化葛藤についての考え方を一方では認めつつも単純に一般的な理論とするのではなく，パーク自身の意に反するかもしれないが，人間性と文化それぞれの具体的な現実認識に適用することである．すなわち，それぞれのソサイエティは両者の具体的な関連において歴史的に形成されたものであり，文化葛藤や文化特性に根のある社会的差別などの現実認識に1つの視角を提供するものとして活用することに意味があると思われる．

　ここではほとんど触れなかったが，秋元律郎が詳細に展開しているように，この時期のシカゴ学派にはアメリカ社会の継続してかかえている社会的問題として，エスニシティ問題がかなりの比重を占めていた．したがって，すぐあとで触れるミードについてもそうなのであるが，この問題との関連において受け止めることが現在にもつながるであろう[13]．

　次にやや性格が異なるが，理論問題を示唆しているという意味で，R・S・リンド（1892－1970年）／H・M・リンド夫妻の都市研究に簡単に触れておきたい．リンド夫妻の都市研究は，一般的には現代都市の文化人類学として性格づけられているが，そのような性格づけはともかくとして，『ミドルタウン』に代表されるヤンキーシティの実態研究に認められるように，調査地域の設定が当時のアメリカ社会の文化（あるいは生活）の典型を示すだけにとどまらず，10年後に「変貌するミドルタウン」として再び調査研究を行ったことが，1つの「コミュニティ」研究の典型としての意味があることに加えて，社会学的現実研究に理論的示唆を与えるものと考えられるのである．そこで研究の特徴的な点に言及しつつ，若干の着目点に注意をうながしたい．

この研究では，都市における人々の生活活動が，生活費獲得，家庭づくり，青少年の育成，余暇利用，宗教的活動，地域活動よりなるという前提で調査が行われている．その内容の特徴をごく簡単に示しておこう．現代アメリカ生活を代表する小規模でかなりの自足性を有する，という考えにもとづいて調査地が選定されている．

　生活費獲得については，労務階層と業務階層に分けて捉えられている点の確認もさることながら（もっともこの区分による分析は他のすべての生活活動についても一貫している），「働くのは誰か」「何のために働くか」「どんな仕事か」ということに示されているように，収入額の多寡に単純化されていないこと，就業の安定度（失業の危惧など）などが具体的に示されていることに特徴を見る必要があろう．

　家族（家庭づくりと表現）については，住宅，結婚・離婚，子育てなどの項目が具体的に示されており，階層による違いと男女の違いが浮き彫りにされていてアメリカ社会の生活実態として興味深いと言えよう．余暇活動としての地域活動の調査は特筆に値するものであり，主として宗教活動・娯楽を含めたその他の地域活動が具体的に示されているが，余暇の使い方において自動車による変化を取り上げていることに注目すべきであろう．

　この調査の10年後の「変貌期のミドルタウン」の調査があることがリンド夫妻の研究をさらに際だたせる．1925年と1935年の間には1929年があるという意味でそうなのである．1929年の「大恐慌」をめぐってはマクロ分析あるいは一般的な影響については多様に論じられているが，日常生活をめぐってはあまり論じられていないという意味でそうなのである．この研究が社会経済的変動のなかでの階級・階層構造の変化を含めた総合的地域研究という性格であることは言うまでもないが，日常生活を一定の地域的条件のもとで相互関連において示されていることには理論的意義をもあわせて有するものとして性格づけられる．リンド夫妻の研究は「アメリカ社会」への「科学的自覚」ではシカゴ学派と共通しているが，具体的な現実分析＝社会調査を主とした研究にとっては，この2つの遺産をどのように発展的に継承するかが問われる[14]．

◆ もう1つのアメリカ社会学

　第二次世界大戦前後のアメリカ社会学については，上記に見られるように，いわゆる社会調査を主とするかたちで日本に輸入される．調査手法はともかくとして，社会のあり方についてどのように構えるかは，「日本社会の科学的自覚」においてはアメリカ社会学とは異なるはずであり，その適用については慎重であることが要請される．同じシカゴ学派においてもクーリーとミードはいささか異なっている．もう1つのアメリカ社会学として，この2人に加えてこれまた最近ではあまり論じられなくなったマッキーヴァーとオグバーンについて簡単に言及したい．

　C・H・クーリー（1864―1929年）は一般には「第一次集団」という概念と結びついて知られているが，ここでは「鏡に映った自我」と「第一次集団」の2点に絞って，その理論的意義について考えてみたい（中身はよく知られている）．

　「鏡に映った自我」はクーリーの自我論（＝自我認識）の特徴と言える．クーリーによれば，自我は他者との相互作用を通して形成されるのであるが，自我の行動に他者がどのように反応するかによって，他者が抱く自我についての観念が示されると考えられるのである．つまり，他者の観念のなかに自我の観念が投影されているということであり，この意味では自我は「鏡に映った自我」を通して形成されることになる．したがってこのような考え方は，自我形成において大きな位置を占めているとされる「第一次集団」の性格づけと不可分に関連している．

　「第一次集団」とは，親密な顔と顔をつきあわせた結びつきと共同とを特徴とする関係であるとされている．そこでは連帯感と一体感が存在しており，成長後も持続される道徳意識が形成される社会的原型であり，集団外における社会関係を安定させる機能を有するものとして性格づけられる．具体的には家族，近隣集団，遊戯集団などを想起すればよいであろう．後にヤングによってネーミングされた対概念としての第二次集団が加わる．第一次集団と第二次集団は集団の2分法の代表的なものの1つとされているが，他の2分法との異同およ

び自我論との関連を考慮した受け止め方が必要であろう．

G・H・ミード（1863－1931年）についてもまたクーリーと同じかたちで言及しよう．ミードには船津衛の指摘にもあるように[15]，特殊個別理論的な分野は多岐にわたっているが，ミードの社会学理論については「自我論」に絞って簡単に言及したい．というのは，そこには独自な発想が認められるからである．すなわち，移民に「同化」の方向を求めるのではなくて「自我の再構成」の必要性ということが，ミードの発想のもとになっていると考えられるということである．そのような現実的課題にたいして理論的課題としては，主観主義と客観主義の超克を目指した社会科学の追求が措定されている．

ミードの自我論の特徴は，周知のように，他者の態度との関連において自我が主体としての自我（I）と客体としての自我（me）の2側面を有するものとすることにある．前者が「他者の態度にたいする生物体の反応」としての自我であり，後者が「他者の態度の組織化されたセット」としての自我である，というのがミードの基本的な措定である．

したがって，自我論とりわけ「自我の再構成」にとっては他者の態度（＝自我が受け止める他者の反応）との関係が重要な位置を占めることになる．この関係について，社会（他者）認識としてのコミュニケーション，しかも言語によるものでだけなく非言語としてのシンボル（パフォーマンス）によるコミュニケーションに着目したのがミードの最大の特質と言えよう．具体的には身振りによる「会話」を想起すればよいであろう．

そのような「会話」の過程において自我（me）は「一般化された他者」を通しての他者の態度取得によって，子どものいわゆる「社会化」過程や異質な他者との関係における自我の再構成（社会的自我）が展開されることになる．この場合留意する必要があるのは，自我の再構成が「精神の創発」という主体的思惟と結びつけて社会の再創造（自我と他者との創造的関係）が展望されていることである．ミードの自我論と社会（＝他者）についての見解については，曖昧であることも含めていろいろな解釈・批判・評価がある．しかし，自我（me）の社会性と人間の主体性（Iとmeの両方）とをどのように統合して捉

えるか，そのために自我（I）と客我（me）の相互作用および他者との「コミュニケーション」をどのように考えて，具体的現実認識に適用するか（単に抽象的にシンボル論を展開するという意味ではなく）という問題を投げかけているのではないだろうか[16]．

他方，いわゆる「理論志向」（だけではないが）の社会学的思惟として，マッキーヴァーとオグバーンを取り上げて若干言及しようと思う．R・M・マッキーヴァー（1882 — 1970 年）の名はコミュニティとアソシエーションの2つの概念と結びつけて知られており，彼についてはこの2つの概念の理解とその理論的意義づけに尽きると言ってもよいであろう．クーリーらの2つの対概念に代表されるように，集団の2分法の例示とされていることが多いが，いわゆる基礎集団・派生集団という分類にとどまらない理解が必要である．とりわけコミュニティについては単なる集団類型の1つという以上の理論的（および実践的）意味があることに注目したい．

マッキーヴァーによれば，コミュニティ研究が社会学の独自な性格であると主張されているが，より具体的に言えば，社会の本質とその発達を研究するにあたっての独自な概念装置がコミュニティとアソシエーションであると言えよう．社会学はコミュニティの科学であるとするマッキーヴァーについては，そのための基本となる対概念が措定されているとは言え，コミュニティをどのように受け止めるかが肝要である．ついでに言えば，集団あるいは関係のあり方の「本来的」と「派生的」という2分法的な諸見解の違い（特徴）は，前者をどのような概念として措定するかによると考えられる．

さてコミュニティとは，自立した個人から成る集団的広がりであり，固定した境界をもたないこと，つまり閉じた有機体ではないことに，マッキーヴァーの独自の見解が集約されている．それは共通感情と共同関心にもとづく社会的統一体であるが，上の見解で示されているように，コミュニティとは拡大する性格を有するとされている．

自然的な意識にもとづく自生的なコミュニティにたいする派生的なアソシエーションの概念は人為的であり，特定の共通の目的にたいする協同活動への

参加という性格を有する集団である．それはコミュニティのなかで形成されるが，かならずしもコミュニティの構成部分とはかぎらないのであって，複数のコミュニティにまたがって存在することもあるとされている．この「対概念」については集団類型としての理解が誤りであるとは言えないが，集団類型以上の意味があることを知的遺産とした方がよいのではないだろうか．すなわち，人間にとって「本来的」なコミュニティを社会生活において拡大していくことが望ましいというマッキーヴァーの意図が込められているという意味である．

W・F・オグバーン（1886—1959年）は，最近ではほとんど論及されなくなっているが，アメリカにおける文化社会学としてA・ヴェーバーとは異なる，つまりヨーロッパの危機意識とは異なる（アメリカ社会の科学的自覚）意味で文化社会学の先駆的位置を占めている．社会学史上では「文化遅滞」論を提唱したことで知られているが，その基本的見方について簡単に触れておこう．オグバーンの見解は，人間の心理によってではなく，人間性と文化との複合作用として社会を考えるところに特徴がある．彼は文化を物質的文化，非物質的文化，適応的文化の3つに分けて把握しているが，それぞれの「変動」の早さが異なるとされ，物質文化が速く変動するのにたいして非物質文化は「変動」が遅いとされる．社会的な諸問題は両者の不調和に起因するところが大であり，適応文化とはこれに対する対応を意味する．適応文化については，オグバーンは主として政治的・法律的対応（だけではないが）を具体例として示しているが，そのような対応を「調節」として性格づけているところに彼の見解の特徴があると言えよう[17]．

◆ 現代的意義

アメリカ社会が封建制を知らないということや多民族国家であることに示されているように，ヨーロッパとは異なる独自な性格の社会であり，そこから生まれたアメリカ社会学の相異なる2つの動向をどのように意義づけるかについては，慎重な検討を必要とする．というのは，ここで取り上げた社会学についてはアメリカの社会学界でも様々な評価・批判があるだけでなく，欧米の社会

学の受容水準の高い日本でもいかに受容するかという評価がかならずしもはっきりしていないように思われるからである．さしあたりは，課題提起的な受け止め方というかたちで以下のような論点の整理によって知的遺産とするのが現段階では相対的に妥当であろう，と私は考えている．

論点の整理にあたっては，「第2世代」および「第3世代」のヨーロッパの社会学とは異なる点に着目するが，その場合に当時のアメリカ社会の「科学的自覚」との関連が私の念頭にあることは言うまでもない．大きくは3つの点に私は着目したい．

人間存在の見方としての「社会的人間」を他者あるいは社会との関連をも念頭におきながら個人レベルで心理学に還元しないかたちで取り上げたことを論点として挙げることができる．すばわち，存在と意識あるいは行為（活動）といった人間をめぐる問題を，哲学的にではなくあるいはなんとなく自明なこととしてではなく，諸個人レベルで追求するという志向にほかならない．しかもその問題の立て方にアメリカ社会の独自な性格を見て取ることができると言えよう．

これはのちのパーソンズなどにも認められるのであるが，「アメリカ社会の近代化」を前提としていることの確認が大事である．この前提抜きで現代的意義について考えることは厳に避ける必要がある．そこで私自身の受けとめ方（あるいはもし活用するならば）としては，人間形成・人間関係のあり方についての諸見解が論点として浮かび上がってくることを確認したい．論点とは，ミクロ的思惟の性格をもつクーリーの第一次集団論にしても，マクロな射程をもつ概念として提示されたマッキーヴァーのコミュニティ論にしても，「アメリカ社会の近代化」を前提としないで，異なる性格の社会（日本などのアジア社会）についてはどのように考えるかということを意味する．

その他の諸説についても同じように考えることが大事であるが，これらの論点に共通しているのは，「当該社会の科学的自覚」である．具体的に指摘するならば，多民族国家（社会）であることが，エスニシティを念頭においた自我論や人間形成・人間関係についての諸説に認められること，社会的変化についての見方にはヨーロッパにおけるような危機意識が認められないこと，などで

ある.したがって,実態調査方法の継承問題とりわけ理論との結びつきについても（トマス,パーク,リンド）,このような観点を含めて考えることが要請される.

これらそれぞれの諸研究が理論的にかならずしもあるまとまりをもった理論構成の方向とは直接的に結びつかないかたちで提示されていることは,アメリカ社会の多様性の1つの現れであるとも考えられる.学説の単なる紹介ならばともかくとして,理論的遺産としては,それぞれの研究成果がアメリカ社会のどのような現実（当該社会の科学的自覚）から導きだされたかに着目することが大事である.先に述べた論点についての考え方にもとづく理論的発展にとっては,このような認識がぜひとも必要であることを強調したい.ミードにおけるアメリカ的苦悩の反映,シカゴ学派とエスニシティ問題を想起すれば,このことが容易にうなずけるのではないだろうか.したがって,諸研究の理論的成果そのものもさることながら,日本社会に類似の状況や問題が認められるのか認められないのか,そのいずれの現実かによって,彼らの諸見解を理論的発展にどのように組み込むかが問われるのではないだろうか.

これまでのアメリカ社会学の研究にはそのように方向づける性格が相対的に乏しいきらいがある[18].このことはなにもこの時期のアメリカ社会学にかぎったことではない.例えば,後で触れるパーソンズについても,一般的にはヨーロッパの社会学（主として「第2世代」）との関連に注目されているが,そこにはアメリカの社会的現実がいかに投影されていることであろうか.したがって日本の場合には,ヨーロッパとは異なる近代（化）の展開を意識する必要があるであろう.日本のパーソニアン（パーソンズの研究家ではないという意）はこのことをどれだけ念頭においているであろうか.

4. マルクス主義の動向

◆ マルクス主義の位置

すでに示したように,マルクスの場合は社会学的思惟があったとはいうもの

の，いわゆる「社会学」としての理論展開が継続してなされているわけでもなく，「社会学」として研究に取り組まれているわけではない．ではマルクスにおける社会学的思惟のその後の展開を，〈社会学論〉としてはどのように考えるか．私は，2つのことに着目する必要があると考える．

　1つは，いわゆる「マルクス主義」としての展開をどのように見るかということであり，もう1つは，「マルクス主義社会学」としての展開をどのように見るかということである．そして後者についてはさらに2通りの考察が必要である．まず，「マルクス主義社会学」が一定の〈理論として〉存在するかどうかという問題である．ついでそのような「理論」の存在はともかくとして，具体的現実の「社会学的研究」がいかなる性格であるか，つまり社会学としての理論化に資する性格であるかどうかという問題である．さらに敷衍するならば，これまでにマルクス主義の立場においては史的唯物論がマルクス主義の社会学であるという考えが支配的であったという事情から，社会学の理論構成の試みはあるが，それらの試みが「マルクス主義社会科学」（＝史的唯物論）とは異なる社会学としての独自の性格があるかどうかという問題を意味する．ここでは時代を限定しないで，問題提起的に（こんな試みがあるという程度に）簡単に指摘しておこう．

　「マルクス主義」の展開をどのように見るかということは，それぞれの国の歴史的現実とその関連でのいわゆる社会主義革命路線についての主張が主な流れであると言えよう．「社会主義的運動」と結びついている流れとしてはごく一般的に触れるならば，それぞれの国の「社会主義的政党」の指導方針，具体的にはなんらかの「情勢認識」と結びついた改革・革命路線におおよその流れを認めることができる．この流れの具体的な史的展開と評価については，「マルクス主義」の思想的流れに焦点をあてるか，理論的流れに焦点をあてるか，によって異なるだけでなく，どのような「マルクス主義」の立場（これは思想的にも理論的にも多様である）にあるかによっても，マルクス主義の史的展開の捉え方が大きく異なるという厄介な問題をも孕んでいる．したがってマルクス主義の具体的な流れについては，例えばP・ファーブル／M・ファーブル

『マルクス以後のマルクス主義』（文庫クセジュ，竹内良知訳　1971年）が1つの素材を提供しているという指摘にとどめる．大事なことは具体的な流れから何を得るかということであるが，私はどのような現実認識がなされているかということに尽きると考えている．

日本における「マルクス主義」はヨーロッパ等と同じように日本共産党の活動を軸として展開されているが，現実認識としてはいわゆる「日本資本主義論争」がその後の日本社会のマクロな認識の出発点をなしているとだけ言っておこう[19]．

これらは現実認識において活用可能な面を多少は有しているが，社会学理論としてはほとんど無縁であると言ってもよいであろう．とりわけ日本では客観的条件の認識に傾斜しており，主体的条件にたいする認識は（理論的にも）著しく希薄であり，このことは現在まで存続している．もし日本社会の民主的変革を目指すならば，この点での理論的豊かさの追求およびそれにもとづく現実認識が必要であろう[20]．

そこで，「マルクス主義社会学」について，確認しておいた方がよいと思われる諸見解に簡単に触れておこうと思う．具体的には社会主義国家としての旧ソ連および最近の中国における社会学について，その基本性格を簡単に取り上げることにする．旧ソ連では革命直後のN・I・ブハーリンの『史的唯物論』をまずは取り上げよう．ブハーリン（1888－1938年）によれば，全社会生活を総体として研究する科学として歴史学と社会学が挙げられるが，社会学は，社会とはなにか，社会の発展や衰退，異なった社会分野の相互関係などを取り上げるものとして性格づけられる．そして史的唯物論は歴史学の方法でもあるがマルクス主義社会学でもあるとされている．

基本的にはこのような見地からのブハーリンの社会学としての「史的唯物論」の展開は，弁証法的唯物論，社会論，均衡論，社会変動論，階級論など，マルクス・エンゲルスの時代から思想的にも社会的にも変化した現実を考慮して多岐にわたっている．史的唯物論＝マルクス主義社会学という主張はともかくとして，マルクス主義社会学を方向づけようという試みであることは確かで

ある．ブハーリンが社会についての見解として，「……人間のあいだのあらゆる長期的な相互作用を包含するもっとも幅広い相互作用体は，社会なのである」[21]と述べているところに，社会学として方向づける意図が見て取れる．

このような意図によるブハーリンの社会学的見解を特徴づける点として，均衡論と上部構造論の2つに簡単に触れて置きたい．相互作用体系としての社会では，労働連関を基礎として様々な社会諸現象の連関が存在し，それぞれの社会現象が他の社会諸現象に適応しており，社会の内部で諸要素間に一定の均衡が存在している．社会についての変動論とともにこのような均衡論が示されていることがブハーリンの見解の1つの特徴である．

ブハーリンの上部構造論は，経済を基本として「社会的・政治的」上部構造と「精神的文化」とに分けてそれぞれについて踏み込んで展開しているところに（当時としては）大きな特徴がある．前者（だけではないが）については生産力（の発展）が規定的に位置づけられている，とだけ言っておこう．ブハーリンの見解の特徴は後者にある．すなわち，マルクスが述べている「社会的諸意識形態」を社会心理と社会的イデオロギーに分けていることである．社会心理は人間の生活における無数の相互作用におけるいろいろな断片的思惟を意味し，社会的イデオロギーとはそれらの思惟の系統化である，とされている．社会心理については，さらに支配的心理を一般的心理と支配階級の心理に分けており，意識の捉え方に具体的に踏み込む方向が示されている．

いわゆる「スターリン批判」以後の旧ソ連における社会学の試みとしてG.オシポフの『社会学』を取り上げよう．この本は，マルクス主義社会学の「理論的展開」部分と「西側の社会学批判」部分の2つによって構成されている．まず後者については，どのような諸見解を批判するかはともかくとして，社会学が一般的に取り扱う論題，例えば，社会論，パーソナリティ論，集団論，階級・階層・成層論，逸脱論，変動論などきわめて広範囲にわたって批判的に論じられている．これについては，批判の仕方がマルクス，エンゲルス，レーニンらの諸見解の引用によって対置するかたちが圧倒的に多く，理論内在的批判であるかどうかという問題があること，そこから得るものがあるかどうかにつ

いての言及がないこと，という2つの指摘にとどめる．

　前者については，「社会学の主題は，人間の社会的活動——市民の——が唯一の領域であるのにたいして，史的唯物論の主題は，全体としての社会であり，……」という対置で両者の性格づけがされているが，「科学としての史的唯物論は経済的社会構成体の発生，発展および変動を支配する一般的法則を取り扱う」[22]と述べられていることを確認しておく必要がある．というのは，このような立場から社会学の理論展開がされているからである．つまり「社会学の主題」については「社会法則の作用」として具体的に展開するということであり，社会的行為，社会関係，社会集団，パーソナリティ，社会意識など社会学者にとってはほぼ周知のテーマが取り上げられている．オシポフによれば，経済構造のなかでの諸関係の総体が社会構造であるが，社会学は，生活手段の獲得様式から出発すること，さまざまな諸関係・意識を生産関係によって基礎づけること＝社会構造の構成要素として位置づけること，によって基本的に性格づけられている．このような意味では，「ブルジョア社会学」に「マルクス主義社会学」を対置したものとして性格づけられる．

　ところでごく最近では，中国での新たな社会学の試みを指摘することができる．マルクス主義を指導原理とする中国の社会学の展開は意外とあまり知られていない．中国では1979年に社会学が復活し，社会学的研究はここ20年ばかりの間に質・量ともに急速に発展しているが，社会学理論としてはまだ理論形成の途上にあるとみなすことができる．基本的な考え方としては，史的唯物論が社会学を基礎づける哲学であるのにたいして，社会学は社会科学の1つであるとされている．体系性を目指す試みとしての具体的内容については，「発展社会学」が組み込まれていることが他の諸国には見られない特徴の1つである．他方，そのような理論的基礎づけとはかならずしも結びつかないで，実態調査研究が多彩に展開されており，今後の行方が注目される[23]．さらに付け加えると，かけ声としての「本土化」ということが叫ばれていることを指摘することができるが，具体的には後の〈中間考察〉で取り上げるであろう．

　なお，戦後日本の「社会学におけるマルクス主義」について，私自身の立場

との関連で簡単に触れておこう．社会学におけるマルクス主義は，「社会学」批判とマルクス主義社会科学の主張，基本的思惟においてはマルクス的思惟（方法）にもとづく現実分析，そしてマルクス主義社会学という理論的主張，の3つの立場に分かれる．第1の立場については，すでに簡単に触れたオシポフに認められる社会学と基本的見解においては大同小異といっても，それほど言い過ぎではないであろう．最近では第1の立場が皆無に近くなっているが，世界および日本社会の現実の激変のためであろうか．

　第2の立場としてのマルクス主義にもとづく「社会学的現実分析」は，日本では数多くなされている．この立場についての「理論的」検討には2つの問題を指摘しておこう．1つには，上の指摘と同様に史的唯物論にもとづく現実分析にたいして，独自な「社会学的」性格があるかどうかという問題を挙げることができる．2つには，マルクス的思惟を方法論の基礎に正しく据えているかどうかという問題，より具体的に言えば，公式的・教条的であったり部分的活用にすぎなかったりといった問題である．したがってこれらについて多少とも具体的に検討するには，マルクスの史的唯物論についての「正確な」基本的理解が必要であるが，そのような一致した理解はまだないという状況にある（これらについて詳細に紹介・検討すると，それだけでも1冊の本ができるであろう）．さらには，私自身のマルクス理解については〈第1章〉で述べてはいるが，その理解との関連で「社会学的立場」を明確に示す必要があるが，ごく一般的に言えば第3の立場ということになろう．すなわち，マルクスの〈弁証法的・史的唯物論を方法的基礎とした社会学〉の理論形成が基本的な構えであり，家族その他の個別分野における論考において，私自身の理論的見解は，それぞれの社会分野のかぎりにおいてではあるが，一般性をも志向するかたちですでに一定程度の試みを公表している[24]．したがってここでは，詳細な紹介や何を得るかという展開はしないで，こんな試みがあるという指摘にとどめる．

　社会学者がマルクス主義を論じる場合には，社会哲学的見解に焦点を当てる場合が多い．ところが，マルクス主義哲学はなにほどかにおいて社会哲学である．さらに政治学や経済学にも「社会学的視点」と見なされるものが散見され

る．社会学におけるマルクス主義の立場が，その是非はともかくとして，かなりはっきりしているのは第2の立場である具体的な社会的現実の見方においてだけであるとも言える．マルクスにおける階級の捉え方の重視，社会の基底（＝土台）の重視，現実批判などがその性格の特徴である．ともあれ社会学とマルクス主義をめぐっては別に独自の論考を必要とするので，私が社会学的な知的遺産として活用できると受け止めているレーニンとグラムシを以下で取り上げる．

◆ レーニン

　V・I・レーニン（1870－1924年）の仕事はマルクスと同じように経済学，政治学，哲学など多岐にわたっている．しかもその思惟はいくつかのまとまった理論的著作を除いては社会主義革命を目指す政治的実践のなかで運動と結びついて論じられている．したがって，彼の「全集」の展開にはロシア革命史の様相がある．ここではマルクスを継承した社会（科）学的思惟として，私自身の関心から3つに限定して考えてみようと思う．

　まず，「人民の友とは何か」で述べられている社会学的思惟について簡単にまとめると，社会を経済的社会構成体として捉えること，生産関係に反復性と規則性とを認めることによって，科学的社会学の可能性をつくりだしたと主張されている．このような可能性の追求にとって，レーニンの方法論の主張においてもっとも大事な2つの点を確認しておこう．1つは，社会とは？と一般的に問うのではなくて1つの社会を具体的に研究する必要性という主張であり，もう1つは，ある学説が社会経済的発展の過程に合致するかどうかがその学説にたいする最高にして唯一の基準であるという主張である．彼の見解は決して教条的な理論枠組みを固定的とはしないこと（マルクスの文章を一種の聖典のように権威主義的に引用・依拠しないこと）を意味する．したがってレーニンにおいては，変化する社会的現実を具体的に捉えるにあたっての1つの科学的指針としての史的唯物論という見解，私流儀に言えば，マルクスの諸説は方法的基礎としての弁証法的・史的唯物論であるということを確認をしたい[25]．

レーニンはマルクスの思惟をもっとも基本的には上のように理解することを通してわがものとし，当時のロシアの社会的現実を認識することによって，その現実認識にもとづく「運動方針」を打ち出したのである．つまりマルクスの基本的思惟を具体的な現実認識に適用したことを2点目として挙げることができる．運動の過程においては，ナロードニキ主義，「合法マルクス主義者」，「経済主義者」，メンシヴィキ，その他にたいする批判・論争が激しく展開されている．そのように展開されているレーニンの諸見解については，一般には思想闘争・権力闘争という理解が多く，思想闘争という要素が多く含まれてはいる（実践過程では当然である）ことは確かである．そのような思想闘争は根本においてはロシアの現実認識（客観的条件とそれに結びつく主体的条件）にもとづく「運動方針」をめぐって展開されたのである．客観的条件については，「ロシアにおける資本主義の発展」をはじめとして，党大会における諸報告に認められるのであり，そして変化する錯綜した階級関係に応じた運動方針（戦術）に主体的条件の具体的な認識（とりわけ認識の仕方）が認められることを確認することは，きわめて重要である．

　そして3点目としては，上の現実認識と深く結びつく変革主体論（という表現に抵抗のある社会学者には主体的条件論あるいは人間形成論）を挙げたい．これに結びつくレーニンの見解は，ロシア革命の変革主体を労働者，農民，兵士に求めたことを軸として多様に述べられている．客観的条件としての「遅れたロシア」という現実認識を根底に据えて，1905年の第一次ロシア革命の経験から学んだこと，文化的・組織的条件の重視，そして「民主主義のための闘争」というスローガンなどは，レーニンが主体的条件をどのように具体的に認識し，しかも革命成就後の主体的条件の展望（つまり未来への展望）をも念頭においていたかを示す代表的な思惟である．

　レーニンの書いたものには，「学び，宣伝し，組織せよ」という表現がしばしば出てくることに示されているように，具体的な実践の呼びかけが多いので，学問的にはこれを単なるスローガンではなく，上に簡単に指摘した主体的条件と結びつけて受け止めることが大事である．変革主体「形成論」におけるイデ

オロギー注入論として狭く理解されている場合が往々にしてあるのだが,「学び」とは「おくれたロシア」の文化的条件に着目した人間形成・発達に結びつき,「宣伝し」は第一次ロシア革命の経験と結びつき,「組織し」は革命運動および展望に結びつく意味が込められている.社会学にとってはある意味では,レーニンの見解を単なるイデオロギーに矮小化したり曲解しないという意味で,3点目の見解を理論的に豊かにし発展させることがもっとも重要であるかもしれない.

なお,経済学的論考,政治学的(＝国家論)論考,哲学的論考のなかから社会学的要素あるいは視点を少しずつピックアップして,どのようなかたちで知的遺産とするかについても,一般論としてでなく現実との照応という観点からの摂取が必要であることをとりわけ強調したい.というのは,レーニン自身がマルクスの諸見解を「死んだ教条」としてではなく「生きた指針」とすることを強く主張するとともに,ロシアの現実認識とそれにもとづく運動方針の「生きた指針」としていたからである.

◆ グラムシ

A・グラムシ(1891—1937年)の諸見解については,現在にいたるまでかならずしも全面的に理解されているとは言えない状況にある.と同時に,日本におけるグラムシ研究は思想史的研究という性格が濃厚であるように思われる.私はそのような諸研究をも参考にしつつ,マルクスと同じように,そしてレーニンと並んでマルクスの思惟の継承・発展として位置づけて,社会学的思惟としてどのように活用できるかという点から言及する.グラムシが論及した分野も多岐にわたっているが,私の社会学的思惟に示唆を与えるという意味では2つの点に注目したい[26].

グラムシは当時のイタリアの全般的危機を基本的には中間層の危機として認識しており,肥大化する官僚的機構から新たな機構へ転換すること,労働者階級のヘゲモニーの獲得によって危機の打開の方向を諸々の機構を転換することにイタリア社会の未来を求めるというスタンスが一貫していたと思われる.そ

の理論的・思想的基礎をマルクスの思惟の現実化としてのレーニンの思惟方法と実践に依拠して，「実践の哲学」としてのマルクス主義という性格づけによって，世界の資本主義を視野にいれながらイタリア社会の具体的な現実にもとづく「実践の指針」としての理論的豊かさ（発展）が目指された．

　1点目としては，「陣地戦」論とヘゲモニー論を挙げたい．陣地戦とは機動戦に対置されるものであり，前者が先進国に対応する階級闘争であるのにたいして後者が後進国に対応する．すなわち，先進国での階級闘争は長期の陣地戦のあとに短期決戦という性格の機動戦が位置づけられることを意味する．大事なことは，陣地戦の期間においては大衆は受動的存在であり，受動性のままで放置するならばファシズムの温床に結びつく可能性が大きいのにたいして，大衆をいかに組織して──具体的には労働者を中核とした階級同盟──能動的存在とする運動を継続的に追求する必要性という主張である．陣地戦という長期戦から短期決戦に到るプロセスにおいてヘゲモニーのあり方が問われるのであり，そこでは国家を軸とした様々な「機構」が重要な位置を占めている．

　2点目としては，「歴史的ブロック」概念に注目したい．歴史的ブロックとは，ヘゲモニーの現実的展開とかかわって提示された概念であると考えられる．グラムシの叙述の多くはこの概念だけでなく様々な概念や思惟が一種の「覚え書き」的な性格なので，どのように読み込むかがレーニン以上に読む側に委ねられるので，諸見解を参考にしながら私流儀に受け止めることになる．歴史的ブロックについては，経済構造と政治的上部構造の統一体であり，媒介としての知識人（いろいろな専門家という広い意味）が位置づけられる，とひとまずは受け止めることができる．さらに具体的に言えば，歴史・社会分析のカテゴリーの1つであるヘゲモニーが現実的にそこに存在する（対立を含んで）一種の統一体であり，人間の活動という面からは変革の主体的条件の高次の段階として，その具体的あり方が社会変動にかなり直接的にかかわる条件の1つとして社会的に位置づけられると考えられるのである．その意味においてこの概念はその具体的構築という点では実践的意義を有するのであるが，社会学としてこのような概念と思惟の仕方をどのように活用するか（豊かにするか）が問わ

れる，と思われる[27]．

　なお，重要であると思われるグラムシの見解としては，市民社会についての考え方，史的唯物論についての独自な理解（多岐にわたっている），組織論，民主主義論，文化論などがあり，とりわけ国家（＝政治社会）と市民社会とを区別し，経済構造と国家とのあいだに市民社会が存在すること，国家は市民社会を経済構造に適応させる道具である，という見方は興味深い．しかも市民社会は，グラムシの思惟の仕方と現実認識のすべてにかかわっている．

　そのような多岐にわたる諸見解の中で，社会機構，ヘゲモニー機構，政治機構など独自な概念としての「機構」概念が数多く使われていることを，異なる社会分野の結節に結びつく活動主体の共同的存在という性格を含意しているという意味で，そしてまた歴史的ブロックという概念とともに社会変動を考えるにあたっては，社会学理論に重要な示唆を与えている，と私は受け止めたいと思う．

　グラムシについての研究状況（資料および翻訳など）がまだ「全面的受容」段階にはないと思われるので，その全体像については未整備なまま私の社会学の立場（関心）からの注目点のみをピックアップしたが，私が取り上げた2つの点にかぎらず，グラムシがマルクスやレーニンの継承・発展を目指したと同じように，当時のイタリアについての具体的現実認識（世界認識を含む）との関連でいかに摂取するかが問われるとともに，日本社会の具体的現実との関連を考慮した発展的継承が求められるであろう．なお，私自身の理論構成に直結する知的遺産として受け止めている「社会機構」概念について一言付け加えておこう．「社会機構」概念は上に挙げた注目点だけではなくきわめて多くの社会分野にかかわって言及されており，グラムシの思惟におけるこの概念の位置が推察されるが，とりわけ市民社会論にとっては重要な位置を占めていると考えられる．市民社会についてはいろいろな見解があるが，いわゆる全体社会の1つの見方であることは確かであろう．この問題については，グラムシ見解，その解釈，その他の諸見解など理論的にも現実認識においても慎重な検討が必要な課題である[28]．

◆ 若干の覚え書き

　以上の検討から，マルクスの継承については，それぞれの諸見解を別々に取り上げるのではなくて，以下のように整理して取り上げることによって，継承にもとづく発展の方向へ進むことが望ましいのではないかと考えているが，これまでに触れていない見解としてルフェーブルについても，現在につながるという意味で若干の言及をしておきたい．

　まず社会学に理論的示唆を与えるものとしては，マルクスそのひとがそうであったように，レーニン，グラムシも「マルクス主義社会学」を表明してはいないので，マルクス主義そのものの流れからの理論的視点および具体的現実認識をもピックアップしつつその意義を確認し，社会学にどんな示唆を与えているかという思惟方法に注目したい．

　レーニンとグラムシがともにマルクスの見解をいわゆる公式として教条的に受け止めていないことを確認できるが，これについては多くを述べる必要はないであろう．では公式として受け止めないとはどのような意味であろうか．それは，マルクスが『経済学批判』の序文で述べた史的唯物論の定式化が彼の現実研究から導き出されたのと同じように，ロシアやイタリアの現実が重視されたことである．すなわち，レーニンにおいては弁証法と唯物論を具体的な指針とする現実認識であり，マルクスの文章にそのまま依拠するものではなかった．グラムシにおいてもまたレーニンの文章自体に依拠するものではなかった．次に指摘したいのは，そのことによってマルクスの見解を理論的に発展させたことである．これはマルクスの時代にはなかった新たな現実の出現を考えると当然のことであろう．レーニンの変革主体論やグラムシの陣地戦論はその典型的な例であろう．したがって両者の知的遺産とは，書かれた文章そのものあるいはレーニンの主張された変革主体論そのものもさることながら，社会的現実と結びついている思惟の仕方である．

　次に，史的唯物論と同じであると解釈されるかどうかはともかくとして，マルクス主義社会学として主張されているものについては，史的唯物論あるいはマルクス主義社会科学との違いについて検討する必要がある．つまり，マルク

ス主義社会学の主張が理論的にいかなる方向を目指しているかが問われるということである．先に言及したブハーリンとオシポフに代表される社会学とは性格を若干異にしているが，その違いを簡単に指摘しておこう．ブハーリンにおいては，いわゆる上部構造の研究を独自に深めていく必要性が提起されているところに知的遺産としての意味があると思われる．オシポフと当時のソヴィエト社会学については，社会学的調査研究が進められたことを考えると，理論と実態調査との結びつきがきわめて不充分であったことへの反省が必要であると思われる[29]．

さて，H・ルフェーブル（1900—）は非社会主義国で「マルクス主義社会学」という主張をする数少ない例なので，補足的に触れてその意義を確認したい．ルフェーブルは『マルクスの社会学』のなかで，マルクス主義の主張のなかに社会学があるという見方によって，人間的活動＝実践を重視して彼の社会学的見解を展開している．その場合，欲求，様々な関係，そして「物質的なことに専念する活動と人間的存在に従事する活動を区別する」[30]ことに着目しているのが独自な見解表明と言えよう．この本では「実践」，認識とイデオロギー，社会階級，国家について社会学として具体的に論及されているが，社会学として教条的ではないかたちでの理論的発展への示唆をいくつか認めることができる．まさに「覚え書き」として挙げるならば，まず上の引用のやや具体化としての「制作」がモノにたいする活動という性格が大きな比重を占めているのにたいして，「実践」がヒトにたいする活動という性格が顕著であるとされていること，を指摘することができる．イデオロギーについては，実践と結びつけて考えること，現実的根拠を有することもあるといった独自な考え方が認められるが，ユートピアへの言及も含めて社会的な意識の捉え方に一定の示唆を与える性格を有すると言えよう．なお，経済学ともかかわるのであるが，支配階級と収益に関して，剰余価値，国民所得，国家との関連に簡単に言及されていることも興味深く，資本主義・階級・国家などの現代的変化を捉えるにあたっての理論的方向を示唆していると言えよう．

最後に，マルクスの思惟方法の部分的導入，個別分野あるいは視点としての

活用可能なものについては，マルクスの名を明言している見解，マルクス主義とはかならずしも明言されていない見解についても考える必要があると思われるが，それらは現代資本主義そのものあるいは資本主義が生み出すと見なされる問題にたいする批判的・告発的見解として性格づけられる諸見解である．学説研究としてはその重要性を認めるにやぶさかではないが，これをめぐってはそれぞれの諸説についての解釈や批判・反批判の際限のない論議に陥る可能性があり，慎重に位置づける必要があるとだけ言っておこう[31]．

注

1) 部分的に触れられることはいろいろなかたちで散見されるが，社会学的に位置づける意図をもった例を挙げることによって，位置づけ方と今後の方向をめぐって若干示唆をしておこうと思う．社会学史の本では青井和夫監修／宮島喬編集『社会学の歴史的展開』（サイエンス社，1986年）があるだけであり，そこではレーニンやルカーチが取り上げられている．また，庄司興吉や矢沢修次郎などの論考にも「マルクス主義についての言及が認められるが，庄司の場合には「マルクス主義社会科学」という性格が濃厚であり，矢沢の場合には「社会学におけるマルクス主義」として論じられている．庄司興吉『現代日本社会科学史序説』（法政大学出版局，1975年，『現代化と現代社会の理論』（東京大学出版会，1977年），矢沢修次郎「現代社会学におけるマルクス主義」（『季刊労働法別冊第6号　現代社会学』総合労働研究所，1980年　所収）を文献として挙げておく．
2) 前章までと同じように，「当該社会の科学的自覚」という意味での確認であるが，いわゆる「年表」（多くの場合に付属資料として載せられている）にしないでこのようなかたちにしたのは，該当する時代についての史的展開の特徴を実感することの大事さを前面に出したいことがその理由である．さらには「年表」が必要に応じて参照されるという一般的な取り扱いを避けるという意味も含まれている．
3) 世界的規模では「南北問題」という表現で論じられているが，「資本の輸出」も含めて世界的規模では資本主義経済の基本的なあり方（あえて経済法則とまでは言わないが）が貫徹しているのである．したがって，発達した資本主義社会では経済のあり方が基本的に変化したのではなくて，1つの国の内部での経済的諸関係が世界的規模にまで拡大し，経済的先進国での格差構造における上層の比重が国内的には高まったことによって，資本主義の性格が変化したかのように現象するだけにすぎないのである．
4) 社会学はこれらの理論的な課題に直接的にに答える性格のものではないが，

私がごく一般的あるいは原理的に経済学に課題を投げかけたように，具体的に課題を投げかけることが要請されていると思われる．つまり，一方では資本主義経済の性格とそれが人間や関係のあり方に及ぼす作用を基本としながらも，新たな経済的変化からもたらされる様々な諸現象が理論的にはいかなる問題を孕んでいるかを念頭におく必要があることを意味する．
5) シュペングラーについてはいろいろな受け止め方があるが，比較文明論によって西洋中心史観から脱することを主張したところに彼の意義があると考えられる．しかし，文明の盛衰を人の生涯になぞって古代ギリシャ・ローマの末期（＝老年期）と西洋の現在の類似状況を指摘したこと，そして本の題名によって「危機意識」がひとり歩きしたとも考えられる．
6) テンニースの場合にはこれまでの歴史的「推移」という認識が濃厚であることによって，ゲノッセンシャフトへの「展望」が説得性に乏しいこと，ジンメル自身にも社会的条件を射程に入れる論理が乏しいだけでなく，例えば L. von. ヴィーゼに典型的に認められるような後継の現実遊離が明らかであること，M. ヴェーバーについても（正しい継承ではないかもしれないが）価値を無条件に排除する「継承」が多々あることなどを，3者の弱点として指摘することができる．
7) 樺俊雄監修『マンハイム全集5』潮出版社，1976年　38ページ
8) マンハイムにおいては民主主義についての確認が大事であることを強調したい．本書の展開の基本には私自身の「民主主義」が思想的・理論的両方の意味で据えられているが，マンハイムもまた「全体主義」にたいする思想として表明されているだけでなく，未来を展望するにあたっての理論的意味をも与えられている．マンハイムへのこれまでの言及では，この点への着眼が乏しかったのではないかと思われる．
9) 『国家＝文化社会学論考』のなかで M・ヴェーバー批判に言及されている．批判の基本点は「客観性」の主張による現実認識の性格に向けられている．周知のように，「客観性」の主張（だけでないが）において「観点」ということが強調されているが，そこから M・ヴェーバーの認識の対象は「つくりだされたもの」であり，したがって事実は相対的に形成されたものにすぎない，という批判が展開されている．生の重視はこのような「分析的」思惟のみにたいする「直感」の理論的位置づけを復権させるという主張を含んでいると受け止められる．
10) H. Freyer : Soziologie als Wirklichkeitswissenschaft. 1930, S. 13. フライヤーを取り上げた意味について若干の補足をしておきたい．私が修士論文でフライヤーを論じたという個人的事情が大きくあずかっていることは確かであるが，フライヤーからは，諸説からの受容がプリンシプルなしになされると「雑炊」になるという負の遺産について考える必要性があるという意味，およびマンハイムと並んで「現実科学バネ」の好例であるとともに「社会学における社会的現実」を考えるにあたっての課題提起をしているという意味がある，と私は見

なしている．
11) この世代が「第2世代」と大きく異なるのは，本文で触れたように，未来を射程に入れるという社会学の性格づけをしていることにある．現実にたいする分析的思惟（その必要性を否定しているわけではない）にとどまるならば，優れた個性をのぞいては，歴史意識が容易に希薄になる可能性が大であり，そこからは現実遊離へはいま一歩である．歴史社会学という「分野」であっても，過去のみを取り上げるだけで，未来への展望の論理が乏しい場合にはそうであり，「現実科学バネ」とは過去・現在・未来を射程に入れた思惟を意味する．
12) この2人およびリンド夫妻に絞って取り上げるのは，社会調査研究としての重要性もさることながら，理論問題にいろいろな批判があるとしても，調査における理論を提示していることに意味があるからである．理論なき調査が横行している社会学の現状においては，調査テクニックに調査研究（論）を矮小化しない（テクニックとメソッドの違いの自覚）ことの必要性を喚起する意図が込められている．
13) 秋元律郎『現代都市とエスニシティ―シカゴ社会学をめぐって』早稲田大学出版部，2002年　この本はシカゴ社会学について戦後にまで及ぶ全面的な研究であり，エスニシティとの関連が重視されてはいるが，社会学の理論的あり方（および方向）に示唆を与えること大である，という意味で教えられることが多い．
14) シカゴ学派とは異なる都市研究としては，「ミドルタウン」以外にも，W・F・ホワイトの『ストリート・コーナー・ソサエティ』が当時のアメリカの都市の異なる反映（アメリカの世相）として興味深い．
15) 船津衛『ミード自我論の研究』恒星社厚生閣，1989年
16) ミードの見解は周知のように，その後いわゆるシンボリック相互作用論へと展開されていくことになるが，相互作用論としての「理論的」精緻化に一定の意味があるとしても，その精緻化が社会との関連において未来への展望の論理（不充分ながらもミードにはあった）を有するかどうかが問われる必要がある．
17) オグバーンを取り上げた理由には私の個人的事情もかかわっている．私が大学入学後はじめて読んだ社会学の本がニムコフとの共著である英文の"Sociology"であり，その後いろいろな社会学の立場を考えるに当たって，私にとってはその本が比較する1つの基準という位置を占めていたという事情である．本文ではほとんど展開していないが，彼の人間性，社会問題，社会力という「三題噺」的発想が私の発想の底流にある．社会学にとっては興味あるテーマなので，機会があれば独立の論考として論じたいと考えている．
18) アメリカ社会学についてのまとまった論考としては，小笠原眞『理論社会学への誘い　アメリカ社会学断章』（有斐閣，1984年），矢澤修次郎『現代アメリカ社会学史研究』，秋元律郎『現代都市とエスニシティ』などをあげることができる．それらは私の論述など比較にはならないほど詳細な論考がなされている．

しかし，文献考証的に詳細であることは一種の資料としての意味はあるが，それ以上ではないように思われる．秋元以外の2つには当時のアメリカ社会があまり見えてこない．ここでは2つの疑義を提起したい．例えばマートンについて小笠原が問題点・疑問点としているのはすべて他者によるマートン批判（同上書 162～166ページ）であり，そのような論議を含めての小笠原自身の見解がどうなのであろうかという疑義．矢澤の例としては，トマスについて12ページにわたって詳細な論考がなされているが，アドホックな経験主義，一種の環境主義・状況主義，文化と社会問題との理論的乖離，という全く否定的な3つの評価によって結論づけられている（同上書 179ページ）．もしトマスからそのような「全否定的な」結論しか出てこないとしたら，トマスを論じる意味は何であろうかという疑義を挙げることができる．これらは日本の理論研究・欧米の理論の受容の仕方の根本問題を考えるための具体例である．

19) 日本資本主義論争は経済学の論争ではあったが，マルクス主義の受容の仕方，政治的・イデオロギー的立場などを含んだ論争という性格をも有していたので，簡単に整理しにくい．現在という時点では，新たな客観的条件の捉え直しにあたって，どのような知的遺産とするかを再検討する必要があると思われる．

20) 戦前における日本共産党の現実認識には，レーニンに認められるような主体的条件の認識は，当時の天皇制下の弾圧政策という客観的条件のもとであるとは言え，皆無に等しかった．では，戦後から現在に到るまでの現実認識においてはどうであろうか．客観的条件の認識に主体的条件の認識が加わったことは確かである．具体的な論証抜きなので，理論的問題提起として述べるが，主体的条件の認識をめぐっては単純に「変革主体」と考えられる人間，集団・組織の現実に言及するだけでなく，2つの要件を必要とする．1つは，客観的条件との関連での主体的条件および対立する主体的条件との関係（運動論としては一般に「力関係」と言われている）の認識であり，もう1つは，文化的条件としての国民性の認識である．この意味において客観的条件と主体的条件が理論的に結びついているかどうかが問われることになる．

21) ブハーリン『史的唯物論』（佐野勝隆／石川晃弘訳　青木書店，1974年　103ページ）．

22) G・オシポフ『現代社会学』（佐野勝隆／石川晃弘／古城利明訳　青木書店，1971年）16ページ．なお，旧ソ連以外の諸国が社会主義社会であった時期，つまり崩壊までの30年間ほどの期間に「社会学」の試みがあったが，旧ソ連の場合に史的唯物論＋アメリカ的な社会調査という性格が強かったこととほぼ同様だったようである．1時期には日本に若干翻訳・紹介されてはいる．ゲ・ヴェ・オシポフ篇『ソヴィエト社会学』（田中清助訳　青木書店，1967年），樺俊雄編『史的唯物論と社会学』（法政大学出版局，1968年），石川晃弘『マルクス主義社会学』（紀伊國屋新書，1969年）などを挙げることができる．

23) やや詳しくは，飯田哲也「再建後の中国社会学の展開」（立命館大学産業社会

学会『立命館産業社会論集』第33巻第4号）を参照のこと．ただし，この論考は中国社会学界の全般的概観なので，社会学を性格づけている主要文献としては，北京大学《社会学教程》編写組『社会学教程』北京大学出版社，1987年，劉豪興編『社会学』科学技術文献出版社，1992年，鄭杭生編『社会学概論新修』中国人民大学出版社，1994年，などを挙げることができる．理論的な概説書にたいして，1990年代には個別分野の調査研究が盛んになるが，理論的整合性がやや乏しくなる動向が進むなかで，理論的反省と新たな方向提示として性格づけられる本として，中国社会科学院社会学研究所編『中国社会学』上海人民日報出版，2002年，が出版されたことは，中国社会学の今後の行方を占う意味で興味深い．

24）1970年代頃までは「マルクス主義の社会科学」という性格が強い動向にあったが，そのようななかでの「マルクス主義社会学」の方向を追求する独自の試みがなされて本田喜代治と布施鉄治については次の章で触れるが，以下のような研究から私がいろいろな示唆を得ている．早瀬利雄は，『現代社会学入門』（青春出版社 1959年）での理論的試みとして社会のマクロ的把握に重点をおいた社会変動論にいたる展開を示している．全体としては社会学批判と社会科学として性格づけられるが，単純なイデオロギー的批判ではないことを特徴としている．田中清助は，「社会的なもの」（Das Soziale）を対象とする社会学の方向を主張し，具体的には労働組織等に焦点を当てるとともに意識とも関連させながらいわゆる上部構造に関する理論化を追求しているが，理論的な課題提起と方向を示す段階にあった思われる．北川隆吉は，編著『講座現代社会学』などで理論化について全面的に方向づける試みをするとともに，サン＝シモンからコントとマルクスに分かれるという理解にもとづき，マルクスの方法に社会学の方向を求めることを主張した．これらは理論的課題提起を大きくは越えていないが，これらについての遺産をどのように整序して継承するかが重要である．日本におけるこのような遺産を「全体として」どのように継承するかを論じたものは皆無に等しい．彼らの仕事について触れられることがあっても，結局は欧米の先学の取り上げ方に似て，私の言う「日本的書評」方式の域を大きくは出ていない．つまり，それぞれに継承する遺産があっても，成果あるいは評価する点と問題点および課題が個別的に論じられる程度であり，あいかわらず解釈の域を大きくは出ないのである．大事なことは正しい解釈にもとづく理論的発展である．私自身がどのような示唆を得たかについてここでは具体的に展開しないが，これまでに家族および生活（地域が少し加わる）という個別分野における理論化の追求において，それらの示唆を活用しており，私の編著におけるいくつかの論考にもそのことが認められるはずである．

25）このような見解とレーニンがロシア社会の具体的研究を通して発展させた理論枠組みを彼の著作のいたるところに見いだすことができるが，それらをレーニン自身が述べた方法論的見地から受け止めることが大事である．したがって，

かつてレーニンの文章を引用しての「論争」が多々見受けられたが，例えば議会を擁護すべきか議会をボイコットすべきかという「論争」などは（レーニンの文章には両方の主張がある），現実を無視するという意味でレーニンの方法とは無縁なのである．

26) 本文にもあるように，グラムシ研究については翻訳も含めてさらなる研究の整備が必要な段階にある．したがって，私は誤訳のあると伝えられている翻訳本に依拠しているので，理解には大きな誤りがあるかもしれないと懸念しており，イタリア語による専門家の批判は甘受しつつ今後の修正に委ねたいと考えているので，忌憚のない批判を切望している．

27)「歴史的ブロック」概念は，現実認識にもとづく（未来を展望する可能性を持っている）実践的概念であることに注目する必要がある，と私は受け止めている．理論問題にとどまらないので，政党や労働組合あるいは市民組織とは性格が異なる「集合体（組織）」としての活用を考える概念としての必要性を簡単に提起しておくにとどめる．「歴史的ブロック」に相当すると思われる組織の形成の試みとして，1960年代後半から70年代にかけて「革新統一」および「革新共同」というかたちが，選挙にかぎって一定の存在を示した．しかし，継続的な組織体にまでは到らないで，80年代には試みが追求されなくなったようである．私はそのような動向を検討するにあたっては，「歴史的ブロック」概念を知的遺産として受け止める必要があると考えているが，具体的展開や現実認識は今後の課題であろう．

28) 私のグラムシについての断片的な受け止めにおいては，「獄中ノート」の新たな解明，翻訳，後進へのアドヴァイスも含めて，全面的な解明を継続して追求している松田博の仕事に負うところがきわめて大である．とりわけ注目したいのは，グラムシの市民社会についての諸見解であり，国家の内在的変革の理論的礎石としての市民社会，陣地戦論の地平としての市民社会，市民社会の政治社会への包摂，市民社会の構成要素としての多様なアソシエーションなどの思惟について，全面的な解明を期待したい．松田博『グラムシ研究の新展開』（御茶の水書房，2003年）をはじめ，彼の編著書から多くを学んだことをことわっておきたい．

29) 歴史の具体的展開については，「もし……ならば」という仮定は許されないことを承知で言えば，本文で簡単に触れたように，1960年代後半からソ連における現実研究が実態調査も含めて活発化し始めている．もし，レーニンの思惟を教条的に受けとめないで創造的に発展させることとセットで社会学における現実認識がなされていたならば，歴史は異なった展開を見せたかもしれない．このような意味で，私は中国における「中国特色的社会主義」の現実と行方に注目しているが，機会をつくって論じたいと考えている．

30) H・ルフェーブル『マルクスの社会学』（山下淳志郎訳　せりか書房，1970年 55ページ）なお，本文では触れなかったが，彼は『マルクス主義の現実的諸問

題』（森本和夫訳　現代思潮社，1975年）において，「社会＝経済学的および社会学的概念と範疇」というセットにおいて，社会階級，階級闘争，個人，集団，社会，を覚え書き的に挙げており，また「経済＝社会的形成」という小テーマについても論じているが，そこからは社会学の性格づけにおいて経済（学）との関連を重視しているルフェーブルの思惟を見てとることができる．

31) 具体的に挙げるならば，G・ルカーチ，E・フロム，C・W・ミルズ，フランクフルト学派，その他多くを数えることができる．また継承に値する知的遺産があることを認めるにやぶさかではないが，それらの諸見解とマルクスとの関連については別に独立した学説史的論考が必要であると思われるので，ここでもまた「そぎ落とす」ことにした．

第4章　転換期と社会学

Introduction

　いわゆる現代社会学と見なされる諸説を簡単にまとめることはきわめて困難である．1つの例として，R・ウォーラス／A・ウルフ編『現代社会学理論』（濱屋正男他共訳　新泉社　1986年）を挙げるならば，

　機能主義，T・パーソンズ，紛争理論，社会的交換理論，象徴的相互作用主義，エスノメソドロジー，が取り上げられている．

　現在の日本の社会学界の関心からは，シュッツ，ハーバーマス，ルーマン，ブルデュー，ギデンズ，これにゴフマン，バーガー，グルドナー，ミルズなども「現代社会学理論」として加わるかもしれない．これらの諸説がいかなる「科学的自覚」であるかということは，今日の社会と社会学を考える意味でとりわけ重要であろう．このことは，これからの社会学にたいして現実認識とのかかわりで，どのような発想，視角，論点などが提示されているかが問われるということを意味する．したがって，これまで一貫して論考の基本視点の1つとしてきた「当該社会の科学的自覚」という意味において，哲学的性格に傾斜している見解および同様の意味で社会哲学的傾向の強い「社会理論」は，この章での検討・考察からは外されることになる．さらには，個人的行為論レベルにとどまっていて（せいぜい人間関係論レベル），社会への射程が乏しい見解もまた除外されることは，私の社会学にたいするスタンスからは言うまでもないであろう．

　また，ここ十数年の日本における「社会学的」理論研究を，ひとりの研究者でフォローすることはおそらく不可能に近いであろう．例えばごく新しいものとして1999年に発行された別冊『情況』で論じられているものを確認するだけで，そのことが充分にうなずけるはずである．参考までにそこで取り上げら

れている諸見解を示すと，マルクス，デュルケム，M・ヴェーバー，ジンメル，シカゴ学派，クーリー，フランクフルト学派，アルチュセール，フーコー，パーソンズ，ルーマン，世界システム論，ギデンズ，ハーバーマス，アレクサンダー，東欧の社会学，中国の社会学などである．

次に言っておきたいことは，マルクス以降の流れあるいはその知的遺産の継承についてである．社会学の発端をめぐってはマルクスについて触れているものとそうでないものとがある．マルクスを社会学から除外する立場はともかくとして，マルクスに触れているものであるならば，なんらかのかたちでマルクス以降についても触れる必要があると思われる．しかし，その後のマルクス主義にはほとんど言及されておらず，私の知るかぎりではレーニンについて論じられている例が1つあるだけである[1]．

このことは，すでに指摘したように，マルクス主義から社会学をブルジョア・イデオロギーとして批判することがかなり長期間続いたという事情があり，マルクス主義の立場での社会学研究者にも責任の一端はある．さらには，〈マルクス主義社会学〉があるのかどうか，という問題もあるが，前章で若干触れたので，社会学的思惟に着目するという意味で若干の言及にとどまるであろう．第二次世界大戦以降のマルクス主義における社会学的思惟については，整理するのがきわめてむずかしい．支配的傾向にある社会学理論への批判的立場にはなにほどかにおいてマルクス的思惟が認められる．したがって，必要と思われるかぎりにおいて断片的に触れるにとどまるであろう．

1．「転換期」とは

◆「転換期」認識のために

これまでにしばしば述べたように，社会学が「現代社会の科学的自覚」であるならば，私たちが最近の現代社会学を考えるにあたっては，この「科学的自覚」との結びつきで考える必要があることは，はじめに繰り返し強調した通りである．

1980年代後半から世界は「転換期」に入ったと思われる．そのような論説は「世紀末」という表現とも結びついて問題状況あるいは危機といったマイナスイメージで語られることが多い．それは事柄の一面を表してはいるが，ここではプラスイメージに結びつくと考えられるもの，より具体的には人間たちの主体的努力を示すような世界史的事実に注目したいと思う．というのは，私自身の転換期にたいする基本的な認識とかかわっているからである．すなわち，社会が自然成長的に「変わる」というこれまでの段階から，目的意識的に社会を「変える」という方向に着目することが提起されている段階にさしかかっているという認識にほかならない．ともあれ転換期という場合には「何から何への転換」であるかが問われる．そのためには，第二次世界大戦の終了からの20世紀後半の重要な出来事について簡単に確認しておくことが必要である．

　1945年　第二次世界大戦の終了
　　　　　国際連合が正式に成立
　1947年　パキスタン，インドが独立
　1948年　朝鮮民主主義人民共和国の樹立
　1949年　中華人民共和国の成立
　　　　　ドイツ民主共和国の成立
　1950年　朝鮮戦争はじまる
　1954年　平和五原則の提唱
　1956年　スターリン批判
　1962年　キューバ危機
　1963年　部分核停条約
　1965年　ベトナムにたいする北爆の開始
　1968年　核拡散防止条約
　1973年　チェコ事件
　1975年　第一回先進国首脳会議（以後毎年開催）
　1978年　日中平和友好条約調印
　1979年　米中国交回復

1980 年　ポーランドで独立自主労組「連帯」成立
1981 年　ローマ法王が広島で平和アピール
1982 年　国連総会で核凍結・核不使用の決議を採択
1984 年　（インド）ガンディ首相暗殺
1986 年　大韓航空機撃墜事件
1988 年　アフガニスタン和平交渉合意文書調印
1990 年　東西ドイツ統一
1991 年　ソヴィエト連邦の消滅
1992 年　国連で地球温暖化防止条約を採択
1993 年　第二次戦略兵器削減交渉・化学兵器条約調印（130 か国）
1994 年　欧州経済地域発足
1995 年　世界女性会議開催（北京）
1997 年　アメリカが臨界前核実験を実施（ネバタ州）
1999 年　NATO 軍がユーゴを空爆
2000 年　南北朝鮮首脳会談

　私は歴史学や国際関係論を専門としていないので，専門家からは異なる取り上げ方あるいはより重要な出来事などが指摘されるかもしれないが，ここでは「転換期」について考えるにあたっての時代認識を確認する素材としてピックアップしたにすぎない．この時期には「転換期」を予感させるような特徴をいくつか認めることができる．戦争と平和の問題については，序章では核問題と民族問題の問い直しという指摘にとどめた．この問題をめぐっては，一方では戦争の火種が存続してはいるが，他方では第二次世界大戦以前とは性格を異にする平和への努力が継続してなされていることを確認する必要がある．さらにはそれぞれの国では紆余曲折があるとはいえ，全体としての民主的な主体形成における前進が認められることは，具体的な問題にたいする多極的「ブロック」が形成されはじめていることに示されている．また，世界的規模での経済的格差にたいする対応も「転換期」認識にとっては重要な要素といえるであろう．ではこの時期を基本的にはどのように認識するか．

◆ 新たな段階の到来？

　いわゆる「冷戦構造」と言われていた米ソの対立を軸とする世界情勢は，周知のようにここ十数年で大きく変貌した．具体的には，東欧社会主義諸国の変貌，「ベルリンの壁」の崩壊，ソ連邦の崩壊，そして市場経済を導入した中国の変貌などを容易に想起することができるであろう．そのようなグローバルな情況の激変のなかで，すでに序章で指摘した4つの新しい局面をも確認できるであろう．4つの局面に加えて「戦争と平和」という古くしてかつ新しい問題については，先には指摘だけに止めたが，ここではやや深く考えてみることにしよう．

　第二次世界大戦以後は，「戦争と平和」の問題は質的に異なった様相をもつことになったと考えられる．世界の「客観的な」情勢の変化のもとで，「戦争と平和」をめぐっての主体的な状況における変化の兆しが現れていることに注目する必要がある．核実験についての世界的論議がなされており，実際の合意には至っていないにしても，「核抑止」の合意形成への方向が少しずつ前進していると言える．これとの関連においていわゆる大国主義への批判についての国際世論の形成もまた少しずつ前進している．4つの新たな局面の1つとして先に指摘した人権・差別問題への対応についてもまた同様であると思われる．いわゆる「ユーロ体制」の進展もまた世界的転換の兆候の1つと考えられるが，その行方については今後の推移に注目する必要がある性格のものであろう．

　「転換」を意味するとも思われる具体的事実については，この他にもいろいろと指摘することができるであろうが，それらの諸事実にもとづいてどのような性格の「転換」であるかを明確にする必要がある段階にさしかかっていると思われる．しかし，「転換」の性格はかならずしもはっきりしていない．というのは，政治指導者たちにも各国の人々にも，新たな変化への対応については質的な変化が明瞭には認められないからである．もっとも新しい一連の事実のなかでは，「核抑止」の国際世論のもとでの大国の核実験や地球環境問題への合意形成の著しい不十分性などを指摘することができる．このことは，かつての冷戦構造とは異なる対立軸の認識とも密接にかかわっている．そしてすでに強

調している経済至上主義にたいする発想の転換は日本だけにとどまらず世界的な要請，とりわけ経済的先進諸国への要請になっているはずである．にもかかわらず，そのような認識と活動はきわめて弱い．したがって，発想の転換とそれにもとづく「転換期」認識にもとづいて，人類の未来への具体的構想と第一歩を踏み出す具体的提起がすべての研究者（学問の世界）に要請されている．

　地球規模でのこのような局面では，人類の行方はきわめて不透明である．しかし，現在生起している諸々の問題や未来にたいする危惧については，対処の仕方によっては解決が可能であり，未来への明るい展望もやはり可能である段階に人類は到達している．事実としても，もし「全体として」実行に移されるならば好ましい方向へ進むであろうと思われる具体的提言がいろいろなかたちでなされている．それは単なる予測ではない性格のものであるとともに，社会生活のあらゆる分野でそのような未来への見方が切実に求められていることをも意味する．

〈歴史の自然成長的進展の段階から人類がコントロール可能な段階へ〉

　これが人類史的に見た場合の「転換期」の基本的な認識である，と私は考えており，客観的な条件と主体的条件をともに含んだ認識にほかならない．具体的に指摘するならば，例えば地球環境問題やエネルギー問題，経済生活における世界的規模での巨大な格差などは，客観的には転換が地球規模で要請されていることを意味する．そして主体的条件としては，その萌芽がすでにいくつか現れていることを指摘することができる．各種の国際会議での論議における政策転換への志向，一般市民レベルでNGOやNPOの運動の一定の前進，各種のリサイクル運動などの動向は，主体的条件もまた形成されつつあることを意味する．転換期の現実的根拠をこのように見るならば，単なる予測・願望や現状の後追い的認識という性格の「分析」は，転換期のこのような性格の認識の欠如を意味する．このような認識と異なるかたちで転換期について論じるならば，転換期をどのように性格づけているのか，そしてその認識に応じた論じ方を対置することが要請されるであろう．私自身は1990年代に入ってから発想の転換を主張し続けているが，転換期をどのように認識しているにせよ，その

認識に応じた発想が必要である．

　ひるがえって日本について考えてみると，転換期にはまだ面していなくて転換が主体的に求められているかどうかが問われている．しかし，現在の歴史的局面が自然成長的に転換する性格ではないとするならば，どのような方向に転換を求めるのか，あるいは相変わらず自然成長的な（成長的とは言えないかもしれないが）流れに委ねるという時代遅れのままでいるのか，このことが日本人全体の主体のあり方として問われている．すなわち，転換期認識と主体のあり方をセットにして考えることが重要になってきていることを意味する（とりわけ知識人にはこのような自覚が要請される）．

　このように考えるならば，日本社会もまた転換期問題をかかえているのであり，したがって，客観的条件の成熟に応じ得るような主体的条件としての人間のあり方が鋭く問われている．その意味において，社会のあり方との関連で人間のあり方および関係のあり方を主要な対象とする社会学のあり方がきわめて重要であると考えることは，私のような社会学者の我田引水的な思惟であろうか．社会学に関連して付け加えると，現在の日本のマスコミの支配的な傾向については，ジャーナリズム精神を失っているのではなかろうか，と心あるマスコミ研究者は指摘している．無批判に事実を後追い的に示すことや報道の画一的・固定的なパターン化，さらに加えると，時事問題の報道の恣意的選択という仕方による世論あるいは意識的条件の形成などによって，社会的に何が重要であるかについての判断を停止させるといった傾向にたいして，マスコミ関係者が確信をもって否定できるであろうか．最近の日本の「社会学的研究」にはこれと似たような動向が認められるという意味で，現代的諸問題にたいして，総合的かつ未来志向的な社会学的研究の構えが問われている．

◆ **新たな現実的課題**

　世界的な転換期の動き，そして日本が直面している転換期という新たな現実については，これまでにも若干は触れているが，私が「化合なき混棲の時代」として性格づけたように，かつてない錯綜した複雑さを呈している．それは近

代社会の正の面と負の面との矛盾が一挙に吹き出してきたという感がある状況とも言えよう．そのような時代にあっては，社会学にはこれまで以上に「当該社会の科学的自覚」が問われることになる．つまり，そのような自覚としては（理論的研究が軸であっても）とりわけ現実的課題にたいする自覚が重要であるということにほかならない．

　転換期という認識にもとづくならば，現実的課題についてはこれまでとは異なる思惟が要請される．これまでは近代社会の負の側面としての問題性をどのように見るかということを軸として考えてきたが，現在提起されている課題は問題告発とでも言うべきそのような認識だけにとどまっていては不十分である．とりわけ近代社会の問題性を体現している人間のあり方とそれが織りなす諸関係のあり方については，正の部分とセットにして考えることが要請される[2]．もう1つは，これまでは「当該社会の科学的自覚」を繰り返し強調してきたが，現在は自国（＝1つの国）だけではなく世界レベルでの「当該世界の科学的自覚」が要請される段階にきており，したがって自国の課題と地球規模での課題との関連をも見ること，という複眼的・弁証法的思惟が必要であり，それをどのように「科学的自覚」の構成部分として整理するかが大事である．

　序章で述べたことと重複する部分もあるが，世界レベルの課題についてひとまず並列的に指摘すると，次のような諸課題を挙げることができる．すなわち，核抑止そして廃絶についての合意形成をこれまで以上に追求するという課題，国際的＝地球レベルでの生活格差の縮小の追求という課題，地球環境問題に対応する発想の転換の推進とそれにもとづく具体的政策の実行という課題，民主主義の不均等発展への具体的対応という課題，差別・人権問題および民族問題への適切な対応という課題などである．これらの諸課題は別々にあるのではなく相互に関連していることを具体的に確認していくことが大事であると言っておいてよいであろう．したがって，これらについての合意形成と具体的政策の確定をめぐっては，国際関係のあり方もまた新たに問われることになる．現在はまだその方向性が定かではない．いずれも簡単な課題ではないが，短期的・中期的・長期的それぞれのビジョンの必要性を主張したい[3]．

ひるがえって日本社会について考えてみると，世界的レベルでの課題が同時に日本社会の課題であることは当然だが，それらの課題があることを前提として，日本独自の課題を確認することも必要である．日本社会の現段階とりわけ「転換期」認識については，別に独立した論考で試論的に展開することを次の課題としているので，ここではそのような課題を自己確認するかぎりにおいて簡単に指摘するにとどめる．

　周知のように，戦後民主化政策を経て高度経済成長政策の強力な推進は，資本蓄積に重点が置かれ国民生活が後回しという性格であったため，民主化政策が実質化しないだけでなく，経済・政治・国民生活のあらゆる面でいろいろな矛盾・問題を引き起こして今日にいたっており，その克服の具体的方向はいまだ定かではない．一般的には世界的レベルでの課題にたいする日本の役割をいかに具体化するかが問われているが，そのためには民主主義と主体的活動を軸として以下のような現実的諸課題が提起されている．

　もっとも基本的には，いろいろな社会分野での民主主義の実質化の追求という課題，換言すれば，すでに指摘した権威主義からいかに脱却するかという課題を挙げることができる．その中身を具体的に示すならば，近代的市民の形成，つまり近代的自我の追求という課題であるが，これは民主主義にもとづく諸個人の主体性の形成・成熟を意味する．個人的自由への極端な傾斜にたいしての適切な修正も重要な課題である．これは自由・平等・友愛をセットにした調和ある民主主義の発展の追求を意味する．経済至上主義からの転換と経済的安定の確保という困難な課題も加わるが，そのためにはそれぞれの社会分野で，「目的のための手段」という関係のなかで「関係そのものに意味がある」関係の復権が求められる．関係の復権については，ゲゼルシャフトとしての結合（＝関係のあり方）の進展のなかでゲマインシャフトをどのように育むかが課題であるが，やや範囲の広い市民運動から諸個人の狭い日常生活までを被う課題である．

　もし民主主義を人類の普遍的価値として承認するならば（これについては「中間考察」で言及する），以上のような諸課題はおおかたの納得するところで

あろう．そこで最後に90年代に入ってからの私独自の主張としては，やや論理的飛躍があることを承知で言えば，上記の（主体性に傾斜した）諸課題にたいする客観的条件のあり方の1つの「構想」として，私は中央集権の縮小と地方自治を主とした日本社会の改造の方向をすでに提示している．国民生活の多様性という現実に照応した政治・行政のあり方の追求という社会学的発想にもとづく「構想」を意味する[4]．

この時期の社会学については，世界的な転換期認識だけでなく，日本社会の「科学的自覚」をも念頭において考える必要がある．より具体的に言えば，1つの理論的主張の背後にはどのような現実認識があるかということ，および日本の現実的諸課題に活用できるかどうかということが，知的成果の評価にとっては大事だということにほかならない．と同時に，そのことは社会学者自身の日々の生活のあり方が問われていることをも意味する．

2. 混棲の社会学

◆ 現代社会学の諸潮流

〈Introduction〉で簡単に指摘したように，現在，大きくは10程度の諸潮流に加えて，群小の亜流・分流が「社会学者の数だけ」認められるような最近の社会学の理論戦線を詳細に展開し整理することは，おそらく不可能に近いであろう．ここでは，これまでに繰り返し確認しているように，社会学の性格をめぐる論点によって整理を試みる．

論点について考えるにあたっては，「現実科学」としての性格に焦点を当てる．したがって，ここで取り上げる社会学者については，詳細な紹介は省くことになる．というよりは，簡単にまとめて紹介することはこれまでの先学の論説に屋上屋を重ねる意味しかないからである．さらには，「社会学者の数だけある」社会学が洪水のように次々に現れるので，「新しい」諸見解すべてにはおそらくなにびとであろうともフォローして示すことができないであろうという事情も加わる．新しく現れる社会学的見解にたいしては，私は，それぞれの

主要な著書（場合によっては1冊だけ）を一読することにしてはいるが，しばしば困惑したり苦痛を覚えるのは果たして私だけであろうか．

そのような「混棲」の下で，現代（現在）の社会学理論（社会理論）を検討するにあたって，一応は取り上げるに値すると思われる諸見解について，20世紀の後半（第二次世界大戦以後）に位置づくものを参考までに列挙しておこう．

A・シュッツ（1899―1959年）	H・G・ブルーマー（1900―89年）
T・パーソンズ（1902―79年）	R・アロン（1905―83年）
C・レヴィ＝ストロース（1908―）	R・K・マートン（1910―）
J・C・ホマンズ（1910―89年）	H・シェルスキー（1912―80年）
C・H・ミルズ（1916―63年）	H・ガーフィンケル（1917―）
L・アルチュセール（1918―）	P・N・ブラウ（1918―）
E・ゴフマン（1922―82年）	N・ルーマン（1927―）
J・ハーバーマス（1929―）	R・ダーレンドルフ（1929―）
P・ブルデュー（1930―2002年）	A・ギデンズ（1938―）

この他にも日本で注目されている（あるいは注目してもよい）見解がないわけではない．例えば，グルドナー，バーガー，ケーニッヒ，そしてハーバーマス以外のフランクフルト学派の諸説などを想起すればよいであろう．その他にも「社会学的」思惟に結びつく諸見解は多数紹介・論考されている．ルカーチを例に取るならば，階級意識論と結びつく物象化論などは，このテーマを論じる場合には大抵論及されており，なんらかの個別テーマについての「有力な視点」として意義がないわけではない．しかしここで取り上げないのは，そのような取り上げ方をすれば際限なく拡散していくのであり，社会学の拡散の増幅と純理論的論考による現実遊離がもたらされることが危惧されるからである．日本の社会学界ではすでにその傾向があるとも言えるが，具体的には後でこの傾向に若干触れることになろう．したがって，論及する諸説の選択とそれぞれの内容の受け止め方に異論があることを承知で，これまで以上に「そぎ落とし」をすることになる．社会学論では，諸説をどのように解釈するかではなく，

「受容」にとどまらない活用こそが問われるのである．

　さて，現在の諸見解についてはこれまでの論述の仕方とは違って，知的遺産としてどのように継承するかということをストレートには考えないで，新たな理論的問題提起として考えることにする（ルーマン以降は私にとっては同世代に近くなるからでもある）．具体的には以下の6人に絞るが，それらの諸見解についての評価が「十分に」定まっているとは言えない現状にあり，私の独自な考えから6人に絞るということである．

　これらの諸見解をめぐっては，日本の社会学界では，多様な説明・解釈がなされており，しかも現在も学説研究としての取り組みが進行中であり，次々に新たな解釈・発掘が後を絶たない．ここでは，確定的に評価するのではなくて，このような論考の仕方が知的遺産の継承につながるというかたちが目指されることになる．先学の評価とは継承に値する知的遺産を見いだすことにある，という前章までの私の構えをここでも同様に貫くことになろう．したがって，ここでの評価はこれまで日本において相対的に多く認められるような評価とは異なり，私自身の理論形成に引きつけた評価になるであろう．1つには，現在における理論的発展を軸としてなんらかの方向があるかどうか，つまりどのような活用の可能性があるかという評価の仕方である．限界あるいは不十分性については，そのかぎりでの批判的指摘になるであろう．もう1つは，私の見解との対比を含む批判的検討であり，〈第2部〉の先取り的指摘として，その異同を示すというかたちを採ることもあるであろう．なお，それぞれの重要な点については，知的遺産として一括して整理したい．

◆ シュッツ

　おそらくシュッツほど評価が分かれる理論家はそれほど多くはないのではないかと思われるが，それゆえに逆に理論的発展の可能性が内蔵されていると見なすこともできる．シュッツの「現象学的社会学」がその後様々な装いで継承されているのもおそらくそのためであろう．私自身は直接に継承する立場にはないが，理論的発展の可能性という意味で基本的思惟方法，社会的世界，問題

状況という3つの点に注目したい．

シュッツの出発点は基本的には「日常的生活世界」という現実への着目である．彼の見解はいくつかのキー概念によって独自に特徴づけられるが，それらすべてには論及しないで，「日常的生活世界」への着目と不可分である思惟に限定して取り上げる．まず確認する必要があるのは，意味あるいは意味付与という基本的な思惟方法であるが，M・ヴェーバーの思惟方法とはいささか異なっている．この思惟方法によれば，行為者自身が自己の行為にいかなる意味を付与するか，他者の行為にはいかなる意味が付与されるか，このような意味をいかにして理解するか，という問いを立てることを基本とした意味の世界としての「社会的現実」を理解する方法が追求される．

さてシュッツによれば，〈社会的世界〉は共在者の世界と同時代人の世界に2分される．共在者の世界とは，対面的関係の世界であり時間と空間が共有されている世界である．この世界では，人々の行為はその行為の描く像の動作が直接的体験として与えられるのであり，そこでの行為の意味（他者理解）は主観的意味連関の中で理解されることになる．他方，同時代人の世界とは時間のみが共有されている世界であり，直接的体験としては与えられない行為の意味についての他者理解は客観的意味連関の中に位置づけられて理解されることになる．その場合には体験の蓄積による類型，具体的には機能的類型，性格的類型，社会的集合体に関する類型によって同時代人を理解するとされている．

次に，労働（＝行為）の世界としての日常生活にたいして，存在論的にではなく，経験についての意味づけによる現実認識という発想から多元的現実論が構成されることを挙げておきたい．多元的現実論は，具体的には夢の世界，空想の世界，宗教的体験の世界，子どもの遊びの世界などがシュッツの現実論に組み込まれることを意味する．その理論的意義は科学的認知の世界と日常生活との違いを打ち出したことにあると思われる．

経験によって意味づけされるのが日常生活における生活世界であるが，その意味では諸個人は客観的に存在する社会にすべてかかわっている（相互作用）わけではない．これまで無関係（関心外）であった他者がなんらかのきっかけ

で新たにその存在が意味付与されることは経験的事実であろう．このように意味付与された〈社会的世界〉は「状況」として措定されることになる．日常生活はなんらかの状況のもとで営まれるが，シュッツにおける問題状況とは，日常的な自明性の解体を迫る出来事によるとされている．それは多元的現実間の移行によって生じるのであり，それまでの意味付与の根本的な問い直しを迫る事態を意味する．

シュッツの社会学的思惟はこれにつきるものではないので，きわめて圧縮し過ぎたきらいがあり，シュッツ研究家あるいはシュッツの社会学的思惟の継承・発展を志向する研究者からは，理解の不十分性の指摘や異論がおそらく出されるであろう．しかし，私自身は発想を異にしていることをすでにことわっているので，若干の疑問も交えてそれぞれの意義あるいは論点について述べる．私がシュッツを取り上げたのは，彼が基本的思惟において日常生活あるいは生活世界へ着目している（あるいは出発点としている）からである．一般にマクロを軸とする理論においては具体的な生活世界はあまり俎上に上がらない．また，「第２世代」に顕著に認められる行為・関係を軸とする場合も，理論的には生活世界への着目が相対的に乏しいことは否めないであろう．したがって，シュッツにおける問題状況もまたマクロな社会のあり方が諸個人にとってはミクロな「疎外的現実」として立ち現れるということになる[5]．したがって着目する必要があるのは，この両者を結びつける論理が組み立てられるかどうかということであろう．

シュッツの見解では，諸個人の日常生活における経験にたいする意味付与という思惟が基本となっているが，単なる主観主義とまでは言わないが，社会的世界と多元的現実については，意味付与の有無にかかわらず存在しているはずである．したがって，認識論的思惟にたいして存在論的思惟をどのように組み込むかが，「意味付与」という思惟をさらに発展させる方向ではないだろうか．このことは，問題状況論の理論的発展にも結びつくであろうと思われる．問題状況という発想については，表現としてはそのような認識についての理論的彫琢の必要性を私自身も共有しているが，その意味するところは異なっている．

1つだけ例示するならば，私における問題状況とは現在の「社会的世界」（この意味もシュッツとは異なるが）そのものの性格を意味する．したがって，社会の1つのあり方としての問題状況（これは私の見方）とそのあり方への「意味付与」をどのように結びつけるかという課題を導き出してはどうであろうか[6]．

◆ パーソンズ

かならずしもパーソンズにかぎらないのであるが，ほぼ50年に及ぶ彼の学問的活動は膨大であるとともに一定の変化を見せている．専門家にとっては周知のことであるが，初期，中期，後期の3つの時期によって学問的活動の重点が異なっている．やや大胆にそれぞれの時期の重点を指摘するならば，行為論，社会システム論，進化的変動論として受けとめることができる．これらがそれぞれ関連していることは当然であるが，この項では進化的変動論に着目したい．私自身は，〈第2部〉で展開されるように，行為論および社会システム論にたいしては思惟方法を根本的に異にしており，その意味での「そぎ落とし」である．したがって，これまた広く知られている2つの理論については，「社会変動論」の理論的前提であること，その意義と「当該社会の科学的自覚」について考える素材であることという意味で簡単に示すにすぎない．

行為論においても社会システム論においても，パーソンズの考え方は同じであり，まず〈行為論〉の狙いは行為の分析枠（準拠枠）を理論化しようとしたものである．パーソンズによれば，行為はパーソナリティ体系，社会体系，文化体系という3つのシステムの問題として理論化されているといえる．そして行為とは，基本的には目標達成志向，状況のもとで，規範の規制，動機づけによるものとされている．さらにパーソンズにおいては，文化体系に結びつく行為の価値志向の分析枠として，感情性—感情中立性，自己志向—集合体志向，普遍主義—個別主義，所属本意—業績本意，限定性—無限定性といった〈二者択一のパターン変数〉の設定を行っている．

このようなミクロ分析としての行為理論にもとづいて，マクロ分析としての

社会理論の枠組みとして，図式だけはよく知られているいわゆる〈AGIL図式〉で示される社会システム論を表示しておく．

表4−1

〈AGIL図式〉と現実	社会	家族への適用
A　環境への適応	政治	表出的役割
G　目標の達成	経済	手段的役割
I　成員の統合	社会統制	統合的役割
L　潜在的パターンの維持と緊張処理	教育	社会化

　この2つが構造機能主義とネーミングされている理論の軸である．若干付け加えるならば，社会システムは「AGIL」という構造として措定されるのであり，それぞれの要素が構造にたいして一定の機能を有するという考え方である．そのもっとも下位の単位が行為であり，上位の単位の構造において一定の機能を有し，その単位はさらに上位の単位の構造における機能的要件であるという考え方である．

　パーソンズの理論的出発点が，いわゆる「ホッブス的な秩序問題」にあることもまたよく知られているが，M・ヴェーバーの行為論を継承しながら批判的な乗り越えを目指したことおよび主意主義的行為論として解釈されるパーソンズの見解については，私の言及はそのエッセンスにも及んでいないかもしれないが，優れたパーソンズ研究があるなかでそれらよりも不十分な論述という屋上屋を重ねる必要はないであろう[7]．しかも，先にも述べたように，私は「行為論」にたいしても「社会システム論」にたいしても，パーソンズとは全く異なる理論的立場にあるので，私の見解との関連では詳細に言及してもあまり意味がないのである．さらにはパーソンズ批判の多くに認められるようないわゆる規範主義的思惟にたいする批判，あるいはマルクス主義に多く認められるイデオロギー批判を展開するつもりはないし，またここではその必要もないと考える．私が彼の進化的変動論にもっとも注目するのは，社会学の出発点をどこに置くにしろ，また規範主義，解釈主義あるいは主意主義など，どのような理論的性格であるにしろ，社会学にとっては未来を展望し得る現実認識にもとづ

く社会変動論であるかどうかが最終的には問われると考えているからである．ではパーソンズの社会変動論はいかなる性格であろうか．

　パーソンズの社会変動論においては，社会進化が未開社会，中間社会，近代社会の3つに区分されていることはほぼ周知のことであろう．問われる必要があるのは，その思惟方法および近代社会の「変動論的」把握である．その場合，理論的基礎（＝方針）とされるのは当然に上で簡単に示した行為論と社会システム論である．パーソンズにおける社会進化についての主要な概念としては，機能分化，統合，価値，社会的共同体を挙げることができる．社会的共同体とは社会システムにおいて統合機能をもつ下位体系であるとされている．この社会的共同体が価値の変化や機能分化の進展によって，どのような統合機能を果たすかということが，彼の社会進化論の基本的な考え方である．統合とは新たな（変化した）価値の普遍化によって適応能力を向上させていく機能を意味する．このような理論的方針にしたがって，前近代で準備された機能要素（特に文化）から近代化過程について説明されているが，近代化過程はまだまだ長期にわたって存続するとみなしているパーソンズにおいては，変化にたいする「調整」が重視されている[8]．

　現在の時点でパーソンズをどのように評価するかはきわめてむずかしい．私自身が評価するほどに「パーソンズ研究」に入り込んでいないためでもある．おそらく，当人が言っている「不治の理論病」ということが評価を困難にするのかもしれない．さりとてここで「パーソンズ批判」についての諸見解を挙げても無意義であろう．そこでさしあたり言えることは，静態論と批判されている社会システム論が変動論への道を開けるかどうか，パターン変数の具体的現実分析の可能性はどうか，ということであろう．

　疑問というかたちで付け加えるならば，前者については，社会進化において近代社会へ到る社会変動は説明可能であるかもしれないが，近代社会がどのように変動し得るかについては，「変動」ではなくて「変化」にとどまる論理ではないであろうか．後者については，私の理解ではテンニースのゲマインシャフトとゲゼルシャフトの両概念をある意味ではより緻密な現実分析の概念装置

にしているとも言えるが，逆にそのことによって上に指摘した未来への変動を方向づける論理が失われたのではないであろうか．このような意味で，パーソンズからどのような知的遺産を得るかということは，それぞれの社会学にたいするスタンスに委ねられることになると考えられる．

◆ マートン

いわゆる中範囲の理論の主張で知られているマートンの仕事はパーソンズとは異なる意味でやはり広範囲である．中範囲の理論を具体的現実認識において展開すれば，広範囲の社会領域に及ぶことは至極当然であろう．ここでは中範囲の理論と機能論に絞って言及する．マートンの主張の出発点（課題）は社会学理論と具体的現実分析の乖離という社会学の状況にたいして，それの解決の方向を求める新たなパラダイムの必要性である．いわゆるグランドセオリーと言われている社会学理論をめぐっては賛否両論いろいろな論議があるが，マートンが批判したのは，小笠原眞が適切に指摘しているように[9]，とりわけ「社会学上の事後解釈」と「経験的一般化」である．

「中範囲の理論」はそのような理論的問題に対置する意味で提唱されたものである．マートンは理論と経験的調査の乖離という「社会学的研究」状況にたいして，経験的調査による現実認識の手段の彫琢として〈パラダイム＝確かな分析枠組み〉の必要性を主張する．マートンにおいて「中範囲の理論」がどれだけ具体化されたかはともかくとして，そのような主張には２つの批判的見解が込められていたことを確認する必要があると思う．１つは，特殊理論を踏まえない一般理論の不毛性への批判としての主張である．具体的には，一般理論としての包括体系にいたる過程で，中間的に作業仮説をパラダイムとして確定していくことを意味する．もう１つは，実態調査による単なる事実の記述であったり単なる作業仮説だけでは科学的認識には到らないという批判的見解である．なお，蛇足的に付け加えておくが，現在,「パラダイム」とか「パラダイム転換」という言葉が上に示した意味とは異なる意味で自明のごとく使われている場合が多いようであるが，マートンはそのような頭のなかだけの思惟に

よる「パラダイム転換」をおそらく否定したであろう．機能論の新たな主張にも一言だけ触れておこう（私自身は機能主義の立場でないので）．順機能と逆機能および顕在的機能と潜在的機能という対置を措定したことにつきるであろう．ここでは後者について確認すると，顕在的機能とは客観的結果として認知される機能であり，後者は意図されず認知されない機能であるとされている．

マートンについてもまた賛否にわたって評価が分かれるところであろう．私の見解をまじえて言えば，いわゆるグランドセオリーと言われているものは，それ自体が仮説的性格であるか，ミルズの言う「誇大理論」であるか，社会哲学的性格を持つかのいずれかである場合が多いと考えている．では，「中範囲のパラダイム」が社会学理論として対置し得るのであろうか．私見ではグランドセオリーは社会学理論としては程度の差はあれ仮説的性格を有していると考えている．「中範囲の理論」も，その最良と思われるものであってもおそらくはグランドセオリーと同様に仮説的性格にとどまるのではないかという疑念をもたざるを得ない．したがって，グランドセオリー批判としての「中範囲の理論」の提唱には一定の意義があると評価できるが，「中範囲の理論」がマートンの言葉の正しい意味での〈パラダイム〉が可能であるかどうかという問題が残るのではないだろうか．

機能論については，それ以前の機能論（順機能あるいは適応的機能）に逆機能という新たな発想を加えたわけであるが，機能主義の立場であるかぎりでは一定の意義があるのかもしれない．潜在的機能という見方についても同様のことが言えるであろう．しかし，機能主義でない立場ではどのように活用できるか．とりわけ潜在的機能については何にとっての機能なのかが問われる．したがってこの問題は，1つの視角として具体的現実認識においてどのように活用するかという受け止め方が適切であろう．

「中範囲の理論」についても理論構成における疑問を簡単に提起したが，グランドセオリーを目指すかどうかにかかわらず，そのような提唱の思惟方法を具体的な理論形成に活用することに意味があると私は受け止めている．マートンの意図とは異なるかもしれないが，私自身は上に指摘したようなマートンの

思惟方法から示唆を得て,「家族についての社会学理論　→　家族と地域　→　教育を追加　→　生活　→　そして本書へ」という理論追求の思惟プロセスを経過している. 先のパーソンズについても同じことが言えるのであるが,異なる方法論からは自らの基本的思惟方法にもとづいて換骨奪胎するという活用があり得るし必要なのである. なお,パーソンズとマートンにおいては,アメリカ社会についての科学的自覚が異なることを指摘しておきたい[10].

◆ ハーバーマス

『ハーバマスを読む』(吉田傑俊他編　大月書店,1995年)によると,〈社会主義論〉からはじまって〈マルクス論〉に到るまで7つのテーマが取り上げられていることに示されているように,ハーバーマスの研究分野もきわめて多岐にわたっている[11]. 最近は「何々を読む」というのがやや流行っているようであるが,例えばグラムシのように諸般の事情で「文献問題」をかかえているケースはともかくとして,「読む」には「読んでどうするのか」ということ,複数で「読む」ケースでは「読み方」が異なる場合にどのように受け止めるかということ,が問われるのではないかと思われるが,私は「読む」のではなくて「考える」ことが大事であることを強調したい. ハーバーマスを「考える」ことによって私が関心を持ったのは,「公共性の構造転換」,コミュニケーション的行為,史的唯物論の再構成の試みである. 彼の多彩な論及においてはこの3つが連結していると考えられるからである.

『公共性の構造転換』(1962年,邦訳は1973年)における「公共性」概念は,市民社会論(認識)と深くかかわっており,市民社会のあり方(あるいは変化)と関連させて公共性を歴史的カテゴリーとして措定されている. この大部の本では歴史学的論考も加わっているので,歴史記述あるいは歴史的論証の意図がきわめて多く,「市民的公共性」という歴史的類型の分析としての性格を有すると見なすことができる.

前近代社会では,市民社会の構成員はきわめて狭い範囲の上層身分に限られていたので,公共性もその範囲内のものとして性格づけられる. 近代社会にな

ると普通選挙権に典型的に示されるようにその範囲が一般大衆に及ぶことによって，市民的公共性もまた範囲を拡大することになる．それは「言論空間」の拡大であり，具体的には貴族的なサロン空間，「教養ある」市民の言論空間，そしてマス的な言論空間へという変化として単純化すればわかりやすいであろう．構造転換とは公共性の私的性格がますます公＝政治的性格を帯びていくというかたちでの「転換」を意味する．したがって，言論空間のあり方＝批判・反批判・合意形成の重要性が増大していくことになる．

次に，コミュニケーション的行為についての理論的展開には，「公共性の構造転換」という考え方を前提とするものであることを確認しておく必要がある．というのは，「公共性の構造転換」とは言論空間に限定されるものではなく，人間，関係，社会それぞれのあり方の転換に結びつくのであり，したがって，そのように転換した人間像，関係像，社会像にもとづいてコミュニケーション論が展開されることになるからである．

『公共性の構造転換』（細谷貞雄訳　未来社，1973年）よりもさらに大部の『コミュニケーション的行為の理論』（河上倫逸他訳　未来社，1985年）の展開については，同書の第1章の終わりに位置する〈本書の構成に関する見取り図〉で狙い・性格・展開のエッセンスをハーバーマス自身が述べている．「コミュニケーション合理性」概念の普遍性を主張する（理論化）にあたって理論史による方法が採用されている．ここでは膨大な理論史検討から彼の基本的な考え方のみを確認し，若干の私見を提示することになる．

社会学（および文化人類学）が社会を全体として俎上にのせるという意味で社会諸科学のなかでは唯一の社会理論たり得るという考えにもとづいて，1つの社会理論としての展開がハーバーマスの企図である．そのための主要な概念装置が相互行為としてのコミュニケーション的行為，合理性，生活世界などを挙げることができる．M・ヴェーバーの目的合理的行為にたいして道具的行為，戦略的行為，コミュニケーション的行為を措定し，発話行為において相互妥当性が要請されるが，コミュニケーション的行為がかかわる世界として客体的世界，社会的世界，内面的世界が措定される．それぞれの妥当性の異なる要請に

応じた意志疎通がコミュニケーション的行為にもとづいて問われることになる．相互作用としての・発話行為による相互妥当性の要請に応えるコミュニケーション的行為の理論は，ヴェーバーの行為論への対置，パーソンズの行為論と社会システム論の統合問題の解決，そしてマルクスの史的唯物論の「再構成」という理論的意図による「壮大な」社会理論の方向づけを意味する．

このような理論的企図は，「ヴェーバー，パーソンズ，マルクス」問題に対置される性格のものであるが，「後期資本主義社会」における「生活世界の植民地化」という生活世界の「物象化」といった危機認識がハーバーマスの思惟の根底にあったと受け止めることができる．では彼の理論的企図と現実認識を基本的にはどのように考えるか．シュッツ的問題提起の延長線上にあるとも受け止められるコミュニケーション的行為論を軸とする「社会理論」がヴェーバー，パーソンズ，そしてマルクスに対置（あえて対抗とは言わない）されるものであるかどうかについては，慎重かつ詳細な検討を必要とする．ここでは全般的な評価ではなくて，理論的な問題提起として若干の疑義も含めて私見を述べることにする．コミュニケーション的行為については，関係のあり方を認識するにあたって重要な意味をもつことは確かであるが，発話行為に絞ることおよび発話行為による「合意」がどの程度可能であるかどうかが問われるのではないだろうか．次にマクロな現実認識から生活世界の問題性の波及が論じられているが，その逆の波及にはミクロな現実認識が問題性も含めて具体化されることによって，行為論と社会システム論の統合問題が方向づけられると思われる．

ハーバーマスの基本的思惟方法は，M・ヴェーバーと同様にいやそれ以上に，ヨーロッパ的な近代人（および近代社会）を大前提とした発想にもとづいているのではないだろうか．M・ヴェーバーには西欧を前提としながらも非西欧への射程が思考のなかにはあったと考えられるが，ハーバーマスの場合は果たしてどうであろうか．なお，いわゆる「公共性」問題にはほとんど触れていないが，理論構成問題というよりは市民社会としての近代社会に迫る1つの視点という位置づけになると思われるので，どのように取り上げるかについてはさら

に検討を必要とすること，史的唯物論の再構成の試みについては，前章の〈マルクス主義の動向〉で述べたように，私は「指針」で充分であると受け止めているので，新たな「再構成」がなぜ必要なのかという疑義を持たざるを得ない[12]．

◆ ブルデュー

　ブルデューの研究領域については，宮島喬が，ブルデュー自身が拒否するに違いないとことわったうえで，① 教育と学校的秩序，② 芸術とその享受，③ 婚姻，家族，共同体，④ 社会変動，文化触変，⑤ コミュニケーションと権力，⑥ 身体とその社会的形成，という便宜的な分類を示しているように，多彩な研究が進められていた[13]．このように多彩なブルデューの社会学的研究にたいして，例えば「文化的再生産の社会学」といった限定的な性格づけにたいしてもブルデューはおそらく拒否するのではないだろうか．

　ブルデューにとっては「不平等問題」の解明（および解決）がもっとも重要な現実的課題であったように思われる．理論問題としては，確かに文化（的再生産）のあり方に彼は着目したが，なんらかのまとまりのある理論を構築するのではなく，具体的な現実研究の方法を彫琢していったと言える．彼自身が述べているように，これまでの諸説で有効と思われる視角を現実認識の方法に取り入れることに躊躇しないということであるが，その場合の軸が文化への着目であり，「ハビトゥス」概念，「プラチーク」概念，「場」概念が重要な位置を占めると解される．

　ブルデューの理論的彫琢においては，アルジェリアの農民の状態と先進資本主義諸国の認識が背景（あるいは出発点）にある．この点が他の本章で挙げている現在の多くの社会学とは大きく異なっている．いわゆる南北問題あるいは植民地的支配の問題などは，資本主義的経済（物質的手段）にもとづく支配関係という見方が相対的に多い発想であるが，ブルデューの発想によれば，物質的手段による支配に文化的支配が加わることになる．そして後者を重視した理論展開が彼の強みであるとともに課題を残すことにもなると考えられるが，と

もあれ「文化的再生産の社会学」のエッセンスを簡単に確認しよう．

　人間の行為，様々な社会的諸関係，社会構造などの生産・再生産を認識・説明するにあたって，文化的な要因に着目すること自体はきわめて重要な意義を有する．とりわけ「階級」として概念化される「差異性」について，差異性を生産するメカニズムの解明にあたっての文化的再生産への着目・展開がブルデューの見解の中軸をなしている．「文化支配」や「文化資本」などはこのメカニズム解明の概念装置としての位置を占めている．文化的再生産における基本視角としての時間，変換，実践が措定されており，文化的あるいは象徴的差異にもとづく関係構造の再生産あるいは変化動向の把握にとっては中軸としての位置を占めている．

　ブルデューの現実認識（変革も含む）のためのこのような理論展開においてもっとも重要な位置を占めているのが3つの概念であると受け止めることができる．1つは「ハビトゥス」概念である．階級や集団にはそれに所属する人間たちに特有の行動様式が累積されて存在しているのであり，これによってそれらの人々の（慣習的な）行動に一定の方向づけがなされるが，この方向づけの総体がハビトゥスにほかならない．人は否応なしにハビトゥスに従う存在なのである．「場」概念もまた独自の意味を有する概念である．行為者は「場」においてなんらかのポジションを占める存在であるが，「場」は理論的にも実践的にもプラチークと不可分に関連している．それはハビトゥスとの関連で行為者を制約するある種の構造連関を意味するが，静態的な構造ではなくて「構造化」される存在として性格づけられる．したがって，「プラチーク」概念はごく一般的に使われているプラクシス（実践）あるいは行為や活動とは意味を異にする．すなわち，「場」における行為者の主体的な・様々な関係構造に作用する実践であり，「場」についての状況認識にもとづく性格を有する．

　以上によってブルデューの主要な概念装置を簡単に確認したのであるが，はじめに述べたように，ブルデューにとっては「不平等問題」あるいは象徴的差別（彼の言葉ではないが）という実践的課題に迫る有効な視角こそが問題なのである．したがって具体的現実認識においては，「説明」にとどまらないスタ

ンスがあることを確認することが大事である．次に，「文化資本」という考え方に示されているように，「資本」概念が経済学的な（あるいは物質的な）概念ではないことを確認しておきたい．すなわち，ここで使われている「文化」概念は非物質的存在に近い意味であると受け止めたい．付け加えて述べると，彼の「生産」概念もまた「資本」概念と同じように，経済学における「生産」概念とは異なる社会学的概念であることを確認しておきたい．

　最後に，「文化資本」をめぐって一言だけ問題提起をしておこう．ブルデュー自身はそのような言葉を使っていないし，言い換えることが彼の意に反するかもしれない．私は，彼の「文化資本」をめぐるプラチークの重要性を認めるにやぶさかではないが，物質的資源と文化的資源（あるいは手段）の関連，より具体的に言えば，両者の生産・再生産の関連という理論問題が残されているのではないだろうか[14]．

◆ ギデンズ

　いわゆる「構造化論」の主張として知られているギデンズは，現在もっとも多作な社会学者と言えそうである．古典的社会学理論から最近の理論に到るまでの広範な批判的検討，現代社会および近代（化）への問いかけ，国家・政治についての論及などを挙げることができるが，彼の理論研究の中軸として考られるのが「構造化論」である．構造化という発想（見方）は決してギデンズだけではなく，例えばハーバーマスやブルデューにも構造化という発想が認められるのであり，さらには言葉こそ使っていないが，構造化という発想はマルクスにもあったと言える．私自身も変化・変動についての認識において「構造化」を重要な概念として〈第2部〉で展開しており，やや極論になるかもしれないが，「構造化」概念抜きには社会学の理論的発展はあり得ないとまで考えている．したがって，ギデンズの構造化の意味に絞って言及したい．

　ギデンズの構造化論について，「近代の存在論」であり，社会と人間の「存在」を哲学的にではなく社会学的に問うことである，と貝沼洵が述べているように，社会と個人という社会学における根源的問いに応えようとする理論的性

格であるとみなすことができるであろう[15]．ギデンズについてだけでなく，社会学的論考においては「社会理論」という取り上げ方が相対的に多いのであるが，私のスタンスとしては，ここでは社会学として問うことに意味があると考えている．

　ギデンズの理論的意図は，社会学理論において継続している主観主義と客観主義，行為と構造，ミクロとマクロといった，「二元論」的理論状況をいかに克服するかにある．より具体的に言えば，社会システム論と主体性論の再構築にもとづく社会変動論の再構築という壮大な意図として受け止めることができる．これまでの諸理論の批判的検討とマクロな現実認識はそのような理論的意図に結びつくものとして性格づけられるが，独自な「構造化」の理論はギデンズの「理論的再構築」の中核としての位置を占めている．

　ギデンズにおける「構造化」とは社会的実践による諸システムの再生産を基本的には意味するが，宮本孝二が述べているように，その出発点は「階級構造」において経済的な格差が成立する不平等構造である[16]．この出発点はギデンズの「構造化」を評価するにあたっては決定的に重要である．諸システムの再生産としての「構造化」には限定的構造化と媒介的構造化の２つが措定されており，前者が「階級構造」の固定化を保持・強化する作用（再生産）であるのにたいして，後者は「階級構造」自体として再生産する「構造化」である．留意する必要があるのは，システムが実在するのにたいして構造は実在するのではなくて，構造化として実践主体の作用として意味づけられていることである（私のやや恣意的解釈かもしれない）．このような思惟と概念装置によって詳細に展開されるギデンズの「構造化論」をあまりにも簡単に述べすぎたかもしれないが，ここでは基本的な思惟の仕方の確認が大事である，と私は考えている．すなわち，行為論と社会システム論とを関連づけての再構築，両者の関係が条件であるとともに結果であるとする思惟のキーコンセプトが「構造化」概念であることの確認である．

　実践主体と条件としての「構造」との関係，そして静態論と動態論の関係という社会学のアポリアを「構造化」に求める方向は，「構造化」概念をはじめ

て理論構成の中軸に据えたという意味で，画期的であるとも言える．ただし先に指摘したようにブルデューにおいても「構造化」という思惟があり，私自身もこの思惟をマルクスから学んでおり，〈第2部〉で展開を試みる私自身の理論においても「構造化」は重要な位置を占めている．その場合，マルクスを「利用する」のではなくて基本的に依拠するという意味でギデンズとは見解を異にしている．ともあれ，「構造化」は社会学の理論的発展を方向づける豊かな思惟方法であり，とりわけ社会変動論につなぐ要であると言いたい．この意味においてギデンズの「構造化」という動態的思惟の意義を認めるにやぶさかではないが，やや異なる立場からの疑義という意味で2つの問題を提起をしておきたい．

1つは，実践主体が個人的レベルにとどまっていることによって，実践の所産の「構造」の単純化が認められるのではないかという問題である．敷衍するならば，「構造化」がミクロからマクロまでの，国家や階級のレベルだけでなく企業や地域社会にも適用されるという思惟ではあるが，その場合には諸個人を実践主体としながらも諸個人レベルにとどまらない様々な実践主体—複数の実践主体は階級的存在だけでなく集団・組織なども考えられる—についての理論的位置が問われるのではないだろうか．

もう1つは，上の理論問題とかかわって，「構造化」の論理が具体的現実の説明・認識・展望にどのように認められるのであろうか，という疑義である．大著『社会学』における各論でははたして「構造化」の論理が貫かれているかどうかが問われると思われる．別の例としては『第三の道』にも同じことが問われる．イギリスの未来への展望あるいは提言として一定の意味があるとは思われるが，「構造化」の理論にもとづくならば，未来への提言としてなんらかの方向を提示するだけでよいのかという疑義である[17]．

◆ 社会学の行方についての覚え書き

現代社会学の最先端にある上記の諸説については，いろいろな解釈が（とりわけ日本では）なされているが，多様な解釈にもとづく（部分的あるいは全体

的）発想から，さらに新たな発想が次々に生み出されている状況にある．しかも，彼らのなかにはまだ理論形成（あるいは理論的発展）の途上にある者もある．すなわち現在も活躍中（発展過程）であり，私と同世代の者もいる．具体例としては，シュッツからはゴフマン，バーガー，ガーフィンケルなどの流れを指摘することができる．

したがって現段階では，それらを全面的に評価しつつ知的遺産として確認していくことがきわめて困難であるし，場合によっては誤った方向を示す危険性がある．そこでこれらの諸見解を受けて，これからの社会学理論の行方について課題というかたちで提示する方が適切であるとも考えられる．ただしその場合には，ただ単に「新たな視点」に注目するだけということは厳に避けるべきである．そこで「転換期」における現代社会学については，前章までのような知的遺産を確認するという仕方ではなく，知的遺産の検討の仕方あるいは活用の仕方について整理し，その整理にもとづいて私自身の理論構成にとっての着眼点に言及しようと思う．知的遺産（であるかどうかも含む）としての検討の仕方については，私はもっとも一般的には次のように考えている．

1) いかなる社会的現実が背後にあるか（＝現代社会の科学的自覚）を探ること，これについてはこれまでも具体的に指摘していると同時に再三強調しているので，ここではそのまま確認しておくだけでよいであろう．
2) 現在では世界史の現段階認識が問われるということ，つまり自国だけではなく他国への射程あるいは他国を視野に収めた理論的性格であるかどうかということである．これまでの叙述における「取捨選択」および「そぎ落とし」に，社会学理論にたいする私のそのようなスタンスが示唆されているはずである．
3) 社会学の今後の展望にどのように結びついているかということ，つまり理論的発展の可能性が問われるということである．この場合の発展とは，ある1つの理論的立場を絶対化することではなく，なんらかの立場を基本に据えながら，意義があると考えられる他の理論的立場との協力の可能性

を有することを含意する.

　これらのことは，理論的挑戦の試みである〈第2部〉で展開する私自身の理論構成にも問われることになるので，さらに若干の整理をやや具体的に加えておこう.
　社会学が，一方では主に人間のあり方と関係のあり方（行為論や相互作用論など）について追求しながらも，他方では社会のあり方についても追求するものとして性格づけられるが（時には社会理論としても），ここでは社会学理論あるいは社会学の性格について依然として基本的な一致があまりないことが，考えるにあたっての大前提になる．社会学の行方との関連では，相互にしかも個別的な批判・反批判をくり返したり，あるいは「自由な」独自主張を繰り返すのではなく，もっとも根底的なところでの基本的一致を目指すとともに，例えば規範主義であろうと解釈主義であろうと，どれかを絶対化するのではなくて，社会学的認識においてそれぞれの立場では何をどこまで引き受けるかという思惟方法に転換する必要がある段階にきていることを，私は主張したい．そうすれば，すぐ後で述べるように，「マルクスかヴェーバーか」から新たに「構造機能分析こそは」へと進み，それがだめだから「日常生活への着目」「意味への着目」へ（しかもこれらの動向には欧米の「有力な見解」がある），といった日本の社会学界における「ブーム現象」からの脱却の方向に進むだけでなく，異なる立場の協同の道が開けるはずである.
　私が取り上げた諸説も含めて「有力な諸説」については，日本ではそれぞれについての「理論的」研究が多様に展開されている．〈第2部〉においては固有名詞をいちいち挙げないが，私はそれらを私流儀に「換骨奪胎」して活用することを試みるはずである．第二次世界大戦以前までの知的遺産についても同様である．この「換骨奪胎」にあたってはフライヤーの如き「雑炊」にならないために，前の項の補足的意味も兼ねて，私が基本的に依拠している思惟方法としてのマルクス（マルクス主義ではない！）における社会学的思惟についての知的遺産を整理して付け加えておきたい．マルクス主義については，現実認

識はともかくとして社会学理論としては継承に値するものがあまりないようである．マルクスについて補足するのは，私自身がもっとも多く継承しているという意味であり，〈中間考察〉と〈第2部〉をやや先取りすることになる．

マルクスにしてもレーニンにしてもその他の継承に値する理論的見解は，すべて具体的な社会的現実と不可分な性格を有している．したがって，ここで整理して示すのはあくまでももっとも基本的・原理的な思惟に限定されるが，4点ばかり挙げておこう．

弁証法的・史的唯物論としての根本的思惟方法とりわけ弁証法的思惟である．この思惟については思弁的であるということをはじめとしていろいろな批判があるが，理論構成あるいは現実認識において具体的に論議することが要請されると考える．次に，社会学的思惟の出発点をどのように措定するかということであり，マルクスは「生活の生産」から出発していると同時に，いろいろな社会分野の認識においてはしばしばそこに立ち返っていることである．現実認識の中軸に「人と人との関係」を据えていることも大事な確認である．最後に，これは弁証法的思惟の必然的帰結であるが，マルクスは一貫して変化・変動の論理を思惟の中核に据えていることである．私の理論構成（および現実認識）では，マルクスのこのような根源的思惟とこれまでに示したそれぞれの知的遺産を連結する（創造的・発展的連結）というかたちでの活用が，可能なかぎりにおいて追求されるであろう[18]．

3．現代日本社会と社会学

◆ 予備的確認

主に欧米の社会学の遺産，到達点，論点などを考えることを通して，社会学の性格と社会的現実との関連を，「当該社会の科学的自覚」ということを思考の軸として検討し，そのことを通して社会学の性格づけおよび「知的遺産」について考えてきた．「当該社会の科学的自覚」を軸とするならば，それらはすべて欧米社会の現実や問題性と結びついていることを意味する．すでに序章で

述べたように，欧米の知的営為に学びながらも「欧米的思惟方法への信仰」にとらわれないことが日本社会学の発展には必要なのである．そこでこの節では，私自身の理論的挑戦あるいは社会学理論構築の試みにとっての直接的な素材として日本における社会学に目を転じよう．社会学史では，大抵の場合，日本の社会学として独立した「章」があるが，「日本の社会学史」として独立して論じるならばともかくとして，社会学論としての理論的論考では，日本の社会学の展開および現状が1つの章を占めるほどの位置（あるいは質）にはないであろう．そこで，日本の社会学についてもまたこれまでの欧米の社会学理論と同じように私なりの取捨選択がなされる．現代日本の社会学を考えるに先立って，予備的確認として戦前の日本の社会学についてまずは簡単に触れておくことにしよう．

　戦前の日本における社会学理論を固有名詞に結びつけるならば，外山正一，有賀長雄，建部遯吾などが日本の社会学史上に浮かび上がってくるが，これまでの欧米の諸説と同じように日本の社会学の性格が典型的に示されているという意味で絞り込んで取り上げる．日本の社会学史上ではよく知られている諸説なので，私自身による論点提起という意味において言及したい．

　予備的確認としては，米田庄太郎（1873―1945年）からはじめてよいのではないだろうか．米田は，はじめにウォードの影響により綜合社会学を構想したが，のちにはドイツの形式社会学を紹介・導入したことで知られており，社会学理論研究だけでなく日本社会の現実にも多様な関心を寄せていた．米田については彼の研究のどこに焦点を置くかによって評価の分かれるところであるが，日本における理論研究の1つの典型として性格づけられると思われる．周知のように米田は一種の綜合社会学を構想・提示したが，欧米の多くの理論的な諸説の検討から構想されたものである．行為論しかも心理的相互作用を重視した構想にたいして，欧米の諸説からの影響についていくつかの見方があるが，学説研究として論議することに一定の意味はあろうが，社会学理論におけるプリンシプルを鮮明に打ち出していること，そして日本社会の多岐にわたる現実研究がそれと関連していること，この2つが確認する必要がある知的遺産では

ないだろうか.

　米田に含まれていたと思われる「形式社会学的思惟」についての方向を独自に発展させようとしたのが高田保馬（1883－1972年）であった．形式社会学に対置して独自の理論を提示し，ほぼ周知のように，第3史観として人口へ着目したことが特徴である．ある時期までの日本の社会学界では，高田社会学が戦前の日本における唯一の独自理論とされているがはたしてどうであろうか．というのは，私の知る限りでは，北島滋が整理しているように，そして北島自身もそうであるが，ほぼ全面的な否定的評価に充ちているからである[19]．では高田についてどのように考えることに意味があるのであろうか．私には，米田と高田を対比して考えることに意味があると思われる．両者ともに当時の日本社会にたいして活発に発言しているが，その立場には大きな違いがある．米田には日本社会にたいしてはやや批判的なスタンスがあるのにたいして，高田には肯定的あるいは当時の日本社会の支配的方向をさらに推し進めるというスタンスがある．したがって，「当該社会の科学的自覚」が理論的主張において問われることの典型例として，理論と現実認識の関係を「理論的に」あるいは「社会学の社会学」として考える意味があるのではないだろうか.

　岩崎卯一（1891－1960年）は，1958年の有斐閣の『社会学辞典』には掲載されているが，その後の2つの『社会学事典』からは彼の名前が消えている（有信堂の『現代社会学辞典』には掲載）．岩崎は，ドイツ社会学を豊富に紹介し批判的に検討するとともに，そのことを通して社会の「結合事実」として社会学体系を構想した．しかし，岩崎について確認するとともに現在でも意義があると思われるのは，彼自身の言葉を借りるならば，「社会学の社会学」とも言い得る社会学論であろう．彼自身も述べているのだが，社会学論的研究は，社会学批判論・社会学認識論・社会学史論・社会本質論というかたちで，社会学の理論分野をカバーしている．彼の広義の社会学論では，時にはプラトンにまで遡った検討がなされており，その検討は，必要に応じての哲学・歴史学（例としてはディルタイ，トライチュケなど）にも及んでいる．岩崎における「社会学の社会学」とは，社会学に関する諸説の批判的検討を広範におこなうことに

よって社会学の学問的性格を追求することを意味する[20].

新明正道 (1898—1984年) は戦後においても長期にわたって「現役」であったが (例えば『社会学における行為理論』は1970年代の著作), 行為関連に社会学理論の基本性格を求める思惟は1930年代にすでに鮮明に表明されている. 新明については, 秋元律郎が「われわれが新明の社会学に接するとき, まずそこに大きく浮かび上がってくるのは, その過程で生み出されていった奥行きの深い学説および理論の検討と, 意欲的な体系化の試みにある. そして同時にそこで登場してくるのが, 他の追随をゆるすことのないその卓抜した学説史研究であった」と述べていることに, ほぼ集約されている[21].

新明の社会学理論の性格は綜合社会学の主張につきると言ってもよいであろう. 新明の理論的主張の性格は, 『社会学』(1929年) において社会的行為に着目する方向が萌芽的に認められるが, 『社会学の基礎問題』(1939年) および『社会本質論』(1942年) にほぼ示されていると言ってもよいであろう. 新明の綜合社会学はもっとも基本的には社会の全体的認識を目指すものとして性格づけられるが, 形式社会学的な立場 (だけではないが) との批判 (論争) を通して鮮明にされている. 行為連関を理論的核 (あるいは出発点) に据えることによって, 形式社会学に文化 (社会学) を加えることへの批判的見解の表明, 形式と内容を綜合することが彼の社会学理論の基本性格であるが, その場合のプリンシプルが行為連関としての社会という本質的措定がなされている. 社会はそのような関係を実質とするが, 人間的行為は関係的かつ意味的の両方から認識されるということ, 社会学を社会静学と社会動学に分けるならば, さらに両者を綜合した動学が必要であること, といった主張に新明の「綜合」の含意が示されている. なお, 「手段即目的」という考え方や社会層への着目なども興味深いと言えよう.

主に欧米の社会学理論の導入, とりわけドイツ社会学の導入・影響が圧倒的に強いことが, この時期の特徴として容易に確認することができるであろう. したがって, 日本の社会的現実とのかかわりでの導入・検討というよりは, 理論プロパーとしての研究の傾向が強く, 社会学理論としては構想の域を大きく

は出ていない．日本社会の科学的自覚がどうであったかについては（米田，高田には認められるが），かならずしも十分には見えてこないが，そこには近代日本社会の性格とりわけ天皇制にもとづく半封建的・絶対主義的な社会・政治的条件が大きく作用していたと考えられる．

　社会学にとってはそのように不利な客観的条件のもとでの理論研究については，2つのことを考える必要があろう．1つは，直輸入であったとは言え，当時の欧米の社会学への全体的な目配りである．したがって，特定の理論に依拠するとしても（全面的依拠の場合，考え方の基本に依拠する場合，視角として導入する場合などがある），他の異なる理論との比較をきちんとしながら依拠したこと，そのかぎりでの知的遺産の受容が全面的であったことである．より具体的に指摘するならば，欧米の社会学の史的展開あるいは論点をかなり詳細にふまえていること，したがって何らかの立場に依拠するにしても異なる立場が視野にあることである．

　もう1つは，理論的な課題設定の確かさである．ここでは繰り返さないが，新明正道の理論研究の軌跡にこのことが典型的に現れている．このような思惟は上に指摘した「受容」があってはじめて可能になるということを意味する．やや先取り的な指摘だが，戦後の社会学においてはそのようなプラス面がかならずしも継承されていないのではないかということへの反省的構えが必要であると思われる．すなわち唯一つの有力と思われるあるいは関心を惹く理論の範囲を大きく超えない，さらにはある1つの傾向の検討に限定されている（異なる立場・傾向への目配りがないこと）という弱点が，最近の社会学の理論的研究にはかなり多いということである．そのことが社会学に以前とは異なる新たな「多様性」をもたらしているのではないだろうか．

◆ 日本の社会学の多様性

　日本の社会学の現在が「拡散」とも言える多様性という状況にあることは，すでに〈序章〉で指摘したが，そのような状況のもとで，「当該社会の科学的自覚」を軸として60年近くの現代日本社会の史的展開とその性格に結びつけ

て日本の社会学について検討し，そこから今後の社会学の方向をどのように求めるかが，現在問われていると思われる．

日本における戦後50年余りの社会学を概観し，いかなる「科学的自覚」であるかについて検討することは，欧米のそれの概観よりもさらに困難な作業である．というのは，例えば「講座」だけでも東京大学出版会の2つの講座，有斐閣，青木書店，法律文化社の講座，『リーディングス日本の社会学』全20冊にあるように，さらには最近の岩波書店の講座と東京大学出版会の3度目の講座，さらには個別社会分野の講座があり，社会学的研究と思われるものは膨大な量にのぼっており，全体としての概観はおそらく不可能に近いからである．したがってこれまでの展開とは異なって，固有名詞に結びつく諸見解ではなく，研究関心の流れをおおまかに確認しておくことからはじめることが，現代日本の社会学を考えるには相対的に適切であろうと思われる．

日本の社会学の史的展開についてある程度整理したものがかなり散見されるが，「理論的立場」による「傾向性」が強いものが多いのである．私自身にも自らの理論的立場による1種の傾向が当然あるので，傾向性があることを一般的に否定するわけではないが，ここで言うところの「傾向性」とは，一定の立場にもとづいて論及するのではなくて異なる立場については論及しないという「傾向性」を意味する．そこで，そのような「傾向性」の比較的少ないものとして3つの整理（あるいは総括）を挙げておこう．

1）福武直（1974年）の総括

福武による総括的評価は日本の社会学の創世記からなされているが，次に触れる他の2つとは20年以上の隔たりがあり，私はその課題提起に着目することが大事であると思う．戦後の社会学の展開としては，戦前のドイツ社会学の流れからアメリカ社会学の影響が強くなるという一般的動向のもとで，当時の日本社会の状況の反映とも思われる市民社会論と大衆社会論が脚光をあびたこと，個別社会学としての定着（社会科学としての市民権），「調査主義」への志向，マルクス主義社会学の立場からの主張，そして戦前の家族・農村を主とした研究分野が，マスコミ，産業・労働，都市などへと個別な社会分野の具体的

現実へと拡がっていたこと,という時期的な流れの特徴が整理されている.
「しかし,こうした展開にもかかわらず,日本社会学全体としては,理論的な水準が戦前よりも格段にあがったわけではない」という評価にもとづく以下の課題提起は,現在でも意味があることを確認する必要がある.

今後の課題としては,社会学の基礎的体系的理論の樹立の試み,とりわけ構造と変動を解明できる理論体系の形成が望まれることが主張されている.次いで現実分析における競争的共存と協力の必要性,このことは社会問題への取り組みなど日本社会の全体像を明らかにする課題の追求の方向づけを意味すると思われる.さらに日本社会学の国際化や社会学の研究教育体制なども課題として挙げられている[22].

2) 厚東洋輔(1997年)の整理

日本における整理の典型とも言えるのが厚東洋輔の整理であろう.厚東は敗戦後の日本の社会学理論(あるいは理論社会学)について3つの時期に区分して整理している(1997年,1998年の2つがあるがここでは後者をとりあげる).彼はパラダイム変遷をうながす2つの力として,社会的現実と欧米の社会学を指摘しており,そのような見方から次のようなかたちで整理している.

表4-2

時期	社会学の課題	現実的課題	科学像	社会像	人間像	キー・パーソン	キー・コンセプト
第Ⅰ期 1945-60	社会学の再建	民主化	実証科学 法則 帰納	国家／経済の対立項としての社会	主体的人間	マルクスとフロイト	主体性(社会的性格)
第Ⅱ期 1960-80	社会学の確立	産業化	一般理論 仮説 演繹	国家ならびに経済と相互浸透する社会	主意主義的人間	パーソンズとヴェーバー	社会システム
第Ⅲ期 1980-95	社会学のリハビリテーション	情報化	記号学的転換 意味解釈	文化に包摂された社会	ポスト・モダン的人間	フーコーとハーバーマス	社会構築主義

このような総括・整理については説明を加える必要はないであろう.これに

たいする評価は次の項でまとめて述べる[23]．

3）庄司興吉（2003年）の展開

もっとも新しいものとして庄司興吉の『日本社会学の挑戦 〈変革〉を読み解く研究と文献』に簡単に触れておこう．ここで取り上げられているのは，20世紀最後の20年（1981年―1999年）の諸研究である．庄司によれば，「一人ひとりが専門性をもつことはもちろん重要であるが，そのうえでそのことをつうじて，日本社会学が総体としてどのような状態にあるのか，それをもって，日本社会が総体として今どんな状態にあるのか……」[24]という認識（私流儀で言えば日本社会の科学的自覚）の必要性が強調されている．この本はこのような必要性にほぼ全面的に応じているものとして性格づけられる．〈第1部 日本社会：混迷の現状〉では，敗戦後から現在に到るまでの日本社会の展開，および人口，産業，家族など7つの社会分野とそれぞれの分野における問題性について論及されている．〈第2部 挑戦する日本社会学〉では，先の社会分野に応じるかたちでそれぞれの研究分野に分けて，1981年から1999年のほぼ20年間の日本における社会学的研究の流れについて論及されている．現代日本の社会学の流れあるいは特徴としては，このように見なすことが一応はできるであろう．しかし，はたして「科学的自覚」として社会的現実と切り結ぶ視点が貫かれているかどうかが問われるのではないだろうか．知的遺産の継承という点では，福武の整理には今後の課題というかたちで若干は認められるが，具体的な諸研究にたいする一定の評価もあるとはいえ，私見では研究の流れをなぞる域を大きくは越えていない展開でよいのであろうかという疑問が残る．

◆ 総括の仕方について

前の項で3つの総括にたいする評価と課題をそれぞれについて直ちに私見を述べなかったことは，これまでの私の論述の仕方と同じである．これについてはくどいようだが若干敷衍しておきたい．厚東は「日本の社会学においてパラダイム変遷を促す力は2つある．ひとつは現実の動き（これは社会学に解くべき現実的課題を与える），もうひとつが欧米の社会学の動向（これは社会学に

理論的課題を課する）である」[25]と述べている．私はこの見解には半分は賛成，半分は同意できない．そこで同意できないことについては，私自身の見解を批判として対置することにしたい．

3つの総括には現代日本の社会学の流れ・特徴などをどのように見るかという点ではそれぞれ一定の意義があると言える．しかし，私はかならずしも全面的に賛同していないが，それらに対置して私自身の総括を全面的に展開するには別に独自の論考を必要とするので，ここでは総括の仕方について提示したい．もっともこの節での論考全体が総括の性格をそなえていないわけではないが，全面的総括としてはきわめて不十分である．

総括の前提として「現代日本社会の科学的自覚」が1本の筋として必要であるが，現代日本社会の歴史的展開はおおまかには3つの時期に区分してよいであろう．それぞれの時期の現実的課題との関連が社会学に問われることになるが，簡単に指摘しておこう．

戦後復興期にはいわゆる「民主化」の推進と経済的貧困問題への対応が現実的課題であったが，経済的貧困問題は社会学からはあまり取り上げられないと同時に，現実的課題との関連の乏しい史的事情もあって，いろいろな方向が混在的に模索されていた．民主化との関連では市民社会論と大衆社会論が（他の学問とも連動して）やや前面に出てきたこと，実証化の方向の追求も始まったという特徴を挙げることができる．

高度経済成長期は言うまでもなく大きな変化があらゆる社会・生活分野で進展するとともに，経済的貧困問題を残しながらも新たな性格の社会問題が続出する時期であり，したがって変化や問題をどのように捉え，どのように対応するかという課題が提起された時期である．「民主化」課題が存続していることも見落としてはならないであろう．そのような状況のもとでの社会学は，「マルクスか，ヴェーバーか」という論議が次第に影を潜め，民主化論よりも近代化論へ傾斜するとともに，実態調査による現実分析が多様になされる傾向が強まる．マルクス主義の立場においても理論的論議が乏しくなり，現実分析が独自に展開される傾向がやはり支配的になっていく．

「ポスト成長期」つまり現在に到る時期は，グローバルな変化と日本社会および社会・生活のあらゆる分野での新たな変化と問題性の続出という現実のもとで，未来の展望が問われるという課題が突きつけられていると考えられる．そのような状況のもとで，情報化現象とも関連して新たに意識的現実への関心が顕著になるとはいえ，これまでに若干は指摘しているような「拡散状況」が進む中で，日本社会との関連が不明瞭な「欧米の輸入」が継続している．したがって，日本社会とその問題状況のトータルな認識が問われているにもかかわらず，日本社会の全面的解明ではなく，部分的解釈にとどまっている．

1つの総括の仕方としてはこのように3つの時期に区分して特徴づけることは可能である．日本社会の現実と理論との関係を軸とするのは当然であるが，そこに盛り込まれるのはそれぞれの立場によって異なるであろう．しかし，このような仕方で総括するならば，先の厚東洋輔の整理と違う視点を対置したにすぎず，思惟の基本性格は同じである．そのような思惟の性格からは，過去は明らかになるが未来への方向は出てこないのではないか．そこで，基本的な考え方およびそれにもとづくいくつかの視点を提示したい．

基本的な考え方とはごく当たり前のことであり，発想の転換というほどのことではないが，日本社会の変化と課題および対応する理論については，基本的には変化と連続（あるいは断絶と存続）として総括することである．すなわち，社会的現実・諸問題については存続している課題への着目が重要であること，したがって，知的遺産の継承についても存続している課題との関連で押さえることが大事であることを意味する．新たな諸見解が続出するなかにあっては，現実と理論の両面において存続している課題・新たに提起されている課題と結びつけて押さえることを意味する．このような基本的な考え方にもとづくならば，少なくとも3つの視点が必要であると考える．

第1には，変化あるいは推移の整理だけでは不十分である．民主化，産業化という課題から情報化への推移は重点の推移としてはその通りであるが，先の2つの課題が解消したわけではない．したがって，変化あるいは歴史意識があればよいということではなく，その性格が問われる．このことは，「社会学の

課題」だけでなく，他の項目についてもまたそれぞれにおいて問われることになる．具体的に指摘するならば，民主化や産業化という課題がなぜ消えたのか，あるいは消えていないならば情報化をめぐる課題といかなる関連があるか（例えば産業化と情報化の異同などを挙げることができよう），といったことなどが問われる必要がある．

次に，キーパーソンに代表的に示されている理論をめぐって，消滅しないまでも著しく減退したことについて，なぜ減退したかが問われる必要がある．具体的にマルクスとフロイトを例とするならば，それらの理論あるいは思惟方法そのものの限界によって新しい社会的現実に対応できないがためか，あるいは新しい社会的現実に対応する理論的発展の追求がなおざりになっていたためか，さらには全面的に過去の理論なのか，部分的に活用可能であるならば活用の具体的あり方が，現在「新しい潮流」として日本で論じられて諸見解との関連において問われる必要がある．

第3に，以上の検討を経て方法的基礎とする理論をどのように措定するか，措定した理論にもとづいてさらに発展的に新たな方向を求めるのか，全く新たなプリンシプルが必要なのかどうか，が問われている．このような問いにたいして，私自身の発想による全面的総括には別に独立した論考を必要とするであろう．以下の展開では私の発想による暫定的な簡単な整理の試みにとどめるであろう．

◆ 日本における「受容」と独自性

日本の社会的現実とのかかわり，とりわけ貧困問題やそれを生み出す社会のあり方とのかかわりでは，戦前には社会学を育む精神的土壌も社会的条件も乏しかった．天皇制国家のもとでの一方では「日本主義」が支配的であり，他方では民主的研究さらには自由主義的立場にたいしても弾圧が進展したことは歴史的事実である．さらには国際的な社会主義運動をも背景として，〈マルクス主義 VS 社会学〉という世界的動向が支配的であった（事実としても，「第2世代」の一定部分と「第3世代」は明らかにマルクス主義との対抗関係が意識

されていた）．そのような社会状況のもとでの日本の人文科学や社会科学においては，社会的現実については一定の（政治的）制約のもとではあるが，マルクス主義の立場としては経済学，哲学，歴史学などで論じられていた．他方，社会学理論は「理論として」輸入され，それ以上にはほとんど進展しなかったことは，すでに述べた通りである．もっとも家族や村落などの独自の実証的な研究として貴重な知的遺産が細々と蓄積されてはいたが，それらが前面に出てくるにはかなりの時を要したことは周知の通りである[26]．そこで，これまでの3つの総括を念頭に置きながらも，「日本社会の科学的自覚」と知的遺産の継承ということをめぐって戦後の展開について，若干の私見を述べることにしよう．

戦後日本の社会学では，理論としては欧米からの輸入とは言え，当初は「日本社会の科学的自覚」がかなり認められるのである．具体例を挙げるならば，1953年からの石泉社刊行の『社会学大系』全15巻，そして1957年からの東京大学出版会刊行の『講座　社会学』全10巻では，当時の日本社会が意識されている論考が多い．しかし，その後の展開においては欧米の理論とりわけアメリカ社会学の紹介・解釈が圧倒的に多く，その影響での具体的現実分析における一定の独自性があるとはいえ，いわゆる調査至上主義による数字を含む「データ」の氾濫が進行する．

民主化が国民的課題であった時期には，いい意味での自由主義的な探求が一定程度なされていた．しかし一部の論考を除いては，「封建遺制」という見方に典型的に認められるように，「封建」と「近代」が対置されることによって，民主化課題を曖昧にするという理論的弱点を内蔵していた．その後，〈近代化＝民主化〉つまり民主化課題が近代化課題に吸収されたことは，この意味において必然であったとも言える．ということは，日本社会の全体としての趨勢を客観的には単に追認していることになるからである．厚東の整理がそのことを如実に物語っている．すなわち，民主化という現実的課題が1960年以降に実際に消えてしまったわけではないにもかかわらず，理論動向からは消えていくということにほかならない[27]．

1970年代中頃までは，欧米理論を受容しつつも，現実研究における独自な適用がなされていた．具体的な社会・生活分野について高度経済成長にともなう変貌や社会問題・病理現象などの諸研究である．しかし，実態調査研究の比重が高まるなかで，理論研究と現実研究との「分業」が進み始めたことをも指摘することができる．ここ20年間ほどは，「理論研究」においては欧米理論の紹介・解釈が主流を占めるにともなって，日本社会の現実との関連が希薄化することによって，ある理論の流行・交代という「現象」が相対的に多くなり，「分業」が加わって社会学の拡散状況が進んでいる．

　ではどのようなかたちで総括するか．上で指摘したことは，〈近代化＝民主化〉という思惟とは，より厳密に言えば，近代化の進展（あるいは追求）が民主化の進展をうながすという単純な思惟（しかもそのことが背後仮説的思惟であることにあまり気付かれてはいない）を意味する．別の表現では言えば，モダニゼーションとモダニティを区別しない思惟に似ている．そこで，総括にとって基本的に必要な点を挙げておきたい．1つは，外国の理論・思惟方法の受容の仕方と日本における独自性について整序して考えることである．もう1つは，私が一貫して主張していることだが，なんらかの理論的主張において「日本社会の科学的自覚」が認められるかどうか，認められるならば，どのような科学的自覚であるか，を問うことである．この2つをクロスさせながら整序することが必要ではないか．その場合，なんらかの理論についての継承・発展という点と停滞・消滅という点の両方に目配りすることが必要であろう．

　理論プロパーと社会的現実認識・分析の成果からどのような遺産を引き出すかを具体的に検討することが重要である．後者についてはここでは取り上げないが，科学的自覚に資する性格および理論的一般化の論理を導き出すかたちで，全体としての総括に組み込まれることが要請されるであろう．とりわけ大事なのは総括におけるプリンシプルの必要性であり，諸研究の追跡という単なる社会学史でない性格が求められる．つまり，しばしば使われている「パラダイム転換」という言葉だけの単純な発想でよいのか，ということを意味する．なお，日本の社会学の今後の発展にかかわるという意味で，先に指摘した福武の総括

で提起されている異なる立場での共同研究がいかにして可能であるかを考慮することの重要性をも言っておいてよいであろう[28]．

◆ 現代日本の社会学の理論状況

いわゆる社会学史とは性格を異にするので，1945年以降の60年近くの社会学の展開を詳細に述べる必要はないであろう．前出の庄司興吉『日本社会学の挑戦』におけるほぼ全面的な跡づけにたいして，それよりも「稚拙な跡づけ」という屋上屋を重ねる愚は避けた方がよいであろう．私の社会学論の意図に応じて，この項では，社会学の独自な理論構成が一定程度示されているものに限定して取り上げ，理論的状況の特徴を示していると思われるものを若干付け加えて考えることにしたい．

本田喜代治（1896－1972年）の研究は，戦前は主にフランス社会学および社会思想であったが，『社会学入門』（培風館　1958年）において史的唯物論にもとづく社会学を主張し，社会学を「制度の学」として性格づけたところにその特徴がある．史的唯物論の社会認識の方法を基礎理論として位置づけ，家族，宗教，芸術などの具体的分野に歴史的検討も含めて踏み込んでいるのが特徴であるが，新たな社会学の方向づけにとどまっており，どのように継承するかが問われると言えよう．継承の方向としては基礎理論＝史的唯物論そのものという不十分さがあることをどのように豊かにしていくかということ，およびブハーリンやオシポフといった社会主義諸国における社会学とは異なる具体的分野についての理論化への踏み込みなどが考えられる．なお，本田が晩年には〈アジア的生産様式〉の研究に取り組んでいることに日本の社会的現実への認識の仕方を見て取ることができる．

清水幾太郎（1907－）の研究は，戦前は社会学史的な研究，戦後は社会学理論，社会心理学を軸とし，評論的活動や思想史研究などきわめて多彩であるが，社会学理論についてはその立場・方法がかならずしも一貫していないとも言える．ここでは社会学理論を考えるという意味で『社会学講義』（岩波書店　1950年）を取り上げる．この本は特徴のある社会学理論の試みであるとともに，彼

の社会学理論の性格が典型的に示されている．すなわち，社会学の史的展開にもとづく社会学の性格について論じる〈前編　社会学論〉，そして〈後編　社会集団論〉では社会学を集団の学とする立場から，行為論から始まって国家・階級にまでいたる社会的現実の把握という展開（理論構成）になっている．集団の学としての独自の理論構成の試みではあるが，方法的には，ミクロ－実存主義，中間－プラグマティズム，マクロ－マルクス主義というふうに理解されるので，異なる方法での理論構成でもよいのか，あるいはいかに統一するかという論点が残ると思われる．

　青井和夫（1920―）の研究は生活・集団など広範囲にわたっているが，『社会学原理』（サイエンス社　1987年）についてはほとんど論じられていない．この本は「自説のみを自由に展開しうる専門書ではない．テキスト用にも使いうるものにしなければ成らない」として6章構成になっているが，前半はパーソンズ理論を一応は下敷きにした「発達論的アプローチ」を軸として展開されているが，後半ではやや異なるかたちで「社会」のミクロ＝マクロの相互関係について展開され，さらに「円環的思考」および「表層と深層」という青井独自の理論的展開がなされている．主観的意味と客観的意味の理解を軸にしながらの展開について，やや哲学的に（禅に示されるように）表明されている青井の見解を誤解なく簡単に示すことは困難である．私は（青井の意図でないかもしれないが），円環というよりは「往復的回帰」という思惟方法，そして禅が導入されていることの意味については人間が生きることの意味が社会学と不可分であるという思惟を，理論的かつ現実認識にどのように活用するかというかたちで受け止めている．

　布施鉄治（1930―1995年）の研究は，彼の2冊の『著作集』（北海道大学図書刊行会　2000年），『行為と社会変革の理論』（青木書店　1972年），共著『社会学方法論』（御茶の水書房　1983年）によってその全容がほぼわかるが，社会学についての理論的見解は膨大な実証研究を背後においた（理論と現実の往復）産物と見なすことができる．ここでは『行為と社会変革の理論』と『布施鉄治著作集　［下巻］理論編』の2つを素材として述べる．鈴木榮太郎の影響のもと

での実証研究から出発した布施の転機は，マルクスを方法的基礎に据えた『行為と社会変革の理論』に認めることができる．マルクス主義の社会学が理論的問題提起の段階にあったのにたいして（前章の注22）で簡単に指摘），布施はマルクスの「ドイツ・イデオロギー」を軸として「マルクス主義の社会学」の理論構築に踏み込んで展開を試みたのである．経済一元論に解釈されがちなマルクスにたいして，「諸個人の社会的行為理論から社会構造変動論にいたる射程領域内にはいる社会集団論，文化論，意識論，組織論，コミュニケーション論（当然それは階級論となる）等々の諸領域」[29]がマルクスの見解に含まれているとする．詳細な跡づけは省くが，出発点を諸個人の生活の生産としてのいわゆる「4つの契機」に求め，マルクスには経済レベルを超えた分析視角があるというのが布施の主張である．すなわち，「社会的生産過程」を軸として協働様式・交通諸関係・生産力などを重視した理論展開が試みられている．後者では実証研究にもとづく「生産・労働―生活過程」という分析視角が主役を演じる．この分析視角は，具体的な生活実態をそれ自体として把握するのではなく，経済的社会構成体の前進的移行という歴史変動の大きな位相に位置づけることを基本とする概念的把握を目指す分析視角である．なお，主要概念の1つとして「社会機構」概念が措定されているが，これについては私が継承する重要な知的遺産として〈第2部　第8章〉で言及する．

　富永健一（1931 ―）の研究は，理論的研究を軸としながらも，階層，近代化，産業，さらには最近は「環境」や「情報」など新たな現実的テーマへの取り組みに示されているように，きわめて多彩に展開されており，最近の日本ではもっとも多作な社会学者であると思われるが，青井和夫と同じように「原論」としてはあまり論じられていない．小冊子『富永社会学とSFC』（私家版）によってそれらのエッセンスを知ることができる．ここでは「マクロ―ミクロのリンク」とネーミングされている社会学理論として，『社会学原理』（岩波書店　1986年），『行為と社会システムの理論』（東京大学出版会　1995年）に限定する．『社会変動の理論』（岩波書店　1965年）も重要な本ではあるが，そこで「社会変動」について述べられている見解が修正されているので，ここでは言

表4－3　社会学の研究諸部門

認識方法による区分 →

			理論	経験	歴史	政策
総論			社会学原理	社会調査 社会統計学	社会史	社会政策
対象による区分 ↓	(1)社会集団・組織	家族	家族社会学	家族調査	家族史	家族問題
		組織	産業社会学 経営組織理論	経営組織調査 モラール・サーヴェイ	経営管理史 経営組織史	経営社会政策
		国家	国家社会学 行政社会学	行政組織調査	国家史 行政組織史	福祉国家政策
各論	(2)地域社会・準社会	都市	都市社会学	都市調査	都市史	都市問題
		農村	農村社会学	農村調査	農村史	農村問題
		社会階層	社会階層理論	社会階層調査	社会階層史	不平等問題
	(3)文化的諸領域	経済	経済社会学	消費(貯蓄)行為・意識等の調査		
		政治	政治社会学	政治意識・投票行為等の調査		
		法	法社会学	法意識・法行為等の調査		
		宗教	宗教社会学	宗教意識・宗教行為等の調査		
		教育	教育社会学	教育意識・教育行為等の調査		

出所）富永健一『社会学原理』（岩波書店，1986年　50ページ）

及しない．

　「マクロ―ミクロリンク」という表現と『行為と社会システムの理論』という表題に富永の社会学理論の性格が象徴的に示されている．すなわち，ミクロ理論としての行為論とマクロ理論としての社会システム論を結びつけて社会変動論へ到ろうとするのが富永の理論の基本的性格であるが，この理論は彼の社会学の基本性格と理論構成が表明されている『社会学原理』にもとづいている

と受け止められる．この大部の本については社会学の性格づけと理論構成の性格の骨格を示すにとどめる．富永によれば，「社会学とは，複数の人びとの相互行為，相互行為の持続をつうじて形成される社会関係，共属感情のような人びとの社会的態度，複数の社会関係のシステムである社会システム，その社会システムの構造および機能の変動について研究することを専門とする経験科学である」[30]とされている．〈表4－3〉は社会学研究の「体系的」思惟を具体的に示したものとして受け止められることができよう．

富永の理論展開は他の追随を許さないような膨大な先行研究の批判的検討に当てられているが，それらをどのように活用し得るかというスタンスが一貫して認められる．彼は現在に到るまでの社会学を十の諸潮流にまとめている．そして「……社会のミクロ理論とマクロ理論とを，中心原理を異にする別個の，しかし1つながりの統合された理論として構築したい」[31]という基本的狙いと方法論の性格が表明されており，ミクロ理論についてはパーソンズの行為論を中心にして現象学的相互行為理論，シンボル的相互行為主義を活用し，マクロ理論については機能理論と近代化としての社会変動理論の統合を軸にしてハーバーマスの理論を活用することによる理論構築が富永の意図であり，そのような意図にもとづく理論展開がなされている．

『社会学原理』については富永の理論的意図と基本性格を示すにとどめ，次にこれまた簡単に『行為と社会システムの理論　構造―機能―変動理論をめざして』に言及する．この本は副題にその性格が表現されているように，ミクロ理論とマクロ理論の両方の理論史の批判的検討を丹念に行うことを通して，「変動論」にいたる理論的主張として受け止められる．ミクロ理論がパーソンズの主意主義的行為論へ収斂するという見解を基礎にしたマクロ理論としての社会システム論の検討が「変動論」に向けて展開される．富永自身がことわっているように，「構造―機能理論」というラベルをパーソンズとは異なる見解であるということをふまえると，富永は社会システムの概念化に環境，自己組織，サイバネティックス，オートポイエーシスなどの考え方を活用して「構造―機能―変動理論」を提示する．とりわけ自己組織化が「構造―機能理論」

（パーソンズ見解とは異なる）において変動論を可能にする中軸として位置づけられる．

　三溝信（1934 —）の独自な理論構成を示している『社会学講義』（有信堂1986年）について簡単に触れておこう．この本は教科書として執筆されたものであるが，1人での執筆であること，社会学の拡散状況にたいして性格づけが鮮明であることに意義があると言えよう．社会学は「社会」をどのように捉えるかという切り込み方を軸として，集団としての社会，システムとしての社会，文化としての社会という3部構成によって展開されている．これらがどのように統合されるのであろうかという疑問が残るが，具体的な社会的現実認識において活用する可能性を多く有している提起として受け止められる．

　日本における社会学理論の展開はこれに尽きるものではなく，日本の社会学の理論状況を示すものとしては，欧米の諸説についての膨大な論考，具体的には学説研究というかたちでの1人あるいは多数の執筆からなる論考がある．しかし，本書の性格にもとづいてかなり自分勝手に絞り込んだにすぎないことをことわっておこう．

　〈第1部〉の性格は，社会学理論において知的遺産をどのように継承するか，そしてどんな理論的課題があるかを考えることにある．したがって，言及した諸説にたいする批判的評価はせいぜい「疑義」という程度にとどまっている．〈社会学論〉は批判のための批判ではないはずである．それぞれの諸説について批判的見解を対置するにはかなり詳細に私の「受容」を展開することが要請されよう．このような意味で〈第2部〉の理論構成の試みが批判的見解の対置という位置を占めている．

　さて，日本の社会学の理論状況から導き出されるものをさしあたりまとめると，欧米の諸理論の紹介・解釈を軸とした「受容」が相対的に多く，独自の理論構築の追求は，簡単に見てきたようにそれほど多くはない[32]．そこで日本の社会学の理論状況においてこれまでに理論問題として出されている論点（あるいは課題）を示すならば，次のようになる．

1) 社会学理論の再構築問題
   社会体系論，社会構成体論，市民社会論，および特殊理論，中範囲の理論さらには最近の新たな動向を加えることができる．個人名で示される諸理論および構築主義などを例として挙げることができる．
2) 主観主義と客観主義，および規範主義と解釈主義，とりわけ行為論をめぐって広義の「行為」の理解をいかにして可能にするかという問題．しかも最近の欧米の諸理論をそのように単純化できるかどうかという問題
3) 方法的個人主義と方法的全体主義，あるいは行為と構造．現在は前者に傾斜しているが，変動論がいかにして可能かが問われる．これはグランドセオリーが可能かどうかという問題をも孕んでいる．
4) 文化，意識の領域についての理論問題．物質的条件と文化・意識，あるいは文化・意識の物質的基礎，意味論，意識・文化の独自な理論展開
5) マルクス主義をめぐる理論問題．
   マルクス主義における社会学，マルクス主義社会学，マルクス主義社会科学など．最近はやや停滞気味ではあるが，消滅したわけではない．

この他にもいくつか指摘できるが，果たして社会学かどうかということ，および欧米の諸見解の検討においても総花的になることを避けたように，最近の「社会学的に」あるいは「社会学者」が問題視していることの大部分に言及するならば，社会学の「拡散状況」にますます拍車をかけることになるであろう．考えてみれば，20世紀前半までの社会学における欧米の社会学の課題と大きく異なっているわけではない．そこで本文では充分に触れなかった課題などについて〈中間考察〉で述べることを経て，〈第2部〉への補足的橋渡しとしたい．

注

1) 矢沢修次郎「20世紀における社会体制論」青井和夫監修／宮島喬編集『社会学の歴史的展開』サイエンス社，1986年　この書では〈第1章〉ではマルクス

が取り上げられており，〈第2章〉ではレーニンがM・ヴェーバーとほぼ同世代として対比して取り上げられている．なお，個別の理論研究としては，元島邦夫『変革主体形成の理論——マルクスとウェーバー——』（青木書店，1977年）でレーニンについて論及されている例を挙げることができる．
2)　日本の社会学における理論的論考においてはこのような論じ方が稀であるが，本書はまさにそのような要請に応じる試みの1つであり，書名に使った「理論的挑戦」という表現にはそのような意味も込められているが，やや具体的に補足しておきたい．高度経済成長期から現在にいたるまでとりわけ1980年代以降の社会的諸問題が大きく様変わりしていることは，おおかたの認めるところであろう．様変わりした社会的諸問題特に諸個人の犯罪・非行として現れる問題現象について，「休火山的問題状況」という把握の必要性を，拙著『家族社会学の基本問題』（ミネルヴァ書房，1985年）にはじめて表明して以降，機会がある毎に言及している．もっとも新しくは編著『新・人間性の危機と再生』において，家族だけでなくより広範な社会的諸問題について，私の見解に賛同する大部分の執筆者が問題性（あるいは危機）にたいする今後の方向づけをそれぞれ具体的に踏み込んで提起している．
3)　ここで短期的・中期的・長期的ビジョンの必要性は，単なる評論的・主観的な主張ではなくて，〈第2部〉の理論構成とりわけ「第10章　社会変動論」から論理必然的に導き出される性格の表明である．社会変動の見方から未来を展望するには，長期的ビジョンだけでは理念・願望に過ぎない場合が多く，短期的だけでは対症療法的性格にとどまるという意味で，長期的ビジョンに向けての具体的プロセスが必要であるというごく当たり前のことなのである．
4)　飯田哲也『家族と家庭』（学文社，1994年）における提起であるが，そこでの提起は家族の現実にもとづく提起にすぎなかった．それでもかなりの地方自治体から一定の反応があり，この考えは現在も保持しているが，より広範な日本社会の現実にもとづいたさらに具体的な提示を今後の課題としている．
5)　シュッツについての解釈（受け止め方）は多様であるが，彼を取り上げたのは具体的な日常生活に着目して理論化を試みたこと，そのような理論化が社会（社会変動）への射程を有する可能性を探る素材となると思われるからである．
6)　私の場合は，人間のあり方・関係のあり方・社会のあり方そのものを問題状況として認識しながら，諸個人のあり方そのものに打開の方向を見いだすという論理であるが，このことを人々に意識させることと「意味付与」が結びつき得ると考えられる．
7)　日本における代表的な「パーソンズ研究」としては，高城和義『パーソンズの理論体系』（日本評論社，1986年）があり，またギー・ロシェ『タルコット・パーソンズとアメリカ社会学』（倉橋重史／藤山照英訳　晃洋書房，1986年）にも詳細な論考がなされている．
8)　T・パーソンズ『近代社会の体系』（井門冨士夫訳　至誠堂，1977年）を参照．

9) 小笠原眞『理論社会学への誘い　アメリカ社会学史断章』有斐閣, 1993年 141ページ
10) 両者ともにヨーロッパとは異なるアメリカ社会の認識が背後にあり, 現代アメリカ社会のあり方を前提とするという意味でいわゆる危機意識はあまりないが, パーソンズにおいては近代化のプラス面に, マートンの場合にはマイナス面に, という比重が大であるという「科学的自覚」における微妙な違いがあると思われる.
11) 『ハーバマスを読む』では, 具体的には社会主義論, 人間論, 合理化論, 学問論, 道徳論, 文化論, マルクス論, というテーマでそれぞれ独立した論考（編者によれば「対話」）が集められている. それぞれの論考に意義を認めるにやぶさかではないが, それらを結びつける論考があってはじめてハーバマスの「全体像」に迫る意味があると受け止めるのはないものねだりであろうか.
12) 史的唯物論の再構成の試みについては, レーニンやグラムシについてすでに述べたような私の受け止め方からは, 「再構成」がマルクスを継承することではないと言えよう. さらに付け加えるならば, マルクスの「交通」概念には物質的交通と意識的交通（この場合は意識の物質的表現による）の両方が含まれており, それぞれの概念と両者の関係の理論化を変化する社会的現実認識にもとづいて豊かにしていくことが, マルクスの発展的継承であると考える. したがって, ハーバマスの説については, そのような検討が課題であるとだけ言っておくにとどめる.
13) 宮島喬「ブルデュー文化的再生産の社会学」（北川隆吉・宮島喬編『20世紀社会学　理論の検証』有信堂, 1996年　所収）.
14) ブルデュー自身の意に反するかもしれないが, 「文化資本」を「文化的資源」と言い直すならば, 「文化的資源」はそれが独自に（差異性の生産・再生産として）存在するのではなく, 「物質的資源」との関連において存在すると考えられるので, 支配や差別の認識には両者の関連が問われるのではないかという疑義を提起したい.
15) 貝沼洵「ギデンズ構造化論の射程」（北川・宮島編　前掲書　所収）.
16) 宮本孝二『ギデンズの社会理論　その全体像と可能性』（八千代出版, 1998年）. なお, 同書によれば, 社会学は社会学原論と現代社会論から成るというのが, 「社会理論とは何か」という問いに対する答えであると宮本は主張している.
17) 『社会学』では各論として多くの社会分野について具体的に述べられているが, 各論部分に「構造化」の論理が貫かれているかどうかという疑義, および『第三の道』においても同様の疑義を表明したい. 私自身は「構造化」の論理は未来への展望にとってこそ重要であると考えているので, 私の誤読でないならば, 社会民主主義の1つの「変種」を打ち出すことにあまり意義を見いだすことはできない. そのような方向提示に現実的意義があるとしても, その場合には, 彼の「構造化論」にもとづくならば, 主体の問題にも言及することが不可欠で

あろう．
18) マルクスの思惟の継承の試金石の1つに弁証法的思惟があるというのが，私の基本的な考えの1つである．本文で取り上げたハーバーマス，ブルデュー，ギデンズはそれぞれ弁証法的思惟を駆使している．ここでは直接的関係がないので詳論しないが，弁証法を否定して「マルクシアン」と自称することはマルクスの似非継承である．
19) 北島滋『高田保馬』(東信堂, 2002年)．なお高田にたいする評価について一言付け加えておきたい．北島がかなり詳細に述べているように，高田にたいしては否定的評価がほとんどである．前章の注17) で述べたように，全面的に否定的評価をするならば，社会学史の中に過去の説として位置づける場合を除いて，詳細に論じる意味があるのであろうか．少なくともその説に応じた課題の提起が必要であると思われる．
20) 岩崎の「社会学の社会学」は日本における開拓的な位置を占めており，社会学においては継承・発展させる知的遺産として性格づけられるが，その後の「社会学の社会学」においては，残念ながら継承されていないように思われる．
21) 秋元律郎「新明正道の理論」新明正道・鈴木幸寿監修『現代社会学のエッセンス 社会学理論の歴史と展開[改訂版]』ぺりかん社，1996年 279ページ．
22) 福武の課題提起のなかで，30年が経過した現在どれだけ前進しているかについては具体的に考える必要がある．とりわけ私が重視したいのは「競争的共存と協力」である．多数の執筆者の本に往々にしてあるように，「協力」がボスのもとでの「身内」に限定されていることなどは「拡散」をもたらす大きな要因の1つであろう．
23) 表は，高坂健次・厚東洋輔編『講座社会学1 理論と方法』(東京大学出版会, 1998年) 21ページ．なお，塩原勉は厚東と同じ書で簡単な整理を示しており，対比すると興味深い．時期区分は当然厚東とは大きく異なってはいないが，戦後改革，政治対立，そして経済復興という戦後初期には民主化・近代化思考の社会学．高度経済成長，転機としての1970年，そして近代化の達成という時期には社会管理志向の社会理論から対抗的パラダイムへ．情報化・国際化・少子高齢化のなかの転換期では，社会学のパラダイム多元主義と世代交代，となっている．
24) 庄司興吉『日本社会学の挑戦 〈変革〉を読み解く研究と文献』有斐閣, 2002年 viページ．
25) 厚東洋輔 前掲書 19ページ．
26) 具体的現実研究ではあるが，理論的遺産という意味もそなえているので，代表的なものについて簡単に補足する．有賀喜左衛門は日本農村の実証研究に精力的にとりくんでおり，『日本家族制度と小作制度』は「イエ・ムラ論」の代表作である．鈴木榮太郎の日本農村研究の代表的存在であり，自然村と行政村，結節機関など学問的遺産概念と言える．また，シカゴ学派から示唆を得た都市

研究では，日本の現実から独自の理論的主張を行っている．戸田貞三はシカゴ学派に学んで日本の家族の実証的研究をおこない，国勢調査にもとづく家族の全国的動向についての初めての本格的研究がある．日本の独自な研究としては，実証的研究に見るべきものがあると言えよう．とりわけ「イエ・ムラ論」として，家族と農村を結びつけた実証研究は「家族と地域」研究として現在でも継承に値する学問的遺産である．現実分析については，主として家族と地域ではあるが，個別分野において独自な視点や概念がいくつか打ち出されていること，そして，現在のような「多様性」ではないかたちで異なる見方が出ているという理論的健全さがあったことなどは，フェアな論争があったことなどにも示されている．論争があるということは独自の自論があることを意味する．つまり単純な「批判」ではなくて批判的に異なる見解を対置することを意味する．なお，日本の生活文化研究により「柳田民俗学」とも言われている柳田国男は，古来からの伝承，慣習，言語，民間信仰など日常生活の多面的研究を展開しており，社会学としてどのように活用するかという意味での学問的遺産であることを付け加えておこう．

27) 1972年から刊行された『社会学講座』全18巻（東京大学出版会）にこの状況を見て取ることができる．15年前に刊行された『講座』と比較するならば，「共存・協力」が消えることによって存続している現実課題も影が薄くなっている．
28) 私自身は幾つかの編著ですでに実行している．具体的に挙げるならば，共編著『新・人間性の危機と再生』（法律文化社，2001年）では，異なる立場だけでなく都市工学専門も執筆陣に加わって，共通の方向を目指している．また同じく共編著『応用社会学のすすめ』（学文社，2000年）でも同様のチャレンジを試みている．
29) 布施鉄治『行為と社会変革の理論』（青木書店，1972年）17ページ．
30) 富永健一『社会学原理』（岩波書店，1986年）4ページ．
31) 同上書　67ページ
32) 前の節で6人に絞り込んだのと同じように日本の場合にも絞り込んだが，検討することによって継承を考える必要がある見解を挙げておきたい．福武直・日高六郎共著『社会学　社会と文化の基礎理論』（光文社，1952年）副題に性格が表れている．阪井敏郎『社会学の基礎理論』（法律文化社，1966年）ジンメルをベースにした本．武田良三『社会学の構造』（前野書店，1966年）社会的行為・社会関係・社会集団から社会体制という構成の本．森博『社会学的分析』（恒星社厚生閣，1969年）「第2世代」までの学説検討を経てパーソンズをベースにした構成の本．下田直春『社会学的思考の基礎』（新泉社，1978年）シュッツをベースにした構成でさらに理論的発展を目指す本．西村勝彦『理論社会学の根本問題』（誠信書房，1957年）方法論から社会変革論までの理論提起，社会調査が組み込まれているという特徴のある本．河村望『社会学概論』（行人社，1989年）マルクスの思惟を導入しているとともに日本社会が取り上げられてい

る本．なお，多数の執筆者から成る共著は入門書・概論書など枚挙にいとまがない状況なので，最近の理論状況が典型的に示されているものを挙げておこう．北川隆吉／宮島喬編『20世紀社会学理論の検証』（有信堂，1996年）「受容」の高い水準が示されている本．編集委員井上俊他『岩波講座　現代社会学　現代社会学の理論と方法別巻』（岩波書店，1997年）これも「受容」の水準を示しているが，やや拡散していると思われる本．高坂健次／厚東洋輔編『講座社会学1　理論と方法』（東京大学出版会，1998年）理論的焦点がやや不鮮明，社会調査を取り上げているという特徴がある本．鈴木広監修／嘉目克彦／三隅一人編『理論社会学の現在』（ミネルヴァ書房，2000年）拡散状況が示されているという意味では「現在」が表れている本．

中間考察

　「社会学論」としての論考をひとまず終えて〈第2部　社会学の理論構成〉へ進むに先立って，本論とは異なるかたちで私の理論構成にたいするスタンスをめぐって若干述べることによって，〈第1部〉から〈第2部〉への移行の潤滑油としたい．主として人間存在，社会的現実，社会学思想，社会学の性格などについて述べるが，〈第1部〉の各章での終わりで確認したことにもとづいて，社会学的認識の性格と社会学の理論的性格を前提的に確認する必要があると思うからである．

　すでに〈第1部〉で若干は触れているのであるが，最近の社会学とりわけ日本の社会学では「化合なき混棲」が極度に進行している状況があることから，そのような確認が必要なのである．もう少し具体的に言えば，「○○の社会学」という新型の連字符社会学？が際限がないかのように膨らんでいる．しかも連字符的な新たな「社会学的主張」のなかには，なんらかの視点の提示に過ぎないものもある．私は連字符社会学そのものを一般的に否定するものではないが，1つの連字符的な社会学を提起するにあたっては，明言するか否かはともかくとして，社会学的研究としての最低限の条件が備わっていることが要請されると考えている．もう1つは理論なき調査至上主義がこれまた広がっている状況を指摘することができる．私は調査の必要性をこれまたいささかも否定するものではないが，調査によってなんらかの事実を若干整理して示すだけで，はたして社会学的研究と言えるであろうか．社会学の必要条件については〈序章〉でごく一般的に述べたが，社会的変化にともなう「新しい」現象や問題が続出していることによって，社会学研究の拡散状況が進んでいる．研究分野の多様化は「現在科学」としての社会学の宿命であるのかもしれない．しかし，単に多様化動向では済まされないような限りないとも思われる拡散の進行にまかせておいて果たしてよいのであろうか．いま社会学にこのことが問われていると考える．

現在のような拡散状況は社会学の理論的発展にとっては好ましくない，と私は考えている．理由は２つある．１つは知的遺産が継承されていないことによって，その研究自体が知的遺産に値するものであったとしても，その継承が偶然性に委ねられることになるからである．もう１つは言葉の正しい意味での論争がほとんど生まれないことによって，異なる見解からのフェアな相互批判がなされなくなるからである．したがって，拡散状況を放置しておくのではなく，なんらかの核つまりプリンシプル（社会学の基本的な性格づけ）が求められている．プリンシプルの提示はおそらく複数になるであろう．もしそうでないならば，「〇〇の社会学」あるいは「××の社会学的研究」などと名乗らないで，「〇〇研究」あるいは「××論」とすべきであろう（もっとも「論」であっても背後にプリンシプルがあるはずである）．そこで，これまでの社会学の展開における知的遺産を念頭におきながら，かならずしもはっきりしているとは思えない理論問題（〈第４章－３〉で挙げたような）について論及するのがこの〈中間考察〉の性格である．

　かつて私は拙著『テンニース研究』における〈中間考察〉では「社会学思想」および「社会学における社会的現実」を取り上げた．そこで論述したことは，一般化への射程がまったく含まれていないわけではないが，テンニース社会学の研究というかぎりの言及であった．したがって，本書の〈第２部〉の展開に応じ得るように，それらに一般的な確認という性格をもたせることになる．とりわけ発想の転換を基礎づけている「普遍的価値としての民主主義」および序章で指摘した３つの信仰から脱する方向を求めるものとしての「アジアへの着目」が私の理論構成にとって重要であることを喚起したい．その場合，「転換期」認識と発想の転換が背後にあることは言うまでもない．

◆ 社会学思想について

　社会学思想についてはかつて『テンニース研究』において述べたことだが，社会学の性格規定が一様でないのと同じように，論者によって「社会学思想」という言葉の意味するところは一様ではない．英語・独語・仏語などの文献で

使われている「社会学思想」(Sociological Thought・Soziologische Denken・Pensee Sociologique) という表現をも考慮すると，社会思想と関連させる見方，イデオロギーとほぼ同義，社会学的思考とほぼ同義，社会学にたいする反省的思惟などを，社会学思想を意味するものとして挙げることができる．そのような使われ方のもとで，A.スウィンジウッドは「社会学思想とは，ある独特な研究対象としての，つまり，諸法則・諸過程によって客観的に想定されたあるシステムないし構造としての，社会についてのある意識をここでは意味する」[1]と述べている．社会学思想については「社会についてのある意識」であるという見解が，他の諸見解（社会学思想とあえて使う必要がないと思われる諸見解）と異なるところである．

　しかしながら，社会学の性格づけにとってはスウィンジウッドの見解にさらに人間を加える必要がある，というのが私の見解である．すなわち，社会学思想とは独自の人間観と社会観の統合であるということにほかならない．「社会についての意識」だけならば，経済（学）思想や政治（学）思想などにも認められるのであり，それらの社会科学では人間観が論理必然的に導き出されるはずである．しかし社会学思想の場合には，「社会についての意識」からはただちに人間観は導き出されないのである．したがって，「人間についての意識」をも加えるという私の見解については，社会学の当初から提起されていたいわゆる「社会と個人」問題を想起するならば，ある程度はうなずけるのではないだろうか．

　「社会と個人」問題を私なりに言い換えるならば，社会の見方・人間の見方・両者の関係の見方の違いによってそれらをどのように意味づけるかという問題であり，その見方がそれぞれの社会学思想と深くかかわっているのである．〈第1部〉で論及した知的遺産にはなんらかのかたちでこの問題についてのかかわりが認められるはずである．この点について大雑把に言えば，「第1世代」では問題提起の域を大きくは越えていない．その後の社会・人間のあり方の変化とかかわって，「第2世代」では人間に傾斜していると性格づけられる社会学思想にしたがって理論構成の方向が追求されており，「第3世代」では人間

活動の所産としての文化や知識・意識などをクローズアップすることによる新たな理論的提起というかたちで，社会観と人間観についての一般的な問題提起の域から具体的な踏み込みへと進んでいることが認められる．

　社会学思想をめぐって社会的現実により近づけて付け加えるならば，さらに2つのことを具体的に考慮する必要がある．1つは歴史的世界の進展をどのように考えるか（つまり歴史観）ということである．歴史的世界をどのように考えるにしても，それが常に変化してやまない流れであることはおそらくおおかたの認めるところであろう．そうすると変化をもっとも基本的にはどのように見るかということもまた，社会学思想に含まれることになる．もう1つは，とりわけ最近では重要になってきていると考えられるのであるが，変化をどのように見るかということと不可分なものとして近代化の進展をどのように理解して社会学理論に位置づけるかということである．後に〈第2部〉でやや詳しく展開するが，「近代化の進展」には人間生活にとってプラス面とマイナス面がある．したがって，社会学を性格づける社会的現実の基本的な見方にとっては（未来の展望にとっても）これまた社会学思想において重要な意味をもつのである．社会学思想とは以上のような意味において社会学理論を性格づけるのである．しかし，それらの多くは一種の「背後仮説」として表明されない場合が相対的に多いが，私は必要に応じて表明する方がよいのではないかと考えている．

◆ 社会学における社会的現実

　〈社会的現実〉の重要性についてはこれまで繰り返し強調してきたところである．社会的事実と社会的現実とは同じではない．社会的事実の認識は，哲学的表現で言えば悟性による認識で事足りるのである．若干の理性らしきものが（かなり主観的に）働いているのではあろうが，社会的事実の単なる叙述（指摘）や若干の整理は社会的現実認識にとっての資料以上の意味を持たない．社会学における社会的現実については，そのような社会的事実を如何に組み立てるかが問われることになる．そこで，社会学の史的展開において社会的現実が

どのようにみなされてきたかについて簡単に確認しよう．

初期綜合社会学では，コントについての論考で述べたように社会現象（あるいは社会分野）すべてが「研究対象」になる．いわゆる「第2世代」では，ジンメルの初期綜合社会学にたいする批判に示されているように，他の社会諸科学とは異なる特殊個別科学として性格づけられる社会学の樹立が目指される．すなわち，社会的行為，相互作用，関係などが研究の軸として措定されている．「第3世代」にとっては，文化あるいは知識を軸とした歴史的社会が社会的現実として想定されていることになろう．

このように跡づけてみると，それぞれの社会的現実が社会学思想と如何に不可分に関連しているかが容易にうなづけるであろう．その後の展開については煩雑なので〈第1部〉での論述を繰り返さないが，〈第4章〉で触れた『理論社会学の現在』に典型的に現れているように，そこで論及されている主題と視角の「多様性」からは，もしそれらが理論社会学であると受け止めるならば，一定程度共通して想定されている社会的現実がほとんど見えてこないのである．もっとも見えてこないような拡散状況にあるのが理論社会学の現在であるならば，そのような「現在」を見事に示していると言える．

「方法の学」としての社会学を性格づけるならば，そのような「多様性」は一向さしつかえないとも言えるが，「方法の学」にとどまるならば，かつて新明正道が形式社会学等について批判したように，社会的現実認識が特定の見方に限定される結果をもたらすことになるであろう．私は，社会学の史的展開による多様性そして「現在科学としての宿命」による多様性については，やむを得ないと考えている．史的展開による多様性は社会学思想（決してイデオロギーではない！）による多様性であり，そのような多様性という巨大な歴史的遺産を受け継いだわれわれは，それらからどのようにして他の社会諸科学とは異なるかたちで社会学における社会的現実を措定し，そこからなんらかの原理的思惟にもとづいて理論構築を追求するか，このような問いを私は重視するのである．

問題は「拡散状況」という多様化である．「拡散状況」については序章です

でに述べているので，ここでは社会学の性格づけさらには社会学の存在意義が問われる問題であるとだけ言っておこう．「方法の学」という性格づけに若干の疑義を表明したが，誤解をさける意味で，この疑義について若干付け加えておこう．「方法の学」に徹する立場は，その是非はともかくとして，社会学の1つの性格づけとしてはあり得るのであるが，その場合大事なことは，その方法が依拠する社会的現実がはっきりしていることである．具体例としては「相互作用」を措定したジンメルを想起するだけで充分であろう．

　さて，私は，社会的現実について考えるにあたっては2つの社会的現実を区別することを表明したい．繰り返しになるが，社会学の一定程度の多様性は社会学の性格からして避けられないのであるが，拡散に陥らないかたちでの社会学の発展にとってはぜひとも必要な確認である．1つは，認識・解明しようとする直接的研究対象としての社会的現実である．これは主として連字符社会学として知られている社会学的研究の対象である多様な社会分野における社会的現実を意味するが，社会学に解明が要請される社会諸現象や社会的諸問題は多様という表現では言い尽くせないほど多様であり，この意味での多様性は一向にさしつかえないのである．そのような状況のもとでプリンシプルなき事実の叙述・整理に陥らないためには，もう1つの社会的現実が措定されなければならない．参考資料以上の意義があると受け止められる社会学的研究には，明言されているかどうかはともかくとして，そのような措定が暗黙のうちにあるはずである．すなわち，社会学における独自の概念構成が依拠する社会的現実にほかならない．このような意味での「対象」を明確に措定することが必要であり，この明確化による多様性ならば，社会学を拡散状況に追い込まない性格の多様性であり，異なる立場のフェアな論議と協同（あるいは共同）研究の条件に結びつく性格の多様性である．

◆ 社会学の性格と概念構成

　上で述べたように，社会学理論における概念構成（とりわけ基本的概念）は社会学の性格づけにとっては決定的と言える意味を持っている．概念構成につ

いてのこれまでの論議はこのようなかたちではかならずしもなされていない．したがって，ある社会学理論における基本概念の独自な意味が曖昧な場合が多いという結果を招いている．

　同じ言葉であってもそれぞれの学問によって意味が異なることに注意をうながしたい．典型的な例としては「価値」概念を挙げることができるであろう．経済学における「価値」，哲学における「価値」，思想・イデオロギーの立場を意味する「価値」などはそれぞれ意味が異なっている．社会学においてはそのようなことがどれだけ意識されているであろうか．次には，「借り物」概念と常識語について指摘することができる．私はそのような表現を使うべきではないと言っているのではない．使う場合にはその意味するところをはっきりさせておくべきである[2]．

　〈序章〉でも若干示唆したが，社会学にかぎらずあらゆる社会科学は具体的現実研究においては，なんらかの具体的な研究対象に関連する（関連づけは多様である）と考えられる社会的現実をすべて研究対象とする．学際的研究の必要性が進展している現在では，どの程度取り上げるかはともかくとして，特にこのことが要請されている．そこで，経済学と政治学を具体例として考えてみよう．

　経済学の性格をどのように考えるかという問いは原則的には存在しないはずである．なぜならば，経済学における社会的現実が財とサービスの生産にかかわる社会的現実であることがはほとんど自明だからある．したがって，そのような社会的現実にもとづいて基本概念が構成されることになる．「消費」概念は財とサービスの消費であり，したがって，「生活」はそのような「消費生活」を意味する．例えば家族生活を研究する場合には，そのような経済学の性格と基本概念を軸とすることになる．

　政治学は経済学よりは学問的性格がやや曖昧であるとは言え，理論においては国家（地方自治体を含む）および権力関係（あるいは支配関係）が基本概念としての位置を占めていることは，おそらくおおかたの認めるところであろう．とりわけ権力関係に軸をおくことが政治学の独自な性格であるが，そのような

基本概念には政治学としての独自の概念規定があるはずである．もっとも国家については共通の概念規定がないようであるが，そのために国家の本質が継続して論議されている．それぞれの社会科学をこのように独自に性格づけられるにしても，具体的な研究対象については経済学が経済現象だけに限定しているわけではないし，政治学もまた政治現象だけに限定しているわけではない．では，社会学の場合はどうであろうか．

　私は，社会学の独自な性格がいわゆる「第3世代」にいたってほぼ定まったと見なしている．ここで重複を厭わずに社会学の史的展開の核心部分をなぞってみると，社会，行為，相互作用あるいは相互関係，人間形成，集団，文化・意識・意味などであり，それらのどこに重点を置き，それらにかかわる社会現象をどのように理論的に位置づけるか，そしてその場合の基本概念あるいは概念構成をどのように措定するかによって，それぞれの社会学の理論構成が異なることになる．最終的にはそれぞれの理論構成にもとづく「社会」認識および社会変動の把握が目指されるのが社会学の基本的性格である，と私は考えている．このように考えると，社会学の史的展開による多様性は重点の置き方と方法における多様性であり，拡散へ向かう多様性ではないはずである．

　その後（第二次世界大戦以降）の社会学理論はこれらと全く異なる性格づけによって展開されてはいないはずである．不十分と解されるものをより豊かにするとか，新たな「視点」を加えるとか，装い（言葉）だけ新たにしているとか，基本的思惟において回帰しているとか，という風に展開しているはずである．私自身も，〈第2部〉での理論展開が「古い皮袋に新しい酒を注ぐ」という試みである，と考えている．

　そこで前の項で指摘した「概念構成が依拠する社会的現実」つまり「限定された対象」について明確にすることによって，私なりの社会学の性格づけについて述べよう．すでに「第3世代」までの核心部分と述べたことに示されているのだが，行為，人間形成，人間関係が「限定された対象」であり，これらがなんらかの社会的条件のもとで展開されるのであり，これら「限定された対象」と社会的条件との関連もまた研究の俎上にあがることになる．社会学の独

自な概念構成および社会学の理論構成は，明示するかどうかはともかくとして，そのような性格づけにかかわって（「もとづいて」とはあえて言わない）展開されているはずである[3]．

　社会科学が研究対象とする社会的現実はすべて具体的であるが，社会学は上に述べたような概念構成が依拠する対象を軸とするのであり，そのかぎりにおいてはあらゆる社会的現実が具体的な研究対象たり得るのである．理論的立場の違いとは，「限定された対象」における重点（あるいは基礎づけ）の置き方および社会学の性格にもとづく現実認識の組み立て方の違いなのである．おそらく大部分の理論構成にはなんらかの弱点と限界（守備範囲の限定）があるだろうと思われる．したがって，なんらかの理論的立場を主張するにあたってはそのことが自覚される必要があるが，そのような自覚にもとづいて異なる理論による補強も可能になるはずである．私のこのような性格づけにたいしてむろん異論があるであろうが，異なる立場での共同という先に取り上げた福武の課題提起に応える道は，このような大枠での社会学の性格づけにたいするおおまかな合意によって可能になるのではないだろうか[4]．

◆ 普遍的価値としての民主主義

　社会学理論において「普遍的価値」，「民主主義」ということを理論の中核部分に措定するという主張にたいしては，奇異に受け止める（場合によってはイデオロギーとして受け止める）ことがおそらく圧倒的に多いであろう．しかし，社会学的認識にとっては，これまた奇妙な言い方（あるいは哲学的）ではあるが，客観的根拠と主観的根拠が要請されるのではないだろうか．客観的根拠とは「事実にそくして」ということであるが，「事実にそくして」いることの根拠は主観的であるはずである．だからこそ複数の理論が存在すると言えよう．そしてこの主観的根拠に結びつくのが概念構成である．

　私は「価値」概念（実は普遍的価値）を社会学独自の概念として措定している．社会学を単なる説明科学にとどめないためには，そのような措定がぜひとも必要であることを主張したい．概念構成を主観的に根拠づけるには独自の

「価値」概念がぜひとも必要なのである．一般に「価値」について論じられる場合には，なんらかのかたちでM・ヴェーバーに論及されることが多いが，亜流あるいは不十分な理解（あるいは曲解）はともかくとして，単純に主観的（根拠ではない意）であると片づけるべきではないと思う（もちろんそういう場合もある）．価値について考えることは社会学の基本性格にかかわる問題なのである．すなわち，これまでも若干は示唆しているが，社会的現実認識について社会学がどのようなスタンスをとるかという問題を意味する．

最近ではあまり言われなくなったが，現代日本の社会学の展開過程で「ヴェーバーか，マルクスか」という論議が支配的動向の1つであった時期がある．そのような論議のなかでしばしば取り上げられたのが，K・レヴィットによる両者の比較である．すなわちレヴィットによれば，両者ともに市民社会における今日の人間の批判的分析を示すのであるが，「マルクスが《治療法》を与えているのに対して，ヴェーバーは一個の《診断》を下したにすぎない」[5]と性格づけられている．マルクスの具体的な治療法が適切であったかどうか，ヴェーバーの診断もまたどうであったかということはともかくとして，診断するにしても治療するにしても何らかの「基準」が必要である．つまり「価値評価」あるいは「価値選択」をどのように理論的に位置づけるかということにほかならない．

現在科学としての社会学が，もしその「科学的自覚」において現在の（日本）社会が問題性に充ちているとするならば，それぞれの価値意識にもとづいていかなる意味で問題なのかという想定が具体的な問題現象の認識の背後にあるはずである．明示されているかどうかはともかくとして，なんらかの「科学的自覚」がないような「社会学的」論考は論外である．とするならば，これまでの史的展開によって確認される社会学の性格から して，人間のあり方と関係のあり方の発展，そしてその条件である社会のあり方およびそれらの相互関係における問題性ということになるであろう．社会問題や社会病理の認識の仕方の多様性に示されているように，どのような問題性であるかについては多様な異なる認識（あるいは自覚）があるであろう．しかし，どのように認識するに

しても，そこにはいかなる意味で問題あるいは病理であるかという一般的な前提があるはずである．つまりなんらかの価値選択がなされていることを意味する．そのように不可欠な価値選択として「民主主義」を措定するというのが私の主張であり，それに社会学の基本概念の1つとしての位置を付与したいのである．

民主主義ということをめぐってはいろいろな考え方があり得るであろう．社会学の立場から民主主義についてはどのように考えるか．第1には歴史的確認，第2には原理的確認，第3には社会学的視角としての確認，というのが私の基本的主張である．民主主義が人類が歴史的に獲得・発展させてきた「普遍的価値」であることについては，私はすでに一定の整理をして表明している[6]．歴史的確認については，私は2つの思いを込めている．その具体的プロセスを詳細には言及しないが，民主主義を発展させてきた諸国においては，多くの人々が時には流血をもともなう現実との格闘を経ていることが認められるのであり，だからこそ人類の普遍的価値として位置づくのである．そして現実科学としての社会学はこの疑いもない社会的現実と不可分な性格を有することを表明したい．そこで，民主主義を歴史的に獲得・発展させてきた人類の遺産であることを確認したい．

具体的にはいくつかの宣言・憲法等によって簡単に確認することができる．イギリスではいわゆる「権利章典」（1689年）において，国王の専権の違法性を示してそれまでに人民が獲得した権利・自由の擁護が宣言されている．フランスではいわゆる「人権宣言」（1789年）においては，自然権としての基本的人権と国民主権の徹底的な表明を確認することができる．それは自由・平等・友愛という民主主義を高らかに謳いあげたものである．アメリカの独立宣言（1776年）にも民主主義が基本的に性格づけられているが，さらには人種差別撤廃の憲法修正（1870年），女性差別撤廃の憲法修正（1920年）などに人民主権についての平等の前進が認められる．またアジアにおいても「中華人民共和国憲法」や「インド憲法」などには，自由と平等を徹底的に表明している性格が認められる．「日本国憲法」もまた基本的には同様の性格であることは言う

までもないであろう.

　普遍的価値としての民主主義についてのこのような歴史的確認から，民主主義の原理的確認が導き出される．具体的には上記すべてに認められる「基本的人権」および「国民主権」を法律の文言にとどまらず（法律の文言にはいろいろな解釈がある），社会学の原理として，社会と人間のあり方の原理として，私は確認したいと思う．1つは，人間が歴史・社会をつくる主体であるという原理であり，「国民主権」がこれに該当する表現である．もう1つは，人間はすべて自由で平等な存在であるという原理であり，「基本的人権」がこれに該当する表現である.

　第3の社会学的な基本視角の1つとしての確認は，独自の重要性を有する．社会学においては，法律的あるいは政治的に措定される人間や関係ではなくて，すでに述べた「限定された対象」としての行為，人間形成，人間関係に結びつく視角であること，および歴史的確認からは人間たちが共同で民主主義を獲得・発展させてきたことに結びつく視角としての確認を意味する．それは日常生活としての人々の日々の営みを捉える視角であり，その営みにおける人間的豊かさについて考える視角である．例えば「疎外問題」について考えてみると，マルクスの思惟にも認められたのであるが，「第2世代」においてもまた表現の違いはあれ，共通に認められる近代社会の問題性であったことは明らかである．それは民主主義のスローガンである自由・平等・友愛が実質化していないことの問題性にほかならない[7]．したがって，これらすべてからの帰結として，普遍的価値としての民主主義は自由・平等・友愛の実質化を求めることによる人間生活の豊かさに結びつく重要な社会学的視角の1つを意味することになる.

◆ アジア的特質について

　繰り返し確認するならば，欧米等の社会学の広範かつ高水準の受容は日本の社会学の大きな特質である．古典はいうに及ばず外国文献の早期かつ膨大な翻訳およびその理解といった最近の動向などはその具体的な現れであろう．しかし他方では，社会学理論の独自な展開については，「これまでくり返し指摘さ

れてきた．日本社会学の，いわゆる国際的な受容力の圧倒的な高さ——外国，とくに欧米の研究成果を積極的に受容し，消化していく能力の高さ——と対比される，独自成果の国際的な発言力の驚くべき低さ……」[8]という庄司興吉の指摘はおそらくおおかたの認めるところであろう．しかし，庄司が新たな「理論的挑戦」の動きにやや具体的に触れているように，そのような弱点からの脱却の試みが（中堅的世代に）認められるのであるが，欧米の研究成果の活用については，これまでにも若干触れているように，日本社会・日本人の生活という社会的現実をどのように射程に入れるかが問われるのである．現実分析においてはともかくとして，理論構築においては果たしてどうであろうか．

　日本あるいはその他のアジア諸国における社会・生活，とりわけ国民性が欧米諸国とは異なることを念頭におくことが，「当該社会の科学的自覚」に結びつくはずである．さらには，具体的な実態調査研究においても独自な着目点に結びつくであろう．しかし，このことは欧米の理論とは全く異なる独自性であることを決して意味しない．庄司が提起した課題に資する方向提示の具体例として，現代中国の社会学理論における代表的存在の１人である鄭杭生の主張である「社会学の本土化」について簡単に触れることにしよう．というのは，鄭杭生の「本土化」についての見解がこの問題を考えるに当たっての導きの糸となると思われるからである．

　「本土化」とは，一方では諸外国の理論に学びながらも，他方ではそれぞれの国の歴史的・社会的現実に応じた独自の理論形成をも追求することを意味する．すでに述べたように再建後の中国においては，欧米および日本の社会学の理論的研究の吸収が強力に進められており，社会学史の本が翻訳を含めて出版されているとともに，世界各国の代表的と思われる社会学原理論の翻訳にも取り組まれている（日本のものでは，青井和夫『社会学原理』がすでに翻訳されている）．相対的に若い世代は，日本や欧米への留学も含めて社会学の多様な研究成果を吸収ながらも，「本土化」についての関心を強めていることをも指摘することができる．

　鄭杭生の見解はそのような動向のもとで，中国社会学における「本土化」の

方向づけを示すものとして性格づけられる．鄭杭生自身は中国における社会学の新たな展開を理論的にリードする位置を占めており，彼の社会学理論にも例えば「良巡行」・「悪巡行」といった現代中国ならではの独自の概念が散見される．誤解を避けるために，ここでとりわけ注意をうながしたいのは，鄭杭生の主張が中国における社会学の「本土化」ということに限定されないより一般性を有する性格であるということである．鄭杭生によればヨーロッパ社会学のアメリカにおける「本土化」の性格を有する社会学の成果としては，シカゴ学派，クーリー，ミード，パーソンズなどが挙げられている[9]．〈第1部〉ですでに簡単に取り上げたように，シカゴ学派などの諸研究や新たな概念提起はエスニシティ問題をかかえる当時のアメリカ社会の現実と不可分であり，いろいろな評価があるにせよ，パーソンズもまた彼の生きたアメリカ社会の現実抜きには考えられないであろう．

　鄭杭生の見解を（前提として）より豊かにするという意味で，私自身の見解を若干付け加えよう．先に引用した庄司の指摘を考えるならば，日本の社会学においては高水準の「受容・理解」を日本における「本土化」についていかに活かすかということが，日本の社会学の理論的発展の1つの方向であると思われる．ここでは「日本人論」あるいは日本人の国民性などを詳細には展開できないが，日本を含むアジアについては欧米とは異なる特質が認められるのではないだろうか．すなわち，常識的にもなんとなく知られていることでもあるが，アジアではいわゆる近代化としての「法治」が進められているとは言え，社会全般にわたって「人治」が程度の差はあれ一定の位置を占めるという特質が認められるということである．とりわけ家族，地域，労働（職場）といった日常生活そのものである分野ではそうであり，しかもそれらの分野に関する現実分析としては多くの優れた研究成果の蓄積を日本の社会学はもっている．したがって，そのような日本の現実認識と欧米の社会学理論との関連において，社会学の日本における「本土化」という方向を考える必要性があることを提起するが，これらは〈第1部〉で確認した知的遺産から導き出された社会学理論にたいする私の前提的なスタンスを意味する．

注

1) A・スウィンジウッド『社会学思想小史』(清野正義他訳　文理閣, 1988 年　7 ページ)
2) 社会学においては, 経済学, 政治学, 心理学, 文化人類学などからの概念がかなり使われている. 活用すること自体は一向差し支えないが, 私は主要な概念は社会学独自の概念であるべきだと考えている. また, 同じ概念であってもその意味が異なることを明確にする必要があろう. 例えばブルデューの「資本」概念が経済学の「資本」概念とは明らかに異なることを挙げることができる.
3) 具体例としは, テンニースのゲマインシャフト, M・ヴェーバーの社会的行為, クーリーの第一次集団などを容易に想起できるであろう.
4) 2000 年以降の私の編著では, 異なる立場での共同を実際に試みている. そのなかでも飯田哲也編『「基礎社会学」講義』(学文社, 2002 年) は社会学への導入書として性格づけられるものであるが, 異なる立場の者同士の継続的論議によって, 社会学の性格づけについての一定の合意に達している. すなわち, 社会学の多様性のもとにあって,「社会学とは自己形成 (あるいは人間形成), いろいろな関係の形成, そしてそれらの形成にたいする諸々の社会的条件に焦点をあてる学問として性格づけられる, というのが本書の社会学にたいする基本的なスタンスである」(同上書　2 ページ) という合意である.
5) K・レヴィット『ウエーバーとマルクス』(柴田・脇・安藤訳　アテネ新書, 1949 年)
6) 飯田哲也『現代日本生活論』(学文社, 1999 年　64 〜 68 ページ) ここでの以下の展開はそれを圧縮したものである.
7) 近代社会の問題性についての見解の簡単な整理を, 私の執筆分として前掲『「基礎社会学」講義』(164 ページ) で行っているので参照のこと.
8) 庄司興吉『日本社会学の挑戦』(有斐閣, 2002 年)「はしがき」vi ページ
9) 鄭杭生「社会学中国化几个問題」中国人民大学書報資料中心『社会学』2001 年第 4 期

第2部

社会学の理論構成

Introduction

　社会学は「当該社会の科学的自覚」をその基本的性格として有している．その科学的自覚は，社会的現実認識と未来への展望および社会学の理論構成によって示される．社会学の理論構成においては，〈第１部〉で確認したように，独自の課題，対象，方法が問われることになる．〈中間考察〉である程度は述べたのであるが，理論構成を展開するに先だって，私の社会学思想にもとづく理論構成の基本性格をあらかじめ簡単に示しておこう．

　人類はどこから来たのか，現在の人類はどこにいるのか，人類はどこへ向かうのか，この３つの問いが私の社会学的発想の原点にあるが，この問いに全面的に答えることが人文・社会科学の任務である．社会学においてはこの問いにどのように答えていこうとするのか，その構えが社会学思想にほかならない．そこには過去，現在，未来という３つの局面についての思惟があることがただちにうなずけるであろう．具体的に言えば歴史的進展の素材とも言える過去についてどのように考えるか．そしてその延長線上にある現在をどのように位置づけるか．現在を根拠として未来についてどのように思いを馳せるかということを意味する．

　K・マルクスは「人間は自分で自分の歴史をつくる．しかし，人間は，自由自在に，自分で勝手に選んだ事情のもとで歴史をつくるのではなくて，あるがままの，与えられた，過去からうけついだ事情のもとでつくるのである」[1]と述べている．そこには社会的諸条件の変化と人間の主体的活動との関係の基本的見方が見事に表現されている．これを言い直して若干の説明を加えておこう．人間が歴史的変化における主体であることは言うまでもないが，それぞれの時点で与えられた諸条件の制約のもとでその諸条件の変更も含めて活用するというかたちで，歴史的変化にたいする主体として活動することを意味する．

　一方には人間の活動の所産としての社会的条件があり，もう一方にはそのような社会的条件のもとで活動し続けている人間存在がある．そしてこの２つに

たいして制約条件であるとともに活用条件でもあるという両面をもっている自然的条件がある．人間の活動によるこれらそれぞれの変化とそれらの相互関係（作用）の変化が人間の歴史であるが，そのようなもっとも基本的な見方から社会学がどのように現実に迫るか，そしてその迫り方が現実にたいしてどのような性格であるかが問われることになる．

　社会学の史的展開においては，〈第1部〉で触れたM・ヴェーバー，T・パーソンズ，J・ハーバーマスなどに代表される「行為論」が理論的には重要な位置を占めていると考えられる．つまり社会学の出発点，理論構成の中軸という位置を占めているという意味でそうなのである．しかし，混沌としていてしかも変化し続けるかに見えるもろもろの社会現象である人間の活動と諸条件を，時間的（＝歴史的）・空間的・社会的にどのような位置づけによって整序して認識するか，しかもそのような認識が未来への展望の現実的根拠となり得る認識であるかが問われる．これらの問いに答え得るような理論構成を示すことが〈第2部〉の基本的狙いであるとともに，本書全体の狙いでもある．

　社会学の理論構成においては，さしあたりミクロ理論，ミドル理論，マクロ理論が一応は想定されるが，1つの社会学理論ではその方法論的立場との一定の相関関係においてそれらのうちのどれかが中軸的な位置を占めているはずである．どの理論を中軸あるいは出発点に据えるにしても，それらを常に関係づけることが大事である．社会学におけるこれまでの知的遺産について考えてみると，私は，「行為論」が理論構成の出発（あるいは中軸）であることに大きな意味を見いだしている．しかし，これまでの「行為論」から出発することについては，ミクロ理論としての「行為論」が他の2つと理論的に関係づけられるであろうか．これまでの「行為論」の発想では，行為をどのように新たに位置づけようとも，例えばもっとも新しい提起であり，関係をある程度は射程に入れたハーバーマスの「コミュニケーション的行為」への着目という独自の「行為論」であっても，上のように関連づけるという社会学における方法論的課題には答えがたいと考える．

　はじめに述べたように，発想の転換にもとづいて日本における「社会科学的

理性批判」を社会学の立場から展開することが，私の理論的探求の性格である．ここで言う批判とは，ただ単になんらかの批判的見解を表明するだけにとどまるのではなく，自らの新たな見解を対置することを意味する．だから私は，〈第1部〉で取り上げた諸見解をめぐっては，そのような性格の「批判」にはあまり意義が見出せないという意味で，私自身の批判的見解だけでなく他の批判的見解についてもほとんど触れなかったのである．もしそうでないならば，批判が新たな理論的前進を求める性格ではなくて，単なる批評の域を大きくは超えないであろう[2]．この意味において，社会学の独自の理論構成の展開によって，日本で支配的な社会学的思惟にたいする批判の表明が，はじめて言葉の正しい意味での批判となる．その批判的理論の対置を一言で表せば，「行為論」へのチャレンジとして「生産活動論」を対置するということになる．

　したがって，多くの社会学（とりわけミクロ理論）が行為論からスタートするのと同じように，私の理論的探求は〈生産活動論〉からはじまるが，方法的個人主義ではないかたちでの理論構成によってマクロな社会変動論へと展開することが目指される．その場合に社会学が歴史的に背負ってきた「社会と個人」問題についても，単純な対置という発想が転換されることになるであろう．

注

1) K・マルクス「ルイ・ボナパルトのブリュメール18日」大内兵衛／細川嘉六監訳『マルクス＝エンゲルス全集　第8巻』大月書店，1962年　107ページ
2) 批判の意味が批評・評論とは異なるということを，相対的に多いと思われる「日本的書評」を例として確認しておきたい．日本における書評は，紙数の関係もあると思われるが，評論的性格のもの，したがって書評というよりは紹介の域を大きく出ないものが多い．すなわち，書評の対象となる本の内容紹介，そして意味のある点と問題点・課題などを指摘するというスタイルである．その場合，問題点．課題の指摘だけでは言葉の正しい意味での批判にはならないのであり，論点についての評者自身の見解を対置することによってはじめて批判となる，と私は考えている．

第5章 生産活動論

1. 基本視角

◆ 出発点をどこに求めるか

　社会学の理論的出発点は人間の生産活動にある．改変されていない自然を除いては，人間の生産活動の所産でないものは存在しない．いや改変されていない自然も人間の生産活動を制約するという意味で生産活動にかかわっている．その意味で別の表現を与えるならば，生産活動自体と条件としての生産活動の所産が理論構成の軸となる．

　これまでの社会学理論の多くは行為論あるいは社会的行為論を軸として展開されている．代表的な例として，先にも挙げたヴェーバー，パーソンズ，ハーバーマスの見解を想起すればよいであろう．そこで生産活動論を展開するに先だって，いわゆる行為論の理論的意味と限界を簡単に確認しておこうと思う．諸個人の行為から出発すること自体には特別に異を唱えないが，問題は行為をどのように捉えるかにある．その場合，常識的に考えても，行為が制約なしに自由になされるのではなくて外的条件に制約されていることは明らかであろう．したがって，行為と外的条件との関係を基本的にはどのように捉えるかが問われることになる．

　この理論問題にたいしては，これまでの行為論には基本的には3つの方法的弱点があることを指摘したい．第1に，行為の客観的意味を十分には捉えることができないという弱点を挙げることができる．第2に，人間の主体的活動という点がなおざりにされていると言わないまでも，理論的位置づけが不十分であるという弱点である．したがって第3に，諸個人の行為と社会（＝外的諸条件）との相互の関係と変化が不十分にしか捉えられないという弱点である．これらの弱点は，もっとも基本的には諸個人の行為の主観的意味の解明に傾斜し

ているという思惟方法，および外的条件あるいは社会を与件として位置づける思惟方法による論理的帰結にほかならない．そのために，社会学が社会変動を諸個人との関連で捉えきれないこと，つまり自らが提起したと考えられる「社会と個人」問題，および社会学のアポリアとされてきた社会構造と社会変動の統一的理解への道を閉ざすという結果をもたらしている．さらには社会学が単なる説明科学にとどまることによって，社会学の存在意義にもかかわる理論問題を内蔵しているものとして性格づけられる[1]．そこで私は，生産活動論（あるいは人間活動論）の理論的優位性をまずは一般的なかたちで対置しつつ，具体的な理論展開に進もうと思う．

　生産活動論においては，諸個人の行為（あるいは社会的行為）とされている活動とは外的対象への働きかけによって客観的には何かを生産する（したがって変化させる）ことを意味する．この生産活動は，客観的には3つの変化をもたらすことになる．1つは，言うまでもなく生産活動がかかわる外的対象の変化である．そのことによって経験的蓄積が加わるという活動主体自身の変化を次に指摘することができる．そして3つには両者の変化によって活動主体と外的対象の関係の変化が必然的に生じることになる．

　生産活動という概念は，諸個人の主体性およびそれと結びついた「全体として」の変化を含んだ概念であり，人間の主体的活動の客観的意味を捉える基本概念として，社会と活動のダイナミックな関連を捉え得る論理を有する概念として措定される．この意味で生産活動論は社会学の理論構成の出発点となる．なお，「行為の主観的意味」と言われている点については，人間の主体性あるいは意図的活動として位置づけられることになるが，これをめぐっては，〈第9章〉で論及されるであろう．

◆ 社会の史的展開について

　上に述べた意味での生産活動から出発する現実的根拠を確認するという意味で，人間社会の史的展開についての一般的素描からはじめることにしよう．人間の歴史についてはいろいろな見方・考え方がある．しかし，どのような見

方・考え方であろうとも，人間が自然との関係を変えてきたこと，それにともなって人間自身が変化するとともに人間と人間との関係もまた変化してきたことは，誰もが否定できない歴史的事実である．そこで社会の史的展開については，人間と自然との関係，人間そのもの，人間と人間との関係（以下では社会と表現），それらすべての諸関係についての変化あるいは変えてきたことの意味を考えることが，基本視角を措定するにあたっての前提的な出発点となる．

　まず，人間と自然との関係については，人間が動物とは異なって外界（自然と社会）への単純な適応的存在ではないことは，人類史の展開の具体的事実によって簡単に確認することができる．対自然については科学・技術の発展，すなわち，石器の制作や火のコントロールから始まって，現代にいたるまでの驚異的発展を思い浮かべるならば，自然界についての認識の拡大とその認識にもとづく自然の制御の飛躍的前進を意味するであろう．それは，一方では外的条件としての自然に適応しつつも，他方では認識の広がりによって自然法則にしたがって自然および人間と自然との関係を変えてきたことを意味する．そのような歴史的進展から2つのことが確認できる．1つは，与えられた条件のもとでそうしてきたという意味での適応であるが，もう1つは，人間たちが単なる適応ではない主体的なかたちでしかも協同でそうしてきたということである[2]．

　自然と人間との関係を変えることは人間自身のあり方をも変えることを意味する．そのことは，人間の精神的・身体的な主体的あり方が変わることを意味する．自然法則の認識の拡大とそれを活用しての自然の変更は当然に合理的思惟の導入なしにはありえない．したがって，自然にたいする人間の活動は歴史的必然として合理的思惟による活動の方向へ進展することになる．自然にたいする合理的思惟のさらなる進展は，当然に慣習的な人間関係ひいては社会のあり方へ波及することになる．すでに〈序章〉で触れたように，ルネッサンス，宗教改革を経過した「人間解放」の思想は近代市民革命の思想である自然法思想に結実する．民主主義思想の理念としての自由・平等・友愛をスローガンとするフランス革命はその現実化のもっとも典型的な例にほかならない．

　自由の理念が個人の尊厳というかたちでの人間解放に結びつくことはいうま

でもないであろう．平等・友愛の理念については，私は権威主義を排することに結びつくと考えている．社会の歴史的進展においては，歴史的に獲得されてきたこのような理念が現実的にはどの程度実質化するかということが最重要な問題である．この理念を主導的に発展させてきたヨーロッパ社会の歴史的進展を見るならば，理念と現実の乖離を容易に確認できるはずである．一般的に指摘するならば，自由は私的な利益追求の自由に傾斜することによって，人間諸個人の尊厳は利益追求に従属し時には無にも等しい状況をもたらしている．平等は法の前の平等という形式的平等にすぎない．自由と平等のそのような現実的あり方の必然的帰結として，友愛は置き去りにされているのではなかろうか．人間の尊厳が乏しいところでは友愛は育たない．ここで強調したいのは諸個人の現実的な活動として具体的に現れる自由，平等，友愛であって，決して単なるスローガンや頭の中だけの観念ではないということである．

◆ 人間存在

　次に確認する必要があるのは，やや哲学的ではあるが，人間とはいかなる存在であるかという前提的見方である．当然のことではあるが，生産活動を行うのは人間であり，したがって人間とは本質的にいかなる存在であるかを確認する必要がある．生産活動から出発することは，生産活動の主体あるいは生産活動そのものである人間存在を基本的にはどのように理解するかということと不可分である．論理的にはもっとも抽象的レベルでの人間存在の意味を3つの存在として確認したい[3]．

　1）生産活動の主体としての人間存在

　外的条件への単なる適応ではなくて適応しつつも変更するという存在．単に適応する動物とは本質的に異なる人間の活動は，人間が主体的活動以外のなにものでもないことを示している．しかも，純経験的に確認できる事実としては，まさしく人間である私たち自身それぞれが日々体験している諸活動を思い浮かべればよいであろう．私たちそれぞれが何事かを行う場合には，物理的暴力（近未来の可能性も含む）による強制がないかぎりは，あるいは物理的暴力が

あっても生命の危険を感じない時には，場合によっては生命の危険という自己保存に反しての活動をも含めて，どのような活動も最終的には自分自身の意志で決めているはずである．もう少し具体的に考えてみよう．

人間の活動とは主観的には欲求充足活動である．人はいろいろな欲求をもっている．人が何かをするということは，直接的であれ間接的であれ自分のなんらかの欲求を充たそうとして何かをするのである．食べる・着る・住まう・遊ぶ・人と交じわる，これらの活動はすべて欲求を直接に充足することである．それらの活動によってどのように欲求充足するかを自分で決めているはずである．それらの活動ではおおむね快を感じるであろうが，間接的に欲求を充たすつまり欲求を充たすための活動，例えば厭な労働をする，好ましくないと思っている人ともつき合うなども，自分で主体的に決めているはずである．

次にこれらの活動の客観的な意味について考えてみると，人間はそれらの諸活動によって常に何かを生産していることがわかるはずである．何を生産しているかについては，人はかならずしも意識していないかもしれない．少しばかり具体的に挙げると，食べる・着る・住まうことなどは自分自身を生産している．他者との交わりはお互いの関係を生産しており，モノの生産をする労働とヒトを生産するサービス労働，家事・子育ては他者を生産していることなどを簡単に思い浮かべることができるであろう．まとめて言えば，この世にあるものは，生活資料だけでなく人間や諸関係を含むすべてが人間の主体的な生産活動の所産であるということにほかならない．人は意識するしないにかかわらず，いろいろな欲求充足活動を通していろいろなものを生産している主体なのである．実際の生活では何をどのように生産しているかが問われることになるが，その場合，もう1つの特質として，人はそれらの生産をひとりではしていないことも確認する必要がある．

2) 協同活動としての人間存在

人間が協同的存在であることについてもまた，主体的活動であることと同じように，歴史的事実および体験的事実として確認することができる．ここでもまた人が意識するかしないかにかかわらず客観的にはそのような存在であると

いう意味である．歴史的に考えてみると，人間は協同的存在であることによって単なる動物ではなくなった，そうでなければ動物段階を抜け出すことができなかったのである[4]．主体的活動としての人間は，単独ではなく社会的に生活資料を生産・消費し，そのことを通して人間自身といろいろな関係を協同で生産しているのである．人が何かをする場合，主観的には「協同意識」がなくても客観的には「協同活動」に参加していることにとりわけ注意をうながしたい．

私たちのごく日常的な体験について考えてみれば，このことが簡単にわかるであろう．人は主観的には自分ひとりで生きていると思ったり，他人と一緒に何かをすることは厭だと思うことはできる．しかし，家族生活を全く体験しない人はほとんどいないはずである．また，居住地域の人々とは没交渉で生きていても，居住環境としての道路を利用しているし，近所の商店で買い物を全くしない人はまずいないであろう．そして何よりも「国民が選んだ政府」の諸政策にしたがって日本人として生きていることは，そのような性格の協同様式（＝関係のあり方）を客観的には生産していることを意味する．

3）自然的存在としての人間

そして最後に人間を自然的存在としても性格づけることが必要である．人間が常に〈社会的存在〉であるという暗黙の前提があることによって，自然的存在としての人間についてはなおざりにしないまでも，これまでは前2者とのかかわりで理論的にはきちんと位置づけられてこなかったように思う．では，どのように性格づけるか．先に人間の活動が「主観的には欲求充足活動である」と述べたことに加えて，霊長類としてもっとも発達した脳をもっていることが自然的存在としての人間を意味する．

自然的存在としての人間については，動物と同じ面と異なる面の両方から考える必要がある．これについても私たちが純経験的に簡単に確認できるはずである．そこで，動物と同じ面と異なる面の両方について簡単に確認しておこうと思う．動物と同じ面は主として身体的・生理的な面と欲求充足の面であり，これについて特に多くを語る必要はないであろう．他方，動物とは異なる面については同じ面との関連でどのように見るかが大事である．心理的・精神的な

面で異なることを具体的に指摘するならば，あらかじめ結果を念頭において活動するという目的意識性，そのこととの関連でいわゆる「社会化」と主体性とを結びつけて自分の活動の仕方を発展させることである．そのことが動物と同じ面でもある自然的存在としての成長にも結びついているのである．このことは労働技能の発展＝熟練ということを考えてみれば容易にうなずけるであろう．

これら3つの本質的特質を関連させてまとめてみると，社会関係のアンサンブルとしての人間存在ということが浮かび上がってくるであろう．「人間がなんであるかは人間が何をどんな仕方で生産するかによる」これを生活資料の生産だけでなく，人間の生産と関係の生産にまで及ぼすのが私の発想であり，それらの生産においては自然的存在としての人間が発達した脳を含めて身体的・生理的・精神的特質がどのようにかかわるか，あるいはかかわらないか，一面的か多面的か，といったことが具体的に問われることになる．

これまでは本質的レベルでの人間存在が自明視されてきているきらいがあるが，自明ではないという意味でこのような確認が必要なのである．まとめていえば，直接的な欲求充足活動は動物と共通しているが，〈生産活動〉が動物とは違うことを軸として人間的特質を確認することにほかならない．人間はこれら3つが統合された存在である．

◆ 変化を捉える視角

ごく当たり前のことであるが，現実は常に変化している．すでに再三述べているように，人間の活動と活動の所産としての社会的条件の変化とその相互関連を捉える視角が問われる．この相互関連の把握とはいわゆる「社会と個人」問題に迫る方法を意味するが，これまでの2つの方法論にたいする批判点を疑問というかたちで簡単に指摘して，私の理論展開をやや先取りして，新たな主張を対置しておこうと思う．

1つの立場としての方法的個人主義について若干指摘するならば，経済には社会全体としては経済独自の運動があり，諸個人の経済活動の単なる総和でもなければ，諸個人の経済活動にのみ還元して捉えられる性格ではないはずであ

る．政治について考えてみても，諸個人なかんずくリーダーシップを発揮する諸活動は時には政治の帰趨にかかわるが，その場合でも一般大衆を理論的にどう位置づけるかが問われるであろう．さらには諸個人の生活や文化にかんしては，経済・政治などが理論的には与件として位置づけられるにすぎないことになる．つまり，社会・個人の変化と両者の関係の変化を捉えるには別の論理が必要になるということを指摘することができる．

　もう1つの立場としての方法的全体主義については，方法的個人主義とは逆に，諸個人の営みは全体の中の歯車の位置を占める．経済にしても政治にしても諸個人の活動の総和ではないかたちで相対的に独自のものとして性格づけられる．諸個人は一定の固定的役割を果たすに過ぎないという論理に帰着する．生活と文化のあり方にたいしても諸個人は受動的存在であり，諸個人の主体性が理論的には位置づけられないことになる．

　誤解を避けるためにことわっておくが，両者が個人や社会を無視すると言っているのではなくて，両者を理論的に関連づけるにあたっては，片方が主になることを指摘しているのである．しかしこのような批判的指摘だけでは，仮にそれが的を得ていたとしてもまだ不十分であって，異なる方法を対置することによってはじめて言葉の正しい意味での批判となる．対置する私の立場についての詳細は以下の展開にゆだねられるが，やや先取り的にいえば，諸個人の活動と活動の所産としての社会的諸条件を措定しての論理展開は，さしあたり次のように整理することができる．

　諸個人から社会に到るまでのいろいろな「位層」での内的矛盾と諸個人の活動を含む各「位層」の動きについては「構造化」の論理を基軸として捉え，その内的矛盾から変化・発展を捉える．個人，集団・組織，社会それぞれの内部矛盾とそれら相互間の矛盾，さらには生活・社会の異なる分野間における軋轢・矛盾については，活動が外的条件にたいして不断に「構造化」作用としての位置を占めることを意味する．ここでいう〈構造〉とは各「位層」においてある程度継続する現実態ではあるが，「構造化」作用により不断に変化することによって〈構造〉が変動へと転換することを，〈全体化〉の論理によって捉

えることになる．一言でいえば，〈構造化〉から〈全体化〉へという変化・変動の動向についての理論化にほかならない[5]．

そこでまず諸個人の生産活動の客観的意味を明らかにしておくことから出発するが，諸個人の生産活動から出発する方法がそのまま方法的個人主義を意味しないことは，以下の展開によって示されるであろう．

2. 4つの生産活動

◆ 生活資料の生産

人間生活そして社会の存続にとって不可欠な生産活動として，飲食・住・衣・その他必要な生活資料の生産活動をまず挙げることができる．経済学では労働とされているこの生産活動は，人間の最初の目的意識的活動＝人間的活動であったとも言える．歴史的には自給自足の生産活動からはじまるが，社会的分業が極度に進んでいる現代社会では，ある一部分を除いてはこの生産活動は家族（あるいは個人）単位でお金を稼ぐ活動＝生計を維持するための活動として立ち現れる．つまり大部分の生活資料の直接生産から生活資料の調達のための生活費＝貨幣の獲得へと変化したということにほかならない．

前近代社会でも一部の階層（主に支配層）では〈生活資料の獲得〉であって本来の意味での生活資料の生産活動ではなかった．だから現代社会では生活資料を得るための稼得活動と受け止めてよいであろう．このように考えるにあたっては2つのことに注意をうながしたい．1つは，それにともなって諸個人の労働の意味が変化したことである．かつては労働そのものが人間の主体的活動としてそれ自体としての意味をもっていたが，現在ではわずかな例外を除いては労働は貨幣を獲得するという意味で生活にとっての1つの手段という意味しかもたなくなっている．もう1つは，家族生活の変化をめぐって大抵言われている「生産と消費の分離」ということが違って見えてくるということである．つまり「獲得」＝生計を維持することも「消費」することも依然として家族を単位としているという点ではいささかも変化していないのであり，変化したの

第5章 生産活動論 213

は〈生活資料の獲得〉の場所（労働の場所）にすぎないということである[6]．

◆ 新たな欲求の生産

　この生産活動は人間の独自性の現れであってどんな動物にもない活動である．だから動物には歴史も発展もないのである．この生産活動については「産出」という表現の仕方もあるが，私は人間の主体的活動という理解から「生産」という表現が適切であると考えている．この生産のあり方は他の3つの生産に優るとも劣らぬほどに歴史発展の重要な動因の1つとして性格づけられる．この生産が歴史を方向づけることについては，3つの点から指摘することができる．新たな欲求の生産は新たな欲求充足の仕方をともなうというごく当たり前のことから，歴史発展と欲求の生産との関係を見ると，1つは，個人的欲求をどのようにして集団的・社会的欲求に転化するかということである．諸個人それぞれがなんらかの新たな欲求を持っても，それが集団的・社会的な欲求に転化しないかぎりは単なる願望あるいは個人的試みの域を大きくは超えないので，社会的な意味を持つことにはならないであろう．したがって歴史発展にとってもまたほとんど意味がないことになる．次に，個人的欲求の生産が受動的か能動的かということである．例としての現代における文化的欲求の生産について考えてみよう．現代社会では新種の文化が次々に生産されており，それにともなって諸個人の文化的欲求もまた増大している．その場合には，集団的な創造を通して享受する文化を生産するのか，どこかで生産された文化を諸個人がそれぞれ単に与えられたものとして享受するという文化生産なのか，さらにはお金儲けのためだけに文化を生産するのか，お金儲けとは直接に結びつかないような文化を生産するのかということが問われるはずである．そして3つには，新たな欲求の生産が社会的諸分野のなかでどのような方向に進んでいるのかということが問われるであろう．日本の現実では経済発展（お金儲け）に傾斜し過ぎているという欲求の生産ではないだろうか，欲求充足の仕方が自分本位の仕方に傾斜しているのではないだろうか．

◆ 人間そのものの生産

　人間そのものの生産活動には，他の人間の生産と自分自身の生産の2つがある．まず他の人間の生産については，「子どもを産み育てる」という狭い意味での理解では不充分であって，より広い意味として理解する必要がある．他の人間の生産については，子どもを産み育てて一人前にすることだけではなく，成人にたいする諸活動もまた人間そのものの生産であることを見落としてはいけない．例えば，家族生活において食事の用意をすること，人が知人にたいしてなんらかのアドヴァイスをすることなど，つまり生活資料を整えることやコミュニケーション活動などを挙げることができる．この場合には「誰々のために」と当人は意識しているが，そうでない活動もまた客観的には他の人間を生産しているのである．親が「子どもにたいして」とは意識しないでなにげなく振る舞っていることもまた客観的には子どもを生産しているのである．俗に子どもが親に似ると言われるのはそのような何気ない振る舞いによって子どもがなんらかのかたちで生産されているからである．このことは子どもにたいしてだけでなく成人同士にもまた同じようにあてはまる．俗に好ましいとか好ましくないとか言われている社会的な振る舞いは他者との振る舞いを通して生産されているのである．自分自身の生産については，自分ひとりでの学習活動やスポーツ活動，さらには各種の余暇活動や入浴その他の自己活動などを挙げることができる．この生産は主観的には意識的および非意識的な欲求充足活動であるが，なんとなく何かをしていることも含まれる．これらの生産はすべて客観的には人間そのものの生産を意味する．非意識的な諸活動の客観的意味を考えれば明らかであろう．以上3つの生産においては同時にいろいろな関係をも客観的には生産していることになるが，これについては次項で取り上げる．

◆ 協同様式の生産

　この生産活動については，社会学者にわかりやすく言えば，関係あるいは関係性をつくるということになるが，私は「協同様式」というより広い継続した関係として概念化する必要があると考えている．具体的に示すならば，もっと

も身近な例としては，家族・近隣・学校のクラス，職場の小単位・同好サークルなどをまず挙げることができるが，「協同様式」はより広い適用範囲をもつ概念として措定される．やや範囲を広げると，地域・学校・企業などの単位があり，これらは人々に「生産していること」が何となく意識され得るが，最も広い範囲では，「生産していること」がほとんど人々の意識に直接にはのぼらないようないわゆる「全体社会」・国家・各種の全国組織などもまた「協同様式」の現実的存在として挙げることができるだけでなく，現在ではさらに拡大して世界レベル・人類社会までも射程に入れて考える必要が出てきている．

　この生産活動における主観的意味と客観的意味を区別して捉えることが特に重要である．主観的意味には意識的生産と非意識的生産とがあること，意識的生産では主観的意味と客観的意味とが必ずしも一致しないことをまずは確認しておこう．さらに，なんら活動していなくても「協同様式」を生産していることに留意する必要がある．そこでいくつかの具体例を挙げると，自分にとって好ましい家族を主観的には作ろうとしてもそうでない場合があり，好ましい家族を主観的には作ろうと努力していなくてなんとなく家族生活をしていても好ましい家族になっている場合もある．家族以外のその他の集団に関しても同じようなことが言える．これは主観的意味と客観的意味がかならずしも同じではないことを意味する．クラス，サークル，その他の諸集団で何かについての決定に際して意志表示をしないとか，あるいはしばしばサボる場合でも，そのあり方・性格を客観的には生産していることになる．協同様式の範囲をさらに拡大して具体的に考えると，例えばスポーツ用具を使っての自己活動としての振る舞いと思われる場合でも，なんらかの物質的手段を購入して使用しているという意味で，客観的には貨幣による交換経済という関係の生産に関与している．つまり社会のあり方を人々は非意識的に生産していることにほかならない．社会のあり方の生産ということについては，意識的活動の客観的意味と日々の非意識的活動の客観的意味をきちんと押さえることが大事である．例えば国政レベルでの選挙については，投票活動によって国家の一員として生産活動をするということになるが，棄権という何もしない場合でも，結果を無条件に承認す

るという非意識的活動としての生産活動を客観的にはしていることになるのである．したがって厳密に言えば，私たちのすべての具体的な活動と明確には活動しないことが客観的にはなんらかの協同様式を生産していることになる．

3. 生産諸活動の相互関係

◆ 核としての協同様式の生産

　生産活動論における基本的思惟は，人間の主体的活動としての生産活動と社会的諸条件をそのような活動の所産として措定することから出発する．活動の所産としての社会的諸条件は人間の主体的活動を制約するが，その制約のもとでの主体的活動は論理必然的に矛盾を孕む[7]．そこでさらに新たな社会的条件を生産するという弁証法的過程として捉えることである．ここでいう社会的条件とは，主として諸個人の活動を制約する物質的・意識的条件を意味するが，あとで具体的に展開するように，それらの諸条件は広い意味での他者を含む外界との関係およびそれら諸関係についての意識として存在する．したがって現実的には，先に示したそれぞれの生産活動において主体的にどんな協同様式を生産するか，客観的にどんな協同様式が生産されているかが重要である．しかも協同様式の生産は「社会関係のアンサンブルとしての人間存在」の生産にとってはとりわけ重要である．これの生産は，そのような人間そのものの生産と同じ生産過程であるといってもよい．したがって，協同様式の生産は理論的には生産活動論の中軸として位置づけられる．詳しくは後に〈集団・組織論〉で展開するが，現在の人間の生産がいかに多くの協同様式にかかわっているかを想起すればよいであろう．

　さて協同様式にはいくつかの「位層」がある．それぞれの協同様式には，一方では独自に自己を生産する諸活動があるが，他方では他の多数の協同様式に条件づけられているとともに，逆に他の協同様式に作用するという相互関係が認められる．したがって，そこでもまたそれらの相互関係における矛盾を孕むことになる．これについての論理は生産活動論の範囲を越えるので，その具体

的な展開は後の〈第8章　社会機構論〉にゆずることになる．

さて人々の4つの生産活動は，何らかの協同様式のもとでなされるが，またいろいろな他の協同様式とかかわって（条件づけられて）なされる．諸個人の生産活動が直接かかわる関係の「位層」は前者において展開され，具体的な生活関係として現象する．現在の生活関係は協同様式の多様性に照応して多様性に充ちている．これらの多様性と相互の関連を示すことによって社会変動論に至る理論展開の道筋については，協同様式が核であることとの関連であらかじめ簡単に示しておこう．その意味するところはいろいろな「位層」と表現したことの具体的内容にほかならない．

〈生活関係論〉

生産活動がまずは身近な協同様式のなかでなされるが，それが日常生活における関係として立ち現れるという意味で生活関係が問われることになる．

〈集団・組織論〉

協同様式としての生活関係が一定程度継続しているのが集団・組織であるが，歴史的進展にしたがって多様化する．この進展を「集団分化」として捉える．

〈社会機構論〉

協同様式としての集団・組織がすべて社会に直接的に作用しないことは経験的事実であり，集団・組織と社会とを媒介する性格の協同様式として「社会機構（単に機構）」概念が措定される．

〈社会変動論〉

上記のすべての相互関係・活動の作用から導きだされる．ここでの相互関係とは，内的および外的な矛盾・対立の関係を意味する．

◆ それらの生産活動の結合

協同様式の生産活動が理論的な核であることについて，他の3つの生産との関連でさらに補足しておこう．協同様式そのものを生産するのは人間であり，日々の生活の営みによって客観的には協同様式を生産し続けているのが人間生

活にほかならない．協同様式はいろいろな「位層」で人間の諸活動を制約するので，諸個人がどんな協同様式をどのように生産するか，したがってどのような目的意識性にもとづいて協同様式を生産する人間が生産されるかが社会的現実認識にとってきわめて重要である．

あとの展開をやや先取りした叙述になるが，これまでの社会学的発想の多くは，協同様式の一定部分を人間関係という相対的に微視的な意味で使っている．私の社会学における重要な基本概念をなす協同様式が，家族から人類社会に至るまでのより広い継続した関係であることについてはすでに述べた．そこで生産諸活動における核としての協同様式の生産という位置づけについて，他の生産との結びつきを具体的に示すことによって，より鮮明にしておこう．

協同様式と人間の生産については，具体的には，人間を直接生産する家族・地域・教育機関などを想起すればよい．これらは人間を生産すると同時に，それ自体をも生産する．

協同様式と生活資料の生産については，具体的には生活資料の生産にもかかわるいろいろな経営体を想起すればよい．これらは協同様式の1部分であるが，協働様式として性格づけられるのであり，この協働様式における生産活動の結果として人間の生産にかかわることになる[8]．協同様式と欲求の生産については，あらゆる協同様式が不断に欲求を生産している存在であり，それ自体の欲求だけでなく他者の欲求をも生産する．なお，これ以上の展開は生産活動論の範囲を超えるので，次の段階での理論展開は〈集団・組織論〉に委ねられることになる．

4. 活動の所産としての社会的条件

◆ 人間生活

人間存在の本質的措定および4つの生産活動について確認することによって，人間生活が本質的に措定されることになる．すでに指摘しているように，人間のそれらの諸活動は歴史的に形成された社会的諸条件のもとで営まれる．それ

らの社会的諸条件は一見所与のものに見えるが、これまた人間の諸活動の所産にほかならない。したがって、人間生活は人間的諸活動とそれを制約する活動の所産から成っている。これまでは前者について展開してきたので、次にはその活動の所産である後者について展開することになる。その展開は人間生活をめぐっての物質性と意識性、あるいは客体性と主体性、およびそれらの関係を基軸として展開することを意味する。

　このような展開の理論的・現実的意義について、簡単に付け加えておこう。理論的には、これまでの行為論が行為の主観的意味や主観的意図の説明に傾斜しているのにたいして、生産活動として何を生産するかという客観的意味を解明することという意義がある。そして、社会的諸条件が生産活動の所産として生産活動を制約するという基本視角には、これまでの行為論における表現を使うならば、「行為者」と「状況」の相互関係を弁証法的に捉える論理を含んでいることを意味する[9]。現実的には、具体的な諸個人の生活の人間的意義において考えることを通して、人間の生き方と外的条件との関係を評価するにあたっての1つの基準を提供することにもなろう。

　このような解明の仕方は、これまでの社会学で支配的であった（現在も支配的である）「行為者」の主観的意味（あるいは意図）を無視したり、それを捉える意義を否定するものでは決してない。この面と捉え方については〈第1部〉ですでに確認したような知的遺産がある。そうすると、異なる発想による社会学理論にどのように組み込むかが問われることになる。したがって重要なのは、主観的意味と客観的意味とをどのように結びつけるかにある。そのような思惟によって、「外的条件」あるいは「状況」が「行為者」とは論理的に切れている単なる与件ではない位置づけが与えられることになる。すなわち「外的条件」にたいする「行為者」の受動性・能動性が問われることを意味する。具体的には次の章で展開されるであろう。その関連に入る理論的前提として、その外的条件についてやや具体的に押さえておく必要がある。大きくは物質的条件と意識的条件に分けられる。

◆ 物質的条件

　物質的条件については，(唯物論) 哲学におけるいわゆる「物質」概念ではなくて，私は社会学的概念として措定するということを，あらかじめことわっておこう．「物質」を哲学的概念として措定すると，意識的産物が外的条件から除外されることになるからである．意識を通過した産物である物質的条件としては，例えば法律，制度，政策，それらの運用などを挙げることができる．すなわち，意識的産物であっても，それが物質的力として人間の活動を条件づけるということにほかならない．具体的には，信仰と宗教組織の違いが典型的な例である．それらは意識的産物であるが，前者が意識としてあるのに対して，後者は物質的力としてある．

　習慣と慣習にもこのことは妥当する．これらは主として生活文化として存在する．つまり，人間の意識から独立した関係としての生産関係だけでなく，意識的産物であってもひとたび成立すると，あたかも意識から独立しているかのように，同じような外的（物質的）力として作用するということにほかならない．しかし，注意する必要があるのは，同じく物質的力であっても次に展開するように外的力すべてを物質的条件として一括して措定するのではない（デュルケムの「すべてを物として扱うのとは異なること，経済至上主義でないこと）．この主張は論議を呼ぶ性格でもあるので，誤解を招かないためにさらに具体的に展開する必要があろう．

　もっとも一般的・抽象的には，時間と空間が物質的条件として措定される．物質的条件としての空間は，小は身近な日常生活から大は地球規模の諸条件にいたるまできわめて多様である．具体的には，近隣・住居を含む居住環境，地域としての都市・農村等の環境，環境としての国土，そして地球環境などを挙げることができる．社会分野におけるいろいろな制度・政策・その運用などは主に時間に結びついている物質的条件をかたちづくる．これについてもいくつかの具体的現実を想起すればよいであろう．例えば，収入と時間・交通条件と時間それぞれの関連などは，まさに上の意味での物質的条件そのものであり，その相互関係を見ることが重要である[10]．

物質的条件をこのように措定することは，制約条件であると同時に人間活動の所産でもあるという意味で，人間活動によって改変できる社会的現実にほかならず，この変更可能性の論理については，もう1つの外的力である意識的条件とそれとの結びつきを説明することによって示されるであろう．

◆ 意識的条件

　意識の生産をめぐっては第9章でやや詳しく展開することにして，ここでは人間活動の所産としての意識的条件および意識と人間活動との相互関係についての原理的な確認をしておくことになる．一般に意識と意識的条件は論理的には同じように論じられることが多いようである．例えば，個人意識と社会意識という区別をしてもそうなのであるといえば，人は意外に思うであろう．このような思惟にたいして意識と意識的条件を区別するというのが，意識と人間活動を結びつけるための私の独自の主張である．以下，意識と活動についてのキーワードにしたがって展開しよう．人間の活動には意識的活動と非意識的活動が措定される．意識とはいうまでもなく諸個人に意識された現実であり，社会的現実とかならずしも一致するとはかぎらない．したがって，諸個人の具体的活動もまた諸個人それぞれの意識とかならずしも一致しない．意識的活動とは，自分の意識と実際の活動とが一致する活動であり，意識的条件に一定の制約を受けてはいるが，意識的条件と一致する場合もあれば一致しない場合もある．いずれの場合も程度の差はあるが，当人がそのことを自覚しているものとして性格づけられる．両性関係を例とするならば，「男は外，女は内」という意識的条件にたいして，それを肯定して活動する場合とそれを否定して活動する場合があり，いずれにしても意識と活動とは一致していることになる．

　他方，非意識的活動（無意識ではないことに注意せよ！）は，意識的活動とは違って見えにくいだけでなく，意識についてのこれまでの発想にはほとんどなかったといってもよいであろう．非意識的活動もまた意識的条件に制約されているが，当人はそのことをおおむね意識していないのである．上の両性関係の例はむしろ非意識的活動に典型的に現れると言える．「男は外，女は内」と

いう固定的性役割分業について反対という意識が相対的に多くなっていること（特に女性の意識）は，各種の意識調査のほとんどに認められるところである．しかし，アンケート調査への回答の通りには多くの人々は振る舞ってはいない．受験競争についても同じようなことが言える．具体的には当たり前だと思っている，いやそのことを意識すらしない活動が非意識的活動なのである[11]．

　この非意識的活動に結びつけると，意識的条件と意識の違いが容易にうなずけるはずである．意識的条件とは意識面において人々を制約する外的条件なのである．換言すれば，いわゆる常識的に人々の活動を規制する大多数の（非意識的）意識のあり方が意識的条件なのである．具体的現実としての諸個人の活動について考えてみると，人が意識的条件と異なる活動をすると他者は奇異に感じるはずであり，極端な場合には非難され排斥されたりもする．諸個人の実際の活動の大部分は，自分の意識のあり方が意識的条件と不可分であることを意識しない（非意識的な）振る舞いなのである．したがって，新しい変化を現実化するには意識を変える（「変えよ」ということ）だけでは不十分であり，意識的条件を変えることが不可欠な要件となる．

　意識的活動とは，目的意識性と活動の客観的意味を自覚した活動である．意識的活動は現実的には物質的条件と意識的条件の両方に制約されるのであり，社会的条件としての外的力はそのように具体的に理解されなければならない．ただし，目的意識性があっても後者が欠落することが往々にしてあるが，それは物質的条件のみが念頭にあって意識的条件がほとんど念頭にない場合が多いからである．この意味では意識的活動と物質的・意識的条件との対抗関係が社会的現実として常に存在するのであるが，それは発展の論理を含む矛盾であるとともに諸個人そのものの発展にも結びつく意味で次の展開となる．

◆ **共同性**

　諸個人の生産活動を制約する外的力としての物質的条件と意識的条件について確認したが，この場合の人間はそれらにたいしては受動的存在として性格づけられる．しかし，それらは人間の生産活動の所産という点からは，人間は能

動的存在としても性格づけられるのであるが，新たな欲求の生産がひとりでは社会的欲求には転化しないこと，人間が協同的存在であることなど，これまでの人間存在および生産活動の基本的確認にもとづくならば，人間の能動性については協同性と目的意識性を結びつけて考えることが要請される．

さて，物質的条件と意識的条件について分けて述べてきたが，生産活動にたいする外的力として両者が別々に働くのではなく両者の統合として働くのである．したがって，物質的条件の変更は意識的条件を変えることなしには困難であり，逆もまたそうである．したがって，外的力としての両者を変更する能動性の論理が問われる．

そこでまず，協同性と共同性との違いを確認する必要がある．協同性とはほとんど自覚なしの活動，つまりなんとなく何かをするという人間の生産活動に結びつくものとして性格づけられる．人間が協同存在であることの確認から，この場合には客観的には協同活動をしているのであり，おおむね非意識的に活動していることになる．したがって物質的条件および意識的条件に著しく制約されていることを意味するので，単なる協同活動においては意図しない結果が生じることが多い．

これにたいして共同性とは，人間の生産活動における目的意識的な協同活動に結びつくものとして性格づけられる．目的意識的な活動とは，達成する目的の具体的なイメージとそこに到る具体的なプロセスの想定（＝認識）にもとづく活動である．そのプロセスの想定には物質的条件および意識的条件（とりわけ主体的条件）が含まれる．その場合にも意図せざる結果も生じるが，目的設定の企画および想定されたプロセスにおける諸活動を検討することによって，その原因の究明はかなりの程度可能である．このことは例えば日常的な組織活動やイベントの企画・実行について想起すればよいであろう．

人間の活動と活動の所産としての社会的条件（あるいは外的条件）について，それぞれの概念的確認と両者の関係の原理的確認を終えることによって，人間の生産活動のあり方を〈協同性から共同性へ〉転化するという人類の前進的方向が論理的に導き出されることになる．したがって，次の理論的展開は，論理

必然的に生活関係論へと移行することになる．というのは，協同性にしても共同性にしても，そのような性格の諸活動は生活関係の客観的なあり方において具体的に現れるからである．

注

1) 社会学の性格づけにかかわると同時に社会学の存在意義にもかかわることについて，若干の私見を示したい．日本社会学会大会において「社会学は日本社会にいかに寄与するか」といったテーマが設定されること自体が社会学の存在意義が問われていることを意味するのではないだろうか．より具体的にいえば，整理した事実を示すだけであったり，社会的事実の後追い的説明だけでよいのかということが問われる．本書の題名に「挑戦」という表現を使ったのは，社会学の存在意義を主張するという意味が込められており，単なる「説明科学」にとどまらないことの表明である．
2) 歴史上では，科学における先駆者として後で「発掘」される例がいろいろな分野に認められることがある．日本では江戸時代の平賀源内が自然科学の研究とその応用技術においてきわめて先駆的であったことは広く知られているが，残念ながら彼の個人的研究の域を大きくは越えなかった．つまり単なる適応でない主体性の発揮が社会的意味を持つには〈協同性〉という広がりが必要なのである．このことは自然科学や技術だけではなく，人間の生産活動すべてに当てはまることは以後の展開でも示されるであろう．
3) 人間，生活などは社会学の基本概念そのものではないが，いかなる社会科学においてもこの2つ（だけではないが）については背後仮説が潜んでいるはずである．「人間とは何か」についてはアリストテレスやパスカルが有名であるが，その他にもいろいろな人間把握がある．概念として明示するかどうかはともかくとして，価値観や諸見解が多様化している現在，論者における「人間」がわかる叙述が必要である．多様な人間の見方については，拙著『現代日本生活論』（学文社，1999年）を参照．
4) この問題については〈第7章〉でも触れているが，人間が協同的存在であることを哲学的に主張するだけでは不充分である．社会科学的認識としては「家族の起源」問題の追及と関連して，動物から人間になる（人類社会生成過程）ための不可欠の条件として協同的存在とういう主体的条件の獲得・成熟が必要である．協同的存在は私のこのような認識から導き出される．この問題の詳細については，拙著『家族の社会学』（ミネルヴァ書房，1976年），『家族社会学の基本問題』（ミネルヴァ書房，1985年）を参照．
5) ここでは「位層」「構造化」「全体化」という新たな概念が使われているが，それぞれが私の社会学の理論構成においては基本概念として性格づけられるの

で，その意味についてはそれぞれが主要に扱われる際に説明されるであろう．なお，「集団・組織」とは，集団や組織という意味ではなく，位層の1つとして位置づけられる概念を意味する．
6)「生産と消費の分離」という見方は経済学的思惟としてはその通りである．しかし，私の社会学的「生産」概念は単に生活資料の生産だけでなくさらに3つの生産が含まれていること，したがって例えばモノの生産＝ヒトの消費という思惟が含まれることになるので，「生産の単位」と「消費の単位」は経済学的思惟とは発想を異にする．
7) 人間諸個人および外的諸条件はすべて変化する存在であるが，協同様式の生産を核とする見方は変化・発展に結びつく捉え方を意味する．すなわち，諸個人の生産活動はそれの外化の所産としての外的条件とは常に矛盾・対立の関係にあり，諸個人を含むこの関係の矛盾が両者の変化・発展に結びついていることを意味する．
8) ここでは「協働様式」と「協同様式」との概念的違いに注意をうながしたい．前者はモノ（サービスも）の生産における経済学の概念であるのにたいして，後者はすべての生産活動における社会学の概念なのである．そうすると，経済的な経営体（企業）は経済的価値を生産すると同時に人間や関係をも生産することになる．
9)「状況」が諸個人の活動を捉える（あるいは説明する）にあたっては与件として措定されることを意味する．あまり気づかれないことだと思われるが，ある事柄の「社会的背景」という場合にも，与件としている発想が多い．このような発想によると，主体的活動と外的（客観的）条件との関係における活動主体の能動性が「理論的」にはきちんと位置づけられないことになる．
10) 具体的には生活活動の時間配分を考えればよいであろう．例えば収入と時間については生活時間のうち労働時間がどれだけ配分されているか，交通条件と時間については生活空間としての一定の環境条件における移動時間がどれだけ配分されているか，といったことを挙げることができる．
11)「非意識的」という表現（概念）はこれまではほとんど使われていなく，常識的には「無意識に」という表現が多いが，「無意識」という表現はフロイトに発する精神分析学において定着しているので，それとは概念的に区別する意味で「非意識的」の方が適切である，というのが私の考えである．

第6章　生活関係論

1．生活関係の座標軸

◆ 基本視角

　一般に人間関係論あるいは社会関係論は集団論とともに社会学理論にとっては中軸的な位置を占めている．その場合，私は，生活関係を据えることがもっとも原理的把握であることを主張する．生活関係そして集団・組織の性格をめぐっては，どのような指標で捉えるかについては多様な見解がある．私は，生活関係（だけでなくあらゆる社会関係でも）を捉えるにあたっては〈ゲマインシャフトとゲゼルシャフト〉および〈権威主義と民主主義〉という基本視角を措定する．というのは，前章の終わりに述べた協同性にしろ共同性にしろ，それが生活関係のあり方にほかならないからである．このように措定することの現実的および論理的妥当性については，以下の展開そのものによって示されるであろう．

　まず最初に，これらの概念の基本的意味を確認し，それにもとづいて生活関係を捉える基本視角について述べようと思う．ゲマインシャフトとゲゼルシャフトは社会学史上ではほぼ周知のF・テンニースが純粋社会学の基本概念として措定したものであり，これについては〈第1部　第2章〉ですでに述べている．彼によるこの概念の解釈は多様であるが，テンニースとはかならずしも結びつけないで人間関係（さらには集団・社会類型）の特徴を示す概念として広く使われている．私自身はテンニースの原義を重視して使うことにしている．すなわち，ゲマインシャフトとは関係そのものに意味がある関係であり，ゲゼルシャフトとはなんらかの目的のために取り結ぶ関係である．具体的には，前者については血縁関係，地縁関係，友人関係などを思い浮かべればよいであろう．後者については商売関係，企業内の諸関係，まとめて言えば契約関係を思

い浮かべればよいであろう．現代日本の生活関係の動向については，ゲマインシャフトの喪失傾向が進展しており，親子関係や友人関係が次第に希薄になっている．ゲマインシャフトの新たな回復・創造が課題ともなっていると言えば，この概念の意味がおおよそわかるであろう．

もう1つの座標軸としての民主主義と権威主義という概念は，これまでの社会学では生活関係（あるいは社会関係）についての概念としてはほとんど使われていない．権威主義は政治的概念あるいはパーソナリティにかかわる概念として使われている場合が多い．民主主義については社会学における基本概念としては全く使われていないといってもよいであろう．私は，生活関係における生産活動さらにはより広い関係としての協同様式における生産活動にかんする基本概念として，この両概念を措定する．

〈権威主義〉と「権威」あるいは「権威があること」とは異なることに，まず注意を促したい．近代以前では両者は実際にはほとんど重なっていた．それは生活関係が固定的な身分関係および共同体的関係にもとづいていたからであるが，それを否定した近代社会の原理は基本的には権威主義と相容れない原理である．にもかかわらず生活関係には権威主義が根強く存在しているので，その意味を基本的に確認することが大事である．

まず「権威がある」とは，ある特定の分野において実績あるいは実力があることを大多数が認めること，したがって現実的根拠のある上下関係しかも特定の分野における上下関係を意味する[1]．他方，権威主義は「権威がある」ことを含んではいるが，それにとどまらない生活関係を意味する．すなわち，なんらかの上下関係を具体的な生活関係の大部分に及ぼす振る舞い方，そしてそのような振る舞いを無条件に許容することである．したがって前者の生活関係は現実的にはおおむね「指導―被指導」関係というかたちになるが，後者の場合には固定的な「支配―被支配」関係になる．現在の日本社会では，あらゆる分野で「権威主義」的生活関係がまだまだ根強く残っているのではないだろうか．以上に述べた座標軸による生活関係の見方と社会的に支配的な生活関係の動向を加えると，次の図のようになる．

図6-1 生活関係についての参考図

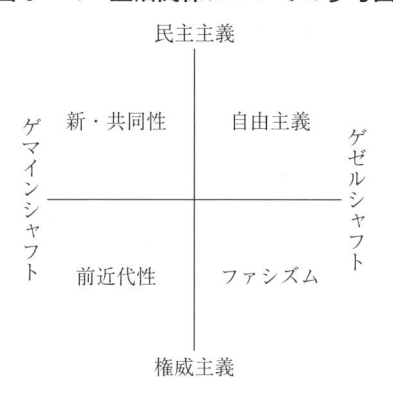

```
                    民主主義
                      │
        新・共同性    │    自由主義
    ゲ                │                ゲ
    マ                │                ゼ
    イ ───────────────┼─────────────── ル
    ン                │                シ
    シ                │                ャ
    ャ                │                フ
    フ   前近代性    │    ファシズム  ト
    ト                │
                      │
                    権威主義
```

　生活における民主主義については人々の生活を条件づける〈条件としての民主主義〉，および人々の日常生活そのものである〈活動としての民主主義〉という2つを私は措定するものである．前者は主として法律・制度面と支配的な社会関係の性格に結びつく民主主義であって，理論的にも現実問題としてもこの〈条件としての民主主義〉についての論議がこれまでは圧倒的に多く，民主主義について論じるとはこれを論じることであるいう観があった．他方，〈活動としての民主主義〉についての論議が比較的乏しかったことは否めないであろう．そのために民主主義についての論議が政治・法律・制度に傾斜していた．私は，生活関係に焦点を当てる社会学的認識として後者を重視する[2]．

◆ ゲマインシャフトとゲゼルシャフト

　この「対概念」はテンニースにおける知的遺産を継承した概念である．彼によれば，「前者においては連関が先行し，敵対や給付の諸関係はそのあとから生じる．後者においては，関係が所与のものかつ確かなものになってから，はじめて（人格的な）連関が生じるのである」[3]とされている．別の表現を使うならば，ゲマインシャフトにおいては，人間はあらゆる分離にもかかわらず本質的に結びついているのにたいして，ゲゼルシャフトにおいては，人間はあらゆる結合にもかかわらず本質的に分離している，という対置になるが，私流儀

に具体的に示そう．

　ゲマインシャフトは原理的には関係そのものに意味がある関係（態）である．具体的には，親子関係・近隣関係・友人関係・師弟関係などを一応は挙げることができる．一応というのは，最近の現実においては上に挙げた諸関係においてゲマインシャフトでない性向が次第に強まっていると考えられるからである．それらの諸関係においていわゆる「損得勘定」が強まる傾向を想起すればよいであろう．ただし，それ自体としては価値を含む概念ではないことに留意する必要がある．

　ゲゼルシャフトについては，これまた原理的には，なんらかの目的（目的の異同はある）のための関係（態）である．典型的には商売関係・企業における関係を挙げることができるが，より一般的には「契約」関係として理解してよいであろう．近年ではいわゆる「機能集団」における関係に現実的にはゲマインシャフトの要素が程度の差はあるが混入する．例えば，「機能集団」におけるゲマインシャフトの関係の発生あるいは意識的な導入などがそうである．この２つの概念が現実的には対抗関係にある概念ではないこと，つまり一方が他方を排除する概念ではないことに注意する必要がある（理念型的概念構成ではない発想）．ある意味では民主化と近代化という２つの概念の論理的関係と似ている．

　生活関係を捉える座標軸の１つとして，かならずしも排他的・対立的ではないこの両概念を措定する理論的意味と現実的意味に簡単に触れておこう．これはいろいろな生活関係を取り結びながら協同様式を生産する人間存在のあり方と深くかかわっているのである．と同時にそのような生活関係を認識するにあたっての理念型的手段としての性格をもそなえているのである．したがって私は，存在論と認識論の社会学的統合の可能性をこの概念の措定に見い出している．具体的に言えば，人間存在が認識においては合理的であっても振る舞いではかならずしもそうではないことは，容易にうなずけるであろう．つまりそのような人間存在の措定は，いわゆる近代人を人間のあり方としても絶対化しないことを意味する．そのことによって，継続した関係である集団・組織のあり

方にたいする実践的意味をも併せ持つことになる．次章の〈集団・組織論〉と もかかわるのであるが，集団・組織がいわゆる近代的＝合理的性格である場合, それが貫かれることによって，M・ヴェーバーの指摘にもあるように，官僚制 的な形式合理性へ進む可能性がきわめて高いことになる．しかし，存在論と認 識論を一旦は論理的に区別して具体的現実について考え，次いで存在論的に見 るならば，ペシミスティックな未来とは異なる展望が開けてくるであろう．形 式合理性にもとづく統合からそれの否定（全面的ではない）を経て再統合へ, さらに→　→　→　………　という螺旋的発展という論理にほかならない[4]．

◆ 民主主義と権威主義

ここでは民主主義を軸にして展開し，その対比としての権威主義というかた ちで考えることにする．つまり，生活関係における権威主義とは反民主主義 （あるいは非民主主義）として位置づけられることを意味する．やや具体的に 再確認すると，「権威がある」とは，諸個人のある分野における実力や実績を 他者が認めることであり，該当する生活分野での関係は〈指導―被指導〉とい う上下関係として性格づけられる．他方の権威主義とは，生活分野での限定的 な権威にもとづく上下関係を生活関係の大部分に及ぼす振る舞いであると同時 に，その場合の下位者がそのような振る舞いを無条件（非意識的）に許容する 態度である．このような権威主義による関係は〈支配―被支配〉という上下関 係として性格づけられることになる．

民主主義に転じて考えると，すでに指摘したように，生活における民主主義 については2つのあり方を措定することができる．1つは〈状態としての民主 主義〉であり，主として制度面と支配的な社会関係のあり方を意味する．これ は，人々の諸活動の所産であるとともに人々の活動を制約するという意味で, 〈条件としての民主主義〉とも言える．人々の日常活動における自由と平等の 現実的（活動可能な）保障の条件にほかならない．

もう1つは〈活動としての民主主義〉であり，これは主として人々の振る舞 い方にかかわる民主主義を意味する．人間が主体的活動であることより，民主

主義のこのあり方については，人々の主体的あり方が問われることになる．

　概念として2つの民主主義をこのように措定すると，〈活動としての民主主義〉が〈条件としての民主主義〉の成熟度に実際に照応しているかどうかがきわめて重要になる．一般的に言って，この2つの成熟度が現実的にはズレているのが普通であるとともに，生活関係においては諸個人によって違っており，諸個人がかかわっている社会分野においてもまた違っている．このことは日常生活で経験的に簡単に確認できるはずである．

　この2つについても，活動と活動の所産という論理がやはり適用される．〈条件としての民主主義〉つまり民主主義的制度・関係の維持・発展は〈活動としての民主主義〉なしにはあり得ないのであり，〈活動としての民主主義〉が〈条件としての民主主義〉の形成・発展へ諸個人がどのように参加するかが問われるという関係にある．社会学で両方をともに重視するのは，両方の維持・発展がそれぞれ民主主義にたいして客観的条件および主体的条件としての位置を占めているからである．

　上に述べたことは，対比としての権威主義について考えると，より鮮明になる．ゲマインシャフトとゲゼルシャフトは排他的関係にある概念ではないのにたいして，民主主義と権威主義の2つの概念は生産活動および生活関係においては，排他的関係にあると同時に，生産活動のなかの非意識的生産と権威主義との関連はより密接である．先に確認した権威主義において，権威主義的な振る舞いは反民主主義であるが，権威主義的な振る舞いを非意識的に許容するのは非民主主義である．いずれも民主主義の維持・発展を客観的には阻んでいるという意味で〈活動としての権威主義〉とも言えるであろう．そこで民主主義の維持発展を阻むとはどのようなことなのかを具体的に考えてみよう．

　民主主義をめぐっては，さしあたり3つの位層で考えることが適切であろう．第1の位層は諸個人の関係というもっともミクロな関係であり，主として日常生活における民主主義を意味する．具体的には，家族関係，近隣関係，師弟関係，広くは諸個人間の〈指導—被指導〉関係および対等の友愛関係として現れる．この位層では，もう1つの座標軸であるゲマインシャフトが現実的には生

活関係に多いので，権威主義を考慮して捉えることが大事である．すなわち，親であること，師であることなどといった単なる立場のみを根拠とした権威主義であるかどうかということである．ここ（だけではないが）では「友愛」が重要な意味をもつのだが，すぐあとでまとめて述べる．

次には集団・組織という位層ではどうであろうか．単純な1対1の関係ではなく複数の人間相互の持続的関係なので，その集団・組織の具体的あり方と集団の構成員それぞれとの関係が問われることになる．〈条件としての民主主義〉については3つの点から捉えられる．1つには，「自由と規律」という点であり，構成員の自由と集団的・組織的条件の性格がどのような関係にあるかということである．2つには，「運営・決定」という点であり，これをめぐっては，構成員の自由な参加，そこでの〈指導―被指導〉関係，構成員にたいする決定の拘束の度合いがどうであるかが問われる．そして3つには，日常関係において構成員の間での自由・平等・友愛の実質化の程度がどうであるかが問われる．

もっともマクロな位層としての社会・国家については，法律，制度，慣習，政策立案，政策の施行，参加の実質的保障，異議申し立てなどにわたって，諸個人の主体性の発揮が現実的に可能かどうかが問われる．

民主主義の現実を具体的に考える場合には，意識，活動，内的条件，外的条件の相互の関係を統合的に捉えることが特に重要である．意識と活動をめぐっては，民主主義の思想・意識があることと3つの位層での実際の活動と一致するとは限らない．とりわけ諸個人の日常的な生活関係と集団・組織における関係との異同を問うことが重要である．集団・組織においては外的条件が重要な位置を占める．民主主義の思想・意識，活動への姿勢があっても外的条件が障碍になり得るのであるが，これは生活関係論の範囲を超える[5]．この外的条件としてのマクロな位層について付け加えると，制度・法律がどうであるかということが基礎的な条件としての位置を占めるが，現実的には制度・法律の具体的な施策・運用がより重要な外的条件を構成する．つまりそれがどの程度一致しているかどうか，具体的な日常活動を妨げる条件になっているかどうかということである．

なお，座標軸は理論的な見方を意味するものであり，現実的には，ゲゼルシャフトが民主主義的でないとか，ゲマインシャフトが権威主義的でないとか，ということではない．現実的には，これを基軸として〈どんな生活関係であるか〉が具体的に問われる．

◆ 座標軸について

　先に提示した〈参考図〉の４つの次元は，社会関係の支配的あり方をも意味するが，それにとどまらない意味を押さえておく必要がある．〈活動としての民主主義〉と生活関係を軸とする立場から説明を加える．

　前近代性の次元では，諸個人の活動は基本的には「共同体」的束縛の範囲内で営まれることになる．そこでの生活関係のあり方は，ヘルシャフトとしてのゲマインシャフトとして特徴づけられる[6]．具体的には，固定的な上下関係が人格も含めて存在しており，諸個人の活動は上下関係の位置に照応するかたちであることを意味する．そのような社会ではそれらの生活関係は生存にとっての必要条件としての意味を持っており，それに反する活動（非慣習的あるいは反慣習的）は，その社会での生存が出来ないことを意味する．このことについてはいわゆる「村八分」があったことを想起すればよいであろう．前近代社会でのそのような生活関係にたいして，それを否定して成立した近代社会において，様々な社会・生活分野でそれが実際に払拭されているかどうかが問われる．

　ファシズムの次元では，諸個人の活動は権威の無制限な活用と権威への無条件な服従として基本的には性格づけられる．注意する必要があるのは，前近代社会における権威への服従が生活関係を保持するにあたっての必要条件であったこととは異なることである．しかも単なる独裁・抑圧でもないのであって，独裁的に見える振る舞いにたいして「ファッショ的である」という非難が往々にして一般社会では見受けられるが，これは厳密な言い方ではない．そうではなくて，関係のあり方として「独裁的人格」にたいして自由を放棄して機械的（身分制に似た）ヒエラルヒーに組み込まれることによって，特定の「権威主義的」存在と精神的に結びつくが，他の関係はあまりないという関係なのであ

る.

　思想としての自由主義にはかなりの幅があるが，ここでも生活関係に限定して述べることになる．まず諸個人の活動については個人的欲求充足としての自由が基本になっているが，そのことは生活関係のあり方を当然性格づけることになる．よく言われていることでもあるが，関係そのものが「目的のための手段」であるというのがその基本的性格である．これについてやや現実的に考えてみると，諸個人と生活関係が本質的に矛盾を含んでいることになる．というのは，諸個人の活動が自由に傾斜すると，一方にとっての自由な関係が他方にとっての自由な関係になるとはかぎらないということ，したがって関係そのものの意味がきわめて乏しいということになるからである．このことは個人的活動が自由主義に極端に傾斜した場合を考えれば明らかであろう．

　新・共同性という次元では，諸個人の活動は自由意志にもとづくことは自由主義の次元と同じであるが，関係そのものにも意味のある生活関係である．テンニースのゲノッセンシャフトとほぼ同じ意味であり，理念としてのいわゆる共産主義社会における生活関係ともやはり同じような意味であるが，この2つの言葉にはすでに固定的な理解（イメージ）があるので，曲解を避けるためにこのような表現にする．この次元では個人と集団とが調和するかたちで対等な生活関係が諸個人の間にあることが最大の特質である．生活関係のこのようなあり方は，具体的には主体的な自覚と努力によらないかぎりは形成・発展しないのである．と同時にある程度の習慣化が必要であるが，習慣はあくまでも諸個人の生活活動のレベルに限定されないと，他の次元に転化する可能性があること，そしてそのことによって新・共同性の性格が失われる可能性もあることに留意する必要がある[7]．

　私自身は思想としては新しい共同性を目指す立場にある．しかし程度の差はあれ，そうでない次元が現実の生活関係には存在する．したがって，理論的には生活関係の性格を捉える視角の1つとして性格づけられるが，実際の生活関係は人々の矛盾を含みながらの選択によると考えられるので，生活関係における生産活動では反省的選択が常に問われることになる．

2. 生活関係における現実的諸形態

◆ ゲマインシャフト

　ゲマインシャフトには，ヘルシャフトとゲノッセンシャフトの2つのあり方がある．ヘルシャフトとは，前近代社会において支配的であったゲマインシャフトのあり方を意味する．近代社会においてもそれが消失したわけではない．とりわけアジアではまだ根強く存在していると考えられる非合理的支配関係を想起すればよい．

　それはいわゆる近代的自我が未成熟な社会での生活関係と結びつく．前近代においては固定的な身分が支配的な生活関係を条件づけていたので，ヘルシャフトが社会全体における生活関係をなしていたと言ってもよいであろう．一般的にはテンニースが例示している家族関係・地域関係・仕事関係がそうである．典型例としては日本の村落共同体と類似の集団・組織（武士集団や商工業関係）を想起すればよいであろう．近代社会になっても，さらには現代日本社会でもいろいろな生活分野においてヘルシャフトは存続している．もっとも典型的な例としては，いわゆる「やくざ」社会の生活関係がそうであるが，いろいろな社会分野でのいわゆる〈親分―子分〉関係として現れる生活関係については，日常生活での言葉の使い方も含めて容易に想起することができるであろう．

　しかし，あらゆるものを商品化していく資本主義経済の生活への浸透にともなって，ゲゼルシャフトは1つの歴史的趨勢としてとどまることなく進展していく．それは「損得勘定」が生活関係において支配的になることを意味する傾向であり，それとともにヘルシャフトは後退していくことになる．とは言え，ゲマインシャフトが人間存在の本質的関係であることから，権威主義とも深くかかわって，ヘルシャフトは依然として消滅しなく，現代日本社会の生活関係はゲゼルシャフトとヘルシャフトの混合という様相を呈している．しかしそこに未来への展望をも見ることができるのである．すなわち，権威主義を排除することによる〈ヘルシャフトのゲノッセンシャフトへの転化〉である．

ゲマインシャフトのもう1つのあり方であるゲノッセンシャフトとは，テンニースにたいする誤った解釈としての単なる「ゲマインシャフトの復活」ではなくて，ゲゼルシャフトにおいて諸個人が自覚的に創造する生活関係である．それは民主主義における友愛にもとづく生活関係と言ってもよいであろう[8]．ゲノッセンシャフトは，しかしながら，ヘルシャフトからの単純なあるいはストレートな転化ではない．ヘルシャフトからゲゼルシャフトへの移行なしにはゲノッセンシャフトはあり得ない．それはゲゼルシャフトのもとで形成される生活関係であると言った方がよいであろう．したがって，ゲノッセンシャフトはゲゼルシャフトとは共存し得る，いやゲゼルシャフトは現実には常に存在する．現在，ゲノッセンシャフトは生活関係において部分的に存在するが，ゲゼルシャフトが支配的な社会ではその維持・発展には人々の自覚的な努力が必要である．

　具体例としては生活協同組合，自主的な近代集団としての労働組合や政党各種の市民運動体における生活関係がゲノッセンシャフトたり得るのである．ただし現実（＝実態）はどうであろうか？ゲゼルシャフト的要素が常に存在するとともに，それとのかかわりで官僚制的要素が拡大する傾向を宿している．したがって，ゲノッセンシャフトが形式化することによってヘルシャフト的なゲゼルシャフトに陥る可能性を内に宿している．この意味では，構成員による維持・発展への主体的な活動が乏しくなることに応じて，民主主義が形式化（むしろ形骸化）していくことに似ている．

　ゲノッセンシャフトのこのような性格は発展の論理を内に宿した存在という意味でヘルシャフトとは大きく異なる．ヘルシャフトがゲゼルシャフトの進展にしたがってやがては消滅の道を辿るのにたいして，ゲノッセンシャフトは，もっとも抽象的にはゲマインシャフトとゲゼルシャフトの現実的矛盾を本来的に有する存在であるが故に，常に発展し続ける可能性を有する存在として性格づけられるのである．現実的矛盾について整理すると，まず内的条件による矛盾としては，ゲマインシャフトを機軸とする人間存在のあり方とゲノッセンシャフトを追求する人間存在のあり方が同居するという人間存在そのものが現

実態として有する矛盾，および構成員の諸活動におけるこの矛盾の現れ方が異なることによる生活関係における矛盾を挙げることができる．次に外的条件をも含んだ矛盾としては，内的ゲマインシャフト（＝ゲノッセンシャフト）と外的ゲゼルシャフトの矛盾，すなわち諸個人の実際の生活関係においては内部のゲマインシャフトだけでなく外部のゲゼルシャフトである生活関係も併存していることによる矛盾，および集団・組織の（ゲマインシャフト的な）基本性格と社会の（ゲゼルシャフト的な）支配的性格との矛盾である．

◆ 民主主義

　民主主義がスローガンとしては自由・平等・友愛というかたちで表現されていることはおおかたの認めるところであろう．これを思想としてのみ性格づけないで，社会学理論の構成部分としての基本概念とすることが，私の言う「民主主義」にたいする考え方の特徴である．ここでは生産活動と生活関係とを主要に関連づけて概念化されるという意味で，〈活動としての民主主義〉の意味について示すことになる．もちろんそこには〈条件としての民主主義〉がかかわってくるが，両者の基本的関係については活動と活動の所産であるという一般的確認をすでにしているので，後者についてはそれが前者に直接的にかかわるかぎりにおいて触れられるであろう．

　〈自由〉とは主として活動の性格を意味するものとして理解する必要がある．この自由は2つの意味をもつのであり，1つは封建制のもとでの様々な束縛に対置される自由であり，もう1つは封建制を打破したあとの自由の展開である．この区別を押さえることはきわめて重要である．前者は諸個人の主体的活動というあり方を推進する性格の自由であり，協同的存在としての活動はそのかぎりにおけるという意味での矛盾を内蔵している．後者は上の矛盾を次第に表面化させる性格，すなわち個人的自由の拡大と他者の自由の侵害，したがって活動が「強者の論理」という性格へ転化するという自由を意味する．

　〈平等〉は主として活動の条件に結びつくものとして理解する必要がある．平等についても自由と同様に，2つの平等について区別して考えることが重要

である．封建制のもとでの身分による不平等に対置されるのが法のもとでの形式的平等という条件である．形式的平等という条件が現実化した後の平等については，自由と結びついた平等の実質化と実質化の進展のもたらす矛盾の可能性がきわめて大きいことになるであろう．平等と自由はその結びつき方によっては現実的には無条件な平等になり得る．具体的に言うならば，〈権威〉あるいは〈権威があること〉にもとづく現実的な上下関係をも否定するという意味において，そのような平等は形式主義の一種である．平等は現実の上下関係の存在と一般的に相容れない性格のものではない．根拠ある区別として存在する違い（上下関係）は平等に反しない．

〈友愛〉は主として活動の姿勢・あり方に結びつけて理解する必要がある．この意味では民主主義の要として位置づけられること，つまり上の自由・平等を実質的に保障するものとしての位置を占めているということである．上で確認したように，自由，平等が封建制を打破するという意味では民主主義の前進に結びつくが，獲得された自由，平等は逆に民主主義の実質化を阻害する条件に転化する性格を内蔵しており，事実としてもその実質化は矛盾をはらんで進展してきている．ここで，ルネッサンスから宗教改革を経て自然法思想への歩み（第1章）を想起すればよい．「人間性の回復」「人間の尊厳」がそのプロセスにおいて一貫しており，このことは活動の姿勢・あり方として友愛が民主主義の前進にとって不可欠であることを意味するが，私は民主主義の実質化にとってもまた不可欠であることを強調したい[9]．

◆ ゲゼルシャフトと権威主義

この2つの概念が上記の対極としての位置にあることはすでに図示したとおりであり，理論的にはゲゼルシャフトはゲマインシャフトおよび民主主義に対置されるが，現実の生活関係においてはかならずしもその2つのあり方と対立的・排他的であるわけではない．

ゲゼルシャフトは合理主義の進展と不可分であり，歴史的必然の産物である．ゲゼルシャフトが生活関係において進展することは，〈目的―手段〉関係が支

第6章 生活関係論　239

配的になることを意味する．本来的にゲゼルシャフトである現実的諸形態としては，契約関係（具体的には商売関係，企業関係など）やいわゆる「機能集団」における関係を挙げることができる．しかし，ゲゼルシャフトである生活関係が，合理主義の進展にともなって様々な生活関係に徐々に浸潤していくにしたがって，ゲマインシャフトである生活関係が次第にゲゼルシャフト化していく．もともとはゲマインシャフトであった生活関係がゲゼルシャフト化していく現実的諸形態としては，家族関係（特に夫婦関係），地域関係，友人関係，師弟関係などを挙げることができる．ここでは夫婦関係を例として考えればわかりやすいであろう．親子関係は本来的にゲマインシャフトであるとともに，現実的にどんな分離があってもその関係は継続する．しかし，夫婦関係はゲマインシャフトとしてかならずしも継続しないだけでなく，そもそも成立当初からゲゼルシャフトが混入していることもある．

　他方，生活における権威主義はもともと前近代社会に支配的な関係であったが，近現代社会では，理論的にはヘルシャフトの衰退に応じて減退・消滅の道を辿るものとして位置づけられる．しかし，実際の生活関係においては，ゲゼルシャフトの進展と結びついて疑似ヘルシャフト的なかたちで存続している．というのは，権威主義は個人的（＝主観的）欲求充足の論理的必然の産物として性格づけられるからである．一般化して言えば，ゲゼルシャフトにもとづく欲求充足の手段として，物質的・位階的・精神的な部分的上下関係が生活関係すべてに及ぶというかたちで現実化するものとして立ち現れるということである．したがって，それらがそれぞれのケースにおける限定的な上下関係であるにもかかわらず，いろいろな現実形態として無限定的に現れるものとして性格づけられる．それは，近代社会における諸個人の自由のあり方と深くかかわっている．ヘルシャフトとしての生活関係においては近代的意味での自由は存在しなく，（権威主義的）上下関係は運命として生活関係における所与の条件であった．しかし，近代社会における権威主義は決して所与の生活条件ではない．

　ゲゼルシャフトの進展に照応する〈目的─手段〉関係が権威主義を生み出す現実的基盤をなしている．すなわち，〈目的─手段〉関係が支配的である社会

では,手段が目的に容易に転化する(現在の拝金主義を想起せよ).そのことによって手段の保有の優劣が上下関係のメルクマールとなる.具体的には,物質的・位階的に一定の限度を超える存在は,下位者の目的にたいする手段としての性格を有する存在となる.そのことによって,下位者はそのような上位の存在に権威主義的に従うことになり,上位者はまた下位者を自己の物質的・精神的な手段として全面的に支配するという生活関係が形成される.

3. 生活関係における「構造化」と「構造転換」

◆ 変化としての「構造化」

　生活関係を捉えるにあたっての基本概念を確認したので,次にはその変化をどのように捉えるかという思惟レベルに移ることになる.なぜならば,現実にさまざまな生活関係が存続するということは,人間の日々の諸活動によってそれらの生活関係が絶え間なく生産され続けるからである.人間の諸活動がないところにはいかなる生活関係も存在・存続しない.ある程度継続する生活関係を表す概念を,私はさしあたり「構造」とネーミングする.しかし,構造とは一般に考えられるような堅固であるとはかぎらないし,また固定的な静態的存在ではない.現実の生活関係のあり方は(次章でさらに展開するように)多様であり,人々は具体的にはいろいろなかたちの生活関係の網の目のなかでそれらに条件づけられながら生活を営んでいる.諸個人のそれらの生活活動は,相互に生活関係をかたちづくる他者へなんらかの作用をおよぼすが,そのことによって「構造としての生活関係」を生産する.関係のあり方(=生活構造の構成要素)が新たに生産されることは当然に一定の変化をともなうことを意味する.この意味で構造を不断に変化させる生活活動の作用を,私は〈構造化〉と呼ぼう.この構造化は生活関係に理論的出発点を求める概念であり,生活関係のみにとどまらない一般性を有する概念として措定されるのであるが,その具体的展開は以後の叙述によって明らかになるであろう[10].

　諸個人の他者にたいする生活活動と生活関係との関連は,「構造化」概念を

措定することによって理論的把握が可能になる．「構造化」概念についてさらに付け加えると，生活関係は正しくは構造化としての関係であり，そこでの構造そのものは常に構造化されている構造である．この構造は当初の生活関係の性格を基本的には保持しながらも不断に変化するのであり，生活関係を少しづつ変化させる諸活動の作用が構造化にほかならない．したがって，理論的には「構造化」概念が「構造」概念よりも重要な位置を占める．

　しかし，構造化による変化は構造そのものの基本的な性格をただちに根本的に変えるものではないが，全く新たな動因によって例えば次に示すような〈構造転換〉はあり得る．夫婦関係を例として考えてみよう．家事を軸とした生活関係ではじめは家事・子育てを夫が一定程度分担していたが，次第に分担しなくなりやがてはほとんどしなくなること，あるいはその逆になること，といった関係の変化においては，前者ではある日突然分担しなくなるわけではなく，後者ではある日突然多く分担するようになるわけではない．他方全く新たな動因，例えば子どもが生まれることや姑が同居することによって，その動因がただちに生活関係における〈構造転換〉に結びつくことが多いことは，日々の経験的事実として容易にうなずけるところであろう．なお，人間の諸活動すべてが現実的にはかならずしも実質的な構造化として作用しないことにも留意する必要がある．このことは，前章で述べた生産活動について具体的に考えれば了解されるはずである．

◆ 変動としての「構造転換」

　構造は構造化によって少しずつ変化するが，やがては当初の生活関係の性格（＝構造）を基本的には保持しないまでに変化が進むことによって，生活関係の基本的な性格そのものの変化がもたらされる．それは生活関係が新たな性格の構造へと転化することであり，一般に変動と言われているのはこの転化を意味する．私はこれを〈構造転換〉と呼ぼうと思う．すなわち，〈構造化＝変化〉，〈構造転換＝変動〉としての概念的把握を意味する．そこで，この概念的把握を具体例によってより明確にしておこうと思う．

生活関係における同等の関係が上下関係に変わること，あるいはそれまでの上下関係が逆転することなどは典型的な構造転換を意味する．上下関係には民主主義的関係を保持したままでの変化もあり得るが，権威主義に結びつく変動が現実には多いと考えられるし，おそらく一種の経験則として体験的に確認することが容易なはずである．例えば，同僚としての友人関係において片方が上役になっても友人関係であり続けることが前者ということになるが，そうでない場合には，職場の上下関係を生活関係全体に及ばすという意味で権威主義的な生活関係への変動と言えるであろう．このような関係については，友人関係がゲマインシャフトであり，職場のラインの関係はゲゼルシャフトである．現実的にはゲゼルシャフトが支配的であるような生活関係のもとでは，すでに指摘したように，〈目的―手段〉関係を梃子として権威主義的関係が容易に形成される．したがって，このようなケースにあっては，相互の自覚的な（意識的な）努力がないかぎりはゲマインシャフトとゲゼルシャフトの矛盾が増大し，構造転換へと急変する．

　構造転換は論理的には生活関係からはじまるが，いろいろな位層での構造転換がある．具体的にはいろいろな協同様式における「構造転換」，そして最終的には国家，さらには世界にまで及ぶが，それらの「構造転換」は単純な構造化の論理だけでは不十分であり別の論理が加わる．

　構造化と構造転換について注意する必要があるのは，内的条件と外的条件を関連させて捉えることである．生活活動は常に「構造化」作用としての性格を有するが，それは生活関係における内的矛盾の表現にほかならない．構造転換は内的矛盾が生活関係の構造を基本的には保持できないまでに進展した結果である．この内的矛盾はゆっくりと進む場合もあれば，急激にあるいは瞬時に進む場合もある．外的条件については，単に内的条件に作用するという点だけでなく，外的条件を含めたより広い構造という捉え方が必要である．つまり，外的条件の作用がそのようなより広い構造における構成要素としての「構造化」作用を意味するということである．

◆ 協同様式一般への射程

　現実の変化・変動を捉えるにあたって，構造，構造化，構造転換について出発点としての生活関係に限定して述べてきたが，この論理は生活関係だけでなく，協同様式一般にも当然貫かれる．生活関係に限らず同質の関係の一定程度存続している関係のあり方が協同様式である．つまり協同様式が一定の「構造」を持つということである．この項では，私がすでに内的条件・外的条件をめぐって簡単に指摘した矛盾の論理をより拡げて一般的に展開することにしよう．

　一般的には，協同様式においては2つの矛盾を指摘することができる．1つは，構造化が生み出す「構造」変化とその変化を阻むそれまでの「構造」そのものとの矛盾である．もう1つは構造化が生み出す「構造」変化と異なる「構造化」作用との矛盾である．前者が主要な矛盾であり後者が副次的な矛盾である[11]．論理的にはこのように区別される矛盾は，現実的には両者がからみあって同時に進行する．その意味では構造化は再「構造化」の連続として考えることができる．これは「構造」変化の内的条件における矛盾であるが，外的条件による「構造」変化および構造転換もある．外的条件がかかわる場合には，外的な要因（＝作用）はその「構造」そのものの矛盾ではなくて，外的な要因を含めたより広範囲な「構造」における矛盾である．

　構造化の連続である再「構造化」についての理解はとりわけ重要である．すなわち，2つの矛盾がいずれにしても再「構造化」を必然的に惹き起こすという意味において，単に理論として抽象的・一般的に概念化するだけではなくて，具体的に考えることが大事だということにほかならない．協同様式一般への射程とは，論理的には日常生活からはじまってより広範囲いくつかの協同様式を媒介して社会変動にいたるということを意味する．したがって，日常生活における諸個人の「構造化」作用が直接に社会変動にいたることを意味するわけではなく，いくつかの位層が介在しているのである．その意味において，ここでは日常生活，地域，社会の3つの位層を例として簡単に示すにとどめ，詳しくは〈第8章〉で展開する．

日常生活における例として，一般に諸個人・家族の生活構造を挙げることができる．諸個人の生活構造が生活経済における収入，諸物価，消費性向などによって常に変化することは容易に確認できる経験的事実であろう．生活経済として性格づけられる収入や支出の変化がある量を超えると，他の生活要素に波及する．すなわち，消費性向や諸個人の生活への構えなどによって少しずつ変化していた生活関係，生活時間と生活空間の活用の仕方が激変することにほかならない[12]．これらの変化が一定方向へすすむことは，それぞれの要素における不断の「構造化」がある時に「構造転換」にいたることを意味する．

　地域における例として，物質的条件の変化と人間（＝住民）の相互活動のあり方の変化を軸にして考えるとわかりやすいであろう．いわゆる「都市化」の進展が地域にたいして過疎・過密，混住化などをもたらしたことは広く知られているところであろう．そのような変化のそれぞれの進展に応じて人間の活動のあり方が変化する．物質的条件としては，産業のあり方や住居を含む広い意味での居住環境を挙げることができる．

　地域における生活関係については，いわゆる混住化を例として具体的に考えてみよう．周知のように日本では，大都市近郊のベッドタウン化が高度経済成長過程で嵐のように進展したが，そこでの生活関係は旧住民だけの生活関係にたいする新住民の不断の「構造化」作用により，両者の矛盾が進展し，やがては生活関係におけるゲゼルシャフト化が支配的になるという構造転換を随所にもたらすことになる．

　このような論理は社会への射程を当然有するのであるが，生活関係論の範囲を大きく越えるので，上に挙げたようなかたちで簡単に例示することは，ここでの展開のかぎりにおいては不適当であろう．すなわち，「社会構造」とは何か，そこでの矛盾とはどんなことか，さらには客観的条件および主体的条件などの明確化が必要である．したがって，ここでは一般的には示さないで，後の理論的展開への手がかりを意味するというかぎりにおいて，近代化のプロセスを例として，その問い方をやや一般的に次に示しておこう．

◆ 近代社会の性格の一般的問い方

　近代社会についてはいろいろな見方があるが、少なくとも次の5つの主要な社会分野を措定する必要があるというのが私の基本的な考えである.

　いわゆる近代化の進展についてはその1つひとつを取り上げれば、人間生活にとってはおおむねプラスに作用するはずであるが、具体的現実としてはかならずしもそのようには進展していない. したがって、近代化を進めるにはプラス面とマイナス面を具体的かつ詳細に検討する必要があり、そのための見方を整理しておこう（なお、より踏み込んだ具体的な展開には別の独立した論考で試みる課題としたい）.

　経済　生産力と消費水準
　　　　生産関係　……　私的資本主義と国家資本主義
　　　　経営体　　……　合理的経営
　　　　技術　　　……　自動化—スピードと能率，情報化—多元的
　　　　　　　　　　　　自然の拡大　（自然の復讐？）
　　　　商品化　　……　大量生産　〈目的—手段〉関係
　政治　制度としての民主主義
　　　　政治参加　……　参政権の確立
　　　　法律　　　……　平等の保障
　　　　政策　　　……　政策策定過程への参加度
　　　　運用　　　……　チェック機能の有効度
　生活　生活における民主主義
　　　　家族　　　……　夫婦関係　親子関係　その他の関係
　　　　地域　　　……　共同体的関係の解体と新たな創造
　　　　教育　　　……　自由と平等の関係
　　　　社会移動　……　自由の拡大と制約
　　　　社会関係　……　差別と権威主義の残存度
　環境　自然的環境と人工的環境
　　　　自然的　　……　気候　寒暖　日格差　年格差

　　　　　地理的条件　山地　平野　高原　河川　沿岸部
　　　　　内陸部
　　　人工的　……　主として居住環境　交通事情　産業構成
　　　両者の関連（あるいは統合）　それぞれの具体化
　近代化の進展についての以上の4つの社会分野にたいして文化はそれらすべてに結びつくあるいは覆っているという意味で，生活文化と同じような位置づけが与えられる．
　　　文化　合理主義　──　慣習からの解放
　　　　　知性主義　──　宗教からの自由
　　　　　大衆化　　──　享受の拡大
　　　　　文化創造の現実的自由度
　　　　　時間・空間　──　量的編成と質的内実
　近代化の主要な枠組みをこのように措定するならば，すでに確認した民主主義と生活の豊かさおよび「構造化」の論理にもとづいて，理論的には，近代化そのものが内蔵する問題性（＝矛盾）へ着目すること，および現実的には，近代化の進展が日本社会に具体的に提起する諸課題へ着目することの重要性を喚起したい[13]．

◆ 近代化の進展の問題性
　近代化はある意味では歴史の必然であると言えるが，それは社会の歴史的展開を自然成長性にゆだねるかぎりにおいてそうだということである．現在の先進資本主義社会においては，自然成長性にゆだねた近代化がほぼ極限にまで達していると言ってもそれほど言い過ぎではないであろう．近代化の進展は，一方では，消費水準の向上，政治的民主主義の一定の前進，人間の自由の拡大，生活における利便性，生活環境の快適さ，生活空間の飛躍的拡大など，人間生活の豊かさにおけるプラスの面を容易に認めることができる．しかし他方では，いろいろなマイナス面も現出しており，それは近代化の代名詞とも考えられる目的合理性の極度の進展が形式合理性に転化して実質非合理性をもたらしてい

るということが，いたるところで露わになっているということを意味する．もし近代化が民主主義の前進に資する性格をもそなえているならば，とりわけこの面でのアンバランスな進展が顕著であると思われる．ここでは顕著に認められる問題性をいくつかの社会・生活分野について簡単に例示する．

経済分野では，一方では市場経済を基本とする利益追求の自由が至上目的となるが，他方では市場経済の枠外で国家と結びつく強者にとってのみの自由が顕著に進行している．政治においては形式民主主義にとどまっている面が顕著であり，これらとの関連で生活における全般的なゲゼルシャフト化がとどまるところを知らないかのように進展している．

自然破壊＝環境問題，エネルギー問題は具体的には言い尽くされており，自然科学分野ではその原因と打開策が，一定の不確定部分を残しながらもかなり示されているにもかかわらず，人間のあり方および人間関係のあり方（より広くは社会のあり方）が，経済および政治における問題性に犯されており，適切な対応は遅々として進んでいない．一言でいえば，人間・人間関係のあり方において「自分主義」＝「自由なき連帯から連帯なき自由へ」という表現に集約されるが，その他には人間疎外＝人間不在，文化創造の不毛性などいろいろな問題が提起されており，とりわけ人間のあり方における主体性の減退と非合理主義への回帰という状況がかなり広く認められる．これまでも具体的に論じられてはいるが，これらの指摘や問題告発だけでは不十分であり，未来を展望し得る理論的問題としての一般化を念頭に置くことが大事である．

近代化の進展は，生活圏が空間的にも人的交流においても拡大するが，そのことは生活関係にたいする社会的条件が拡大・複雑化することを意味する．国際関係を例として具体的に指摘するならば，第二次世界大戦を境として，〈ファシズム　対　自由主義（部分的には民主主義)〉から〈アメリカ側　対　ソ連側〉へと変化し，そしてソ連の崩壊後はアメリカを軸とした多極構造へと変化している．他方，経済から見るならば異なるかたちで捉えられるであろう．つまり，政治，経済，社会，文化など複雑な「構造」をどのように整序するかが問われることを意味するのであり，それらを生活関係の条件として位置づけつ

つ，理論化することが必要であろう．

主体的条件については，諸個人の活動の性格を社会的諸条件にたいしてどのように概念的に対置するかが問われる．すなわち，社会的諸条件にたいする諸個人の活動は，客観的には能動性，受動性，相対的独自性の3つによって基本的には性格づけられるが，その場合に諸個人の意図（＝主観的意味づけ）との関連において，生活関係における「構造化」作用として諸活動を捉えることが必要である．

4. 生活関係における「構造化」作用

◆ 偶然性・必然性・蓋然性

諸個人の意図との関連における生活活動の「構造化」作用を考えるにあたって，諸活動の客観的意味についてまず再確認しておこう．活動が主観的には活動主体としての諸個人の欲求充足活動であるが，これは活動の主体的側面を意味する．しかし，活動の客観的（あるいは社会的）意味は主観的意図とはかならずしも一致しないのであり，これは諸個人が協同的存在であることを意味する．したがって，諸個人の活動の作用（＝構造化）はこの2つの面から捉えることを理論的前提として確認しておこう．

生活関係は不断に構造化されるが，活動する主体が明確に意図するかしないかということおよび協同存在的側面が常に作用していることによって，諸活動による構造化のプロセスには一般的には偶然性，必然性，蓋然性という3つの作用（あるいは性格）がある．それぞれについて簡単に触れておこう．

偶然性とは意図せざる「構造化」作用を意味する．具体的に活動する生活主体にはどのような生活関係を目指す（あるいは求める）かという主観的意図がない，あるいは不鮮明であり，生活関係にかかわる主体同士の意図が不一致な場合であるが，協同存在的作用が客観的には常に存在する．例えば，旅や非日常的出来事による出会いから関係が生まれることは，新たな「構造化」作用が発生することを意味する．家族関係や集団関係でそれぞれがかなりバラバラに

活動している場合でも，それらの諸活動によってそこでの関係が具体的に性格づけられる，つまり「構造化」作用によって絶えず一定の変化を蒙る．

必然性とはいうまでもなく意図と結果が照応するような作用を意味する．この場合には，主観的意図が鮮明であり，諸個人の活動は協同存在的作用についての認識においても相互に合致しているかたちでなされる．具体的にいえば，日常的な集団生活において共通の目的意識性をもち，関連する内外の諸条件が正しく認識されており，それにもとづいて共同的な諸活動がなされる場合である．ただし現実的に100％そうであることは稀であろう．しかしこの場合には，諸条件の認識と共同的な諸活動を具体的に問い直すことによって，集団構成員の意図とは異なる結果にたいする修正がかなりの程度可能である．

蓋然性とは偶然性と必然性の中間的な作用として性格づけられる．主観的意図が鮮明であっても，協同存在的作用の認識が不鮮明であることが多い．すなわち，ある集団において構成員の共通の目的意識はあるが，目的達成にいたる道筋についての合意が不十分であるとともに外的要因の作用が主体的活動にたいして相当に強力であるとともに，外的要因の作用についての認識が不十分であることを意味する．日常的な集団活動にはこのような場合が相対的に多く，必然性に向かって行く場合もあれば，逆の場合もある．とりわけ諸条件の認識と活動主体の個別的検討も含めた全体としての主体的条件の認識が重要な位置を占める．

◆ **意識性**

上に示した3つの作用を前提とすると，構造化はより具体的には，それぞれの位層で展開されることになる．しかも，それぞれにおいて偶然性，必然性，蓋然性が作用すると同時に，それまでに蓄積されている構造が構造化を程度の差はあれ制約し，時には阻害することもある．したがって，「構造化」過程で必然的に生じる矛盾の止揚が論理的には（現実的にも）課題となる．この課題への人間的対応が（目的）意識性に他ならない．もし目的意識性なしの対応しかないならば，矛盾はおそらく拡大再生産されるであろう．したがって，矛盾

の止揚にとっては「構造化」過程における矛盾の認識が要請されるので，いくつかの論理的レベルで確認する．

　まず諸個人の活動について考えるならば，日常生活関係のもとでの自分自身の個人的な欲求充足活動が客観的には日常生活関係の「構造化」過程を意味する．それらの諸活動は程度の差はあれ諸個人それぞれの目的意識的活動であることは当然であるが，それまでに持続している関係，新しく生じた関係，これからつくりたい関係，それらをどのように形成・発展させるかという意味での目的意識性にほかならない．その諸活動の背後には一定の自己認識，他者認識，状況認識が必要である．具体例として友人関係や恋愛関係を想起してみよう．友人関係によっては，親密度あるいは信頼度が異なるはずである．友人関係としてなんとなく雑談をする時があるという程度の関係，主に遊びが軸という関係，さらに拡大された親密な関係，全幅的な信頼関係……．つまり様々な諸関係においてはそれらの認識と目的意識性が問われていることを意味する．恋愛関係の展開過程は両者の関係の構造化の連続として，友人関係よりわかりやすいかもしれない．この関係はなんらかのきっかけによってそれぞれが友人以上の気持ちを意識することからはじまる．より厳密にいえば片方が意識した時からはじまる．この関係にはいろいろなプロセスといくつかのレベルがあることは経験的事実であろう．

　協同性としての活動は，集団・組織，機構，社会つまり協同様式のそれぞれの位層での「構造化」過程を意味するが，ある意味では理論的・現実的にこれらの「構造化」過程を押さえることがもっとも重要であると考えられる（〈機構〉概念については第8章で展開する）．それらの位層においては，それぞれの集団・組織，機構，社会には固有の目的があり，それに応じた構造がある．しかし実際には，固有の目的にたいして構成員の諸活動と関係のあり方を意識的に照応させようとして活動する目的意識的なリーダー層と構成員すべての主観的な諸活動とが必ずしも合致するとは限らない，いや実際には合致しない場合が多いであろう．さらには目的にたいする認識についても構成員の間ではかならずしも同じであるとはかぎらない．例として労働組合について考えてみよ

う.

　労働組合は構成員である組合員の要求（利益）を獲得すること，具体的活動としては組合員の大多数の合意にもとづくこと，というのがその基本性格である．現実的にはイデオロギー性も含みながら政治的諸問題にどの程度かかわるかあるいはかかわらないかによって，それぞれの労働組合は性格を異にする．しかし，より具体的には実際の労働組合の姿はさらに多様である．組合規約に示される制度は大同小異であるにもかかわらず，なぜ多様であるかということは上記の主観的な諸活動とそれとの関連での諸関係（とりわけリーダー層と一般組合員との関係）の具体的あり方による．

　共同性レベルとしても，協同性レベルと同じように協同様式のそれぞれの位層での「構造化」過程があることは当然であろう．共同性レベルでは「構造化」過程あるいは構造転換が目標として具体的に設定されることが，協同性レベルとは異なる特徴である．すなわち，「構造化」過程における構成員の諸活動がほぼ目的意識的であること，あるいは社会全体も含んだ構造転換そのものが目的の場合もあることを意味する．

　「構造化」過程を意識性との関連で具体的に捉えるにあたっては，非意識性と非意識性との対立・矛盾，意識性と非意識性との対立・矛盾，意識性と意識性との対立・矛盾についてそれぞれの位層における混在を整理することが重要であることに注意をうながしたい．生活関係論を超える例示があるが，ここでは同じ論理が適用できるという一般性への射程を有することの確認が大事なのである．

5. 生活力

◆「生活力」概念

　生活関係と「構造化」過程は現実的にはきわめて多様性に充ちている．社会学が現実の後追い的な単なる叙述にとどまらない性格であるとするならば，この多様性をどのような論理的基準で捉えるかが当然問われることになる．私は，

そのための新たな基本概念として「生活力」概念を措定する．生活力という言葉は，常識的にも生活＝消費生活という思惟に照応して「稼ぐ力」としての理解がこれまでは圧倒的に多いと言えよう[14]．しかしこの概念は，生活をめぐっての私のこれまでの展開の確認にもとづいて，論理的には3つの特質としての人間存在，生産活動としての生活，生活関係の見方（とりわけ民主主義）の延長線上に位置づく．この〈生活力〉概念は，モノの生産における経済学の概念である「生産力」にたいして，ヒト（および関係）の生産をも含む諸力という意味で，私の社会学における基本概念の1つとして措定される．

〈生活力〉概念をもっとも抽象的に定義すると次のようになる．すなわち，生活力とは，個人から人類社会にいたる各位層におけるモノ・ヒト・関係の諸生産についての物質的・精神的・文化的な諸力の総体を意味する．

このような意味での生活力については，個人（および諸々の協同様式）のいろいろな生活についての生産能力がどの程度であるかということ，および現実的にどのようなかたちで発揮されているかが問われることになる．ここで言う生産能力とは，すでに措定した労働能力，生活能力，協同能力，セルフコントロール能力の総体を意味する（これらの諸能力には認識能力も含まれる）．したがって，具体的には，個人，家族，地域，諸集団・組織，社会・国家，より広いエリア，人類社会などそれぞれの位層が有している生活力，およびそれらの生活力の現実的な発揮，という2つの面から考える必要がある（より広い意味では構成員の合意能力も含まれる）．例えば諸個人については，労働能力を備えていることとそれが実際に発揮されていることの両面を意味する．

さらに付け加えるならば，この概念は，諸個人から人類社会にいたるそれぞれの位層での人間生活のバランス（ある発展）のあり方に着目したものとして性格づけられる．このバランスについては「豊かさ」との関連で具体化する必要があるが，ここでは基本的な枠組みを図示しておこう[15]．

◆ 出発点としての諸個人と家族の生活力

生活力の基本的な理解についてきわめて抽象的に述べてきたが，すべての協

図6-2 生活力についての参考図

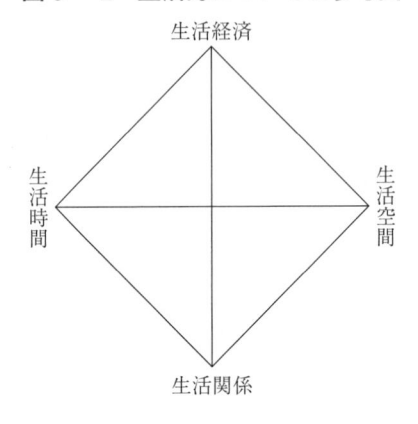

```
        生活経済
          △
         ╱│╲
        ╱ │ ╲
  生活  ╱  │  ╲  生活
  時間 ◁──┼──▷ 空間
        ╲  │  ╱
         ╲ │ ╱
          ╲│╱
          ▽
        生活関係
```

同様式について考える基礎になるという意味で,諸個人および家族の生活力について具体的に展開する.生活力は,もっとも抽象的には,モノ・ヒト・関係を生産する能力であるが,より具体的に言えば,生活資料の生産における労働技能,人間の生産としての家事・子育て・各種コミュニーケションにおける生活技能,協同様式の生産における協同技能,そしてそれらの諸技能を現実化するセルフコントロール能力という4つの諸力能から成っている.

諸個人についての具体例を若干挙げると,経済的能力＝稼ぐ力があっても家事・子育てなどがあまりできなければ生活力はアンバランスであるとともに乏しいということになるであろう.また,他者との関係を維持・発展させることが苦手ならばやはり生活力は乏しい.このように具体的に考えるにあたっては,基礎的な労働技能＝生産力の発展に照応した基礎技能,基礎的な生活技能＝家事・子育てなど,協同能力＝社会規範への適応などを想起すること,協同様式との関連でセルフコントロールすること,といった適応的な面に加えて,発展への能動性をもさらに視野に入れることが必要である（先に指摘した認識能力は適応と発展にかかわる主体的および客観的条件の認識を意味する）.

諸個人の生活力を基本的には以上のように押さえると,家族の生活力はどのように捉えられるか.家族の生活力は家族構成員それぞれが有する生活力の単なる総和ではない.実際の家族生活の営みで現実的に発揮されているかどうか

が問われるので，家族構成員それぞれの日常生活を制約している家族以外の外的条件の作用を視野におさめる必要がある．外的諸条件とのかかわりで，生活時間の配分，生活技能の行使の仕方，構成員における人間的諸活動＝役割分担の仕方など，諸技能の現実的発揮の具体的内容が問われる．若干例示するならば，外の仕事が忙しくて家族生活を顧みる余裕があるかどうかとか，家族構成員の各種の諸生活力の発揮における現実的バランスはどうか，などがそうである．ただし現実的にはバランスのあり方は多様である．そして，このような見方が他の協同様式についての以下の展開にも基本的に適用される．

◆「生活力」概念の現実的適用

「生活力」概念は，経済的発展のみを，百歩ゆずっても経済的発展を基軸とする現代の支配的な発想にたいするアンチテーゼとしての発想によるキーコンセプトの1つであり，諸個人の生産活動と生活関係の実質を捉える概念として措定される．この概念はまた，モノ，ヒト，関係のバランスある発展の展望に結びつくものとして性格づけられる．この概念による生活の把握にとっては，既述の〈活動と活動の所産〉が重要な視角としての位置を占める．理論的出発点としての諸個人および家族の生活力のアンバランスはその活動の所産としての外的諸条件に結びついて，以下の生活力に作用（むろん逆作用も）する．

・地域の生活力

　　経済的諸条件―――――物質的な生産諸力，産業構造における位置，格差の程度

　　地域環境―――――――自然環境，人工的環境の諸条件

　　最広義での教育力―――学校教育，近隣関係（成人と子供），成人教育（非公式も）

　　相互協力―――――――コミュニケーション，各種イベント，さらには遊休生活力の活用（単なるボランティア活動だけではない）

・集団・組織の生活力
> 財政————————当然のことであるが，いわゆる「民主的」組織で
> はしばしば軽視されがちである．
> 人材————————とりわけ，関係をつくる能力が優れていること，
> リーダーシップをはじめ，多様な人間像いわゆる
> 適材適所
> 「制度」———————人的諸力の現実的発揮がどの程度制度化されてい
> るか．
> 運営————————民主的性格かどうか．構成員がポリシーメーキン
> グにどのように参加するか．

・社会・国家等の生活力
> いわゆる社会指標についてどのように考えるか．
> 一般的に採用されている社会指標を挙げておこう．
> 経済的生産力，分配，社会保障，人口構成，労働力の活用，
> 科学，技術，教育，文化，防衛・治安，衛生，医療

これらの社会指標はどちらかと言えば，物質的（あるいは客観的）条件にかかわるものである．私は，これに加えて主体的条件が必要であると考える．具体的には，民主主義の成熟度，とりわけ合意形成における主体性そのものの発揮がどうであるかということ，およびそのための保障のあり方を指摘することができる．

◆ 人類社会の発展への射程

すでに〈序章〉で示唆しているのだが，私は，国際化あるいは地球規模での人類という発想が必要な歴史的段階を迎えている，と考えている．そのような現段階認識はもちろん私だけではないであろう．そのような現段階にあって大事なことは，未来を展望するにあたって具体的にどのような方向を提示するかにある．私は，1つには世界レベルでの民主主義の成熟が大事であること，2つには諸個人の活動からはじまってのそれぞれの位層におけるセルフコント

ロールが大事である段階にきていること，という認識にもとづいて，それぞれの位層についてすでに前の項で指摘したような生活力の発展に結びつける方向を提示したい．

まずはバランスある発展を提示したい．すなわち，ヒト，モノ，関係の豊かな発展のあり方については，先に示した生活力の4つの基本要素のどれかに著しく傾斜しない発展を地球規模で追求することを意味する．考えてみれば，生活経済を指標とすれば，先進的とそうでないエリアの格差についてはかなり知られている．しかし，その他の指標についてはどうであろうか．そのような現状のもとで，いわゆる「発展途上国」では経済（生活経済ではないがそれの主要な要件）に傾斜した発展が追求されているのではないだろうか．いわゆる経済的先進国もまた経済成長がきわめて重視されている．このことが経済的格差だけではなくその他の基本要素にもさまざまな格差をもたらしていると考えられる．

では，地球規模でのバランスある発展に向かうには？この問いは原理論の域を超えているが，私の理論の活用可能性というかぎりでの意味で簡単に触れておこう．

ごく当たり前のことかもしれないが，コミュニケーションと相互理解の重要性を強調したい．生活関係の発展が諸個人のこの点での発展に依拠しているのと同じ論理が，それぞれの位層も含めて人類社会としての発展にも要請されることを意味する．もう1つとして生活空間における発展が諸個人や集団・組織において求められるのと同じように，人類社会における生活空間の発展は単に利便性のみを追求することではなくて，自然との調和を軸とした発展を求めることが重要な方向である．

問題は，国際的に対立があり，合意形成の前進が遅々としている現在，原理的あるいは理論的にどのような道筋を提示するかにあり，その具体的な現実化はそれぞれの国家（とりわけ経済的先進諸国）のリーダー層に委ねられる．しかし社会学においては，私の主張する生活力という発想にもとづいて，その現実化への道筋の論理を示すことがそれらのリーダー層にたいする具体的な提起

を意味することになるはずである．私は，そのような提起の1つの試みとして，構造化および構造転換とを結びつけるという発想を主張する．この発想によれば，現実に可能性の高いと考えられる生活関係における構造化から出発して，より困難な構造化，つまりより拡大された構造化への論理にほかならない．具体的には，すでに展開した「生活力」のそれぞれの位層の順序による論理の提起を意味するが，それら全体の結びつきについての理論展開は以下の論述にゆだねられる．

注

1) 身分関係が支配的な社会では「権威主義」と「権威があること」とは重なっており，人格まるごとの上下関係であったが，生活関係が多様化している現在では，上下関係は特定の生活関係に限定されることを基本とするはずである．したがって，政治，経済，教育・学問，さらには家族・地域などでもそれぞれの分野で「権威がある」存在にもとづく上下関係は存在する．その場合大事なことは，その「権威」が未来永劫にわたっているものではないこと，したがってこのような「権威」はもっとも基本的には人自体ではなくて人の活動に結びつくこととして了解することである．
2) 〈条件としての民主主義〉を意味する政治・法律・制度などは諸個人にたいしてはほぼ同じ条件として存在するが，同じ条件のもとでの〈活動としての民主主義〉が諸個人によって異なることは経験的事実であろう．つまり現代社会の民主主義についての格差は後者において顕著なのであり，そのことが民主主義の状態と不可分に関連しており，これが民主主義の成熟度の実質（結果）をなしていると考えられる．この意味において後者への着目が重要であることを主張したい．なお，〈状態としての民主主義〉あるいは民主主義の状態については，これまでは〈条件としての民主主義〉に傾斜して論じられるきらいがあり，そのような把握は論理的には人々が受動的存在として措定されるおそれを含むことになる．私は人間の主体性をも加味した〈活動としての民主主義〉をセットにして状態を捉える必要性を主張した．
3) F. Tönnies : "Soziologische Studien und Kritiken" 1925 S. 21
4) テンニースについてのこのような理解は日本では皆無であること，および「螺旋的発展」が私の変化・変動についての見方であるので，補足説明を加えておこう．これはゲマインシャフトとゲゼルシャフトという2つのあり方について，いずれをも絶対化しないという考え方であり，1980年代にH・シュトランクが示した解釈である．シュトランクは両者の相互転換プロセスについて述べており，私自身はこの解釈に「発展」の視点を加えることが理論的にベターである

と考えている．シュトランクの見解については，飯田哲也『テンニース研究』ミネルヴァ書房，1991年　18ページ

5) 私の思惟における条件とは，個人の外部の存在（意識的分野も含む）すべてを意味する．この条件のあり方は多様性に充ちているので，多様な条件については下位の位層にたいして上位の位層が条件になるが，下位の位層を含んだこの上位の位層もまたさらに上位の位層に条件づけられるという多層構成が想定されるのである．

6) テンニースにおけるゲマインシャフトとゲゼルシャフトの両概念は用語としては一般によく知られているが，ヘルシャフトもまた基本概念であることはあまり知られていない．ヘルシャフトとは，晩年の『社会学序説』における理論的体系化の試みで示された概念である．具体的にはゲマインシャフトにはヘルシャフトとゲノッセンシャフトの2種があり，前者がゲゼルシャフト以前の過去のゲマインシャフト，後者がゲゼルシャフト出現以後の未来的なゲマインシャフトを意味する．

7) 生活関係がヘルシャフトとしてのゲマインシャフトからゲゼルシャフトへと次第に移行する歴史的趨勢があり，残存するゲマインシャフトからゲゼルシャフトに抗してゲノッセンシャフトへの志向が生じるという一般的な歴史動向があるとはいえ，具体的な現実における生活関係では，この3つの関係はかならずしも一方向に進むのではなく，諸個人の活動のあり方によって，絶えず揺れ動くのである．

8) テンニースにおけるゲノッセンシャフトは一般には「協同組合主義」と受け止められている（翻訳されてもいる）が，すでに述べているように，私はあくまでも関係態とする方がよいと考えている．そうすると他の3つの概念と同じように言語をそのまま用いてその意味を明確にしておく方がよいであろう．したがって，ここで友愛と結び付けることについては，支配関係のあるヘルシャフトおよび「損得勘定」を基本とするゲゼルシャフトを考えるならば，容易にうなずけるはずである．

9) 民主主義を構成する自由・平等・友愛を，私は人間・関係（および社会も）のあり方を意味する概念として措定している．したがって，民主主義もまたそのような性格の概念であり，その前進と後退は構成する3つのあり方にもとづくことになる．この意味において日本の現実について具体的に考えてみると，ゲゼルシャフトへの傾斜の進展によって友愛が影を潜めている具体例を容易に想起できるはずであるが，より問題なのは，自由・平等に結びつけて友愛が語られないことである．

10)「構造化」概念（あるいは視点）についてはすでにブルデューやギデンズが提唱しているが（第1部　第4章），ここでは両者の概念とは意味内容が異なることおよび「変革」をも視野に収めた変動の把握は「構造化」概念だけでは不充分であることを言っておきたい．その具体的展開は後の章でなされるであろう．

11) ある協同様式（社会を想起してもよい）における「構造化」作用は実際には単純に2つの対立する構造化があるわけではない．現存の「構造」にたいする「構造化」作用は「構造転換」への志向と「構造」保持・強化の志向だけでなく，様々な「構造化」が混在している．したがって1つの協同様式の変化動向を捉えるには，それら複数の「構造化」作用を具体的に捉えることが要請される．
12) 〈第2部〉の性格は「生活構造論」を各論的に展開することではないので，さらに詳細な展開については，拙著『現代日本生活論』197～206ページを参照．
13) なぜ近代化の進展に着目するかということについて簡単に補足説明を加えたい．後の展開をやや先取り的に言うが，構造とは様々な位層における協同様式を構成する諸要素の関係を意味する概念である．協同様式の1つである社会については，下位の位層の構造のようなかたちで「社会構造」概念を一般的には導き出せないのであって，社会変動と結びつけてある時代・ある社会の社会構造を具体的に析出できるにすぎないというのが，私の基本的な考え方である．近代化への着目は不可逆的な歴史的趨勢として，社会変動における導きの糸になる性格を有するという意味をもっていると考えられるが，具体的展開は〈第10章〉である程度触れられるであろう．
14) 「生活力」概念（および視角）の措定は，これまでの経済学的発想を軸とする思惟にたいする発想の転換を求める私の主張の理論的表明の一環をなしている．具体的に補足するならば，経済的生産力あるいはモノの豊かさから人間の重視あるいはヒトの豊かさへの発想の転換というかけ声はかなり以前からあるが，そのような発想の転換はかけ声だけにとどまっていることが圧倒的に多い．肝心なのはそのような思惟を理論・概念（さらには活動）として示すことである．
15) 生活力は活動力であると同時に活動の条件をも含む概念であることは参考図の主要な指標によってわかると思われるが，生活力を具体的に捉えるとはそれぞれの諸要素における活動と条件を具体的に捉えることである．生活時間ならば，他の諸要素が条件となり具体的な時間の使い方が主体の活動面になること，この論理を他の諸要素にも適用することによって全体としての生活力を導き出すことを意味する．

第7章　集団・組織論

Introduction

　集団・組織論は社会学の中心テーマあるいは行為論とともに社会学そのものを性格づける位置にあるとみなされてきたと言ってもそれほど言い過ぎではないかと思う．かつて清水幾太郎が「社会集団論」として社会学の理論構成をしている（『社会学講義』岩波書店，1950年）ことを想起すればよいであろう．しかし，これまでの集団論の多くは，主として集団における人間関係の性格あるいは集団そのものの性格，そして機能主義的思惟も加わって，分類ないしは類型という整理の仕方によって論じられることが圧倒的に多かった．具体的にはマッキーヴァーのコミュニティとアソシエーション，クーリーらの第一次集団と第二次集団に代表される2分法による分類に認められるように，原義とはかならずしも同じではないが，本来的・基礎的集団と機能的・派生的集団という二分法によって分析するという思惟がほぼ共通して認められると言えよう．マッキーヴァーのコミュニティ概念はともかくとして，そのような分類による集団論は，やはり説明概念の域にとどまることになる．第5章で，これまでの社会学の「行為論」に対置して「生産活動論」を展開したが，この章では，「社会集団論」に対置して「集団分化論」を軸として展開する．

　集団分化という発想・概念はこれまでの社会学ではほとんど見あたらないが，ここで展開する集団分化論とは，生活資料の生産における分業論という経済学的思惟を援用するという発想にもとづくものである．それは生産活動論から論理必然的に導き出される，あるいは集団を生産活動論にもとづいて捉えるという私の社会学的思惟によると言ってもよいであろう．人間の生産活動がモノ，ヒト，関係の生産であるというように簡単化して表現すると，モノの生産に対応するのが経済学的分業論であるのにたいして，ヒトの生産に対応するのが集

団分化論である．この意味においてはこれまでのいわゆる集団論とは根本的に発想を異にする．換言すれば，人間の生産における「分業」は集団分化という視角から捉えることが不可欠であるという主張にほかならない．ただし，経済学的分業論よりは当然複雑である．なぜならば，ヒトの生産の方がモノの生産よりも複雑であり，モノの生産のように簡単には数量化および規格化ができないからである．しかも生産される諸個人は有機的に統一された生命体であり，モノの生産における場合とは異なって，ヒトそのものが生産される「原料」であるとともに生産される「製品」でもある．例えば1台の自動車あるいは1個のロボットを生産するように，部分品を別々の「工程」で生産して組み立てるわけにはいかないことを想起すればよいであろう．

さらには関係の生産がこれに関連することになる．関係の生産についてあらかじめ言っておくと，ヒトの生産を基軸とする集団分化論だけで捉えるには限界がある．モノの生産もヒトの生産もなんらかの協同様式における活動なので，関係の生産はこの両方にかかわることになる．そのことはむろんヒトの生産にもはねかえってくるので，ここではヒトの生産を軸として集団分化論を展開し，その範囲において関係の生産にも若干触れることになるであろう．

具体的現実をめぐって付け加えるならば，機能主義的思惟による「家族機能の外部化」を例として思い浮かべれば，理解しやすいかもしれない．あとでやや詳しく展開するが，家族の教育機能について考えてみると，かつては家族がヒトの生産における教育機能（いわゆる「しつけ」も含む）の大部分を担っていた．現在はかなり多くの部分を他の集団・組織（機関）が担うようになり，家族が担っている教育機能が著しく少なくなっているが，なくなったわけではないし，おそらく今後もなくならないであろう．

1．第3の視角としての集団分化

◆ 第3の視角とは

すでに簡単に述べたように，集団分化とは，財の生産＝経済（学）における

分業の論理を，人間の生産に適用するという私独自の社会学的思惟による視角である．この視角をなぜ「第3の視角」というか．これまでの展開で推察されるであろうが，私の社会学的思惟がマルクスの弁証法的・史的唯物論の基本的思惟を方法的基礎に据えている，といってよいであろう．この基礎づけによれば，人間の生産（＝社会学の主要な対象）における端緒範疇の1つとして家族が措定される．マルクスとりわけエンゲルスが具体的に述べている史的唯物論の方法によれば，これまでは生産力の発展と生産関係の性格という2つの視角から，家族そして（消費）生活が捉えられる．人間の生産の大部分が家族によって担われていた前近代社会までは，この2つの視角で人間生活をほぼ捉えることができた．しかし，近代社会の進展にしたがってこの2つの視角だけでは人間生活を捉える基本視角としては不十分になってきた．この意味で，エンゲルスの言う2つの視角が社会学にとって理論的にいかなる意味があるかを簡単に確認しておこう．

　まず，生産力の発展という視角からは，労働主体のあり方と消費水準を一般的に捉えることができる．他方，生産関係の視角からは，主として階級・階層の生活の相違をこれまた一般的に捉えることができる．生活主体および協同主体のあり方は家族単位の労働主体のあり方にほぼ照応している段階，そして同じ階級・階層内での生活に大きな相違がない段階では，この2つの基本視角で事足りたと一応は言うことができる．

　しかし，生産力の発展に照応していわゆる「家族機能の外部化」が進展し，自由と民主主義の進展のもとでの生産関係をめぐっての生活関係の多様化が進むことによって，この2つの基本視角だけでは理論的には不十分になったというのが私の基本的考えである．「家族機能の外部化」の進展は労働主体，生活主体，協同主体としての人間の生産における家族の分担の減少を意味するものであり，現代社会に叢生している他の諸集団が人間の生産を多様に分担することを意味する．自由と民主主義の進展は階級・階層間移動の可能性を拡大し，生活（ニーズ）の多様化を現実的に促すことになる．とりわけ「生活の社会化」の進展によるニーズつまり欲求充足の多様化は，人の生産の仕方をもまた

多様化することによって，人間の生産を生産関係および生産力の発展水準の2つだけでは認識できないような社会的現実をもたらすことになる．

このように複雑化・多様化している現代の生活関係（協同様式の生産）のもとでのヒトの生産については，上記の2つの基本視角だけでは不十分である．つまりヒトの生産には多数の集団・組織が関与していることに着目する必要があるということである．この意味で〈集団分化〉という第3の基本視角を新たに加える必要性があるというのが，私の基本的な主張である．とりわけ協同的存在としての人間の生産については，いろいろな集団がそのような人間の生産に関与しているという意味でそうであるが，さらには労働主体の生産についても，2つの視角からは捉えきれないことは，子どもが一人前に成長するまでにいかに多くの教育機関にかかわっているか，そしてまた企業の新入社員研修などを想起すれば，容易にうなずけるはずである．生活主体の生産の把握にとってもまた意味がある視角であることは，家族の変貌を具体的に思い浮かべればよいであろう．家族は労働主体としての人間を生産する意味では生産力範疇と言えるが，現実的に考えると生活主体，協同主体をも生産していることが，新たに「生活力」範疇を必要とするという意味で，集団分化という発想が必要な現実的根拠にほかならない．

◆ 集団分化の論理

集団分化という社会学的発想にかぎらず，人間と関係の生産を対象の基本に措定する私の社会学にあっては，家族は論理的にも歴史的にも端緒範疇の第1に位置づけられる．したがって，その意味をまずははっきりさせておこう．「家族機能の外部化」といわれている事態をもっとも原理的にはどのようにみるかによって，このことが明確になるであろう．

現代社会においては，「家族機能の外部化」が極度に進展していることは疑いもない事実である．それはすぐあとで具体的に示すように，人類の始原時代では家族生活が人間生活のほとんどすべてであったこと，人間の生産のすべてを家族が担っていたこととの対比で「家族機能の外部化」の意味を押さえるこ

とが理論的には大事である．家族機能の整理の仕方はいろいろあるが，大同小異なのでその典型例を1つだけ示そう[1]．

基本的機能
性欲の充足・性的統制，子どもの再生産・生殖機能，子どもの教育・社会化，生産・消費の経済機能，愛情の交換，精神的・情緒的作用

派生的機能
保護・防衛的機能，教育的機能，地位付与・規律的機能，慰安・娯楽機能，宗教的機能

ここではこのような分け方の是非や不十分さ（たとえば休養機能などがない）は問わない．というのは，家族の機能と考えられるものをすべて洗い出して分類することが目的ではないからであり，家族が多くの機能を有することが具体的に確認できればよいからである．大事なことは，これらの諸機能はすべて外部化されるとともにすべてが外部化されないということである．これらの諸機能の外部化については，上記の派生機能については容易にうなずけるであろう．宗教的活動を具体例として考えてみると，宗教的機能にかんしては，冠婚葬祭などの諸活動においてはサービス産業化としての「外部化」が進んでおり，かつてのように家族単位で親族・近隣の手伝いが加わるかたちでの結婚披露宴や葬式は影を潜め，その施行のほとんどを業者に委ねるようになっている．しかし，そのことによって家族の宗教的機能がなくなったわけではないことは，それぞれの家庭に仏壇や神棚があり，墓参りなどの行事が家族単位でなされていることに示されている．と同時に，施行という活動はサービス産業にほぼ全面的に委ねられるにしても，費用負担は個別家族が負っていることを銘記しておく必要がある[2]．

他方，上記で基礎機能とされているものについてはどうであろうか．性・生殖機能を例に考えてみよう．生物科学と医学の飛躍的発展と生殖意識の変化によって，理論的には全面的な「外部化」が可能になっている．性にかんする機能は現実には変化が進んでいる．婚外性関係が常態化とまではいかないにしても，社会規範からの逸脱とはかならずしもみなされない状況が進展している．

生殖にかんする機能については，人工授精からはじまっていわゆる体外受精（試験管ベビー），そして全面的外部化としての「代理母」までが現実化しており，理論的には人工胎盤が可能であるとされているところまで進展している．自然的存在としての人間に限定するならば「外部化」であろうが，社会関係のアンサンブルとしての人間の生産においてははたして「外部化」と言えるであろうか？
　性・生殖機能については，生産活動という視点からはともに人間の生産として押さえることになる．性はともかくとして生殖は単に子どもを出産するということだけでなく子育ても含めてはじめて人間を生産すること（人間としての種の繁殖）になる．これらはそれぞれの家族における可能性だが，全体としての現実はどうであろうか．社会的分業とは異なり，外部化は現実的には程度問題なのである．すべてが外部化されるとともにすべてが外部化されないことを，社会全体レベルで考えることが要請される．
　集団分化の論理とは，とりわけ人間の生産について考えると，はじめは人間の生産の唯一の集団であった家族の「機能」を他の集団が分担するという論理にほかならない．その理論的展開にあたっては，家族を端緒範疇としてきちんと確認することが最重要だが，それに加えて，人間の生産にかかわる端緒範疇については，家族からの「集団分化」ではない端緒範疇として，国家および宗教組織としての教団についても確認する必要がある．なぜこの３つが端緒範疇であるかについては，以下の具体的展開によって明らかにするが，その前にこれまでの２つの視角との関連について若干の説明を加えることによって，第３の新たな基本視角の必要性をさらに鮮明にしておこう．
　第１の視角との関連について確認する必要があるのは，〈生産力〉とは労働主体・労働手段・労働対象・それらの結合様式（＝協働様式）からなるということである．この場合に人間の生産については，いかなる労働主体を生産するかは生産力の他の３つの要素に大きく規定されるという意味で，生産力の発展段階とりわけ労働手段（技術・技能）と協働のあり方が問われる．これらが未発展の段階では人間の生産が家族（せいぜい地域が加わる）による生産で事足

りたのである．しかし，生産力の発展にとっての重要性を次第に増してきた科学・技術の発展および複雑な協業の進展にともなって，その発展水準に応じ得る労働主体の生産が家族だけでは不可能になってくる．つまり集団分化と生産力との相互関係の把握が必要になってくることを意味する．とりわけ協同主体の生産が最近ではクローズアップされている[3]．

　第2の視角との関連についてもまた集団分化という新たな基本視角の必要性を確認することができる．生産関係とは，その法律的表現である所有関係にもとづいての生産手段と労働主体との結合のあり方を意味する．このことは，奴隷制，封建制，資本制におけるそれぞれにおいて，直接生産者（＝労働主体）である奴隷，農奴，賃金労働者がどのように生産手段（前二者では土地，後者では資本）と結びついているかを考えるならば，容易にうなずけるはずである．しかし，生産力の飛躍的発展によって，所有関係が生産手段の所有という単純な見方だけでは把握できない段階にきているのが現在の社会である．具体的には，公的機関による第3次産業的な経営体の叢生，さらに最近のサービス産業における「隙間産業」の叢生をも指摘することができる．「隙間産業」は電話とパソコンの「所有」だけで簡単に成立する．新たな第3次産業が次々に生み出される状況にあっては，生産関係に加えて，第3の基本視角が必要になっていることは明らかであろう[4]．

　第3の基本視角の必要性についての現実的根拠について簡単に述べたが，私は，単に必要であるだけでなく，生産主体としての人間の生産が複雑化している現在では新たな基本視角が社会学の理論構成においては不可欠であることを主張したい．3つの生産主体について具体的に指摘しておこう．

　労働主体の生産については，直接的には各種の教育機関を軸とした視角として不可欠であるとともに，情報化の進展によって間接的にかかわる集団・組織が多様化していることにも注目する必要がある．生活主体の生産については，今や家族のみでは困難であるだけでなく，家族の外からの影響（作用）の増大傾向が顕著になっている．協同主体の生産については，家族以外の外社会がすべて直接的および間接的にかかわるということを想起するならば容易にうなず

けるであろう．具体的現実認識においては，これら多様な諸集団・組織をマクロ的に条件づける存在をも射程に入れること，諸個人の選択肢の拡大していることや経済における分業の際限ないとも言える進展をも組み込むことが要請される．

2. 3つの端緒範疇

◆ 家族

「家族とは何か」についてはこれまで実に多様に論じられているが，それは家族のみを捉える思惟によることが圧倒的に多くて，社会学（あるいは社会科学）の基本概念として理論的に位置づけられることは皆無に等しい．人間社会にとって重要な存在であるという思惟（あるいは発想），および社会学的研究の主要な分野の1つであるということはかなり一般的に認められている．しかし，概念的把握にまで到らないために，家族の社会的位置づけが理論的にはかならずしも明確になっていないのではないかと思われる．家族の多様な定義の存在はその現れであろう[5]．そこで，家族が人間の生産としての集団であるという意味で生産力範疇であるとともに「生活力」範疇でもあること，そして集団分化論における端緒範疇であることを，家族起源論から説き起こそうと思う．

家族起源論および家族の性格規定をめぐってはかつて論争があったが，かならずしも決着したわけではなく，いつしか立ち消えになったようである．私見では，論争が立ち消えになる場合にしばしば認められることだが，論争からどのような理論的発展を志向するかが不明確であることによると思われる．私自身はその志向のための概念的把握について基本的にはすでに明確に提示しているが，その提示が家族社会学という限定した範囲での叙述なので，ここでは先に指摘した社会学理論（そして集団分化論）の端緒範疇として必要なかぎりにおいて述べることにしよう[6]．

家族の起源については，家族が学際的な研究対象であることもあって，いろいろな学問分野から追求されてきたが，私は，人類社会生成の論理からスター

トすることが「人間の家族」の起源にとって必要な作業であるとしている．動物の「家族」との類似から説き起こす見解もあるが，動物の「家族」との違いに着目した論理からして必要な作業であるというのが私の立場である．そこで人類社会の生成過程について簡単に概観しよう．

　類人猿から単なる動物ではないがまだ人間にもなっていないという生き物が地球上に現れるのは，約480万年前といわれている．そのような生き物がいかにして人間になったかという論理として，「動物から人間へ」とは〈動物的個体主義から人間的集団主義へ〉という基本視角にもとづくことが妥当であろう．これは，本能にもとづく個体的生存の仕方と目的意識的な労働にもとづく協同的生存の仕方の違いから措定される基本視角なのである．具体的にはおおよそ次のような過程をたどったと推論される．

　ヒトニザルから進化した前人は，樹上から地上生活への転化と直立歩行によって単なる動物とは異なる進化の方向へ歩みはじめる．やがて石器の使用が自然物の単なる利用からそれの変更へと進むが，この進展は具体的には石などの自然物の使用が偶然性から石器の制作などといった規則性へ転化していくことを意味する．自然との関係がこのように発展していくのにたいして，人間の生産と関係の生産については，防衛本能と母性本能を主とした群結合であり，性本能での結合は「ハレム家族」にとどまっていた．

　原人は道具の生産の定着とそれに必然的にともなう目的意識性＝意識の発生（生産）をもって特徴づけられる．自然との関係における目的意識性が関係の生産にまで及ぶのが「ハレム家族」の解消である．原人の初期段階では「ハレム家族」結合の方が群結合よりも強固であり，そのことが生活資料の生産に必要な群の団結水準を限界づけていたからである．「ハレム家族」がひとたび解消されると，「性生産タブー」の進展は必然であったとも言える．やがてトーテムの存在とも結びついている摂食タブーが確立するにともなって，群結合をつよめる同類意識もまた前進していくことになる．

　旧人段階では，以上のような過程により〈動物的個体主義〉が次第に克服されていくが，旧人から新人へ飛躍するには最後の難関としての矛盾が横たわっ

ていた.「性生産タブー」の拡大による性本能のコントロールが進むと種の繁殖が困難になるという矛盾である.しかし,タブーというものが種族内に限定されていることより,オルギー的攻撃がこの難問の突破口となる.すなわち,他種族との偶然的な性交渉を意識的・規則的な性交渉へと転化するという新たな関係の生産にほかならない.

このような「人間になる」歴史的プロセスは私の「人間」概念と合致しているはずである.かくして生誕した最初の人類社会は複数の氏族の外婚制による社会としてその後進展していくことになる(双分氏族婚という説もあるが,論理としては不十分である).そこで最初に生誕した氏族社会の基本性格を確認する.すなわち,生活資料の獲得と分配は氏族内で,性交渉の相手は氏族外に求めるというかたちで,生活資料の生産と種の繁殖が確保されることにほかならない.したがって人間の生産については,母系社会であるとともに外婚制であるものとして基本的に性格づけられること,この段階では家族がまだ存在しないことが確認できる.では家族の起源は?

家族の生誕については,家族がまだ存在しない生成したばかりの人類社会においては,氏族が生活資料の生産の単位であると同時にまた人間をも生産する単位であったという前提から出発して考えることが必要である.「安定した」氏族社会では,生産力の発展,人口の増加,複数の氏族の結びつきというかたちで原始社会が進展し,その進展に応じて母系社会に照応して母親を軸とした女系の「消費集団」=人間を生産する集団に分かれ,生活資料の生産以外の日常生活は分割された集団によって営まれることになる.この分割された単位が家族の生誕である.この意味で家族が人間の生産にとっては端緒範疇として位置づけられる.生誕した人類社会から家族が生誕するということは,はじめは家族が人間を生産する唯一の集団であることを意味する.したがって,家族は歴史的にも論理的にも(社会学の)端緒範疇として位置づけられるのである.原初の社会では,家族生活と氏族社会における生活資料の生産が生活のすべてであった.したがって,どのような人間を生産するかについては,家族と氏族社会は完全に合致していた[7].

◆ 国家

　家族が学際的に論じられているのと同じように，国家もまたいろいろな人文・社会科学によって論じられている．社会学においては国家をどのように取り上げるか．私は，これまでの社会学の性格づけにしたがって，人間の生産にかかわらせることが軸になることを主張するが，端緒範疇という位置づけもそのような思惟によるものである．そこで，国家の存在しない原始社会から国家の成立までをどのように押さえるかが問われる．

　氏族社会として人類社会が生誕したことによって，まずは生活資料の生産力の発展および種の繁殖が保障されるにともない，外婚制とも相まって〈交通〉も次第に拡大していくことになる．ここでいう〈交通〉とは，物や人だけでなく意識も含めて人間生活にかかわるすべてのものの動きとそれらの相互関係を意味する．

　原始社会の社会的編成については主にエンゲルスに依拠して，崩壊期直前の原始氏族社会から推論することが相対的に適切であろう．簡単に跡づけると，氏族がいくつか集まって種族を形成し，種族がいくつか集まって種族連合を形成するが，それ以上には進まなかったと推論できる．ここからどのようにして階級社会に移行し，国家が成立するか．これまでのマルクス主義では，私有財産の発生，そして生産力の発展による余剰生産，そこから貧富の差が生まれるというかたちで説明されることが多いが，私は，このような説明には論理的に飛躍があると考える．最初の家族の性格の確認という媒介項が必要であり，前の項から3つの性格を確認することができる．すなわち，母子関係にもとづく血縁的紐帯による結合，氏族社会の存続発展に適合する人間の生産，そして母性愛（これは規範に従う人間の生産として不可欠）の3つである[8]．

　生産力の発展によって富が増加するが，家族は余剰生産物の私有化の受け皿となるにあたって，私有財産を実子へ相続するという男性の要求によって母系から父系へ転化することが必要であり，それは現実化した（いわゆる女性の世界史的敗北）．父系による家族によって私有財産制が確立し，独立性を強めた家族と氏族が対立するようになる．この対立はかつての原始人群とハレム家族

との対立とは性格を異にする．私有財産制の確立によって家族には貧富の差が生まれ，富める家族によって次第ににぎられていった種族の首長や種族連合の評議会メンバーが富にもとづく世襲制へ移行するようになる．かくして世襲王制・世襲貴族制が固定化することによって社会のメンバーは自由民と奴隷に分かれ，階級社会が成立する．最初の階級社会である奴隷制社会で，階級支配の手段としての性格を持つ国家が成立する．国家は居住地域，武装した公的権力，租税の徴収，官吏の存在によって特徴づけられるが，国家のこのような性格は現在も基本的には存続している．

　国家論はいろいろな視角から論じられてきた．国家は歴史的には上記のように成立しその性格を現在も基本的に保持しているとしても，国家の性格がそれだけではないことから，いろいろな国家機能論が主張される．つまり，国家は階級支配の機関であるだけではなく，それにとどまらない性格があるということにほかならない．しかし，ここでは学際的に論じられている国家論一般には立ち入らない[9]．

　私は，社会学においては国家を一般的に概念化して国家論を展開する仕方をとらない．つまり政治学や経済学にそれぞれの国家概念が論じられるのと同じように，社会学独自の概念化を提示することを主張する．誤解を避けるために一言ことわっておくと，ここでは国家本質論を全面的に展開するのではなくて，あくまでも集団分化論における社会学の基本概念として理論的に位置づけることが問われるのである．したがって，国家機能にはいろいろな考え方があるが，社会学的見方の基本性格とは，これまでのプリンシプルにしたがって，人間および関係の生産にとって国家とはいかなる存在であるかということを概念的に明確化することにほかならない．

　家族が人間の生産に直接関与する，つまり人間の生産活動そのものであるのにたいして，国家は人間の生産に間接に関与する存在である．社会学的見方では，国家は原初的には家族における人間の生産を規制するあるいは条件づける存在である（国家とは何かについての論議はこの条件づけの意味をめぐってなされてきたとも言える）．このことは，歴史的進展にしたがって国家が家族以

外の集団・組織（＝家族からの集団分化）にたいしても，家族にたいすると同じようにそれらを条件づける存在であることを想起すれば容易にうなずけるはずである．具体例としては現在のいろいろな教育機関との関係を挙げるだけで十分であろう．国家は直接に諸個人を教育するわけではないが，教育機関のあり方や教育内容にたいして一定の規制をするというかたちで，人間の生産に間接的に関与するのである．

◆ 宗教組織

　家族と国家がすべての人間に物質的条件として関与しているのにたいして，同じく集団の端緒範疇である宗教組織は，意識的条件の生産への関与および選択性によって，家族・国家とは性格を異にする．これについてもまた起源から説き起こすことになるが，そのためには宗教とりわけ意識の生産との関連で（意識の生産については〈第9章〉で具体的に展開）原始社会について簡単に確認しておく必要がある．

　宗教と関連する原始社会における意識のあり方の一般的性格については，家族および国家の起源にいたる過程と同じように，論理的な推論に依拠することになるが，おおよそ以下のように考えられる．人類社会の生成過程において，性本能のセルフコントロールと生活資料の生産における協働が群結合を強めたことについてはすでに確認した．しかし，群結合の強化は意識的活動として現実化するという意味では，群についての共通意識の生産が理論的にネグレクトできない位置を占めている．そしてこの共通意識こそが宗教の起源に直接結びつくと考えられる．

　原始社会におけるトーテムと呼ばれるものの存在そのものについてはすでに確認されているが，宗教あるいは類意識と結びつけてどのように理解したらよいのであろうか．原始宗教が「自然宗教」あるいは「多神教」として生まれたことについては，推論としてはおおかたの認めるところであろう．摂食タブーとされてもいたトーテム種には，原始人群にとっては2つの意味があったと考えられる．トーテム種とされた動物（時には植物）ははじめは種族の常用食物

であった．しかし，生産力の発展によって食物の範囲（種類）が広がるにともなって，そのトーテム種を食べなくなったようである．このことが2つの宗教的意識をもたらすことになる．1つは，トーテム種と結びついた祖先あるいは氏族の源への尊崇およびかつてはトーテム種と同類であったという意識である．もう1つは，摂食タブーとなったトーテム種を神秘化する意識である．神秘化とは人知を超えた存在への畏敬であり，そのことの一般化が自然の神秘性にたいする畏敬，そして神秘的と感じられる特定の自然物にたいするタブーである．人知を超えていると感じられるそれらの存在がよきにつけ悪しきにつけ（協同による）生産活動と結びついている意識をも生みだすことになる．このような意識が因となり果となるという論理的あるいは合理的に説明しがたい複雑な意識の生産によって原始宗教が生まれたと考えられる．

原始社会における宗教は，「自然宗教」あるいは「多神教」とも呼べる未知なるものへの畏敬と呪術という性格によって，人類社会の生誕も含めて社会の一体性の意識を育むものとしての性格を有していた．しかし，階級社会への移行は平等であった原始社会とは異なる一体性の手だてを支配体制の維持・強化のために必要とする．階級社会への移行と国家の成立にともない，一体性の維持に必要な支配的意識が要請される．すなわち，現にある社会とは異なる「社会」や存在の想定にもとづく意識の要請によって宗教が明確に生誕するのである．それは諸個人の単なる信仰ではなくて，人間の精神的生産に作用する意識の生産として主に一神教を軸とした教団の成立というかたちをとる．この場合，欧米では主に一神教だが，日本（アジア）は同じではないことに留意する必要があろう[10]．

宗教組織としての教団の端緒範疇としての意味は前二者とは異なる．集団分化の論理を厳密にはそのまま適用できないということである．意識の生産における集団分化であると一応は言えるが，意識の生産をすべてになっているわけではないという意味で，前二者とは異なる．したがって，宗教組織に端を発する集団分化については，意識的条件に関与することおよび選択性という先に述べた論理としてのみの適用となるが，詳しくは集団分化の進展の具体相として

後述する.

3. 階級と階層

◆ 階級論をめぐって

　前の節で階級社会の成立に言及したことによって，論理必然的に階級を社会学としてどのように捉え理論的にどのように位置づけるかが問われることになる．社会学だけでなく社会科学における階級論あるいは「階級」概念はきわめて多様である．私は先に示した3つの端緒範疇との関連では，理論的には準端緒範疇としての位置を占めていると想定しているが，社会学の基本概念の1つであることはむろん言うまでもない．

　階級論はきわめて多様であり，ある意味では論者の数だけ階級論があるとも言えるのである．八木正によれば，生産関係説，勢力説，選良説，階層説，集団説，意識説が挙げられており，ごく最近の論考としては，橋本健二が「ネオ・マルクス主義」の動向をも考慮して「実証的データ」を用いて新たに階級論を展開している．階級論を展開するにあたっては，K.マルクスとM.ヴェーバーの見解（片方だけも）に端を発して論じられる場合が多いのであるが，階級にたいするスタンスはきわめて多様であり，ある意味ではこのことが階級論の多様性をもたらしていると言える．階級にたいするスタンスをめぐっては，「階級とは何か」ということもさることながら，その取り上げ方あるいは論じ方を見ることが大事である．これまた多様に論じられているなかで，論じ方の理論的性格を確認する意味でいくつかに絞って指摘しておこう[11]．

　そこでまず階級についてのマルクスの見解で触れられていることを簡単に挙げておこう．マルクスは基本的には生産手段の所有・非所有による生産関係にもとづいて階級を捉え，そこから階級対立を含む階級関係，歴史的傾向としての階級の両極分解，階級闘争，そして階級の消滅などについて見解を表明している．しかしその後の歴史的進展はかならずしもそのように単純化できないような様相をみせており，それに応じて階級にかかわる諸現象の変化が多様に論

じられていることを指摘することができる．具体的には階級の消滅，あるいは消滅とは言わないまでも（マルクスが主張したような）ブルジョワジーとプロレタリアートへの両極分解へ進展しないという現象，さらには「生活水準」の平準化や「社会移動」の可能性の増大などの「実証的」研究にもとづく諸変化などについても多様に論じられている．これらは階級構成あるいは階層構成についての論議と言える．

そのような階級・階層構成の変化（これは事実である）との関連で（あるいは現実的根拠として），階級関係・階級闘争などについてのマルクスの見解にたいする修正・批判などの諸見解が多様に論じられている．さらには階級意識への言及も多様であることも言っておいてよいであろう．私は「階級論として」多様に論じることが，デマゴギーでないかぎりは一向に差し支えないし，階級をめぐる現実認識を豊かにする性格をもっていると考える．しかし，問題は論じ方にある．

社会学的論考においてはどのようなかたちであれなにほどかにおいて階級に触れられることが相対的に多い．その場合には，明言されていればともかくとして，すでに指摘している背後仮説がイデオロギー的性格をも含みながら想定されている場合も多いのである．しかも2つの背後仮説が考えられるのである．先に触れた「階級とは何か」ということ，および「階級へのスタンス」である．簡単に具体例を挙げるならば，階級と階層との混同，階級抜きの階層論，階級的存在の結果による階級論（勢力論やエリート論，さらには階級的存在とはかならずしも一致しない階級意識）などがある．

◆ 階級とは

次章で取り上げる民族や（再び取り上げる）国家と同じように，ここでもまた階級論を一般的に展開しない．上で簡単に指摘したように，階級論を展開するにあたっての論じ方として概念的レベルの混同（あるいは混乱）を避けるために，「階級」概念および社会学的階級論の展開の方向を示唆することにしたい．そこで私が基本的に依拠する「階級」概念をまずは確認しておこう．もっ

とも基本的にはマルクスの階級概念に依拠しているのであるが，その理解をめぐってはレーニンの定義を導きの糸としたい．

レーニンは，「階級とよばれるのは，社会的生活の歴史的に規定された体系のなかで占める地位の点で，生活手段に対する関係の点で労働の社会的組織における役割の点で，したがって意のままにできる社会的富の分け前を受けとる方法と分け前の大きさの点で，互いに区別される大きな人間の集団である．階級とは社会経済の一定の体系のなかで占める地位の相違するおかげで，その一方が他方の労働をわがものにすることのできる人間の集団である」[12]と規定している．マルクス主義の立場では，レーニンのこのような定義とマルクスが階級について述べていることを考慮して「階級」概念が措定されるのがほぼ一般的な理解である．

私流儀にもっとも簡単に言えば，階級は，社会的分業における位置，したがって生活資料の獲得の仕方によって区分される「大きな集団」を意味する．この意味では社会的分業が存在するかぎり，階級は客観的には存在することになる．では生活資料の獲得の仕方によってもっとも基本的には階級はどのように存在しているのであろうか．原理論レベルでは，生産手段の所有・非所有については，他人の労働力を購入できるだけの所有（生産手段の所有A），他人の労働力を購入できない所有（生産手段の所有B），生産手段の無所有によって客観的な階級所属が確定される，という確認で十分であろう．私が強調したいのは，階級論・階層論の展開や階級分析にあたっては〈階級〉についてのこのような概念的把握の必要性である[13]．

「階級とは何か」ということは原理的には意識の問題でもなければ，ただちに階級闘争に結びつくものでもなく，さらには日々の生活活動の仕方そのものの問題でもない．より具体的に言えば，階級意識を一般的に措定することができるとしても，なんらかの「階級」概念が想定されているはずであり，階級闘争の性格あるいは変化（有無も含めて）を論じるには「階級」概念と階級関係が想定されているはずである．したがって，階級論を展開するには，階級本質論とそれにもとづく階級関係論がまず基本に据えられなければならない．私の

第7章　集団・組織論　277

社会学の核をなしている思惟すなわち人間の生産と関係の生産、そして集団分化との関連での階級の位置づけは、このような想定にもとづくものである。

そうすると国家や宗教組織と同じように、階級は人間の生産および関係の生産をどのように条件づけているか、あるいは関与しているか、というかたちで階級について問われなければならないであろう。もう1つとして客観的になんらかの階級に属する諸個人の活動を捉えるにあたっては、属している階級および他の階級にたいする受動性、相対的独自性、能動性については、具体的にどのように考えるかが問われなければならないであろう。ここでは「階級」概念を本質的に確認することによって、階級論を展開するにあたっての基本的な考え方を提示したに過ぎない。先に挙げた様々な取り上げ方については、それぞれに関連する章で若干論及するであろう。

◆ 階層について

階級との関連において「階層」概念にも簡単に触れておくが、階級論と同じように階層の規定あるいは使い方など階層論もまた多様である。階層についての「考え方」が比較的鮮明に（最大公約数的に）出ている例を手がかりとしてまずは考えてみよう。社会階層を構成する要素が社会的地位であるとし、「社会階層に各要素を位置づけるものは、社会的資源である。それには富、勢力、威信、知識などが基本的なものであり、それぞれ所得階層、権力階層、職業階層、メリトクラシー階層、などを構成している」[14]。階層についての考え方は、このようにかなり包括的なものから、上に示されている社会的資源について重点をどのように設定するかによって異なってくる。

「階層」概念の多くは、社会的資源と見なされる何らかの指標を設定することにもとづいて人々を複数の層に区分することによって規定されている。したがってこの概念は現実分析のための操作概念として性格づけられることになる。階層論においては階級の存在が想定されていることもあるが、「階級」概念を意識的あるいは非意識的にネグレクトして使われている場合が多く、このネグレクトは背後仮説的に隠れている場合もある。

先に私が基本的に措定した「階級」概念と対比してみれば，その捉え方の性格が鮮明になるであろう．収入を例にすると，どのようにして収入を得るかではなくて，どれだけの収入であるかを「基準」として区分すること，社会的分業における位置ではなくて，なんらかの基準で設定された「職業威信」によって区分することなどが，階級をネグレクトした階層の捉え方の特徴である．主観的であると同時に非現実的である例としては「階層（帰属）意識」（の調査）を挙げることができる．これについては，かつての高度経済成長期における「国民総中流意識」と言われたことを想起するだけで十分であろう．「収入5分位」あるいは「収入10分位」の統計がその非現実性（意識のズレ）を物語っているはずである．人々がそのような「階層意識」を持つということは意識の現実として意味があるが，原理論的な概念的把握とは別問題である．

　私は階級論抜きの「階層」概念を採用しない．階級論抜きの階層論は階級が存在しかつ人々の生活活動を条件づけているという事実をネグレクトすることを意味する．すでに確認したように，社会的分業が存在するかぎりは，階級は客観的には存在しているのである．では階級の存在を前提とする階層はどのように考えられるか．ここでもまた分業と集団分化の論理が適用される．そこで，集団の端緒範疇としての家族および経済的分業の包括的存在である市場の2つを例として述べる．

　家族をめぐって考える必要があることとしては，集団分化の進展が家族構成員を階級とは異なる階層の属性をも付与すること，したがって，社会学で論じられる「階層移動」の把握においては，「階級移動」を含むかどうかという把握にもとづくことが要請される．このことは市場における位置（職業）と不可分に関連している．つまり，諸個人・家族の属性の1つである階層（移動）については，階級を理論的前提とした下位概念として「階層」概念を措定することが要請されるのであり，具体的な現実把握においては複数の指標があり得るということである．なお，階層とは異なる社会層にも視野をひろげる必要があるが，ここでは概念的に混同しないことを指摘しておくにとどめる[15]．

4. 前近代における集団分化

◆ 生産力の発展と集団分化

　生産力の発展は必然的に集団分化を進展させることになる．労働の生産力は，労働対象，労働手段，労働主体，そしてそれらの結合の仕方に規定されている．科学・技術の未発達な段階，結合の仕方の単純な段階，そしてそれらが次第に発展していくそれぞれの段階ではその発展に照応する労働主体が要求される．そこで労働主体としての人間には具体的にどのような諸力が要請されるかについて一般的な再確認をしておこう．

　基礎的な人間的能力については，主体的かつ社会的存在としての身体的・精神的能力および自然的存在である霊長類としての人間がそなえる身体的活動能力に加えて，その能力によって発展を約束されている言語および認識能力を確認することができる．次いで労働技能については，生産力の発展段階とりわけ科学・技術の発展段階に照応した知識と活動の能力（現代日本では少なくとも高校卒業レベルに加えてパソコン技能が要請される能力として一般化しつつあることを想起せよ）を意味する．基礎的な労働技能の応用能力もまた労働主体にとっては不可欠な人間的能力である．上記の基礎的能力を精神労働，肉体労働の両面において具体的に発揮できる能力を意味するが，仕事の種類によって発揮の仕方は具体的に異なるであろう．そして，2つの意味でのセルフコントロール能力を挙げることができる．1つは自己の獲得した労働諸能力を具体的に発揮する場合であり，もう1つは，全生活過程における労働の位置づけにもとづくコントロール能力である．ちなみに老化にしたがって後者の能力が減退するという例を想起すればよいであろう．会議での発言であらゆる条件を除けばまともな発言であるが，論議の流れにそぐわない場合がそうである．最後に労働指揮能力をも加える必要がある．人間社会にとって有意味な生産活動の大部分は協業に結びついており，協働のいろいろなレベルにおいてその地位に応じて発揮される対他的諸活動における能力を意味する．

さて，経済的な分業と科学・技術が著しく未発展な段階においては，集団分化はほとんど進展しない．このことは，原始社会における生産主体としての人間がどのように生産されるかを考えるならば，容易にうなづけるであろう．先に述べた原始社会における社会的編成からは，生産主体としての人間ははじめは氏族だけで生産されたが，家族が生まれることによって，労働主体は氏族で，生活主体は家族で，協同主体は家族と氏族で生産されることになる．

　やがて国家と教団が成立することによって，生活主体と協同主体のあり方が両者に条件づけられることになる．氏族や家族とは違って，両者が生産主体の生産に直接関与するのではなく，基本的には国家に統括される社会秩序に適合する存在として人間の生産が規制されることを意味する．この規制（あるいは条件づけ）には，協同主体のあり方にたいして社会にとっては適応する人間の生産というプラス面と能動性が生産しがたいというマイナス面があることに留意する必要がある．労働主体のあり方にたいする規制が全くないわけではなく，主として国家は労働力の面で，教団は意識面で規制することになる．

　その後の歴史的進展においては，生産力の発展がどのような人間を要請するかということ，およびそれにともなう生産関係における矛盾がどのような人間を産出し発展させるかということが主要に問われるが，第3の視角としての集団分化については，2つの視角とのかかわりで具体的に考える必要がある．さまざまな関係（および社会）の生産に関与するという意味で，協同主体の生産との関連はとりわけ複雑であるが，生産力の発展と生産関係の矛盾だけでなく，それとの関連で生産主体の生産に直接関与する家族（およびそこから分化した諸集団）との矛盾を問う視角が第3の視角にほかならない．

◆ 最初の集団分化について

　ここでは，日本社会の歴史的進展を具体例として述べるが，日本史そのものではないので，ヤマト王権の成立前後から見ることにする．

　まず国家における集団分化はいわゆる「大化の改新」からはじまる．具体的には国家機能を代行する地方行政機関がその集団分化に相当し，主として租税

の徴収，治安・防衛を想起すれば十分であろう．この場合には，あくまでも司法・行政機関であって，概念的には地域社会ではないことに注意しなければならない．具体的には租税徴収単位としての「里」を想起すればよいであろう．これは国家による便宜的な地域区分であって，人々の〈生活単位〉を意味するものではなかった．

　家族からの最初の集団分化は地域社会の成立であるが，村落としての日本の地域については，惣村と在村の違いを確認しておく必要がある．簡単に指摘するならば，在村は血縁を軸としたもので氏族の延長線上に位置づく存在として性格づけられる．これにたいして惣村は，日本では最初の「地域社会」として性格づけられる．これは人々の生活にはじめて家族・親族とは異なる関係（＝人間の生産関係）が生まれたこと，したがって地域生活の出現は，家族がすべて担っていた人間の生産の一部分を地域が引き受けるようになったことを意味する．つまり家族からの最初の集団分化は惣村の成立に求められることにほかならない．家族からの集団分化としては，教育機関としての文武訓練集団，分業の開始による手工業者のグループなどを指摘することができるが，きわめて部分的な存在にすぎなかった．宗教組織にかかわる集団分化はさらに時代が下ってからのことである．

　最初の集団分化にかかわって，集団分化の進展の条件（あるいは契機）についてやや一般的な説明を加えておこう．とりわけ生産力の発展との関連で2つの点から原理的に押さえておく必要がある．1つは，物質的財の生産に携わらない人間の生存が可能となるほどの生産力の発展である．支配層および支配を維持するために配置される人間（軍隊，警察など）の存在だけではなく，直接生産者ではない非支配層の存在にはそれを許容するだけの生産力の発展を必要とする．具体例としては，売春組織と「盗賊」集団を挙げることができる．また，集団とはいえないが可能態としての社会層である浮浪者層を指摘することができる．もう1つは，生産力の発展に照応する人間の生産の必要性である．生産力の発展は労働技能および協働の仕方において家族における労働主体の生産だけでは不十分になり，その肩代わりをする新たな集団の必要性ということ

である．さらには生産関係との関連でより発展した協同主体の要請がこれに加わる．

◆ 前近代における集団分化の進展

その後の生産力の発展と生産関係の変化に応じて，前近代においても集団分化の一定の進展が認められる．先の原理的確認にしたがって，より具体的に見ることにしよう．家族からの集団分化としては，まず教育機関を挙げることができる．幕藩制社会においてよく知られている藩校，私塾，寺子屋などがそうである．これにその他の教育・訓練機関が加わるが，このような集団分化は生産主体としての人間の生産が家族・地域だけでは果たせなくなったこと，およびそのような生産主体への要求（生活要求と考えてよい）が生まれてきたことを意味する．もう1つの集団分化としては各種の職能集団をあげることができる．ほぼ周知のギルド的集団および同業者組織であるが，これについては，上層（つまり親方あるいは独立営業者）だけの組織と上下関係の組織の2種類を指摘することができる．これらは手工業および商業の分野への集団分化であるが，手工業者あるいは商人という労働主体の生産の肩代わりをするという意味で家族からの集団分化として性格づけられる．職能集団については，経済的分業とは異なる見方つまりモノではなくヒトの生産という観点であることが経済学的見方とは異なる社会学的見方であることに注意をうながしたい．

国家からの集団分化は支配のヒエラルヒーの具体的あり方による．したがって，支配体制の違いにもとづいて具体的に見る必要があるが，ここでは律令制，封建制，幕藩制の3つに大別し，さらに前二者については若干の区分によるおおよその確認でよいであろう．

律令制社会は周知のように公地公民制を基本としており，したがって中央の国家官僚組織に加えて，租税の徴収・治安にたずさわる地方官僚組織が国家からの最初の集団分化にある．その後は荘園制の発展に応じるような非公式の官僚組織が形成される．日本における封建社会は，いわゆる鎌倉時代から織豊政権の成立にいたるまでの時代と幕藩制社会として性格づけられるいわゆる江戸

時代に区分される．政治（支配）体制としては性格が異なることは当然であるが，集団分化という観点からは本質的には同じ性格である．すなわち守護・地頭，守護大名，戦国大名，そして徳川政権下における大名などを軸とする地方官僚組織の性格は名称・権限の相違にすぎない．ただし，生産主体における協同主体の面の発展に応じて人間の生産にたいする規制という性格が加わったことを，律令制社会との違いとして確認しておく必要がある[16]．

次に，宗教組織にかかわる集団分化に簡単に触れておこう．日本における宗教については，キリスト教に典型的に示されるような一神教ではなくて，多様な宗教が叢生・並存しているという特徴を指摘することができる．日本人の主体のあり方（人間の生産）と密接にかかわっている信仰は独自に追求する必要があるテーマであるが，ここでは宗教組織の多様性として簡単な指摘にとどめる．古くから農家にある屋敷神，村の産土神の信仰に結びついている氏神としての神社組織を挙げることができる．次には外来宗教が生活のなかに深く根付いたいろいろな宗派に分かれている仏教組織の叢生を挙げることができる．原始的な自然信仰にも近い性格のいろいろな講が娯楽もかねた民間信仰組織として存在することも確認する必要がある．さらには仏教以外の外来の宗教も存在しており，これらの多様なあり方を示す宗教組織の集団分化のあり方が，日本人の人間形成と不可分であることは，日本人の国民性について具体的に考えてみれば，明らかであろう[17]．

前近代における集団分化は上に挙げたような進展をみせるとはいえ，それ以上の進展をみせないという一定の限界を指摘することができる．それは，これまでに確認してきた生産力，生産関係との関連において，当該社会がいかなる生産主体を必要とするかということに条件づけられているからである．もっとも一般的にいえば，生産力の発展度および生産関係を含む社会的編成の複雑度，それらに条件づけられた生活関係と生活空間のあり方が，集団分化に大きく作用している．

やや具体的に示すと，生産力の未発展とりわけ労働技能の要請が相対的に低いレベルつまり相対的に単純な労働が支配的な段階では，そのような労働主体

の生産は家族と地域で充足可能なのである．生活空間が相対的に狭くて生活関係も比較的単純な段階では，生活主体の生産もまた同様である．生産主体としてのこの2つの側面と不可分である協同主体の生産もまた家族・地域・職能集団・宗教組織での生産で事足りたことは，容易にうなずけるところであろう．また，余暇活動と生産活動の未分離の状態が支配的であったことから，これにかかわる集団分化はほとんど進展しなかったことを付け加えておこう．まとめていえば，生産力が要請する生産主体の必要性および生活時間と生活空間の拡大にともなう生活関係の多様化の進展が集団分化に結びつくということである．

5. 近代における集団分化の進展

◆ 生産力の飛躍的発展と集団分化

　生産力と交通の飛躍的発展が集団分化の著しい進展をもたらす．以下に具体例を示すが，大事なことはそれらを理論的にどのように性格づけるかということと理論的位置づけである．すなわち，人間の生産への関わり方，生活関係のあり方，それらの社会的位置としての受動性・能動性・相対的自立性などについてどのように概念的に把握するかということにほかならない．そこで端緒範疇としての家族，国家，教団（さらには階級）を軸として具体的に示すことになるが，ここで集団分化論がいわゆる「集団論」を含んでいること，あるいはこれまでの集団論の理論的再構成を意味することをことわっておこう．

　まず家族からの集団分化については，すでに述べたように，地域が最初であるが，生産力の発展にともない，家族は，生活主体の生産を一定程度担い，協同主体の生産を若干残して，労働主体の生産（再生産を含む）はとりわけ農業の衰退にともなって著しく縮小していくことになる．家族からの集団分化の代表的な具体例としては，各種の教育機関を挙げることができる．初等教育から高等教育にいたるまで，生産力の発展にともなって量的に増大するとともに質的（教育レベル）にもまた高められることになる．この傾向は，生産力の発展とりわけ科学・技術の発展および労働組織の複雑化・高度化によって，そのよ

うな発展水準に応じた労働技能および協同主体の生産が要請されることを意味する．そのような生産主体を生産するには家族だけでは応えることができないレベルの専門性が要請されるので，それを専門的に担う集団・機関が必要なのは当然であろう．さらには医療機関が生産主体の再生産として重要な位置を占めることになる．これらは生産主体を直接生産する集団・組織として性格づけられる．次に，生産主体の生産を担うことが主要な性格ではないにもかかわらず，結果として人間の生産に直接関与する集団を挙げることができる．これは生産力の発展による分業の進展にともなって叢生する諸集団である．具体的には各種サービス経営体（ここには公的経営体も含まれる）および家事関係商品に関与する商工業の経営体を指摘することができる．前者は直接的に後者は間接的に生産主体の生産に関与するものとして性格づけられる．生産主体の生産にどのように関与するかは経営体の性格に応じて具体的には多様であるが，1例としてホテル業についてだけ指摘しておこう．ホテル業のばあいには，食事・ベットメイキング，掃除といった家事機能や休養・娯楽機能などの家族機能を，客の滞在中は肩代わりしていることになる[18]．

　国家からの集団分化については比較的単純である．具体的には各種の国家関連機関（あるいは代行機関）を想起すればよいであろう．人間の生産にどのようにかかわるかという集団分化という視点からして，それぞれの（各級の）機関の性格によって人間の生産にたいする条件づけの性格が当然異なることになる．大きくは3つに分けられる．ある分野の条件づけに全面的に関与する中央の諸機関をまずは挙げることができる．具体的には立法，司法，行政の中央諸機関であることについては，三権分立という近代社会における民主主義の制度的表現であり，封建領主の支配との違いを想起するだけで十分であって多くを説明する必要はないであろう．次に，特定の分野に限定的に関与する機関を挙げることができる．これは時代が下るにしたがって集団分化が進んでいることを日々見聞しているはずである．具体的には，権限の範囲や期間が限定された諸機関，すなわち中央教育審議会をはじめとした各種の政府審議会，国会における常設委員会や特別委員会などを意味する．そして3つ目としては，上記の

国家関連機関の地方版としての地方自治体における諸機関・委員会を挙げることができる．

　これら国家に根ざす集団分化については，3つの種類を指摘するだけでは不十分であって，これらを認識するにあたって必要なことや留意すべきことを付け加えておこう．このような集団分化は家族に根ざす集団分化とは性格を異にする．第1には，国家にたいする能動性・受動性・相対的独自性という視点が具体的認識においてはぜひとも必要である．つまり地方自治体も含めて国家にたいする関係が一様ではないことを意味する．第2には，民主主義の成熟度を軸とする意識的条件が国家レベルとは異なること，および経済・環境などの物質的条件において地域差が存在すること，したがってそれらの異同に着目することが当然の視点であろう．この視点は現在では現実認識および未来の展望にとってはとりわけ重要になってきている．

　教団にかかわる集団分化については，教団と同質の集団分化であるという点で前二者とはいささか性格を異にする．家族と国家を軸とする集団分化は，すでに展開したように，分化した諸集団が家族や国家における人間の生産へのかかわりを分担あるいは肩代わりすることを意味する．教団の場合は，人間の生産へのかかわり方が同質な集団であることが集団分化の意味である．つまり教団から直接集団分化したものではなく，選択性と多数の意識への浸透という目的意識的作用という性格が共通しているということである．ただしもっとも抽象的には意識の生産についての集団分化とは言えるであろう．

　このような集団分化については，具体例を挙げることによって上の意味がはっきりするであろう．近現代の日本について考えてみると，まずはそれまでの宗教組織に加えて新興宗教が次々に生まれていることを指摘することができる．それらは規模（信者の数や財政状態）は大小さまざまであるとともに，発展・衰退においても多様である．しかし，現代社会において特徴的かつ重要性を増しているのは，宗教的教団ではない集団である．

　集団の端緒範疇としての宗教組織は，すでに述べたように，諸個人の意識的条件に直接かかわることおよび選択性という点で家族，国家とは異質なので，

この集団分化は宗教組織の特質における集団分化として性格づけられる．このような性格としての代表的な（影響が大きい）集団について簡単に指摘する．まずは，政党，労働組合，これに加えて類似の組織，各種の類似結社（運動組織を想起せよ）を挙げることができる．次には，マスメディア機関（現在は質・種類ともに拡大傾向にある），余暇関連の経営体を挙げることができる．これらの性格・意義については次項でもやや具体的に触れるであろう．

◆ 現代社会と集団分化

現代社会では集団分化がほぼ極限にまで（新種の集団は今後も）達しているといってもよいであろう．人々の欲求の数だけあると思われるほどに集団分化が進んでいる現在，これまでに述べた集団の理論的位置づけにしたがって，主要な集団に限定してそれらの性格について簡単に述べることにする．現代社会における重要な集団としては次のような諸集団を挙げることができる．

・家族，地域，学校，企業，[19]
・国家，自治体，
・マスコミ機関，余暇関連組織，
・政党，労働組合，各種協同組合，各種市民団体，
・これまでの宗教組織，新たな宗教（的）組織，

これらが日本社会にとって重要である（影響力が強い）ということは，人間の生産と関係の生産，そして社会のあり方にとって重要であるということを意味するが，その意味については日々の生活における体験的事実であろう．それらの性格については以下のように整理して考えると，次章への課題が提起されることになる．繰り返し強調するが，この整理は集団分化の現状認識の目安であり，分類ではないのである．

　　家族等　　　生産主体を直接生産する
　　　　　　　　　身体的・精神的・社会的な人間（の素養）の基本的生産
　　国家等　　　生産主体のあり方およびその生産の仕方を条件づける
　　　　　　　　　法律を含む広義の政策と具体的運用の性格づけ

マスコミ機関　意識の生産を条件づける
　　　　　　　その他の諸条件へも作用するが，最近ではとりわけ意識的
　　　　　　　条件への作用，国家を含むいろいろな結社との結びつき
余暇関連組織　生活主体の生産にかかわる
　　　　　　　最近では商業主義が支配的，文化創造における功罪
政党等　　　　意識の生産にかかわる
　　　　　　　協同主体の生産にかかわる
宗教（的）組織等
　　　　　　　生産主体の直接的生産にかかわる
　　　　　　　選択性だが　社会・人間のあり方との関連

　人間の生産および関係の生産，したがって社会のあり方の生産にとっては，集団のこのような性格づけによる整理だけでは，現実把握においても理論的にもまだ不十分である．すなわち，例えば家族から分化した集団の範囲では相互の関係を人間の生産の分担として捉えることができるが，国家などの異なる端緒範疇から分化したその他の集団との関係を捉えるには限界がある．諸個人の生産活動に外的条件にたいする受動性・能動性・相対的独自性があると同じように，それぞれの集団としての活動にも3つのあり方がある．したがって，これまでに提示した諸集団と他との外的条件との関係について，上の3つの視点を統合するような捉え方が必要である．このような把握は「集団論」の範囲を超えるので，次章で展開されることになる．

注

1) 四方寿雄編著『崩壊する現代家族』学文社，1992年　24ページ
2) 「家族機能の外部化」とは，家族がになっていた人間を生産する活動を家族以外の集団・機関が代替することを確かに意味するが，その大部分が無償の活動ではないこと，つまり「個別家族の費用負担」を伴うことをネグレクトする発想に結びつくことに注意をうながしたい．これは一般に「生活の社会化」と言われていることにおおむね当てはまることであり，その問題性も含めて詳しくは，飯田哲也『現代日本生活論』（学文社，1999年　98～102ページ）参照．
3) 協同主体とは社会的存在としての人間を意味することは，これまで述べたこ

とによって容易にうなずけるところであろう．これをさらに具体化するならば，他者との関係とりわけ各種の協同様式における構成員としての協同関係のもとで活動する存在であることを意味する．最近の日本でいろいろと取り沙汰されている社会的諸問題については，他者ときちんと関係を持てない人間が増加しており，そのような人間（大人）が他の人間（子ども）を生産することによる悪循環に陥っている点に着目する必要があると思われる．

4) 経済学や産業・労働社会学などでは，日本産業の二重構造ということがほとんど常識化しているほどに知られている．しかし，規模についての若干の違い（もっとも従業者10人以下のなかでの違いだが）はあるが，かつての自営業（農地や店舗を所有）とは異なる自営業的な零細下請けなどが叢生している．そのような現実は経済学的分業論（にもとづく階級論）の枠では捉えきれない，と私は見ている．

5) 家族については概念的把握がきわめて乏しく，現象論的な定義が圧倒的に多いと言える．そのような定義の仕方にたいして，私は主観的な「みなし定義」であるという批判的見解を表明している．詳細は拙著『家族と家庭』（学文社，1994年）を参照．

6) 家族あるいは人間の生産（＝種の繁殖）を社会的・歴史的にどのように理解するかという問題については，F. エンゲルス『家族・私有財産および国家の起源』の「序文」の解釈をめぐっての論争が，1960年代から70年代にかけて旧ソ連や日本ではかなり大きく展開された．この種の解釈をめぐる論争はおおむね決着を見ないままに立ち消えになることが多い．私は家族起源論を，動物家族からの移行説，種族的家族説，私有財産起源説の3つに大別して検討し，論理的妥当性にもとづいて本文にあるような家族の起源を導き出した．その後は若干の賛意を得ているが，決定的な批判がないのでこの見解を現在に到るまで保持している．この見解についてはいわゆる「実証」が不可能に近いので，「憶測」であると受け止められる可能性が高い．私は「憶測」と「論理的推論」とは異なることに注意をうながしたい．「実証主義者」たちはこの違いには思考が及ばないようであるが，もしそうだとすれば，文化人類学的研究の大部分を否定することになるであろう．詳しくは拙著『家族の社会学』（ミネルヴァ書房，1976年）参照．

7) 先の論争ともかかわって，人類社会生成過程から家族の起源にいたるまでのこの項の詳細および論点については，前掲書および同じく拙著『家族社会学の基本問題』（ミネルヴァ書房，1985年）を参照．

8) 母性愛については誤解を招くおそれがあると思われるので，若干の補足説明をしておきたい．母性愛は（哺乳動物としての）自然的存在として当然そなわっているものである．厳しい生存条件のもとでの原始社会では，たとえ未成年者といえどもひとりの失敗（＝規範を遵守しないこと）がその人間の危険だけでなく氏族全体の危機を招くことが当然考えられるのである．したがって規範を

遵守する人間の生産は母性愛なしにはあり得ないはずである．最近は母性がつくられた神話であるという見解が散見されるが，「母性があること」がつくられた神話なのではなくて，母性をどのように考えるかという内容によって「つくられた神話」であるかどうかが問われるべきである．

9) 国家論をめぐっては，国家の性格の歴史的な展開を軸とする歴史学的論議，国家本質論として階級支配の機関，民族共同体全体の利益を目指す機関，多元的国家論，さらには福祉国家論，権力機構論などきわめて多様であり，ある意味では論者の数だけ国家論があるとも言える．そのような学際的論議については独自な論考が必要なのであり，国家をどのように性格づけるにしろ，私の社会学ではこのような出発点から展開する．なお，後述する「社会機構論」においても同様である．

10) 日本の宗教はもっとも基本的には多神教として性格づけられること，自然信仰など農耕に結びつく宗教としても性格づけられるが，このことが日本における意識的条件，日本人の国民性に深くかかわっている．やや具体的には，拙著『現代日本生活論』で触れているので参照のこと．

11) 階級論をほぼ全面的に整理したものとしては，八木正『社会学的階級論の構造』（恒星社厚生閣，1978年），浜島朗『現代社会と階級』（東京大学出版会，1991年），そして最近の文献として，橋本健二『現代日本の階級構造』（東信堂，1999年）などをあげることができる．「社会科学」としての階級論は今後とも論議され現状分析も続けられる必要があるが，その場合，社会学として基本的にどのように捉えるかという原理的な自覚が必要であろう．

12) Ｖ・Ｉ・レーニン「偉大なる創意」『レーニン全集　第29巻』（マルクス＝レーニン主義研究所レーニン全集刊行委員会訳　大月書店，1958年）425ページ．

13) 原理的にこのように概念化するというのが私の主張であるが，異なる見解の場合には，単なる現象論ではないかたちで異なる概念化の提示を要請したい．「生産手段の所有Ａ，Ｂ」は両者を区別するさしあたりのネーミングにすぎないことをことわっておこう．なお，私がここで主張したいのは，原理論レベルの概念とそれにもとづいて展開するレベルの概念を同じように並列的に位置づけないということである．

14) 『社会学事典』（見田宗介他編　弘文堂，1988年）392ページ．

15) 階層とは異なる社会層の例としては，女性・男性，老齢層・若年層，障害者層などが挙げられるが，これらについても階級にもとづく把握が要請されるのであり，単純に特定の社会層のみを取り上げない思惟が大事である．

16) 生産力の発展（のみではないが）にともなって，社会的存在としての一般人民が単なる受動的存在から能動的存在へと一定の前進を見せることにたいして，支配層は社会的存在としてのあり方への規制の強化が迫られるのである．

17) 欧米とは異なる日本の宗教のあり方と国民性の関連については意外にあまり研究されていない．日本の宗教は現世利益と来世意識が混合していることによっ

て特定の宗教，したがって思想やイデオロギーを絶対化しないという意識状況と結びついているので，国民性（＝主体的条件）を考えるにあたっては考慮する必要があろう．

18）一般化して言えば「生活の社会化」を意味するが，ホテル業にかぎらず多様なサービス産業の激増については，経済学的にも理論的な課題を提起しているが，社会学においても，人間，関係の生産にとっていかなる存在であるかということを，理論的および現実的な課題を提起する社会的現実として認識する必要がある．

19）ここでは企業の位置づけに注意をうながしたい．社会学的には企業は単に財やサービスを生産する経済的存在としてだけでなく，家族と同じように，いや成人にとっては家族以上に人間の生産および関係の生産の直接関与する存在として性格づけられる．

第8章 社会機構論

1. 社会機構とは

◆ 概念について

　〈社会機構〉概念を理論的に社会学に位置づける試みはきわめてまれであるとともに，理論的な位置づけあるいは理論の構成要素としてはほとんど使われていない．社会学の基本概念として集団あるいは組織という概念と同じように中軸を占めると思われるこの概念は，社会学ではかならずしも一般的ではない．言葉として使われることがあっても，その意味がかならずしもはっきりしないと同時に，理論構成における位置づけも定かではない．私は〈社会機構〉概念（あるいは単に〈機構〉概念）を1つの視点なり着目点としてではなく，社会学の基本概念として措定する必要があることを主張する．社会的現実の把握においては，すでに展開してきた諸個人の生産活動，生活関係，および集団・組織ではまだ不十分なのである．

　これまでの「社会学的」通念にしたがうと，〈個人―集団―社会〉という文脈で語られることが相対的に多いのである．階級や階層も視点として加えられることもあるとはいうものの，上の文脈との理論的関係がはっきりしているとは言い難い．ともあれ，変化，変動を含む社会のあり方を諸個人の生産活動と結びつけて捉えるにあたっては理論的に3つの意味で不十分である．理論的に不十分である点としては，すでに展開してきたように，個人と集団は程度の差はあるが直接的に関連している．第1には，〈集団―社会〉はかならずしも直結しておらずなんらかの媒介項が必要であることを挙げることができる．第2には前章の終わりに述べたように，集団分化論では3つの端緒範疇それぞれに結びつく範囲では，集団相互の関連が理論的に示されるが，その範囲（論理）を越えると集団相互の関連を捉えるには理論的に不十分であることを挙げるこ

とができる．そして第3に，制度と実態の関連（＝異同）を明確にする必要性にとって不十分であることを指摘しておこう．3つ目の点についてはこれまでの叙述ではほとんど触れていないが，この章の展開によって具体的に示されるであろう．これらの理論的な不十分性についてより具体的に指摘することによって，新たな基本概念としての〈社会機構〉概念の導入の必要性を，私は喚起したい．

この3つの不十分性に理論的に応じ得る概念としての〈社会機構〉概念を措定することによって，社会的現実のトータルな把握は〈個人―集団・組織―機構―社会〉という社会の4層構成という把握として性格づけられることになる．そこで（前章までの展開とは違って）社会機構を基本概念として明確にするにあたっての知的遺産と考えられる見解に簡単に触れて，そこから具体的な理論的課題を提示することからはじめようと思う．

社会機構を概念的に表す試みをしたのは，〈第1部〉で若干触れているように，私の知る限りではA・グラムシと布施鉄治のみである（言葉としてはいろいろと使われているが，ここでは明確な概念化の方向提示ということを意味する）．グラムシは「陣地戦」論と「ヘゲモニー」論との関連で「社会機構」について言及している．彼によれば,「社会機構」とは様々な諸集団・諸組織の持続的なヒエラルヒー的相互関係を意味するとされている．社会的現実を具体的に捉えるにあたって，集団・組織および社会構造とは異なるものとしてこの概念が提起されているが，覚え書き程度の叙述である〈社会機構〉概念は理論的発展の可能性を持つものとして提起された，と私は受け止めている．現在における社会変動（変革）にとって，グラムシにおいては陣地戦論とヘゲモニー論がきわめて重要視されている．グラムシ自身は明言していないが，社会機構はヘゲモニーをめぐって陣地戦が展開される主要な舞台としての意味をもつと考えられる．そこでグラムシの提起を（知的遺産の1つとして）受け止めると，社会機構を集団・組織のヒエラルヒー的相互関係を具体的現実によって概念的に捉え直す必要性があること，さらにはより豊かな概念として追求・再構成して社会学理論の独自な概念として位置づけること，そして諸個人の活動

との関連を明確化することが理論的課題となるのである．

次に，布施鉄治は（社会）機構という概念の必要性をはっきりと提起していることを指摘することができる．布施によれば，諸個人の生活過程とそれが営まれる舞台である諸集団・組織を社会と結びつけるという思惟によって，「経済的社会構成体の前進的移行」における変革主体と変革の道筋を導き出すにあたっての重要な概念として社会機構が措定されている．しかし，〈社会機構―構造〉という曖昧な表現，あるいは組織と組織との関係，組織や機関と同じであると受け止められるような叙述，グラムシ見解に似た意味などに理解される表現，説明抜きに「実体としてある」と明言されていたりすることなど，この概念については十分に確定しているとは言い難い叙述が散見される．布施もやはりこの概念の必要性の提起を大きくは出ていないので，その意義を認めつつも概念およびその理論的位置づけを明確にする必要性があると言えよう．したがって，両者が展開しなかったこと，すなわち，集団のヒエラルヒー的相互関係をどのように考えるか，そして具体的には，集団・社会（制度や体制）などと区別されるいかなる実体であるのか，諸個人のあり方との関連，社会的位置づけ，という点から概念構成をする必要がある[1]．

さらにはそのような展開とともに，具体的な社会的現実との関連あるいは理論的位置づけを検討していくことが必要である．そこでグラムシと布施の提起を受けて社会学の基本概念としていかに確定していくかが問われるであろう．概念化の道筋としてあらかじめ仮説的措定を施すと，まずは集団や組織とは異なるものとして性格づける．また，社会体制や社会制度と言われている「社会構造的な」概念ほど広くはないと性格づける．そうすると，両者の中間的存在あるいは媒介の存在そして両者にたいして具体的に作用と反作用の関係にあるという位置づけが浮かび上がってくる．そこで，いくつかの想定と理論問題を示してから，基本概念としての確定と展開に進むことにしよう[2]．

まずはこれまでに簡単に指摘したこととして，諸個人 ← ― → 集団・組織 ← ― → 社会機構 ← ― → 社会体制・社会制度（社会構造）という4層構成における相互作用の想定が考えられる．具体的現実はこれらの

組み合わせによってさらに複雑であることは言うまでもない．次には，集団・組織における実体としての社会機構（さしあたりは狭義の社会機構とするが）という措定が考えられる．そして第3には，複数の集団・組織の相互関係としての社会機構が措定できるが，それはさらに2種類に分けられる．1つは同種類（あるいは類似の種類）の集団・組織における社会機構であり，もう1つは異種類におけるそれである．ただし，第1の実体については狭義の社会機構とするよりは単に〈機構〉とする方が適切な表現であろう（この2つは現実分析において使い分ければよいので，原理論としては〈社会機構〉だけで展開する）．

〈社会機構〉概念を措定することによって浮かび上がってくる理論問題としては，以下のように提起されることになる．まずは一般にいわゆる「社会構造」と呼ばれている存在との理論的関係である．社会構造の概念そのものがまだ一般にはきわめて不十分であり，実際には「社会システム」という表現もある（現在はこの方が支配的表現）など，社会全体を統括して捉える概念として独自に鮮明にする必要がある理論問題であるが，ここでは社会構造と社会機構を相互関連で検討しつつ概念化する必要性を提起するにとどめる．これとほぼ同質の理論問題としては，社会体制や社会制度あるいは制度と社会機構との関連という理論問題をも検討する必要があると考えられる．これらの諸関係については一般論として提示することはきわめて困難であり，あえて提示すれば固定的な図式化にすぎなくなって，すでに確認した「構造化」と「全体化」の論理もまた変化してやまない具体的現実の把握そのものが図式的（静態的把握になる可能性が大きい）になる危険性がある．そこで，〈社会機構〉概念を鮮明にする思惟プロセスとして，集団・組織と体制・制度との関連で具体的現実について考えること，および後の章での社会変動論でもまた具体的現実認識をするというかたちでの展開にしようと思う．

◆ 具体的現実について

具体的現実については現代日本社会を例にして説明することが適切であろう．というのは第10章で簡単に取り上げる明治維新をめぐる展開が社会学的な現

代日本社会論の予備的な論考という意味も込められており，その試みの理論的基礎の中軸としての位置を占めることになるからである．蛇足的に加えると，社会学の立場からの日本社会論がこれまでにもかなり試みられているが，私はそれらにたいしては特に社会学的と言えるかどうか疑問に思っており，それらは「社会学者」による日本社会論ではあっても，果たして「社会学」によるものであるかどうかという疑問にほかならない[3]．

さて，社会機構という概念で捉えられる実体があらゆる社会分野にあると想定されるのであるが，比較的わかりやすい例として政治，行政，経済，教育について具体的に考えることにしよう．というのは，これらの社会分野が周知のように〈制度〉としてはかなりはっきりしているからにほかならない．しかし，〈制度〉がそのまま実体であるとはかぎらないことは経験的に熟知されているはずなので，現実に実体として存在するものが社会機構であるという考え方を意味する．私の理論的な概念の措定としては，先に狭義では〈機構〉とした方が適切であると述べたことに暗示されているのだが，社会機構は二重性（あるいは二義的）を備えた概念とする方が適切である，と考えている．1つには，各社会分野の制度それぞれに実体としての社会機構があるということである．もう1つは，各社会機構の相互関係あるいは総体としての社会機構があるということである．

このような私の思惟プロセスとしては社会的現実との往復を繰り返すことである，と言っておいてよいであろう．真に概念的把握はそのような思惟プロセスなしには進展しないであろう．そこで以下，先に挙げた4つの社会分野において，制度，実体，機構の3つを示しつつ〈社会機構〉概念を鮮明にしていくことにする．

政治制度と政治機構

  政治制度　国レベルでは日本では議院内閣制，三権分立，国民の参政権，他の国家における大統領制，国家主席制，その他それぞれの独自な制度が歴史的に形成されている．

  日本でも歴史的には制度が異なることは周知の事実であろう．

　　　　政治実態　制度と実態とは現実には必ずしも一致していない．
　　　　　　　　そこで，乖離があるかどうか，どの程度の乖離なのか，なぜ乖離が生まれるか，が問われることになる．
　　　　　　　　制度の現実化は制度にかかわる人間的諸活動と関係のあり方による．
　　　　　　　　関係のあり方によって，同じ制度のもとにあっても人間的諸活動が一様ではない．
　　　　政治機構　制度内における人間的諸活動の裁量（権限）の範囲の大小
　　　　　　　　制度化されている裁量と制度化されていない裁量
　　　　　　　　前者の性格と後者を含む組織の総体が機構
　　　　　　　　後者についてはさらに関係のあり方がかかわる
行政制度と行政機構
　　　　行政制度　政治的諸政策の公正な執行が基本的性格
　　　　　　　　決定された政策を法律（規則）にもとづいて執行する仕方
　　　　　　　　各部署における執行権限の範囲が定められている
　　　　行政実態　いわゆる「官僚」的実態
　　　　　　　　具体的には公正な執行がなされているかどうか
　　　　　　　　権限の過剰執行があるかどうか
　　　　　　　　ここでもまた内部の諸関係による裁量と逸脱が問われる
　　　　　　　　裁量と逸脱の境界は曖昧
　　　　行政機構　執行にかかわる裁量の総体
　　　　　　　　裁量の具体的なあり方は内部の諸関係のあり方に依存する
　　　　　　　　とりわけ異なる部署の間の諸関係
　　　　　　　　上層相互の関係のあり方が特に重要
　　　　　　　　行政機関のヒエラルヒーの現実の性格
経済制度と経済機構
　　　　経済制度　近代資本主義経済（やや理念型的），あるいは市場経済
　　　　　　　　私的所有　自由競争

　　　　　　　等価交換　商品生産・売買
　　経済実態　各種の所有
　　　　　　　資本家的所有　国家（公的）所有　集団所有　個人所有
　　　　　　　自由競争の制限
　　　　　　　独占の実態　経済的契約の実態
　　　　　　　資本と賃労働　経営体相互の契約
　　　　　　　経済以外の要素の混入
　　　　　　　土地
　　経済機構　企業内関係・組織の性格
　　　　　　　フォーマルとインフォーマル
　　　　　　　企業間の関係の性格
　　　　　　　例えば経済の二重構造や片務契約
　　　　　　　「隙間産業」
教育制度と教育機構
　　教育制度　国民の教育権の保障
　　　　　　　教育基本法をはじめとした教育法規
　　　　　　　教育機関の制度
　　教育実態　教師集団・組織における諸関係
　　　　　　　教育関連集団・組織における諸関係
　　　　　　　教師と生徒・学生との諸関係
　　　　　　　上記それぞれの相互関係
　　教育機構　実態における慣例
　　　　　　　相互関係における慣例
　　　　　　　全体としての諸関係
そしてこれらそれぞれに行政との相互関係が加わる[4]．

◆ 組織と機構について

社会的にフォーマルな制度しかもすべての国家成員を条件づける上記の制

度・実態・機構に加えていわゆる運動組織と社会機構についても具体的に付け加えて，この概念をより鮮明にするとともに基本概念としての重要性を強調したい．最広義には上の4つに組み込まれる位層であると言えないこともないが，法律的に制度化されていない部分に注目するならば，制度と不可分の関係にある社会機構とは異なる性格，つまりそれぞれの組織における相対的独自性が浮かび上がってくるはずである．ここで〈制度〉と表現するのは，それらの諸組織が定めている規約あるいは会則を意味する．

 労働組合
  制度 規約としてほぼ明文化されているのが普通である．
  実態 規約通りであるかどうか，より具体的には規約からの乖離や規約の空文化などが問われる．
  機構 組合員の主体的なかかわりかたが固定化したものと考えられる．
    リーダー層の選出方法，あり方，
    リーダー層と一般組合員の具体的関係
    一般組合員相互の具体的関係

以下に取り上げる政党や市民運動組織についてもほぼ同様に捉えることができる．そこで他の集団・組織とは異なる点に注目して述べよう．

 政党 政権を獲得するという一般的目的にかかわって，理念あるいは目標がいろいろな表現の仕方によって掲げられている．
  制度 党則として示されている．
  実態 ルールにしたがって運営されているかどうか
    ルール違反にたいする具体的対応
  機構 労働組合とほぼ同じ

市民運動等の組織は政党とは異なるが，それぞれのやや具体的な目的に応じて，一定の会則を定めている．構成員，役員，事業，具体的運営方法などであり，おおむね民主的であることがほぼ通念となっている．

  会則 ほぼ民主的性格
  実態 構成員における意識と活動の違い

機構　政党や他の組織との関連

　以上簡単に整理して示したことによって，同じ制度でも異なる実態があること，例えば慣例とか裁量のあり方など行政の分野にもっとも典型的に現れる制度と実態の乖離は，理論的には「実態としての社会機構」として性格づけられることになるのである．社会機構は広い意味での生活関係のあり方の重要な部分をも占めているという意味で，それぞれの社会分野や組織の性格を説明する概念であるだけでなく，人がなんらかの組織を考える場合には実践的意味をも併せ持っている．このことをごく一般的に言えば，制度と実態とが乖離していることがごく普通の現実であると考えてよいのであり，日常生活で経験的に簡単に確認できるはずである．後で展開する〈社会変動論〉に直接結びつくという意味も込めて，実践的意義について簡単に指摘しておこう．

　制度と実態とが乖離していることは，制度そのものが持っている矛盾の現れではあるが，その矛盾から直ちに制度の変更へは進まないことは純経験的に容易に確認できるはずである．そこには実体としての社会機構が制度の変更を阻む性格をも有しているからである．したがって，制度の変更には媒介としての社会機構を視野に収める必要があり，それには2つの道筋がある．1つは社会機構そのもの変更から制度の実質化へという道筋であり，もう1つは社会機構におけるヘゲモニー獲得から制度の変更へという道筋である．なお，この論理は単にいわゆる「運動組織」だけでなく様々な「経営体」にも適用されるものである[5]．

　次によりマクロな社会機構についても示しておかねばならない．これが本来の意味での社会機構である．これにもまた2種類ある．1つは，グラムシが述べているように，いろいろな集団・組織のヒエラルヒーとしての社会機構である．もう1つは，異なる社会分野の相互関係の実態としての社会機構である．

　前者の例としては，企業における下請けのヒエラルヒーを指摘することができる．具体例としては，建設業界やマスメディア業界を挙げることができよう．建設業界においては大手の大企業のもとに大小の工務店があり，その下に下請けがあるというヒエラルヒーが形成されている．マスメディア業界の例として

は一般的に名が知られている広告会社やテレビ局が直接制作することはきわめて稀であり，実際の制作が下請けのさらに下請けを経て「隙間産業」が直接制作することが往々にしてあるのである[6]．

後者の例としては先に挙げた社会分野の相互関係，典型的には政治と行政との関係を指摘することができる．最近大きく問題化しておりマスコミでもようやく具体的に取り上げるようになった中央官庁といわゆる族議員との関係そしてその地方版を具体的に想起するだけで十分であろう．この場合にはまさに制度と実態としての機構との関係が問われることになる．

社会学はそれぞれの制度や実態を直接的に研究対象とするだけでは十分ではない．実態を社会機構として把握することによってはじめて概念的認識が可能になる．社会機構は一定期間存続する実態であり，それの形成・存続・変化が具体的活動を条件づける関係についての社会的現実認識にとっては中軸的位置を占める概念である．社会的現実のトータルな認識においては，それぞれの制度，実態，機構の現実的関連を理論的に組み立てる必要があることを強調したい．

◆ 理論的位置

社会機構が私の社会学では理論的に中軸的位置を占める概念であることをほぼ確認したので，一般に了解されていると思われているいわゆる「社会」としての社会構造・社会体制・社会制度と協同主体としての諸個人や集団・組織そのものの活動にとって，社会機構がいかなる理論的関連にあるかについて展開することにしよう．そのために，私独自の概念である協同主体について簡単に再確認しておこうと思う．協同主体としての諸個人の活動は，現実的には文字通りに他者とのなんらかの関係のもとでその関係に制約されるとともに，客観的にはいろいろな関係に作用（構造化）するかたちでなされる．その具体的な活動は生活関係，集団・組織，社会機構においてなされるのであり，それ以外には協同主体としての活動はありえないはずである．換言すれば，協同主体とは生活関係，集団・組織，社会機構における存在としての活動そのものにほか

ならないということである.

　このような協同主体にあっては,そのような場に制約されるかぎりにおいては受動的存在として活動しているのであり,作用する点では能動的存在として活動しているのである.主観的に相対的独自性としての存在であることが客観的には能動的存在であるとともに受動的存在でもあるという二重の意味をもつ主体的活動であることにも留意する必要がある.そこで次にそのような視点から,社会機構と集団・組織や協同主体との相互作用について示すが,確認しておく必要があるのは,協同主体および集団・組織における関係の具体的あり方が社会機構の実質的あり方であり(これが「実体としてある」という意味である),この実質的あり方と制度を具体的に明らかにすることによって,様々な関係の現実がトータルに明らかになるということである.

　協同主体や集団(組織)の社会機構にたいする関係については,これまでと同じように受動性・能動性・相対的独自性の3つの点からそれぞれ押さえる必要がある.これは後の章での社会変動論にとってきわめて重要な位置を占める.まず,協同主体や集団が受動的な場合は,当然のことだが,それらは社会機構に飲み込まれることになる.したがって,現存の社会機構にたいする「構造化」作用に乏しく,変化・変動にはほとんど結びつかないものとして性格づけられる.逆に,協同主体や集団が能動的な場合は,社会機構の現実的性格を修正する志向としての「構造化」作用として性格づけられる.その場合に問われるのは「全体化」作用へと進むかどうかということである.このことが社会変動に結びつくかどうかが問われる作用としての位置を占める.

　では,集団・協同主体が相対的独自性をもって活動する場合はどうであろうか.この場合には,社会機構には組み込まれない,あるいは一定の距離を保っているように見えることは経験的に簡単に確認できるが,実際にはそれほど単純ではない.この相対的独自性は文字通り「相対的」であって,程度の差はあれなにほどかにおいて受動性と能動性を備えているのである.すなわち,社会機構から全く無関係に孤立した存在ではないという意味では受動的なのであり,その存在そのものが社会機構にたいして現実的には飲み込まれていない異なる

存在としての活動であるという意味で，客観的には能動的な存在としての活動という面をもっているのである．

　もう1つは，社会機構の構成主体と構成主体相互の関係のあり方という点をも押さえることである．この関係は，生活関係について述べた座標軸が適用される．当然のこととして制度は基本的にはゲゼルシャフトとして性格づけられるが，社会機構は実態であることからして必ずしもそのような関係が貫かれているとはかぎらない．他方，制度としての民主主義もまた現実としてそのまま現れるとはかぎらない．つまり，この関係が社会機構の実質的性格であり，社会制度の実際の現れ方であり，制度は社会機構として諸個人や諸個人相互の関係そして他の社会分野に作用する．このあり方が制度とどのような関係にあるかが問われるのであるが，2つばかり具体例を示しておこう．

　具体例としては，一時期にマスコミを賑わしていた郵政事業におけるいわゆる「第4部門」と言われるものが，その典型例の1つである．すなわち，この「第4部門」は郵政事業の制度においては業務として存在する位置を持たないにもかかわらず，実際の活動がなされている．制度における業務でない活動は実態としての社会機構なしには稼働しないことは容易にうなずけるであろう．

　労働組合におけるヘゲモニー闘争として，かつての日教組のあり方をもう1つの具体例として簡単に示しておこう．日教組内部において2つの勢力がヘゲモニーをめぐる闘争を繰り広げていたことはほぼ周知のことであろう．このヘゲモニー闘争の活動・舞台は組合規約にもとづく役職としての活動や諸会議ではなく，まさに社会機構においてである[7]．

2. 社会機構の構成要素

◆ 集団から機構への論理

　社会機構は理論的には上記のように位置づけられるが，その現実の姿はかなり複雑である．そこで一転してミクロな構成から展開しようと思う．集団は，集団分化論で示したように，基本的には3つの種類として性格づけられる．そ

こで，集団の組織化と機構の形成の関係を理論化するには次のような関係に着目することになる．

　　　集団　→　機構
　　　　　　　　　　＞両者の相互作用の理論的具体化が必要になる．
　　　機構　→　集団

　なぜこのような関係が問われるか．それは構成員が同じであってもその現実態の性格が異なるからである．簡単な具体例について考えてみれば，このことが容易にうなずけるはずである．例えば1つの中学校について考えてみると，校長，教頭，教科主任というライン的な役職があり，職員会議という伝達・合意形成の機関がある．そして制度としては職務分掌とそれに応じた権限などが規定されており，公式的にはこれが中学校という集団・組織である．しかし，すでに確認したように一般には制度と実態が乖離していることが相対的に多いのが実際の姿であり，先にややマクロな制度を挙げて制度とは異なる実態との対比で機構の存在あるいは機構という見方について示したが，この見方は範囲の狭い小規模な「制度」にも適用される．ここで注意をうながしたいのは，「位層」とは範域を示す概念ではないということである．社会機構は4層構成においては集団・組織の上層に位置づくが，範域としては集団・組織の内部に形成される場合もあれば，複数の集団・組織にまたがって形成される場合もある．

　この機構については集団・組織との関連において，1つの集団・組織ではどのように考えるか．構成員諸個人の活動が制度に応じて一様であるならば，機構は存在し得ないあるいは機構の存在そのものは無意味である．しかし実際には，構成主体の活動が受動性，能動性，相対的独自性という点から一様でないことは，経験的事実として容易に確認できるはずである．なんらかの方針の決定・合意形成にあたっては，あらかじめ「根回し」がなされることが日本では圧倒的に多いことはよく知られていることであろう．この場合，ケース・バイ・ケースに応じての「根回し」はまだ機構ではない．この「根回し」が特定の構成員同士によって常態化すること，これが機構の存在にほかならないので

ある．したがって，機構を具体的に認識するにあたっては構成員それぞれの活動の性格（これについては生活関係に関してすでに確認している），を受動性，能動性，相対的独自性という点も含めて押さえることが要請される．と同時に実態としての構成員相互の関係が問われることは言うまでもない[8]．さらには，集団・組織の相対的独自性への着目も見落とすことのできない点である．制度化されていない構成員相互の関係としての諸個人の結びつき方，つまりすでに示してある生活関係のあり方が集団・組織によってそれぞれの特質をそなえているという点への着目を意味する．

　上に示したことは1つの集団・組織における機構の性格であるが，これが複数の集団・組織から成っている集団・組織についてはどうであろうか．私は，ここで〈集合体〉概念を新たに導入する．〈集合体〉とは複数の集団・組織の結びつきが一定程度は継続する「結合体」である．この結合体としての複数の集団・組織の結びつきは，異種の集団・組織が結びつく場合と同種が結びつく場合とがある．また，組織的な制度としてのフォーマルな結びつきの場合とインフォーマルな結びつきを含んでいる場合とがある[9]．

　集合体そのものはまだ社会機構ではないが，機構が形成されるあるいは機構としての性格が形成される温床であり，したがってその形成プロセスと性格の分析が必要である．具体的に指摘するならば，複数の集団・組織の相互関係，構成員との関係，他の社会分野との関係をめぐっての能動性と受動性が主な着目点である．さらにはケースによっては相対的独自性の視点も必要になるであろう．そこで次ぎに，社会機構としての集合体へと展開することになる．

◆ 機構としての集合体

　なんらかの集団・組織において形成される機構はその集団・組織の実質的性格を方向づけるとはいうものの，まだ全社会的な位層に変化を及ぼす存在ではない．全社会的意味を帯びるのは「機構としての集合体」においてである．この場合には，集合体のヒエラルヒーがすでに存在すると想定されるが，かならずしも固定的にあるわけではない．すなわち実際には，上下関係や並列関係が

多様に混在しているだけでなく，それらの諸関係のあり方もまた多様かつ流動的である．

　具体例としては，日本の経済機構を挙げることができる．経済学あるいは労働社会学において「経済の二重構造」と言われているものがこれに相当するが，機構化されて存在する経済的な集合体は重層化されている．すなわち，最上位の経済的経営体の「傘下」で生産組織にも似た一種のヒエラルヒーが形成されることにほかならない．そこには各級の下請けが系列的に存在するとはいえ，制度化されているわけではない．形式的（制度的）にはあくまでも市場経済の原則としての等価交換を梃子とする経済的関係である．先に制度と実態としての機構との乖離の例として，土木建設業と上場企業の広告会社の例を示したが，そのようなヒエラルヒー的関係がすべて組織化・制度化されているわけではない．いろいろな事情によって下位の集団・組織は変化（出入り）するが，最上位からの集合体そのものは機構として存続するのであり，集合体としての機構とはそのような意味である．

　経済分野だけではなく，政治機構について具体的に考えてもほぼ同様の諸関係が存在する場合が多い．具体的には，国会議員─都道府県会議員─市町村会議員の系列を容易に思い浮かべることができるであろう．制度化・組織化された集団とは異なる実態としての機構という観点からは，政党および政党内部のいわゆる派閥もまた一種の機構として性格づけることができる．その他の社会分野，例えば学問分野ではどうであろうか．やはり多様な関係が散見されるであろう．社会機構とは必ずしも言えないにしても，そのような現実的関係が存在することは紛れもない事実である．生々しい例としてある学者関係に触れておこう．憲法記念日に開かれたあるシンポジュウムで，今回は国際法関係者が妙に多くて，しかもこの種の催しに参加するとは考えられないような人が多いことが不審に思われたが，謎はすぐに解けた．超高齢で著名な国際法学者が報告者の１人だという理由である．その弟子，孫弟子，曾孫弟子，曾々孫弟子までが参加していたのである．

　簡単に示した以上の例でわかるように，集団・組織における「構造化」は主

として機構によるのだが，その「全体化」はあくまでも社会のなんらかの分野における作用にとどまるのであって，社会全体にとって現実的・実質的な意味を持つにはより広範囲の社会機構が要請されることになる．

◆ **社会機構としての組織体**

上に指摘したより広範囲な機構を，私は〈社会機構としての組織体〉とネーミングする．この社会機構は全社会的意味を持つ．この「組織体」概念で表される実態は組織そのものではなくて，もっとも基本的には組織のなかの組織に近い位層として性格づけられる．上に挙げた集合体が組織されると〈組織体〉としての意味をもつ，と言ってもよいであろう．そこでこの概念をいくつかの点から基本的な性格についてより鮮明にしよう．

そこでの諸関係は，諸個人相互の関係，集団・組織相互の関係，集合体相互の関係といった同じ位層における諸関係に加えて，異なる位層間の関係も存在しているので単純ではないが，それらの諸関係は現実的には次のように整理することができる．

・タテの結びつきとヨコの結びつきがあること．
・上からの組織化と下からの組織化があること．
・フォーマルな関係とインフォーマルな関係があること．
・顕在的である場合と非顕在的である場合があること．

このように複雑な諸関係が重層的に存在している社会機構の網の目についてもっとも原理的に示したが，一般的・抽象的にではなくて具体的な構成要素に着目することが大事である．まずは前提としての制度の存在を確認する必要がある．制度と実態とが現実的に乖離していることについてはすでに述べた．実態としての社会機構は協同主体の世俗的なかたまりといってもよいであろう．制度を前提としながらも制度から乖離した派閥あるいは私的グループが，制度をも活用して「構造化」作用あるいは「全体化」作用における能動的な存在として活動するのである．その場合，制度からの乖離が全く自由なのではなくて，運用における慣習が活用されるとともに，必要ならば徐々に慣習（＝慣例）を

少しずつ変更したり新たな慣習を形成したりすることもある．現実的に力を発揮するあるいは活用にあたって大きな意味を持つのが生活関係である．制度との結びつきを保ちながらも制度とは異なる社会機構としての意味を最終的に整理して示しておこう．制度，私的グループ，慣行，生活関係によって構成される社会機構は，制度の運用の仕方の独自の形成，構成員間の関係の独自の形成，機構相互の関係の独自の形成という3つの性格によって現実的に実態として存在することになる．

　なお，意志決定の仕方とりわけ集合体と組織体との違いについて，付随的に確認しておくことも必要であろう．前者には主としてインフォーマルな生活関係における権威主義が認められるのであり，後者では前者にもとづく権威主義が不可欠ではあるが，そのようなインフォーマルな生活関係とフォーマルな関係との組み合わせであることに後者と前者の違いがあり，そのことに制度とは異なる機構の存在を明確に確認することができる．集団分化による3つの範疇から社会のあり方にきわめて直接的にかかわるという意味で，典型的な例を指摘しておこう．人間の生産に直接関与する（家族から分化した）教育機関，人間の生産を条件づける（あるいは規制する）国家関連機関，そして集団分化における3つ目の範疇にあたる政党，労働組合関連機関などにおいては，集合体と組織体の両方が形成されることによって，それぞれが社会機構として社会のあり方に直接結びつく位置を占めている．それぞれがなんらかの制度を有しているが，実際の運用においては社会機構としての集合体と組織体がそこでの諸関係に応じて活動するのである．その活動の現実的あり様によって，制度とどの程度乖離するかがきまる．それらの具体相は現実分析に委ねられるが，ここでは社会機構を軸とすることが教育学，政治学，経済学などとは異なる（私の）社会学的方法であることを強調したい[10]．

　このように，社会機構は変化・変動も含めて社会の実際のあり方にとって，集団・組織が諸個人にとって持つ位置に優るとも劣らない位置を占めている．社会機構のこのような一般的性格とは異なる性格として全社会的意味を持つ独自の社会機構として民族と国家が「社会機構論」の構成部分として加わる．し

かしこの場合，民族論，国家論として一般的に展開するのではなく，社会機構という位置づけが両者の社会学的把握であるという私の主張が込められている（国家は集団では独自の位置を占めることになるが，私の「集団分化論」ではいわゆる分類という発想を採っていないことを想起せよ）．

3. 民族と国家

◆ なぜ，民族，国家か

　民族，国家の社会学における理論的位置を社会機構に組み込むことについて簡単に述べて置こう．社会学においては，民族論（あるいは民族社会学），国家論（あるいは国家社会学）というかたちでこれまでも取り上げられてきている．しかし，ごく少数の例を除いては，他の社会諸科学での論じ方や概念構成の違いがきわめて曖昧ないしは区別がつかない論じ方であったと思われる．これまでに取り上げている具体的対象と同じように，この２つについてもまた社会学独自の概念的把握が必要である．この両者は集団であると同時に社会機構でもあるという二重の性格を持つ概念として位置づけられる．民族は集団分化においては準端緒範疇して性格づけられるという意味で，階級と同様に社会学の基本概念の１つであるが，「社会機構」概念として性格づける方が重要である．では，これまでに述べてきた社会機構とはどのように異なるのであろうか．

　これらは協同様式の１つとしての客観的存在であるが，人間にとっては所属しているかぎりにおいては一種の運命共同体的存在であり，人間はこれらの協同様式の構成員であることを基本的には免れることはできない．次に若干の例外はあるが，基本的には社会全体，したがってすべての階級・階層を覆う存在であることを指摘することができる．後の社会変動論との関連を先取りするならば，「構造化」と「全体化」がそこに及ぶことによってはじめて社会変動が現実化するという関連にある．つまり重要なヘゲモニー闘争の主要舞台としての性格をもそなえているということにほかならない．なぜならば，ヘゲモニー闘争が顕在化することによって人々の国家構成員あるいは民族構成員としての

意識が自覚的意識になると考えられるからである．

　以上のような意味でそれぞれを社会機構として位置づけることができる．それぞれの内部の具体的あり方が社会機構としての性格を規定することになる．ただし，社会機構を内に含んだ社会機構であると同時に社会機構に組み込まれた社会機構，しかも相対的独自性を特質とし，社会機構という性格だけとしては捉えきれない現実的存在でもある．だからこそあらゆる社会科学が取り上げる学際的研究対象なのである．社会学的把握としては社会機構として把握することが独自な把握であることを主張したい．つまりここでは社会学としての概念化が主要に問われるということである．なぜならば，関係（協同様式）の生産こそが社会学の独自性をなしているからである．一般には，全体社会，社会構造，社会体系，さらには漠然と社会という表現があるが，それを実体として把握するにしても，機能主義的に把握するにしても，それ自体をストレートには把握できない．すべての人間は民族の一員であり，国家の構成員なのである．しかもこの2つは，とりわけ近代社会では不可分に関連している．

◆ 社会機構としての民族

　民族についてはいろいろな見解がある．ここでは社会機構としての民族を考えるにあたっての前提として，これまでの民族が一般的にはどのように把握されているかについて簡単に触れておこう．「特定の出自と文化へのアイデンティティを共有する人類の下位集団」というのがかなり一般的な「民族」概念の理解である．

　しかし，このような理解は誤りではないにしても，民族だけに限定した理解とは言い難いであろう．例えば，氏族，部族，中国の宗族，韓国のチェーサなども，「特定の出自と文化的アイデンティティ」を共有している．ではどのように区別するか，集団にとどまらない機構であることにその区別を求めようというのが，私のさしあたりの想定である．この想定によって，民族と民族集団とを概念的に区別することが可能になる．それは後の社会変動論で取り扱う即自的階級と対自的階級との対比と似ているとも言える．

これまでの社会学において先に指摘したように，民族論とか民族社会学として展開されているものの多くは，他の科学（例えば文化人類学）からの借り物や他の科学でも扱える類のものである，と私には思われる．民族社会学は，これまでのように民族論としての一般的理解を示すものでもなければ，民族学とも性格を異にする．私は〈社会機構としての民族〉という把握が他の諸科学とは異なる社会学独自の把握であることを主張したい．すなわち，家族からの集団分化ではないが，その土壌的意味のある「民族集団」が社会機構としての性格を有する点に着目することによって，社会学独自の対象として概念的に措定することができるということである．

　まずは，社会学における民族の理解にとっては，次に取り上げる国家との違いに注目することが大事である．国家は，「集団分化論」において確認したように，全社会的な制度を有していること，公的な強制力を有すること，主権概念と結びつくこと，一定の空間的支配領域（領土）を有することなどによって，人間の生産を条件づけるところに独自の性格がある．民族それ自体としては，これらを一切有していないにもかかわらず，人間の生産を条件づけること，しかも国家とは違って民族の構成員ではない人間の生産をも条件づけるところに独自の性格がある[11]．民族のこの独自の性格は，社会機構としての民族という社会学的把握なしには概念的把握にはならない．

　社会機構としての民族という理解は，これまでにある程度は確認されてきている最大公約数的な「民族」の理解を一応は念頭におきながらも，社会学が独自に着目する民族の理解であることを意味する．民族は制度でもなければこれまでに述べてきたような意味での集団そのものでも組織そのものでもない．それぞれの位層を育む土壌である．だから耕したり種蒔きしたりしないと，民族は具体的には顕在化しない．しかし，そこには特有の社会機構的性格が認められるとともに，それ自体が相対的に不変な面と変化している面とを認めることができる．この点については2つの確認をしたい．

　1つは，意識的条件における独自性ということである．ある民族が他の民族とどのように異なるかということは，普段はほとんど意識されていない．しか

し，民族がかかわる社会状況にひとたび直面すると，民族が顕在化する．眠っていた民族意識が目覚める．民族意識による独自の具体的な活動が一定のまとまったかたちとして現れる．このような現れはそれぞれの民族においては民族意識としての意識的条件が継続して存在していることを示すものである．もう1つは，民族における独自の関係の存在ということである．民族の顕在性が常に継続している場合があることを私たちはいろいろなかたちでの見聞によって一定程度は知っているであろう．これは集団としての民族的まとまりがあることを示している．このことは，意識的条件を土壌として漠然とした関係が機構化されることによって，社会機構としての民族が現実的意味を帯びていることを意味する．このことは制度のない機構としての特殊な性格をもっていることを示している[12]．

◆ 社会機構としての国家

国家論はきわめて多様であり，論者の数だけ国家論があると言えるかもしれない．しかし，国家論の原点としては，スミスの市民的国家論，ヘーゲルの理性的国家論，そしてマルクスの階級的国家論の3つを挙げておくことで十分であろう[13]．多様な国家論や国家機能論，そして「大きな政府」，「小さな政府」といった具体的な政策における国家の性格づけなどは，なんらかのかたちで上に挙げた国家論の思惟を程度の差はあれ踏襲していると考えられるのである．社会機構としての国家を考えるにあたっての前提的確認としてはこれだけで事足りるであろう．ここでもまた国家論を一般的に展開するのではなく，前の項での民族についての論及，前章での集団分化における端緒範疇の1つとして国家を措定したことと同じように，社会学的には社会機構としての国家が措定される．このような措定は，以下に述べることに暗示されているように，後の章で展開する〈社会変動論〉に直接結びつく位置を占めていることをあらかじめことわっておこう．

マルクスと基本的には同じ立場のエンゲルスの見解については，前章で簡単に指摘だけにとどめたが，彼は次のように国家の基本性格を示している．第1

に，居住地域によって国民を分けることである．第2に，住民とは一致しない武装した人間を組織して1つの公的権力を設定することである．第3に，公的権力を維持するために租税を徴収することである．第4に，公的権力と租税をにぎって官吏が社会の上に立つことである．そしてこの後に，階級対立を抑制する必要から国家が生まれたこと，経済的に支配する階級が国家を掌握して政治的にも支配する階級である，と述べられている[14]．

　国家の基本的な性格をめぐっては，階級支配か，あるいは調整か，国家機能をめぐっては見解が分かれるところであるが，ここではそのような論議を呼び起こす国家論そのものには深入りしない．階級支配かどうかの問題に入ると，階級論もからんでおそらく際限がないとも言えるような論議になるであろう[15]．階級もからめた権力支配機関であろうと，社会の調整機関であろうと，いずれにせよ人間および関係の生産にいかにかかわるかを問題とするのが社会学的把握である．どのようにかかわる「機関」であるかということは，原理論の問題ではなくて現実分析の問題である．階級支配の機関であるか否かという立場の違いはそれぞれの現実分析によって示されるであろう．これについては，集団分化論においてすでに述べているが，国家は人間の生産に直接かかわるのではなく，人間の生産に直接かかわる（あるいは人間の生産そのものである）家族などとは異なって，諸集団における人間の生産を規制する（条件づける）というかたちで人間の生産に関与している．しかし，先のエンゲルスが挙げた4つの性格からは，国家が人間の生産にどのように関与するかということを具体的に導き出す方向は出てこない．そこで社会機構としての国家の措定が必要なのである．社会機構としての国家には，それらの生産の一定の方向づけ，しかも権力をともなった方向づけを実質的に遂行するというところにその特質がある．

　国家とりわけ近代国家は，制度としての立法，司法，行政のあり方について基本的には規定されている性格を有する．それらの性格については政治学やその他の社会科学によって取り上げられるが，社会学では集団分化における端緒範疇に加えて，社会機構としての国家が主要に問われることになる，というの

が私の主張である．それは「社会機構」概念を軸として国家の実態へ迫ることを意味する．具体的に指摘すると，実態としてのそれら3つのあり方――法律・条例の決定の具体的プロセス・司法の具体的運営・行政における施行プロセス――はどうであるか，実態としてのそれらの相互関係および内部関係はどうであるか，そこで活動する人々が公式・非公式に権力をどのように発揮しているかを具体的な実態として捉えるということである．先に制度，実態，機構についていくつかの分野を例示したが，実態は制度とはおおむね乖離しているはずである．したがって，社会学が社会機構としての国家の実態に迫るとは，制度と乖離している実態の行方＝目的意識的な方向づけにたいするヘゲモニーをめぐる現実を明らかにすることである．具体的にはヘゲモニーのあり方によって3つの「構造化」作用がある．

　すでに示唆しているように，制度と実態（主として制度の運用）は程度の差はあれ乖離しているのが現実であろう．1つには，制度と実態の乖離の温存という作用つまり現状維持というあり方であり，官僚を中核として構成される社会機構ではこの性格である場合が多い．なぜならば，そこにおいてはなかば慣例化されたルーチンワークにしたがうだけで事足りるとともに，それにかかわる構成員にとっても個人的利益および集団・組織の利益に結びつくからである．2つには，制度と実態の乖離の縮小を目指すつまり改革を志向する「構造化」作用を挙げることができる．これは「現状維持派」として性格づけられる社会機構に対抗して形成される性格のものであり，これが形成されるとヘゲモニーをめぐる対抗関係が生じることになる．3つには，制度のあり方そのものに変更を求める志向を挙げることができる．これにはさらに2つの志向がある．1つは，制度と実態の乖離の縮小だけの不十分性をさらに追求することによって制度の変更を求める志向である．もう1つは，制度と実態との乖離をさらに進めることが制度上では限界があることを打破するために制度の変更を求める志向である．いずれにせよ，ヘゲモニーについての構造化と全体化への着目が重要になる[16]．

◆ インターナショナルへの射程

　国際関係についての論じ方には，一般的には政治，経済，文化という社会分野の具体的な関係が個別的に論じられる場合が多いが，それらの個別的分野ではなくてもう1つの論じ方としては，世界システムという把握あるいはそれに類似した思惟によるものを挙げることができる．前者は経済学，政治学，そして文化論などの個別的な人文・社会科学などで論じられているが，後者はある意味では「社会理論」という思惟方法に似ている．後に〈社会変動論〉において具体的に述べるが，このような後者の発想に一般的に認められるような一種の有機的統一体が前提にある思惟方法を私が採らないことは，社会学にたいする私の性格づけによって明らかであろう．国際関係は社会機構そのものではないが，社会学においてはその論理にによる把握の必要性を私は主張する．社会機構はインターナショナルな関係をも射程に入れ得る概念としての性格を有すると言ってもよいであろう．しかしここでは，国際関係を「社会機構」概念によって展開するのではなく，展開する論理を有することを示すにとどまる．

　社会機構との関連で国際関係については一般的にどのように理解できるか．まずは，国際関係における対立軸，協調軸，相対的自立軸という関係を捉える基本視角の設定が必要である．この設定において関係が比較的明瞭に出てくるのは政治，経済の分野であるが（事実としても多様に論じられている），単にこの2つの分野だけでなく，私が設定した5分野すべてについて具体的に捉える必要がある．そこで具体的に着目する必要がある点について簡単に整理しておこう．

　国際関係を全体として捉えるにあたっては，国家間関係ではなくて「エリア」というかなり柔軟な概念の導入によって多元的・重層的関係として見ることが必要である．この場合，分野によって「エリア」概念で捉えられる空間的（地理的）範域がおそらく異なるであろう．まずもっとも一般的意味としては，地理的位置による社会機構としてのエリアを確認することができる．常識的にも知られているアジア，ヨーロッパ，アフリカなどがそうである．この場合の「エリア」はあたかも民族に似て，国際的な社会機構の実質化における土壌と

して性格づけられる。しかし、この「エリア」を設定する基準は決して操作的（あるいは恣意的）なものではなく、私が地域を捉える基本視角としている「条件として地域」および「相互活動として地域」という2つを、「エリア」設定に適用することによって措定される[17]。

　国際関係における実体としての社会機構は、例えば「水面下の動き」としばしば言われるように、一般的なマスコミ報道によるだけではきわめて見えにくい。しかし、社会機構をめぐっては制度と実態が乖離しているということについてこれまで述べてきたように、国際関係において公式に現れるものとしての条約、共同声明、首脳会談などを「制度」とするならば、そこに到るプロセスおよび運用における諸活動の把握には、「社会機構」概念にもとづく論理が適用し得るのである。このことはすでに示したように、社会機構をめぐっての政治、経済、行政、その他における叙述によって、容易にうなずけるはずであるが、考えられ得る社会機構について若干具体的に指摘して、インターナショナルへの射程を示唆しておこう。

　3つの軸から社会機構の論理による見方について例示的に触れておこう。国際政治におけるエリアは多様な「ブロック」をなしている。具体的にはいろいろな同盟関係や互恵関係を想起すればよいであろう。しかし、それらは表面に現れる「制度」であり、条約などに示される関係にとどまらない実態としての結びつき（関係）の性格に着目することが、国際政治関係を社会機構として社会学的に捉えることを意味する。国際経済については政治以上に社会機構として捉えることがより実態に迫ることになることは、経済に関する条約的なものが明瞭ではない場合が多いだけでなく、政治的に国交がなくても経済的な関係があることを考えるならば、社会機構論の射程内であることは容易にうなずけるはずである。文化についても経済とほぼ同様あるいはそれ以上に制度や条約とは異なる独自の実態があることについても、多くを語る必要がないことは、文化関連の情報に目を配れば容易にわかるであろう。

　このようにやや具体的にエリアを軸として国際関係あるいは国家間関係について考えてみれば、国際関係の実質とは社会機構としての民族、国家、その他

の関連集団・組織に加えてそれぞれの国家の社会機構の総体であると見なすことができるとも言える．すなわち，経済学や政治学が国際経済，国際政治として論及するのにたいして，社会学における国際関係の認識とは，社会機構に焦点を当ててその実態に迫ることを通して，実態に応じたエリア認識をするところにある．いろいろな国際比較研究が多くなっている現在，社会機構を軸としたエリアの性格と各エリアにおける異同に着目することが比較研究の方向を指示するものである．このような国際関係における社会機構にたいしては，それぞれの国家および社会機構の諸活動にも受動性，能動性，相対的独自性というこれまでに述べてきた論理がやはり適用される．

　以上によって社会的な変化・変動を捉えるにあたっての基本概念がほぼ出揃ったので，変化を捉える基本視角へと理論展開を進めることにしよう．以下の展開は，これらの基本概念にもとづく「社会」についての概念的把握から現実的把握としての社会の変化・変動へと向かう理論展開を意味する．

4．作用としての社会機構

◆ 構造化という発想

　生産活動とその所産としての社会的現実について，諸個人の活動，集団・組織，そして社会機構という概念と論理をそれぞれの位層において別々に展開してきたが，社会的現実は不断の変化のプロセスの連続であり，しかもそれぞれの位層は他の位層と無関係に存在しているわけではない．したがって，生活関係から社会機構にいたるそれぞれの位層における諸関係の変化およびそれぞれの位層間の相互関係の変化から社会変動にいたる理論的把握にあたっては，すでに述べているそれぞれの位層における変化・変動についての論理の出発点となる〈構造化〉と〈全体化〉という基本概念が措定される．〈全体化〉は社会変動に直接結びつく概念であるが，その具体的展開は後ですることにして，まずは構造化から展開することにしよう．

　構造とはもともとは建造物に使用する言葉であり，それを社会あるいは社会

的諸現象の把握に適用する発想によって，社会諸科学そして社会学においていろいろなレベルでの使用がかなり一般化していると言えよう．また，生物有機体その他にも構造という見方があり，人類学的発想としての「相対的に変わらないもの」という発想に認められるように，固定的存在であることを暗黙の前提としている発想にもとづく概念が構造なのである．したがって，建造物のアナロジーという発想にもとづくにせよ，あるいはその他の発想にもとづくにせよ，構造という見方は社会あるいは社会的諸事象を静態的に捉える概念として基本的には性格づけられる．

　建造物は堅固で固定的であればあるほど好ましいということになるが，そのアナロジーとしての「社会的な構造」は必ずしもそうでないだけでなく，社会は諸個人の活動の産物なのでそもそも固定的な性格をもってはいないのである．生物有機体的発想による構造では部分が全体の存続に結びついて位置づけられるので，全体そのものが変化し得る社会へそのまま適用することはできないであろう．人類学的発想については，誤解を恐れずに言えば，歴史的遺物を対象とする研究に似て，過去的現実にたいしてはともかくとして，現在的現実の研究へそのまま適用できるかどうかは疑問である．したがって，変化してやまない動態的存在としての社会的現実について基本的にどのように考えるかが問われる．

　社会はある意味では生物有機体にも似て様々な要素から成り立っており，ある時点で静態的に見るならば，その意味にかんするかぎりにおいては一定の構造を持つとも言えるし，そのような「構造」の想定が前提されるとも言えよう．しかし，社会的現実は決して静態的存在ではなくて動態的存在である．換言すれば，諸個人を含む部分の変化と全体の変化とを射程に入れる必要がある動態的存在としての社会的現実ということにほかならない．

　社会や生活を常識的に見るならば，そしてまた短期的に見るならば，同じことの反復として見えるか，ある部分が変化して他の部分が変化しないと見えるかいずれかであろう．俗に「世の中が変わった」というのは変化した部分に視点を当てた場合であり，「たいして変わらない」とはあまり変化しない部分に

視点を当てた場合である．これは諸個人や生活についてもあてはまることであり，「相変わらずの生活をしている」とは変化していない部分に非意識的に焦点を当てているのである．しかし，諸個人，生活，社会などを「全体として」見た場合がここでは問題なのである．それらはいろいろな意味で日々新たに生産され続けており，「全体としては」変化し続けていると言えよう．したがって，いろいろな位層の社会的現実に構造と呼べるものが実態としてあるならば，諸個人の活動によってわずかではあっても構造の変化が日々新たに産出されていることになるであろう．構造化という発想はそのように不断に変化する社会的現実に着目することを意味する．そこでそのような論理を試論的に示すことにしよう．

◆ 構造化の論理

具体的現実はあらゆる面において不断の変化のプロセスである．社会的現実を歴史的に厳密に見るならば，過去的現実と瞬間瞬間に現在的現実があり，その現実にもとづく未だ現実化していない未来が想定されることになる．構造化とはそのような変化過程を意味する動態的概念にほかならない．それをさしあたりもっとも単純に図式的に示すならば，

　　　　過去の現実における部分的変化（変化の方向はまだ不明瞭）
　　　　　　　　　　　　↓
　　　　多方面にわたる一定の変化動向＝複合的な「構造化」作用
　　　　　　　　　　　　　　↓
　　　　　　　　↓　←　「全体化」作用（これについては後述）
　　　　　新たな「構造」の創出

ということが想定される．

ところで，構造化の論理とは，変化についての弁証法的論理の具体的適用である．よく知られている弁証法の「定式」として，〈対立物＝矛盾の統一〉，〈量から質への転化〉などを挙げることができるが，それを単なる決まり文句とするのではなく，具体的現実が弁証法的存在であることに応じて弁証法的に

把握する事が大事なのである．「定式」を過去の特定の激変期や部分的かつ短期的な変化に適合的に説明することは比較的容易であろう．しかし大事なことは，現在のトータルな把握と未来への変化を射程に入れるにあたって，弁証法的思惟を貫くことである．付け加えるならば，現在の変化動向を捉えるにあたっては，すでに展開してきた諸個人の生活活動の主要動向（生活関係），集団・組織，機構の主要なあり方をそれぞれの位層での対立の程度と内実を明らかにするとともに，それぞれの位層相互の関連における矛盾・対立をも具体的に明らかにするという思惟が要請される．つまり，それらを歴史的に組み立てることにほかならない[18]．より具体的に言えば，私たちが生きて生活している現在，具体的な対立が質的に新たな変化を呼び起こす程度にいたっているかどうか，それを促進する条件がどの程度成熟しているか，逆にその変化を押しとどめる諸条件はどうか，ということが問われるのである．

そこでまず単純な変化動向として，〈構造化から新たな構造へ〉という一方向についてのみ基本的思惟を示すと，

　　人間活動　→　生活関係への作用　→　人間活動と生活関係の変化　→
　　集団への構造化作用　→　諸集団の変化　→　諸集団の相互関係への構造化作用　→　諸集団の相互関係の総体としての社会的集合体の変化　→
　　その変化の全体社会への構造化作用　→　社会変動，

へといたり，新たな構造の創出という1つの動向を想定することができる．
〈社会的集合体〉とは〈社会機構〉概念を一括したものであり，それは〈集合体としての社会機構〉の大多数を含む存在である．社会機構は全社会過程に作用しているので，より具体的には後の「全体化」作用に結びつけて述べるであろう．

理論問題としてかなり一般的に述べたが，具体的現実を例示しておこう．「囚われない目」で現実を見る者にとっては，現在の日本社会の現実が矛盾と問題性に充ちていることは疑いのないことであろう．この道筋が納得できるかたちで具体的に示されるならば，日本社会の質的転換は可能であり，ここでようやく私の理論がイデオロギーや理念提示ではないかたちでの実践的意義をも

帯びるに到る．実践的意義とは，いろいろな位層における具体的な政策の策定およびその政策の現実化への具体的プロセスを原理的に示すことを意味する．民主主義を基軸として，ここでもまた単純に一方向のみを示すにとどまる．

　　生活における多面的な民主主義的諸活動　→　民主的な人間関係の前進（民主的人間の形成の促進が加わる）　→　集団・組織における民主主義の実質的前進　→　「社会機構」の民主化への作用（＝現代的階級闘争）　→　権威主義あるいは非民主主義の後退・減退　→　民主的な社会のあり方の具体化へ [19]

　ここでは，きわめて単線的な道筋を示したが，具体的現実はそのようには進展しないことは当然であろう（このような民主的な進展の逆の場合も考えられる）．これだけであるならば単なる希望的見解にすぎないのであり，上に示した　→　を阻む作用も当然あると考えられるが，進展を押しとどめる条件を組み込んだ論理は後で示されるであろう．

◆ 構造化と社会機構

　すでに暗示しているが，これらすべての過程は矛盾・対立を含んでいるという弁証法的過程なのである．ここで強調したいのは，諸個人の活動，社会機構，社会の変動についての理論的把握である．諸個人の主体的活動が社会機構に作用しないかぎりは，社会変動が目的意識的な主体的活動の結果ではないという意味で，社会機構は理論的に重要な位置を占める．社会機構が理論的に重要な位置にあることを上で確認したが，社会機構を変化という点からはどのように見ることができるか．

　諸個人の生活が生産活動であることと同様に，社会機構の性格や作用は生きた協同主体の活動であるという意味で，社会機構が実体として存在しているのであり，しかも不断の構造化作用として存在しているのである．したがって，協同主体の具体的活動の仕方によって，社会機構は日々新たに生産されると言えよう．この生産過程の総体を，私は〈社会過程〉と呼ぼう．社会過程をより具体的にいうならば，構造化作用の総過程ということになる．すなわち，社会

が一定の構造を持つ存在であるならば，すでに確認したように決して固定した静態的存在ではなく，不断に変化する動態的存在であり，一般に「社会構造」と呼ばれる存在は不断に構造化される構造である．

　それぞれの位層の構造とは，それを構成する諸要素の関係であり，したがって，構造は日々生産されるという意味で常になにほどかにおいて変化しているのである．すなわち具体的には，諸個人の生活構造の構造化，集団・組織の構造の構造化，社会機構の構造の構造化というそれぞれの位層における構造化過程による変化を意味する．それらの総体としての社会過程とは「社会構造」における構造化である[20]．

　これらそれぞれの位層における構造化は社会全体というマクロレベルから見ると，それぞれの部分的変化であるが，社会の変動をめぐっては，それらの部分的変化の行方，つまり「全体化」への方向のあり方であるそれぞれの構造化の趨勢が問われることになる．その趨勢が最終的には「社会構造」にまで到る．この趨勢については，先に簡単に示したそれぞれの位層における趨勢を捉えるだけでは不十分であり，それぞれの趨勢が直接的あるいは間接的に他の趨勢（＝活動のあり方・方向）にどのように作用するか，つまりある趨勢が協同主体としての構成員の主体的特質にどのように作用するか，ということが問われることになる．しかも，その特質の相互関係を受動性，能動性，相対的独自性という視角から捉えることが要請されるのである．新たな構造化を阻む要素がそれぞれの位層に存在すること，とりわけ集団・組織，さらには社会機構へ進むにしたがってこの要素の占める位置は大きくなる．この要素を組み込んで変化・変動を捉えるには構造化の論理だけでは不十分である．そこに理論的には新たに〈全体化〉の論理を組み込むことが要請される．

◆ **全体化の論理**

　全体化とは，すでに確認している人間存在の特質としての社会関係のアンサンブルという見方から論理必然的に導き出される視角の1つである．

　全体化の論理とは，諸個人の活動と活動の所産としての社会的条件の関係を

弁証法的に把握する論理を意味する．ここでもまた，活動と条件という2つに着目する思惟が一貫して適用されることになる．具体的には〈活動としての生活〉と〈条件としての生活〉の関連を意味する．

諸個人の〈活動としての生活〉から見れば，集団・組織および社会機構のあり方である〈条件としての生活〉にたいしては，諸個人は受動性，相対的独自性，能動性の3つのあり方がある．逆に〈条件としての生活〉である集団・組織，社会機構から見れば，それらは3つのあり方の作用としての諸個人の活動を内に抱え込んでいることになる．すでに指摘した「4層構成」それぞれの位層で活動と条件が同じように作用している．この両者の作用と関係の動態的現実の趨勢が「全体化」に他ならない．

私はそのような論理を〈構造化から全体化への論理〉あるいは〈全体化としての構造化の論理〉と呼ぼう．その基本的論理は，これまでに構造化の論理として示した一方向だけでなく，構造化を押しとどめる条件をも組み込まれることになる．基本的な単位（＝位層）として，諸個人，諸集団（組織がセットになった概念であるが，ここでは省略する），社会機構，全体社会を措定すると，それら相互の矛盾・対立が多様な諸活動として現れるが，やや単純化して図式的に示そう．

　諸個人　→　矛盾・対立　←　諸集団・社会機構・全体社会

　諸個人　→　矛盾・対立　←　諸集団　→　矛盾・対立　←　社会機構・全体社会

　諸個人・諸集団　→　矛盾・対立　←　社会機構・全体社会

　諸個人　→　矛盾・対立　←　諸集団・社会機構　→　矛盾・対立　←　全体社会

　諸個人　→　矛盾・対立　←　諸集団　→　矛盾・対立　←　社会機構　→　矛盾・対立　←　全体社会

　諸個人・諸集団・社会機構　→　矛盾・対立　←　全体社会

ここでは上向と下向の両面から4層およびその組み合わせにおける構造化関係について，基本的論理を示す意味で単純化したが，これに加えてそれぞれの

層において，例えば集団ならばそこでもまた内的な矛盾を含んで変化する．したがって，現実的には矢印のごとくにかならずしも単純（＝単線的に）には作用しない．諸個人の階級・階層的位置，活動に結びつく意識および意識的条件（これについては次章で述べる）などが具体的作用の条件となる．ここでは，下にあるようなかなり単純な図式を，公務労働を例として述べるにとどめる．

　　　諸個人　→　矛盾・対立　←　諸集団・社会機構・全体社会
　　　　　　　　　　　　↓
　　　諸個人・諸集団　→　矛盾・対立　←　社会機構・全体社会
　　　　　　　　　　　　↓
　　　諸個人・諸集団・社会機構　→　矛盾・対立　←　全体社会

　公務労働に従事している場合，彼は職場のなかで自由に勤務しているわけではなく，職場のあり方，官僚機構のあり方，社会のあり方に制約されているが，直接に対峙しているのは職場である．彼が職場での共同性によってその対峙（矛盾・対立）を乗り越えたとしても，その職場が社会機構・全体社会に制約されているので，「公務員・職場」がセットになって対峙することになる．諸個人は３つの位層における制約のもとに活動しているのであるが，それらの制約の大枠である「社会」をなにほどかにおいて変更するには，それぞれの位層を媒介することが要請されるのである．他の様々な対峙の仕方についても同様に考えればよいであろう．この場合，対峙の乗り越えは目的意識的な活動によってのみ現実化する．ここまで来て，ようやく社会変動についての客観的条件としての役者が出揃うことになる．そこで次に，主体的条件の重要な部分へと駒を進めよう．

注

1) 「機構」概念は，これまでは経済機構や政治機構など社会の諸分野を捉えるにあたって経済学，政治学さらには歴史学などによってそれぞれの学的性格に応じて使われている．具体的には本文で展開されるが，社会学独自の「社会機構」概念としては，グラムシの場合は集団・組織相互の関係に着目していると考えられること，布施の場合には，生活の論理から構想・提示されていることが，

私の社会学的思惟にとって継承・発展させる意義があるものとして受け止められるのである．したがって，「生産」概念と同じように，「機構」概念もまたこれまでの社会諸科学で使われてきたような意味内容とは全く異なることに特に注意をうながしたい．

2) 〈集団・組織〉という表現について若干の説明を加えておこう．これまでの集団論においてはいくつもの種類の2分法が認められることはほぼ周知のことであろう．未組織集団と組織集団も2分法の例であり，集団の捉え方としては一定の意味があることを私は十分承知している．しかし前章でも展開したように「集団分化」という発想は集団を分類するという思惟ではないのである．〈集団・組織〉とは単なる集団や組織ではなく，社会構成における位層の1つとして位置づく私の理論構成における基本概念を意味することをことわっておきたい．

3) やや具体的に補足すると，社会学者による「日本社会論」の本のほとんどはかなり多数の執筆者によって論及されていることが圧倒的に多い．そのような場合，論及されているそれぞれの社会分野については，それぞれの専門家が論じているので，その社会分野に関するかぎりはすぐれた論考も見い出せるのであるが，それらが社会学としての「現代日本社会論」として統合されているかどうかを慎重に考える必要がある，と私は言いたいのである．

4) これらの社会分野について，いわゆる「文章化」しないだけでなく「表」にもしないでレジュメスタイルにしたことには，2つの狙いがある．1つは，制度，実態，機構の違いを鮮やかに示すということであり，もう1つは，それぞれの社会分野における内的な弁証法的矛盾について具体的に（体験的に）想起することをうながすという私の意図の表明である．行政分野を例とするならば，法律あるいは条例にもとづく政策の執行にいわゆる裁量があるが，それが個人的裁量のみでないことは実態としての「官僚機構」を具体的に想起すれば容易にうなずけるはずである．

5) 営利企業の実態について具体的に想起すれば，このことは容易にうなずけるはずである．営利企業には制度としてのラインにもとづく職務分掌とそれにともなう一定の権限があるはずである．しかしそこには制度的人間関係だけでなく生活関係が当然存在している．したがって，生活関係が存在するということからの論理的帰結として実態としての機構が生じることになる．営利企業の場合には，制度ではなくて具体的な政策（人事が典型的な例）にかかわるのが特徴である．ここでの「経営体」とは，非営利企業をも含む意味が込められている．

6) 「隙間産業」という言葉はまだ一般化していないようであるが，サービス産業の急激な発展にともなって，とりわけマスコミ界に多いあだ花的存在であると言えよう．本文でも指摘したが，電話とパソコンがあれば簡単にできる下請け業であり，マスコミ関連業務に相対的に多い．実際には1人か2人の「独立自営業」的な職業ということになるが，かならずしも組織に組み込まれているわけではないが，実態として系列化されているにすぎない存在として注目する必

要があろう.

7) かならずしも日教組に限らないが,かつての「総評」傘下の労働組合では2つの異なる政治的潮流がヘゲモニー争いをしていた.制度(組合規約)にもとづくだけであるならば,人事や方針は多数派の立場が貫かれるはずであるが,実際にはそうではなかった.そのような現実は機構の存在があってはじめて可能なのである.政党のいわゆる派閥による運営についても同様に考えればよいであろう.

8) 「根回し」のあり方が常態化するとは,組織内における非組織的な集団が形成されていることを意味する.したがって,構成員の活動は機構との関係によって性格づけられるが,逆に構成員の具体的活動によってその集団・組織の実態が示されるという意味で現実認識にとっては重要な着目点になるのである.しかもその場合,機構が複数存在することもあり得ることにも留意する必要がある.

9) 具体的には様々な社会分野における「派閥的」存在を想起すればよいであろう.一般に表面化しているのはフォーマルな面であるが,私の「機構」概念による把握は単なる「制度」としての把握だけでない射程を含むものとして性格づけられるのである.例えばいわゆる「実力者」とその周辺ということを想起すれば具体的イメージとしてわかりやすいのではないだろうか.

10) 「経済機構」「政治機構」「教育機構」さらには「社会機構」などという表現はこれまでの社会諸科学で使われているが,その意味するところがかならずしも鮮明であるとは言い難いだけでなく,どちらかと言えば「制度的な」意味に傾斜しているきらいがある.私は布施鉄治からヒントを得て非制度的な実態に着目することこそが社会学の独自な見方・独自な概念的把握であることを主張しているのである.

11) この性格については,いわゆる多民族国家を具体的に想起すればよいであろう.この性格が明確に見える場合とかならずしも明確に見えない場合とがある.その具体相についてはそれぞれのケースについての現実分析に委ねられるが,体験・見聞などによって容易に想起できるのはアメリカ,中国,旧ソ連などであろう.日本のアイヌなどはやや曖昧であるが,これらについてはいわゆるエスニシティ問題として論じられているが,理論的に組み込むかどうかはさらに検討を要すると考えている.

12) 具体的には歴史的に現在にいたるまでの民族間関係,最近の民族問題・紛争などを想起すれば,実態としてあることの意味が容易に理解できるであろう.その顕在化現象は政治・経済・文化といったいろいろな社会分野にわたっており,実際にはきわめで多様である.戦争から平和的なスポーツ協議にいたるまで,民族の顕在化を私たちはいたるところで見い出すことができるが,ここでは原理的理解のみにとどめる.

13) この3つの国家論については,高島善哉『現代国家論の原点』(新評社,1979年)において市民社会の見方とも関連づけて具体的に展開されており,私自身

も3者が国家論の原点であるという彼の見解に基本的に同意している.
14) F・エンゲルス「家族・私有財産および国家の起源」大内兵衛／細川嘉六監訳『マルクス＝エンゲルス全集　第21巻』大月書店, 1971年
15) 例えば, 田口富久治／田中浩編『国家思想史』(青木書店, 1974年) で論及されている見解をやや煩雑ではあるがすべて挙げると, ホッブス, ロック, ルソー, ヘーゲル, ミル, マルクス, レーニン, グラムシ, ウェーバー, シュミット, ラスキに及んでいるが, 国家論はこれに尽きるものではなく, さらにはそれらの諸説にたいする解釈や批判的見解があると言えば, 「際限のない論議」が了解されるであろう.
16) 国家が人間（および関係）の生産を規制する存在であることを前提とするならば, 民主主義を軸としてそれを推し進める主体的人間の生産を方向づけるか, あるいは現状維持ないしは逆行する人間の生産を方向づけるかが, 社会機構を舞台としたヘゲモニーの獲得をめぐって問われることを意味する. 人間の生産への方向づけにはどんな労働主体・生活主体・協同主体の生産も当然含まれる.
17) 私が地域の概念的把握をはじめて試みたのは1986年の編著『都市化と家族の社会学』(ミネルヴァ書房) においてであるが, その後, そのような地域の捉え方については, 飯田哲也・遠藤晃編『家族政策と地域政策』(多賀出版, 1990年) でやや具体的に展開を試みている.
18) この組み立てにあたっては, 現実が弁証法的存在であるがゆえに弁証法的認識が要請されるのであって, 決してその逆ではない. これまでは概念的認識をかなり別々に展開してきたが, 変化と相互関係が問われる思惟段階では, とりわけ弁証法的思惟がいかに具体的に貫かれるかが大事である.
19) この単線的図式について若干の補足説明を加えておこう. それぞれの位層において民主的という表現のみにとどめているが, より具体的に言えば, それぞれの位層において民主的な人間関係（＝生活関係）が形成されているかどうか, 主体的活動がどのようであるか, 社会機構と集団・組織との関係はどうであるか, を捉える基本視角をも含意している. さらに主体的活動は諸個人だけでなく, 集団・組織という単位や社会機構にも適用されるのであり, その総体が国民の総意にほかならない.
20)「社会構造」はなんらかの社会構成にもとづくものであり, 社会構成における構成要素の相互関係を意味する概念である. すでに述べたようにこれらの相互関係は不断に変化するので, 「社会構造」概念そのものは一般的・固定的に措定することはきわめて困難である. 私見では社会構造の把握は特定の社会と時代に限定されると考えている.

第9章　意識と社会的現実

Introduction

　生産活動という諸個人の日常的営みから出発して社会機構にいたるプロセスは，活動の所産であると同時に活動を制約する〈物質的条件〉に焦点をあてた理論展開であるが，人間の生活は，他方では意識的活動であり，意識を生産し，生産された意識的条件に制約されているという面をそなえている．人間の諸活動にとってこの意識との関連がきわめて重要であることは言うまでもない．この分野をめぐっては，これまでの社会学では実にいろいろな表現で取り扱われてきている．アトランダムに列挙してみると，社会レベルでは道徳，社会規範，慣習，思想，イデオロギー，文化などなどがあり，個人レベルでは意識，心理，意志などなどがある．デュルケムの集合表象のように，社会学者によっては独自に表現される概念を加えるならば，さらに多くを挙げることができるであろう．

　これまでの社会学的把握や説明では，この2つのレベルでの意識が結びついていないきらいがある．それは意識的現象を特徴づけるあるいは分析・説明するというかたちで取り上げられてきたからだと考えられる．しかし，意識について考えるにあたって大事なことは，意識もまた人々の活動によって生産されること，したがって活動と活動の所産という思惟を貫くことである．そのような思惟による着目点は，意識されている意識と人々の振る舞い（＝活動）に直接結びついている意識されていない「意識」（＝非意識的意識）との関連である．私はこの関連を捉えるにあたっては意識と意識的条件という異なる基本概念を措定する必要があると考える．詳しくは以後の展開に委ねるが，示唆的な確認をあらかじめしておこうと思う．

　意識されている意識とは，卑近な例で言えば，意識調査などの回答に現れる

意識である．意識調査だけではなく，ごく一般的な質問の答えに現れる意識と言ってもよいであろう．きわめて具体的な例を示してみよう．最近の男子学生に「男は外，女は内」という固定的性役割分業という考え方について質問すると，賛成という回答はきわめて少ない．しかし，2，3カ月後に次のような質問をするとおおむね以下のような回答がかえってくる．「君たちは将来どんな家庭が好ましいと考えているか」とたずねる．「やっぱり暖かい家庭がよい，仕事から帰ってくると家に灯りがともっていて，お風呂も沸いていて，夕食の用意もできているような家庭」，他の男子学生の大部分も「そういう家庭がよい」と反応する．私は再びたずねる「そんな準備は誰がするのか，妻ということになるだろうが，それでは前に質問した時の君たちの回答はどうなるのか」と．いわゆる学歴社会に反対と応えるが自分の子どもを早くから学習塾に通わせるというのも同じである．これでわかる通り，ほとんど非意識的に考えたり振る舞ったりすることを支えているのが意識されていない「意識」である．私は，これが物質的条件と同じように人間の現実的活動を条件づけるものであり，しかもこれまた人間の活動の所産であるという意味で，〈意識的条件〉という概念として措定する．したがって，意識の生産そしてその社会的条件を結びつけて意識について思惟する場合には，意識的条件への着目が重要なのである．

　この2つを区別することによって意識的現実の概念的認識が可能になるという意味で，社会学の理論構成の主要部分の1つとして措定することには，理論なき実証志向・自覚なき実証主義への批判的意図が込められている．具体的に指摘するならば，意識だけ，実際の振る舞いだけ，意識と実際の振る舞いのズレ，という把握はいずれも科学的認識としては不十分であろう．意識についてのそのような把握をめぐって，単なる要因の指摘にとどまるか，特徴づけにとどまるならば，説明科学にすぎないであろう．未来への根拠としての位置を占める意識的条件への対応は極めて重要である．したがって，意識の生産，意識的条件の生産，人間の諸活動などの関連の総合的把握の必要性を強調したい．これに加えて文化もまた広い意味での意識的条件を意味することに注意をうながしておこう．そこでこの章では，文化もまた意識的条件に組み込まれるもの

として取り上げられる.

1. 意識の生産

◆ 意識の生産一般について

　これまで論及してきた〈物質的条件〉が活動の所産であるとともに活動を制約するのと同じように，意識もまた活動の所産であるとともに〈意識的条件〉として活動を制約するものとして基本的には性格づけられる．活動と活動の所産というこれまでの生産活動の展開と同じ論理が意識にも当然適用される．原理的にはその通りだが，現実には人間諸個人にとっての意識と意識的条件は日々の生活活動に具体的に現れるとともに全体としてはわずかではあっても絶えず変化する．つまりそれらは再生産されるとともに新たに生産されるのであり，意識レベルでも意識的条件にたいする「構造化」作用と「全体化」作用が存在するのである．そうすると意識についての理論もまた諸個人の日常生活における意識の生産からスタートすることになる．理論化にあたって大事なことは，意識の生産は活動を通してなされるということであり，そこには意識的意識と非意識的意識があることである．そこで，日常生活と意識の生産あるいは活動と意識との関係を原理的に確認する.

　諸個人における意識的条件を含む日常的な意識の生産については，心理学や関連する学においていろいろと論じられている．それらの「学問」における複雑かつ高度な論議はそれらに委ねることとして，ここでもまた人間の諸活動について考えることからはじめよう．ここで私は特別に新しい主張をするつもりはないのであって，意識の生産にかかわって日常体験で容易に確認できることについて述べるだけである．

　すでに確認しているように，人間の活動は主観的には欲求充足活動である．私はこの活動をもっとも基本的あるいは抽象的には2つに分けて措定する．1つは単純な欲求充足活動であり，苦を避け快を求めるという動物にも似た活動であり，本能の域をそれほど大きくは超えていない．もう1つは人間的欲求充

足であり,「苦を避け快を求める」ことが,必ずしも直接的ではない活動である.もっとも一般的に言えば,未来の快のために現在の苦を甘受するということだが,そのためにはどの程度明確であるかはともかくとして,一定の現実認識（＝現実認識としての意識）とそれにもとづく目的が設定されるはずである.この過程に意識の生産が結びつくことになる.

　単なる本能とは異なる目的意識性が芽生えることから意識の生産がはじまる.この人間的欲求充足に結びつく意識の生産は,はじめから現実的意識と非現実的意識を含むものとして生産される.はじめに現実そのものの反映としての意識が生産され,しかるのち非現実としての意識が生産されるということは,目的意識性の芽生えとともに意識の生産がはじまることと矛盾する.なぜならば,目的意識的活動にとっては,ある程度の範囲での現実的意識（認識）＝意識の生産が必要であるとともに,未だ現実ではない人間のイメージとしての意識があってはじめて目的の設定ができるからである[1].

　ここで大事なことは,具体的活動に結びつく意識の生産ということである.換言すれば,人間的活動の必要性が意識を生産することにほかならない.より具体的に展開するならば,4つの人間的活動の必要性に照応しての生産を指摘することができる.まずは自然についての意識であるが,単純に自然の反映としてこの意識が生産されるわけではない.人間が自然と具体的にかかわりを持つことによって,人間と自然との現実的関係に応じてこの意識は生産される.つまり,自然と関係をもつ活動である労働と結びついてこの意識が生産されることを意味する.

　すでに確認したように,人間の生産活動は自然に働きかけることによる生活資料の生産だけではないことより,欲求の生産,人間の生産および関係の生産に結びつく意識もまた意識の生産として位置づけられる.それらは主として自己自身についての意識,他の人間との間柄についてのいろいろな意識,諸個人と社会との関係についての意識であるが,それぞれの意識が対応する人間的諸活動と結びついて生産される.当たり前のことであるが,これらの意識は社会生活にとっては不可欠な意識である.つまり人間的活動の必要性が意識を生産

するということにほかならない[2]．

　意識の生産についてもっとも原理的には以上のように理解されるが，それらが歴史的・具体的にはいかなる意識形態として存在するか．また，どのようなかたちで新たな意識が生産され，かつ意識が発展するか．活動との関連で捉えることが要請される．

◆ 具体的な意識の生産について

　もっとも一般的な意識としては具体的には次のような意識を挙げることができる．活動との関連においてそれぞれの性格について簡単に示しておこう．

　　　適応感覚　　与えられた外的条件への適応
　　　　　　　　　外界の認識，学習によって獲得
　　　　　　　　　外界についての感覚的意識は外界の実体にほぼ照応

　適応は外的諸条件の認知（意識）のかぎりでの活動であり，能動性がないわけではないが，相対的に乏しい範囲の意識によりその発揮は困難であり，外界にたいする受動性と活動の能動性の矛盾の消極的解決が次の習慣を生産することになる．

　　　習慣　　　　パターン化された非意識的適応
　　　　　　　　　いわゆる「社会化」により，意識的適応から非意識的適応へ
　　　　　　　　　社会意識の原初的段階　受動的意識

　習慣は時によっては変化する．それは新しい欲求の生産には習慣がかならずしも適合しないからであるが，意識的条件としての習慣は簡単に（あるいは単独の個人では）打破できないので，ただちには習慣の変更へ進まない適応のあり方が創意工夫である．

　　　創意工夫　　主体的活動としての意識の生産
　　　　　　　　　意識的条件への適応の範囲内での意識の生産にとどまる
　　　　　　　　　社会意識の次の段階　意識の能動性の萌芽
　　　　　　　　　習慣的適応とのズレ　新たな意識の生産

　この創意工夫は適応の範囲内での能動的意識なので，新しく生産される欲求

の充足にたいしては当然に限界を意識するはずである．そこでこの適応意識は次の段階に進むことになるが，それが疑念的矛盾の意識である．

  疑念的矛盾 外的条件にたいする疑問・不満の意識
       意識内における矛盾 外的条件の認識と欲求との矛盾の意識
       意識の能動性と相対的独自性の進展
       ただちに活動には進まない
       習慣からはずれた活動の意識 個人的レベルの段階

　意識の次の段階あるいはもっとも高次な段階しかも活動として現れる意識は，欲求充足の仕方とりわけ個人的欲求を集団的欲求へ転化する仕方として整理して把握することが要請される．この点からの欲求充足の仕方として5つのレベルが措定される．意識の発展については，意識，活動，意識的条件，物質的条件が相互に複雑に関連しているので，以下では重複を厭わないで述べようと思う．

　1) 個人的レベルでの適応的創意工夫

　個人的欲求充足にとどまる意識のレベルである．これはまだ意識的・物質的な外的諸条件にたいする変更意識には到っていない．変更意識は疑念的矛盾にたいしてその打開を集団的欲求充足へ向かう意識からはじまる．これには外的諸条件の変更の仕方および活動のあり方に結びつく新たな関係の生産の仕方にもとづく4つの意識レベルが措定される．

　2) 与件のもとでの協同意識

　個人的欲求充足から集団的欲求充足への最初の段階である．しかし，この段階での意識は単なる適応からはまだ抜け出していない．具体的には「集団主義」としての目的意識性をともなわない日常的な協同活動にもとづく意識であり，偶然性に委ねられる協同意識である．しかし，この意識が協同活動の意味を自覚することによって新たな関係の生産へ向かうことになる．新たな意識的条件の生産が始まる．すなわち，協同意識が先に疑念的矛盾の意識と結びつくことによって，適応を超える意識へと転化することを意味する．

　3) 与件の修正への共同意識

「集団主義」としての目的意識性をともなう意識であり，集団的活動が目的意識的に追求される．単なる適応から抜け出して，活動を直接制約する与件の修正・創出に結びつく共同意識の段階へ進み始める．新たな関係の生産による欲求充足活動，例えば自主的グループ学習や集団的余暇活動は与件としての外的諸条件とそれらの意識との矛盾の拡大を意識するようになることは当然であろう．

4) 社会の部分的変更の共同意識

先の矛盾の意識は，協同意識である単なる欲求から共同意識としての「要求」へと進展していく．これは外的諸条件に一定の変更を求める共同意識であり，したがって，この共同意識による活動はいわゆる「運動」として現れる，いや「運動」とはそもそもこの共同意識なしにはありえないのである．3) と異なるのは，社会の制度の一定の修正を迫る能動的意識にある．広い意味での政治的な要求運動を具体的に想起すればよいであろう．

5) 社会の全体的変革の共同意識

この共同意識は，4) がさらに発展して社会のあり方そのものを変革することを目指す意識として性格づけられることである．その基礎には社会のあり方と諸活動との矛盾にたいするトータルな認識がある．社会の部分的変更の要求が社会のあり方の基本的性格と対立・矛盾するならば，この矛盾の拡大の意識が社会のあり方の変革そのものへと進むことなしには要求が現実化しないであろう．具体的には政権交代の要求から革命運動までも含む幅広い意識が想定される[3]．

意識の発展の論理のこのような展開は，欲求充足とかかわる諸個人の意識の内的矛盾に求めるという考え方を基本とするもである．しかし，意識はなんらかの具体的な活動として現れることによってはじめて現実的な意識となる．その意味では上に述べた意識が具体的活動として，個人から社会までのそれぞれの位層における（協同的）対応の方向を意味するといってよいであろう．したがって意識の発展にとっては，関係の生産も含めて他者との協同活動がきわめて重要であるが，目的意識的に共同活動を追求するにあたっては，欲求充足と

活動の仕方についての共感が必要であることも言っておいてよいであろう[4]．

　意識の生産・発展のこのような確認からは，意識の多様性が活動と結びついての多様性であることがわかるであろう．疑念的矛盾の意識までは個人的な位層の具体的な意識の生産と活動の仕方についての原理的確認であるが，この意識の生産による活動が創意工夫という個人的な位層にとどまる場合とより範囲を広げる場合があり，後者が修正意識あるいは変更意識である．それらの意識を活動に結びつけて大別すると，

　1) に結びつく個人的自己活動
　2) に結びつく個人的対他活動
　3) に結びつく集団的自己活動
　4), 5) に結びつく集団的対他活動

というかたちで整理することができる．これらは当然に関係の生産に直結する．繰り返し強調するが，大事なことは，意識の生産が欲求と結びつく具体的な生産活動と不可分だということであり，これが現実的意識なのである．活動として現れる現実的意識の確認は，他方では，生産活動と結びつかない意識によって非現実的意識が生み出されることを論理必然的に導き出すことになる．非現実的意識もまた意識の生産にほかならないが，これは意識によってのみ生産される意識である．

　非現実的意識は，欲求充足と活動との関連で，虚偽意識と理念的意識の2つに大別される．いずれも社会のそれぞれの位層において生産されるのであるが，この意識の生産の基本的性格の確認は現実的にはきわめて重要である．個人レベルでの虚偽意識は，単純な錯覚から誇大妄想まで多様であるが，社会学的に意味のある非現実的意識は，意識的条件にたいして受動的な適応に結びつく虚偽意識である．この意識においては，関係についての虚偽意識が重要であるとともに実際にも多いことは，権威主義の関係を想起すればよいであろう．社会レベルでの虚偽意識は，意識のひとり歩きによってもともと現実的根拠がないにもかかわらず生産される意識，および現実的根拠が消滅したあとでも生産される慣習として存続するような意識である．

非現実的意識としての理念的意識は，個人レベルにとどまるかぎりにおいては意識的条件にたいしては相対的独自性として性格づけられるが，社会レベルにおいては意識的条件にたいする能動性として性格づけられる．前者は活動に結びつく場合もあれば結びつかない場合もある．後者は活動に結びつくことによって社会的性格を帯びることになる．この意識は虚偽意識とは違って先に具体的に示した現実的意識に組み込まれている意識として性格づけてもよいであろう[5]．

　もっとも原理的には意識の把握は以上のように押さえられる．これまでの「社会学的意識論」の多くは，心理学的であるか，哲学的であるか，あるいは社会とかかわらせた意識現象の説明であるかのいずれかにすぎない．意識の生産は，活動と条件の諸矛盾にもとづく意識の発展という思惟によって捉えられる．私は，社会学的原理にもとづいて意識の生産をこれまでに確認してきた諸概念によって展開すべきであることを主張するものである．そこで次には4つの生産活動との関係をより具体的に展開することになる．

◆ 4つの生産と意識の生産

1) 生活資料の生産と意識

　生活資料の生産活動に結ぶつく意識の生産は現実的意識の生産からはじまる．この意識の生産は，具体的な生産活動のあり方に照応して2つの意識の生産として捉えられる．1つは，自然に結びつく意識，すなわち自然の実体についての意識および自然との関係としての労働技能の意識であり，自然法則についての意識と言ってもよいであろう．もう1つは，この生産における協働関係に結びつく意識であり，具体的には生産関係についての意識および生産力についての意識の2つである．

　この意識の生産は適応と創意工夫と結びついて，自然にたいする直接的な生産活動（＝労働）およびその際の協働としての活動にもとづくのであり，受動性と能動性の両面をもっている．すなわち，自然への適応としての受動性と自然の変更としての能動性である．これらの現実的意識の生産はすべて相対的独

自性の可能性を宿しているが，それが能動性へ転化することによってはじめて社会的性格を有する現実的意識の生産へと進む．

次に非現実的意識の生産についても押さえておく必要がある．自然にかかわる意識および人間と関係にかかわる意識もまた，意識として独自に意識を生産しはじめることによって，想像つまり純粋に意識のみによって生産される意識が生産されるようになる．これは人間存在が目的意識性にもとづく主体的活動であることの必然的結果である．これがこの生産における非現実的意識の生産である．この意識については，プラス面とマイナス面の両面に着目する必要がある．プラス面とは人間精神の能動的側面を意味する．それはまだ現実ではない未来についての意識，未来を志向する意識であり，直ちには現実化しないような創意工夫である．具体的にはユートピア意識を想起すればよいであろう．マイナス面とは人間精神の受動的側面を意味する．それは他から与えられた非現実的意識であり，未来との関連で言えば，非現実のみで構成されている意識であり，現実と乖離している意識である．具体的には，すでに現実性を喪失している習慣やデマゴギーの注入による意識であり，非現実的意識であることがかならずしも明確には意識されてはいない[6]．

2) 欲求の生産と意識

欲求の生産と結びつく意識は，日常生活活動と外的諸条件にもとづいて生産される．欲求充足を可能にする外的諸条件があまり変化しない場合には，生産される意識は日常生活活動と外的諸条件の意識化による欲求充足意識である．外的諸条件の変化は新たな欲求の生産に結びつく契機である．

この意識の生産の場合にもやはり受動性と能動性に着目する必要がある．受動性とは外的諸条件にたいする受動的意識を当然意味するが，かならずしも活動として現れるとはかぎらない．また活動としての現れ方もいろいろある[7]．能動性は外的諸条件にたいしてその変更も含む創意工夫として現れる．活動としての現れ方もまた多様であるが，能動性については2つの側面から見る必要がある．1つは個人レベルでの能動性であり，この能動性は相対的独自性の域を大きくは出ない．もう1つは他者との関係レベルの能動性であり，構造化作

用の意味をもつ能動性として基本的には性格づけられる．

非現実的意識の生産はある意味ではきわめて重要である．現実的意識とは異なって，非現実的意識は諸個人レベルでは主観的に自由に生産できる意識であり，現実的諸条件に制約されない意識の生産である．したがって，この意識は夢想として単純化することもできるが，現実的意識と非現実的意識の両方の作用を受けての生産であるために，実際にはこの生産は複雑である．しかも，諸個人レベルそれぞれでも多様であるために一般化することは困難である．具体例としては，宗教，愛，性などについての欲求の意識の生産がこの非現実的意識の生産に該当するが，すべてを一括するのではなく，それぞれにおいて具体的な把握が要請される．すなわち，能動性と受動性，現実性と非現実性とが複雑に絡み合っているので，一般化することは避けた方がよいということである．

3）他の人間の生産と意識

他の人間の生産に結びつく現実的意識の生産は基本的には生活関係にもとづいている．すでに「生活関係論」で確認した論理にもとづいて，〈ゲゼルシャフト×民主主義〉を例とすれば，そのような「社会的」諸活動によって，自由主義的生活関係に傾斜する意識として他の人間にもまたそのような意識が生産されることになる．その他の組み合わせでも同様のことが言えるが，実際の意識の生産はより複雑である．ここではそれらの複雑さを解きほぐすいくつかの視点を提示しておこう．

部分的意識と全体的意識という視点をあげることができる．上で例示した自由主義的生活関係に傾斜した関係の意識を全体的意識として考えてみると，諸個人は生活関係においていつでも誰とでもそのような意識で活動しているとはかぎらない．そうでない意識に結びつく活動があることは経験的に確認されるはずであるが，それが支配的な意識にはならないという意味で部分的意識として区別する視点が必要である．つまり生活関係において他の人間の生産に結びつく意識は，支配的な全体的意識と複数の部分的意識からなっていることを意味する[8]．

他の人間の生産に結びつく意識には他者についての意識の生産が含まれるこ

とはしごく当然であろう．もっとも基本的には，同質性と差異性についての意識および友好と敵対についての意識があるが，そのことが当然に他者にたいするなんらかの活動に結びつくので，ここではすでに関係の生産の意識が入り込んでくることになる．さらには現実的意識と非現実的意識の混在という複雑さがあることにも留意する必要がある．

　では非現実的意識の生産についてはどうであろうか．この生産については，先に取り上げた「生活資料の生産」と結びつく意識の生産とほぼ同じであると考えてよいであろう．すなわち，欲求の生産に結びつく意識と協同様式に結びつく意識の両方であるが，いわゆる錯覚と呼ばれる意識を想起すればよいであろう．前者の例としては子育てをあげることができる．子育ては他の人間の生産が目的意識的になされる典型的な活動であるが，この意識には，プラス面としては子どもの未来についての意識およびマイナス面の可能性を宿している子どもの現在についての意識が混在している．マイナス面を宿している典型例としては組織の生産についての意識をも挙げることができる．ここにはすでに関係の生産に結びつく意識が入り込んでいるが，子育てと同様のことが組織の構成員にたいしても当てはまる．この非現実的意識は主観的にはおおむね理念的意識として性格づけられるので，具体的ケースそれぞれの検討が必要である．

4）協同様式の生産と意識

　協同様式の生産に結びつく現実的意識の生産の論理は，これまでに示した3つの意識の生産と基本的に同じであるが，他の人間の生産における意識の生産と重なることが多く，現実的意識と非現実的意識の混在はより多くなる．しかし，他の人間の生産に結びつく場合と著しく異なるのは，直接的な活動に結びつかないことが相対的に多いことである．現実的意識は社会的諸関係についての意識であるといってもよいであろう．これら諸関係についての意識にもむろん部分的意識と全体的意識がある．部分的意識とは諸個人それぞれが所属している協同様式についての現実的意識であり，それらの協同様式の現実とほぼ一致している意識ではあるが，限られた範囲の意識である．この意識の範囲が拡大すると全体的意識に向かうことになるが，全体的意識は概念としてはともか

くとして現実的意識としての存在は稀である．直接的な活動に結びつかない意識の生産としては非所属の協同様式についての意識の生産への着目が重要である（活動に結びつく場合もむろんある）．

　非所属の協同様式についての意識の生産を捉える視角としては，同質性と差異性についての意識，および友好と敵対についての意識を挙げることができる．これらの意識は，主としてコミュニケーション活動によって生産されるが，生産された意識がただちに対他活動としてはかならずしも現れない．これらの意識については，受動性，能動性，相対的独自性などの点から具体的に捉えることが要請される．

　協同様式における意識の生産にとっては非現実的意識の生産の把握はきわめて重要である．なぜならば，現実的かつ全体的意識が稀であること，および上で指摘したようにコミュニケーション活動にもとづく受動的な生産が多いことからである．具体的には全面的に非現実的ではなくて疑似的というかたちをとる場合が多い．これには意識の生産の2つの異なる場合があり，1つは集団・組織などに統合が希薄な場合であり，疑似仲間意識を例として挙げることができる．もう1つは集団・組織などに統合が強固な場合であり，具体的には仮想敵国による国民意識を挙げることができる．

　協同様式をめぐる意識の生産は，現実的意識と非現実的意識の相互転換が容易であり，非現実的意識のプラス面とマイナス面を押さえることが大事である．典型的な例としてはユートピア意識とデマゴギー意識を挙げておこう．関係の生産も含めて協同様式一般の生産にとって，前者はプラスに作用する場合もあればマイナスに作用する場合もあるが，後者は徹頭徹尾マイナスに作用する．

　意識の生産を4つの現実的な生産との関連で一応の整序を試みたが，実際にはそれほど単純ではない．現実的意識と非現実的意識，4つの意識の生産，その相互関係，さらには相互転換などが複合している[9]．したがって，意識の生産を具体的に捉えるにあたっては，これらについて整序して捉えることが要請される．ここでは，いくつかに分けて意識の生産を具体的に捉えるにあたっての基本的な視角を示したに過ぎない．

2. 意識と意識的条件

◆ 意識の「構造化」作用

　意識についてもまた「構造化」作用が重要な位置を占める．意識の生産の複合性に照応して，「構造化」作用もまた実際には複雑である．ここではその複雑さを解きほぐすにあたっての基本的な考え方を，4つの位層それぞれにおいてまず確認することからはじめよう．重要なのは，構造化が意識レベルではなくて意識的条件に結びつくかどうかということである．まず諸個人という位層では意識レベルだけの構造化はあり得るが，この構造化は現実的意味をほとんど持たないのである．一般的に言えば，諸個人が意識を変えたつもりになることを考えれば，このことは明らかであろう．現実的意味を持つのは具体的活動に結びついた意識の構造化である．したがって，意識の「構造化」作用は継続した生活関係である集団・組織の位層においてはじめて現実的意味を持つ．しかも意識レベルだけの構造化が論理的にはあり得ないことも確認しておく必要がある．

　集団・組織の位層における意識の「構造化」作用は，構成員間での具体的な相互活動によるものである．構成員それぞれの意識の生産は集団・組織にたいしては受動性・相対的独自性・能動性に結びつく意識が混在しているかたちでなされている．それらの意識が活動として顕在化する場合もあれば，意識だけのレベルにとどまる場合もある．具体的な活動（言語活動も含む）として顕在化する意識は，相対的独自性・能動性の面が受動性を保持している他の意識へ作用すること，および相対的独自性・能動性の面が相互に作用するという複雑なかたちでなんらかの構造化を推し進めたり阻んだりする．このような意識の構造化が集団・組織の性格を大きく変える方向に進むかどうかが問われるが，この問題は次項で取り上げる「全体化」へと構造化が進むかどうかということを意味する．

　社会機構としての位層においては，集団・組織における構造化とほぼ同様の

論理を有すると考えてよいが，この位層での意識の構造化作用はもっとも強烈である．すなわち，集団・組織の位層においては諸個人の活動における意識レベルの構造化は集団・組織のあり方そのものにたいする目的意識性をかならずしもともなっているとはかぎらない．しかし社会機構としての位層においては，複数の諸個人の目的意識性にもとづく構造化であること，しかも直接社会と対峙する位層であることによって，社会変動にたいする物質的力となる，あるいは物質的力となることが目指される．このような性格をもつ諸個人の結合した力であることが社会機構が持っている他の2つの位層とは異なる特質である．前二者の位層における意識もむろん社会変動にたいする物質的力になる得るが，社会と直接対峙していないこと，社会のあり方にたいする目的意識性がかならずしも鮮明ではないという意味で単独では社会変動にたいしては一定の限界がある．なおこれらの意識の生産においては後に述べるイデオロギーが大きな位置を占める[10]．

社会全体におけるそれぞれの位層における意識の生産と意識的条件をめぐる構造化は，もっとも基本的には上で別々に示したことの統合としての構造化であるが，これら相互の関連は，現実的には単純な構造化としては現れない．具体的に指摘するならば，実際には現実的意識と非現実的意識が混在し，対立はそれらの組み合わせによって生じるからである．したがって，それらの関連の把握にあっては，意識的条件の新たな生産という意味で論理必然的に意識の「全体化」が浮かび上がってくる．なお，これら構造化は社会変動の行方に直接結びつく構造化であり，具体的には次章で展開されるであろう．

◆ 意識の「全体化」作用

意識が具体的活動として現れることにより，その意識の「構造化」作用は「全体化」作用としての可能性を孕むことになるが，諸個人の意識の構造化がただちに「全体化」作用を意味するわけではない．意識が「全体化」として新たな構造化にたいして現実的意味をもつには，意識の現実化としての具体的活動を通して新たな意識的条件の創出というかたちの社会的条件へと転化する必

第9章 意識と社会的現実

要がある．したがって，意識の「全体化」作用による社会的条件への転化は，意識的条件の転化という意味で非意識的活動にも結びつく．

意識の構造化作用はそのままのかたちではかならずしも「全体化」しない．すなわち，ある意識の構造化が特定の目的意識性にもとづくとしても，他の意識，主としてこれまでの支配的な意識の一定の残存と他者の振る舞いにおける異なる受容の仕方によって，そのような具体的な事情に応じた変形を蒙ることが多いという意味である．しかし，目的意識性にもとづく意識の「全体化」は，構成員の意識にたいして単に意識的活動に作用するだけでなく非意識的活動にもその作用が及ぶのであり，これが意識から意識的条件への転化にほかならない．

以上が意識の生産についての基本的な捉え方であるが，この捉え方においてとりわけ留意する必要があることについてやや具体的に少しばかり付け加えておこう．意識的現実を捉えるには意識と意識的条件を区別することが大事である．これまでの意識論の多くにはこの区別が概念的にはほとんどないといってもよいであろう．その意味で意識的条件については概念的にきちんと再確認する必要がある．意識的条件とは，一言で言えば全体化された意識である．もっとも一般的にわかりやすく言えば，ある位層における支配的意識が意識的条件である．諸個人は，なんらかの意識的条件のもとでは，その条件をほとんど意識しないで（非意識的に）活動する．このことは，特定の具体的な位層における意識的条件に照応しない個人の活動にたいして，他の諸個人が奇異に感じること，時には排斥したりすることによって明らかであろう．諸個人の活動を制約するという点では，この制約があまり意識されていないという点で，ある意味では物質的条件よりも意識的条件の方が諸個人の活動への制約とその存続にとっては強固であるとも言える．

意識的条件の変化をめぐっては自然発生的変化と目的意識的変更とがあり，前者は物質的諸条件の変化にともなって徐々にあるいは急激に変化する．諸個人の位層で新しく生産された意識が具体的活動の拡大によって大多数にとって非意識的活動になるかどうかは，目的意識的な変更が一般的な意識的条件にな

るかどうかという意味できわめて重要である．このような意識的条件という新たな視点（あるいは概念）の導入は，生産活動論からスタートして意識の生産にいたる展開の論理必然的帰結である．具体的現実として少しばかり例示すればこのことが了解されるであろう．

　1990年代に入って日本では，「夫婦別姓」問題をめぐっては，「夫婦同姓」という意識的条件が転化するかどうかが問われる時期に進んだと見なすことができる．この意識の「構造化」作用は，とりわけ「審議会答申」が出されて以降現在まで継続している．政府の審議会の答申に「夫婦別姓」のあり方が示されたことは，この構造化がすでに1つの方向を持ち始めたつまり全体化作用へと進み始めたことを意味する．しかし，意識的条件への転化は2つの意味でまだ現実化していない．1つはまだ法制化していないという意味で，もう1つは多くの人々が「夫婦別姓」の部分的現実（活動として現れている例）をまだ特別視しているという意味で，そうなのである．詳しくは展開しないが，このような事情には両性をめぐっての家族の現実と固定的性役割分業についての意識的条件が密接にかかわっている，と私は見ている．大事なことは，この事情を一般的に進んでいるかどうかを論じたり，人々をなんらかの基準で（主観的に）分けて論じたりしないで，それぞれの位層において捉えることである．これが目的意識的な意識的条件の変更にとって重要であり，次章の変動論に結びつくのである．

　固定的性役割分業の否定と「夫婦別姓」についての意識は諸個人の位層においては意識的にはかなり進展しているが，非意識的にはあまり進展していないと言える．集団・組織の位層では諸個人の非意識的あり方に照応してきわめて部分的にしか進展していない．さらに広範囲かつ上位の位層では進展がさらに乏しいことは言うまでもないであろう．上位の位層にいくほど進展していないということは，両性の平等についての物質的条件および意識的条件が進んでいないという民主主義のあり方の問題であると考えられる．したがって大事なことは，それぞれの位層での諸現象を民主主義の具体的あり方との関連で区別して捉えることである．すなわち，たとえば社会機構において現れる具体的現象

が，社会機構そのものにおける進展なのか，それとも諸個人あるいは集団・組織における進展が現象しているにすぎないのか，という区別にほかならない．

◆ **様々な意識と意識的条件**

　意識の生産と意識的条件について原理的に確認したが，そこでやや具体的に実際の意識についての展開に進むことにしよう．さしあたり，「様々な意識」と「物質的表現」の2つに分けて整理する仕方を採ろう．ただし，これらは現実的に截然と区分して存在しているわけではないことを断っておこう（分類という思惟ではない）．

　〈意識の生産〉という発想はマルクスの『ドイツ・イデオロギー』に認められるが，マクロとミクロの関連にまでは及んでいない．日本では田中義久のそれを受けての理論的チャレンジがあるが，生活資料の生産と欲求の生産との結びつきにとどまっており，人間の生産および関係の生産にまでは及んでいない[11]．したがってここでは，それらの不十分さに対置する〈意識の生産〉について具体的に展開することになる．「生活意識」の生産からスタートして国民意識にいたるまでの意識を取り上げるが，大事なことはそれがいかなる意識であるかを問うことにとどまらないで，〈意識の生産〉と意識的条件（の生産）との関連を具体的に問うことである．

　1) 生活意識

　主として日常生活の生産に結びつく意識であり，経験的にも簡単に確認できるはずである．生活意識とは，直接的な欲求対象の意識，それぞれの対象についての直接的な個別意識および活動についての習慣化された意識である．飲食・住・衣・狭い意味での時間・空間についての具体的な意識を思い浮かべればよいであろう．このような生活意識は，日常生活での直接的な欲求充足とそれまでの意識的条件の結びつきによって生産が継続している．この意識は存続しているそれぞれの位層における意識的条件にたいしておおむね受動的性格であり，相対的独自性は非現実的性格を帯びて生産されるが，この意識は能動的意識としては限界をもっている．生活意識の能動的生産は新たな社会意識（意

識的条件として）の生産の可能性を持つが，その場合，活動と結びつく共同性（共同意識）つまり新たな生活関係の生産なしには新たな意識的条件は生産されない．

2）社会意識

主として関係の生産に結びつく意識である．この社会意識は，存続している意識的条件に受動的であるかぎりは適応意識としてのレベルを大きくは越えない．その意味では受動的な社会意識であると同時に個人意識としての生活意識とも言える．意識の生産一般における個人的意識の集団的意識への転化について述べたように，創意工夫，疑念的意識への進展によって，そのような意識は社会規範，価値，文化等々にかかわる社会意識にたいして矛盾を孕む可能性を持つ意識という性格を帯びることになる．すなわち，欲求充足と結びつく個人レベルの生活意識とそれまでの社会意識との矛盾を意味するということであり，生活意識と意識的条件としての社会意識との矛盾が新たな社会意識の生産へ向かうかどうかが問われるという関連にある．すなわち，個人的欲求に結びついて生産された意識が集団的欲求に結びつく意識へ転化するかどうかということにほかならない．具体的には，次のような社会意識を主要なものとして挙げることができるが，実際の現実認識に際しては，それら相互の関係や矛盾をも考慮する必要がある．ここでは並列的に示すが，これらの社会意識それぞれには上で述べた社会意識の矛盾を孕んでいるという意味で，単なる分類としての並置ではないことをことわっておこう．

①地域意識

地域意識は3つの社会意識によって形成されている．自分自身についての社会意識をまず挙げることができるが，いわゆる「〇〇人」という意識を意味する．この意識の諸個人における程度は多様であり，かなり地域に密着した意識から単なる住人という意識までの幅がある．次に他者についての社会意識は一種の仲間意識として性格づけられるが，これもまたかなりの幅がある．3つ目としては自他の関係についての社会意識を挙げることができるが，これは自分自身も含めて地域内における諸個人の位置づけについての意識を意味する．能

動性, 受動性, 相対的独自性がここでも貫かれているが, どちらかと言えば, 意識的条件にたいする受動性に傾斜している. 地域意識については, 生活関係を基軸として発展にとってのプラス面とマイナス面を具体的に捉える必要がある. もう1つ大事なこととしては, 条件と活動との具体的あり方にもとづいて現実意識と非現実意識について, 受動性と能動性とを関連させて着目する必要があるということである.

②国民意識

近代国家の成立前後に出現する意識であり, 地域意識が範域として拡大したものとして捉えることができるが, ここでは他の意識と異なる点の確認が大事である. 地域意識と同じように所属に結びつく意識（一種の属性意識）ではあるが, 実際の所属と一致しているという意味で, 同じく近代国家の成立前後に現れる階級意識とは異なるが, 一種の属性としての意識であることが古くからある民族意識と同様である. 国民意識を捉えるにあたって大事なことは, 単に国籍を有することにもとづく意識, つまり例えば日本人であるという意識と一般に国民性とされているものとしての特有の日本人意識とを区別することである. 前者は国民意識としてすべての国民が有する所属意識として性格づけられるが, 後者はかなり個人差のある意識であるとともに, 自己意識としての国民意識と他者意識としての国民（についての）意識とがかならずしも一致するとはかぎらない. したがって, 具体的に捉えるにあたっては, 後者における意識的条件と諸個人それぞれの意識との関連に着目することが大事である.

③民族意識

民族の基本性格に照応して, 民族意識とは出自と文化の共有にもとづく意識を意味するが, 地域意識に幅があるのと似たように現実的にはかなりの幅がある. この幅については, 民族特有の慣習的な諸活動によって再生産されるが, 慣習的な民族的規制がゆるやかであるかどうかによる. 歴史的に形成された意識ではあるが, 対自的活動においては民族的自覚に乏しい場合が多いことに示されているように, 意識的条件にたいして受動的でありしかも非意識的であることが, 他の意識と大きく異なると言えよう. これにたいして対他的活動にお

いては民族としての自覚が豊かであるが，地域における疑似仲間意識にも似ており，現実的意識と非現実的意識が混在している．したがって，意識的条件に着目することがとりわけ大事である．

④階級・階層意識

この意識についてはこれまでにきわめて多様に論じられているが，人間の生産と関係の生産を基軸とする私の理論構成では，階級・階層は端緒範疇としての理論的位置を占めていない（集団・組織論において準端緒範疇として位置づけたことを想起せよ）．したがって，階級意識と階層意識が諸個人において明確に区別されていないだけでなく，諸個人の意識が客観的に所属している階級（および階層）意識とかならずしも一致していないことが，3つの端緒範疇の意識とは大きく異なるところである．そのような相違を考慮すると，この意識については3つの点から捉える必要がある．まず所属意識としての階級・階層意識という点から捉えることである．この点については，客観的な所属とはかならずしも一致するとはかぎらないのであり，意識的条件および諸個人の生活意識に着目する必要がある．次には対比としての階級・階層意識という点から捉えることである．これは他の階級・階層との差違の意識として性格づけられるが，これまた主観的性格が濃厚である．具体的には対他活動として現れるのであるが，意識的条件にたいして非意識的な活動として現れることが多い．3つには，なんらかの共同活動に結びつく階級（あるいは階層）意識を挙げることができる．前の2つが日常生活あるいは狭い集団の位層にとどまっていることが多いのにたいして，具体的な活動が社会的意味を帯びる階級意識である．これは，独自の社会機構を形成する意識，あるいは機構の形成に結びつく意識として性格づけられる．この階級意識は支配的な意識的条件の変更をも求める（逆に維持・強化を求める）という意味で，社会のあり方にたいする構造化作用が他の2つに比べて顕著である（これまでにいわゆる即自的階級および対自的階級とされてきた区別は意識と活動によって捉えられる）．なお，ここでは活動および意識的条件との関連で3つに分けて述べたが，これまた3つの視点であって分類ではないことをことわっておこう．

3) 思想とイデオロギー

　思想とイデオロギーを原理的に捉える試みはあまりないようである．思想についての論じ方としては，例えば社会思想・政治思想・経済思想・教育思想というかたちに代表されるように何らかの社会分野についての思想を論じることを指摘することができる．イデオロギーについての論じ方も基本的には同様であるが，論じ方についての論考および「イデオロギー批判」としての論考であることが異なっているといえよう．それらはそれぞれの論じ方として意味があるが，社会学ではどのように取り上げるかが問題なのである．

　思想にしてもイデオロギーにしても何らかの意識なので，社会学による原理的な把握については基本的にはこれまでに展開してきた意識の生産と同じように，それがいかにして生産されるかということおよび活動との関連での社会的位置づけが軸になる[12]．

　では思想やイデオロギーはいかにして生産されるか，そして活動および社会的条件にどのようにかかわっているか．思想もイデオロギーも言うまでもなく非現実的意識であるが，協同様式にかかわる全体的意識の性格を帯びた意識が思想である．しかしこの意識は，社会の矛盾あるいは問題性の意識と生活とを結びつけようとして生産されるという意味で，社会的基盤がある．その意味では，厳密に言えば，非現実的意識に現実的意識が混在している意識である．現在についての混在に理念的意識という非現実的意識が導入されることによってこの意識が生産されるということにほかならない．社会・生活についての矛盾の意識が強ければ強いほどこの意識は鮮明に生産される．

　思想は特定の個人による意識の生産が社会的に意味を持つことによるが，そのことが思想の波及を意味する．思想の波及とはなんらかの思想が他の多くの諸個人においても同種の思想として生産されることを意味する．思想の波及には思想の物質化が当然必要であるが，次の項で述べるような物質的表現による外化によってはじめて現実的意味をもつことになる．この外化された思想が相対的に多数の人々の共感を呼び起こすことによって，支配的な意識的条件から解き放たれると，それは共同活動というかたちでの物質的力となる．

イデオロギーの生産については，思想との異同を軸にイデオロギーの生産を捉える必要がある．イデオロギーもまた思想と同じように協同様式にかかわる現実的意識と非現実的意識の混在によって生産される．思想とは異なって社会的な対立（主として階級対立）を現実的基盤として生産されるところに，イデオロギーの生産の特徴がある．したがって，社会的な対立が存在するかぎりイデオロギーが生産されることになる．思想の生産と異なる性格として留意する必要があるのは，客観的にはイデオロギーの生産であることが主観的には自覚されていない場合がしばしばあるということである．

イデオロギーの生産であることが自覚されない場合があることが大きくかかわって，現実的に実に多様なイデオロギーが存在している．例えば政治，経済，教育などすべての社会分野にわたっているが，それらすべてが程度の差はあれ意識的条件を生産するという意味を持っている．イデオロギーの作用は基本的には思想の波及と同じであると考えてよいが，上に指摘したイデオロギーの生産における「自覚問題」に留意すことを表明しておきたい．生産する方と受容する方の両方に当てはまるという意味であり，「イデオロギーの終焉」論や民主主義の主張をイデオロギーとすることは，イデオロギーの表明であることを自覚していない典型的な例である[13]．

◆ **意識の物質的表現**

これまでに意識の物質化について若干は触れているが，意識は物質的表現をとることによってはじめて現実的意識として社会的意味を帯びることになる．諸個人がどのような意識を生産しているにしても，それが物質的表現をとらないかぎりは，社会的には無に等しい．したがって，意識の現実的表現とは，物質化された意識と言ってもよいであろう．

物質化された意識とはなんらかのかたちで外化された意識を意味する．では具体的にはどのようなかたちで物質化されるか．言語，シンボル，パフォーマンス（＝身体的活動）の３つを挙げることができる．繰り返し強調するが，これは意識の物質的表現の分類という思惟によるものではない．実際の現れがど

れに該当するかが截然としないこと，例えば，怒りの意識を想起すれば，ある程度了解されるであろう．

1）言語

物質化された意識としてまずは言語を挙げることができる．いかにして言語が生まれるか（意識が物質化されるか）．これについてもまた「生産」を基軸とするこれまでの思惟方法と同じように，「言語とは？」と問うこともさることながら，「言語がいかにして生産されるか？」という問いが重要なのである．

言語は人類とともに古いので，人類社会生成の論理を想起してみよう．つまり4つの生産活動はすべて協同的存在としての人間的活動であり，それらの活動はすべてコミュニケーションをともなうことに着目するならば，そのような協同活動でのコミュニケーションの必要性によって言語が生産される．モノの生産にしてもヒトの生産にしてもなんらかの協同活動であること，関係の生産がそれらの生産にともなうことを想起すれば，言語が基本的にはこのようにして生産されることは容易にうなずけるはずである．

言語の生産が原初的には意識の生産と同じように，モノとヒトの生産に直結しているという意味で，言語の原初形態は外的現実（＝事物・活動）を直接反映する意識の物質化であった．やがて（生産力の発展にともない）欲求と関係の生産にも結びつく言語の生産が始まるが，それは同時に物質的な生産を直接反映しない言語が生産される契機でもあった．この言語の生産については，非現実的意識にプラス面とマイナス面があるのと同じような論理が適用される．なぜならば，言語の生産は意識の生産に照応するからである．

生産活動とりわけ関係の生産の複雑性の進展にともなって，生産される言語もまた複雑化していく．具体的に指摘するならば，意識における抽象的思惟の進展および非現実的意識の生産の進展に照応して，言語の生産もまた同じかたちで進展することを意味する．言語の定義あるいは「言語とは？」という問い，さらには様々な言語論がこれまでいろいろと展開されてきているが，私は，人類の意識の発展に照応しての言語の生産を具体的に展開すること（論理）が社会学においては大事であると考えている[14]．

もう1つ確認しておく必要があるのは，意識の物質化—言語だけではなく次に述べるシンボル・パフォーマンスも含めて—における意識（＝精神）の主体的側面である．意識の物質化は活動としての意識の外化であり，したがって当然それらは人間の主体的活動であることになる．したがって，物質化された意識としての言語活動は諸個人をはじめてとしてそれぞれの位層における主体性のあり方とりわけ協同存在としての主体性の性格が表現されている．換言すれば，言語の生産を主体性の生産との関連で捉えることが，社会学的認識にとっては不可欠であることにほかならない．

　2）シンボル

　言語も広い意味ではシンボルの一種であるが，ここでのシンボルとは非言語による意識の外化の1つとしてのシンボルに限定して述べようと思う．シンボルもまた生産活動におけるコミュニケーションの必要性によって生産されるのであり，シンボルの生産もまた言語の生産と基本的には同じ論理が適用される．生産の仕方において基本的には言語と同じ性格のシンボルは言語とどのように異なるのであろうか．

　言語とのもっとも大きな違いとしては，シンボルが主として視覚によるコミュニケーション手段として生産されること，ある主要な言語（具体的には国語）の適用が交通の発展にともなってその範域を拡大していくつまり統合の方向に進むのにたいして，逆に集団分化にともなって分散の方向に進むこと，を指摘することができる．この違いによってシンボルは多様なかたちで生産されることになり，言語とは異なる特質が生産されることになる．さらに考慮に入れる必要があることとしては，言語のように生活過程で自然発生的に生産されるのではなく，目的意識的（人為的）に生産される性向が強いことである．

　このような基本視角にもとづいてシンボルを捉えるにあたって大事なことは，具体的な活動との結びつきにおいて考えることである．主として視覚によるコミュニケーション手段として生産されることによって2つの特質をもつことになる．1つは，音声では不可能な遠距離への伝達ができることであり，具体的には狼煙，海上での合図などを想起すればよいであろう．この特質と結びつい

て伝達内容（意味）が単純であるというもう1つの特質を挙げることができるが，シンボルの生産によって示される意味が単純であるために誤解があまり生じないことも言っておいてよいであろう．

上のように人々による一定の了解のもとに生産される性格によって象徴性を帯びた意識の外化であるシンボルには，いくつかの社会的性格が付与されることにも注意をうながしたい．主として分散に結びつくシンボルについては，特定の範囲（集団・組織）での共有された意識の生産（＝外化）として捉えることが重要である．そこには限定された範囲における了解にもとづくシンボルとして生産される．逆に統合に結びつくシンボルについては，集団・組織さらには「社会層」に属する代替的表現としてのシンボルの多様な生産を指摘することができる．具体的には国旗，徽章，さらには衣服や装身具等などがあるが，大事なことはいかなる意味で生産されるかを具体的に問うことである[15]．

3）パフォーマンス

同じように意識の物質化（外化）であるパフォーマンスについては，言語・シンボルに比べて，理論的・根源的にはあまり論じられていないように思われる．コミュニケーション手段として生産されること，その他上で基本的に性格づけた点では，パフォーマンスも前二者と同じであるが，意識の身体的表現という異なる性格によって独自な生産活動としての特質を有することになる．言語および非言語的シンボルと異なるかたちで生産されることによって2つの特質を有していることを確認したい．

1つは，生産活動そのものの表現あるいは生産活動の変形的表現であるという特質である．もう1つは，生産の一回性あるいは再現不可能性という特質である．この意味では意識の外化としてはもっとも主体的な生産活動として性格づけられる．したがって，その時その時の意識のみが純粋に外化するのがパフォーマンスであり，保存・伝達が変形としてのみ可能であるということになる．具体的には身体的表現によるいろいろな「芸」，スポーツ，ダンスなどの活動，祈り，を想起すればよいが，芸術作品の作成活動もまたこれに該当することを指摘しておこう．やや先取りして言えば，パフォーマンスのこの独自な

性格が芸術・芸能やスポーツなど独自な文化領域を形成することになる.

　これらの意識の外化である生産活動は，広い意味での文化の生産としての意味をも有しているのであり，文化を捉えるもっとも抽象的な論理を示したことになるとも言える．したがってここまで展開すると，意識および意識的条件のより具体的表現である〈文化〉が浮かび上がってくる．ただし，文化の生産はそれらの具体的表現のみにとどまらず，相対的独自性のある理論問題を有している．

3. 文化の生産

◆ 文化の多義性・包括性・限定性

　文化は社会学では重要な研究分野としての位置を占めているとともに，それ自体が現実へのアプローチの仕方あるいは方法論の軸という位置を占めている場合もある．さらには他の人文・社会諸科学の主要な研究対象である場合もある．したがって，いろいろは観点から「文化とは何か」について論じられている．しかも具体的に使われるにあたっては，人間生活すべてを覆うような広い意味であったり，人間社会の特定の分野（これ自体も多様であるが）に限定した狭い意味であったり，加えてその含意がかならずしも鮮明でないかたちで「連字符文化論」（大正文化，若者文化等々）として論じられたりしている．文化にたいするこのようなアプローチの状況を考慮して，この節ではそのような発想とは異なる発想による展開が必要であると考える．すなわち，私自身の場合はこれまでの理論展開と同じであり，基本的には「文化の生産」からスタートする思惟として一貫して展開することになるが，その前に代表的と思われる諸見解に簡単に触れておこうと思う．

　社会学でも相対的に多く活用されている文化人類学における諸見解は，文化について考える際には多くの示唆を与えている．E. B. タイラーは現存している未開社会の研究を通して原始社会，原始文化の研究を開拓し，多様な文化領域について論及している．彼の見解としては，文化とは人間が後天的に獲得し

た生活様式の総体であるという見解の確認で十分であろう．B・K・マリノフスキーはトロブリアンド諸島の詳細な調査で知られているが，個人の心理を基礎において多様な文化現象における有機的連関へ着目したことが彼の文化把握の特徴と言える．機能主義的性格が曖昧であるとも言われているが，多様な文化現象の詳細な素材を提供したと言えそうである．A・R・ラドクリフ＝ブラウンはマリノフスキーとは違って，社会への適応のメカニズムとしての文化という見方，および全体としての文化の型という思惟方法にもとづいて，比較文化研究を広範に展開している．C・レヴィ＝ストロースの文化についての思惟方法も確認しておく必要があるであろう．理論的にはいわゆる構造主義として知られているが，文化の総和性と遍在性および共時性と相対性という認識における課題が提起されているところに注目したい[16]．

　文化人類学的文化研究はこれにつきるものではないが，ここではその流れを詳細に紹介・検討するのが目的ではないので，その特徴を指摘するにとどめる．これらに共通しているのは，「未開社会」における「文化」にたいしてフィールドワークによって具体的に迫ったこと，および文化を研究するにあたっての方法・視点を彫琢していったことである．文化の生産をもっとも原理的に捉えるにあたっての意義のある視点・方法がそれぞれの研究に認められるが，以下の展開のなかで必要に応じて具体的に活用することになろう．ここでは未開社会が対象であること，つまり生活と文化がほとんど分離していないことから，文化の生産がまさに生活の生産と不可分であることにこれらの諸研究の知的遺産としての注目点があることを確認することが大事である．方法・視点にはそれぞれの特徴があるが，それらをどのように活用するかが問われるであろう．

　他方，これまでの社会学における文化論・文化研究は社会学の多様性に応じて，簡単には整理できないほど多様である．これについてもまた，諸研究や見解を詳細に紹介・検討するのではなく，〈第１部〉での理論的検討と同じように，私の理論構成の性格にしたがって次の３つの見解に絞るが，すでに〈第１部〉で取り上げている諸見解なので，再確認という意味で簡単な指摘ににとどめる．A・ヴェーバーの文化論としては，文化の重層化という見方による文化

創造への期待，およびこの見方と結びついて「文化の危機＝人間の危機」という認識に注目したい．オグバーンの文化論としては，物質的文化と非物質的文化に分けながら，適応文化として概念化を志向したことおよび文化遅滞論をどのように活用するかということに着目したい．そしてブルデューについては，卓越性としての文化という見方および「文化資本」概念の措定による文化の社会的位置づけに着目すること，そこから理論的にどのように発展させるかということ，さらには具体的な現実認識における活用の仕方が求められること，を指摘しておきたい．先に触れた文化人類学的な諸見解とは異なる意味で，一般化して言えば，これらの諸見解における文化研究の方法および文化の社会的位置に注目する必要があると受け止めるべきであろう．

次に，日本文化論としての展開についても，固有名詞に結びつく展開ではないかたちで簡単に触れておこう．日本の文化についての具体的な現実研究は民俗学をはじめとして多様に展開されているので，社会学に限定しない方がよいであろう．

まず「文化の型」に着目した研究を挙げることができる．これは日本に特有の「文化の型」を発見するあるいは説明する性格をもっており，他の社会とは異なる文化の特質を，民族の歴史的・社会的諸事情にもとづいて，人々の生活・心理などの特質を一定の「文化の型」とするものであり，具体的な文化特質やそれを育む「土壌」に着目する性格を有する文化研究である．

次に文化の「構造的理解」を志向した研究と言えるものを挙げることができる．「文化の型」がある意味では日本文化の一元論的捉え方であるのにたいして，この見方は二元論（さらには多元論）的な捉え方として性格づけられる．つまり「文化構造」という理論装置を設定することによって，日本文化の特質そのものもさることながら，多様な文化現象と特質および諸関係を「構造的」に捉えようとするものである．

そしてこれが社会学には多いのであるが，なんらかの「文化的特質」について焦点を絞った研究を挙げることができる．主として文化現象の「機能」＝社会的位置に着目したものと一応は性格づけられるであろう．しかし，外国の文

化理論の影響が強いためか,この研究はかならずしも一様ではなく,現今の「社会学的」論考にも似て文化研究の「拡散状況」を進めているようにも思われてる[17]。

　このような知的遺産にもとづくならば,「文化とは何か」というもっとも基本的な概念的把握としては,以下のように整理することができる。大多数の文化研究は,明言するかどうかはともかくとして,上記のいずれかをベースとしているはずである。最広義の文化については「生活様式としての文化」としての把握（あるいは表現）が相対的に多いのであるが,このような把握は概念的には生活とほぼ同義になる。しかも「生活様式としての文化」という見方は誤りではないにしても,生活を捉えるにあたっての「生活様式論」が生活の仕方の特徴づけにとどまっているのと同じように,ある社会・時代におけるなんらかの文化の特徴づけという説明として性格づけられることになる。このような把握は文化の包括性によるものであるが,包括性そのままでの文化研究はおそらく曖昧な「拡散」へと進む危惧を内蔵しており,事実としてもそのような動向があるのである。

　生活あるいは生活様式とは区別された文化の捉え方（あるいは文化概念）として,明示するかどうかはともかくとして,「限定された文化」という見方が要請されるが,「限定」の仕方によって大きくは以下のような異なる設定があるように思われる。

　「操作概念としての文化」という設定（そのような設定であることが意識されているかどうかはともかくとして）による文化についての論じ方を挙げることができる。具体的な文化研究に応じて対象を文化として意味づけるという発想にもとづいている。具体的には「連字符文化論」がこれに該当する。例えば,「大正文化論」「都市文化論」「若者文化論」など,映像,音楽,文学,芸術・芸能などの具体的なジャンル,さらには流行ないしは一般に「トレンド」としてマスコミを賑わすものなどを指摘することができる。

　次に「イメージとしての文化」という設定による文化の論じ方を挙げることができる。この場合には文化とはどんなことなのかが定かではないように思わ

れる．したがって，推論するしかないのであるが，なんらかの「限定された文化」が主観的に構成されている，あるいは背後仮説を持っていると推察される．この論じ方では，人間の活動の仕方や特徴，活動の産物が具体的に取り上げられるが，「操作概念としての文化」とは異なって，文化としての意味づけがきわめて不鮮明であり，したがって次に挙げる「限定された文化」であることがはっきりしていない．

　「限定された文化」という設定による文化研究の流れが文化論の主流であると私は受け止めているが，これまでの流れではかならずしも説得的に展開されていないと思われる．というのは，この場合にはどのように限定するかが問われるのであり，限定の仕方によっては意に反して無限に拡大したり，逆に範囲を狭めることになると考えられるからである．これをどのように確定しながら文化の捉え方の原理を導きだすか，これこそが最大の理論的課題である．そこで私は，基本的にはこの立場つまり生活そのものの捉え方とどのように区別して「限定」するかという立場から以下において展開しようと思う．

◆ **文化を捉える基本視角について**

　以上のような知的遺産と課題を社会学として現在どのように理論的に継承・発展させるかが問われる．私見では，イメージあるいは操作概念としての（背後仮説的に）「みなし概念」がまず措定され，それに照応する「文化現象」に迫るという発想を転換しながら知的遺産を活用するという思惟が必要であると考える．その意味では，「イメージとしての文化」は家族へのアプローチに似ており，「操作概念としての文化」は地域へのアプローチに似ている．ではどのように発想を転換するか．

　「文化現象」や「文化のイメージ」から（つまり文化そのものから）出発するのではなくて，私の理論構成における発想にもとづいて，文化そのものではなくて生産活動と活動の所産から出発するのであるが，それにとどまるならば生活と同義になるので，その出発の仕方が重要になる（私は「家族とは何か？」という問いにたいして，家族から出発するのではなくて生活から出発するとい

第9章　意識と社会的現実　359

う発想を採用したが，ほぼ同様な発想の転換にもとづいている）．したがって原理論としては，これまでの知的遺産における視点・方法のいくつかの活用が必要である．どの見解をどのように活用するかについては煩雑なので具体的に示さないが，以下の展開そのものに示されるであろう．文化を最広義に考えるならば，生産活動の所産がすべて文化ということになり，「生活様式としての文化」がほぼこれに相当するが，概念的には生活および意識とほとんど重なる．したがって一方では，生活および意識への迫り方と同じ論理を適用しながらも，他方では，生活および意識そのものとは区別される「限定された文化」についての独自な把握が必要である．そこで私は試論的に2つの視角を導入しようと思う．

1つは，共時性と通時性という視角であるが，より具体的に言えば，歴史性と空間性という視角によって把握する方向が考えられる．歴史性とは時間を超えての文化の維持・存続・付加を捉える視角である．具体的に指摘するならば，伝統芸術・芸能と言われている文化活動を例として挙げることができる．空間性とは，個々の文化がいかにして共有（あるいは共存）されるかということに結びつく視角として，文化がいかにして伝播するかを捉える視角である．これはある限定された空間領域（地域，国家，より広いエリアなど）で支配的な独自の文化の伝播を意味するが，具体的には都市文化の農村文化への伝播，アメリカ文化の日本文化への伝播などを想起すればよいであろう．では，逆の伝播はどうであろうか．これら2つの視角では，「いかにして生産されるか」という把握は可能であるが，「なぜ生産されるか」という把握にはいたらない．

そこでもう1つとして，総和性と限定性という視角を提示する．これは，生活・社会を全体として射程に入れるための視角，つまり文化が生活・社会にどのようにかかわっているかあるいは生活・社会のなかにどのように位置づくかという把握に結びつく視角である．総和性とは，一般性と特殊性の結びつきであり，そもそも特殊性をもつ文化が生活・社会にかかわる一般性をもそなえていることを意味する．限定性とは，特殊性のさらなる特化を意味するが，この限定性によって，生活・社会とは直接結びつかないかたちの独自性として存

在・存続する文化の特性が生産されることによって保持されるのである．

　文化をめぐるこのような視角（あるいは性格づけ）については，これまでもいろいろなかたちで言及されているが，生活や意識とは異なる文化の独自性にかかわるという意味で基本視角をなすこと，と同時にこれらの視角を結びつけることが大事なのである．このような基本視角にもとづくならば，もっとも抽象的には文化についてもまたこれまでの理論展開と同じ論理が適用されるのであり，さまざまな社会分野・それぞれの位層と同じように，活動および活動の所産という2つの面に加えて，意識をからませて考えていくことが要請される．そこでまずは並列的に確認することから始めようと思う．

　まずは，〈活動の所産としての文化〉を挙げることができる．もっとも抽象的・一般的には活動の外化されたものであるが，この外化されたものが歴史的には累積的にあるいは独自に保存されるという性格があるという特徴によって文化としての生産が継続するのである．具体的には芸術的産物をただちに想起することができるであろうが，人類の物質的な知的遺産すべてが含まれる．次に，〈活動そのものとしての文化〉を挙げることができる．これについてはパフォーマンスとして表現される芸能・スポーツなどを想起することができるであろうが，それにとどまるものではない．生産用具をつくる技術や日常生活技術（例えば料理の仕方や着物の着付けなど）といった広範囲にわたって継承される「社会化された諸活動」もまたこのような文化に該当する．

　次に人々の生活を規制する〈物質的条件としての文化〉と〈意識的条件としての文化〉を挙げることができる．物質的条件と意識的条件についての基本についてはすでに第5章で述べているので，ここでは文化として生産されることによって，それらの存続・復活・伝播といった文化の生産の捉え方を適用する必要性があることを加えておこう．このように考えると意識的条件とは活動と活動の所産の統合であることがわかるであろう．

　このような基本視角に加えて，文化と人間のあり方の関連に着目することを重要な視点としてあわせて確認しておく必要がある．一言で言えば，文化の生産が諸個人にとって受動的文化受容として性格づけられるのか，能動的文化享

受としての新たな性格が加わるのかということを意味する．これは人間としての諸個人が文化の生産における主体的（能動的という意味）存在であるかどうかが問われる視点として確認しておきたい．

　しかしながら，多様かつ複雑な文化を捉えるにあたって，これまでに挙げた基本視角だけではきわめて抽象的レベルにとどまっているという意味でまだ不十分であり，具体的には以下のような不十分性を指摘することができる．1つは，文化の発展・伝播をどのように認識するかということである．もっとも抽象的には空間性という視角に結びつくが，いかにして結びつくかが問われる．もう1つは，文化の存続・残存をどのように認識するかということである．これまた抽象的には時間性の視角に結びつくが，具体的契機が問われる．文化の発展・伝播や存続・残存についてはこれまでにもいろいろと論じられているが，どちらかと言えば具体的な現象レベルの把握の精緻化という論じ方が多いのではないか思われる．私は，一般的には意識の外化から文化の生産へのプロセスを明確にする必要があると考える．というのは，意識の外化がそのまま消滅したり，生産物として放置されたりあるいは保存されたり，意識的条件に結びついたり結びつかなかったり，さらには改変されたり再発見されたりするなど，いろいろな場合があるからである．このような問いに答えるためには，発生史的思惟を含めた史的展開を具体的に整序していくことが要請される．その整序にあたっては，これまでの「生産活動論」では理論的にはかならずしも主要な位置づけをしていないところの時間概念と結びつく共時性と通時性，および空間概念と結びつく総和性と限定性という基本視角が重要である[18]．

◆ 文化の具体的な生産について

　文化は人類の生誕とともに古い．ある意味では人類は文化の生産を通して人間になったとも言える．文化について具体的に論じる場合には文明と対比して論じられることが多いが，ここでは文明とされているものは広義の文化のある部分（先に挙げた活動の所産）という意味なので，ここでは文明を別にとりあげるという思惟方法を採らない．では文化の起源をどのように考えたらよいの

であろうか.

　先に示した３つの文化の有り様というもっとも抽象的な見方にもとづくならば，文化の起源は「生活文化」として捉えられる．これについてやや具体的に押さえておこう．まず〈生産活動としての文化〉を挙げることができる．例えば，生産器具や生活器具の生産活動つまり労働の仕方そのものがこれに該当する．自己の生産と他の人間の生産および関係の生産にかかわる社会規範にもとづく生産活動そのものもまた諸個人が受け継いでいく文化であるが，具体的には例えばパフォーマンスとしての踊りと歌を想起すればよいであろう．これらはすべて「生活文化」の生産の端緒をなす．つまり文化は論理的にも歴史的にもいろいろな生産活動という生活文化にその起源が求められることを意味する．

　次に，〈生産活動の所産としての文化〉を挙げることができる．生産活動の所産には〈生産物としての文化〉，〈状態としての文化〉の２つがある．〈生産物としての文化〉についてもほとんど説明を必要としないであろう．ここではいくつかの具体例として生産用具，生活用具，文字，記号，「芸術的」作品（ただし当初は未分化）などを挙げておこう．〈状態としての文化〉については，上に挙げた社会規範にもとづく生産活動のあり方が社会の構成員にたいしてまさに社会規範として内面化されること（＝意識的条件となること）がその代表的な例である．これらについて一般化して言えば，特有の条件としての生活様式（意識的条件）といってもよいであろう．

　これらすべては生産活動および生産活動の所産としての文化であり，したがってはじめは生活そのものが文化であるという意味で，文化は生活とは未分化な「生活文化」であった．このことはいわゆる「未開民族」を対象とした文化人類学における諸研究に容易に見い出すことができる．ここで文化の生産の史的展開については，まだ方法論的仮説の域を大きくはでないが，発想の転換を試みようと思う．

　文化が生活活動（＝生産）に起源があることは，どのような文化領域においてもおおかたの認めるところであろう．そして個別の文化現象の起源をめぐっては，生活のどこに着目するかによって「起源説」が異なってくる．だから，

複数の「起源説」がある場合には，いずれも誤りであるわけではないが，そのような発想であるかぎりは決め手にはならない．そこで私は〈文化の起源〉ではなくて〈生活からの分化の起源〉について考えることを提起する．より詳しく言えば，「生活文化」がいかにして「限定された文化」として分化するのかということである．このように問題を設定しないと，生活とは直結しない文化現象の存続あるいは保存（時には再発見）を説明することができないだけでなく，人間にとっての文化の意義というよりは人間生活の発展にとっては不可欠であるということも鮮明にはならないであろう．そこで，この発想方法でやや具体的に展開する．

　文化が社会生活の1分野となるのは生活にたいして相対的独自性をもつこと，つまり生活からの分化による．それは論理的にも歴史的にも，わずかではあるが余剰生産物と余剰時間が生まれるほどの生産力の発展にともない，分業にもとづく分化と集団分化にもとづく分化という2通りの分化として進展することになる．

　ここで次章の社会変動論の展開にあたっての私の歴史認識（＝歴史観）を先取りして一言で示しておく必要がある．私は広い意味では発展史観の立場にあり，社会の歴史的進展を〈生産力〉と〈生活力〉の発展に求めている．主として前者に結びつく剰余生産物と主として後者に結びつく剰余時間への着目は，このような立場によるが，「限定された文化」についての既述の2つの基本視角からもこのような着目点が導き出される．

　分業にもとづく分化については，〈活動としての文化の分化〉，〈状態としての文化の分化〉として現れるが，それに付随して〈文化的生産物の分化・独立〉が進むことになる．余剰生産物の増大は生活資料や人間の生産以外の生産（＝文化的生産）に専念する層の存在を許容することになる．余剰生産物と余剰時間の増大は生産された文化を享受する層の出現に結びつく．文化的生産に専念する層の人間にとってはその生産活動は労働としての意味を持つが，社会的には享受する層に対しては活動としての文化であると同時に，生産する層にとっては客観的には文化活動を意味することになる．状態としての文化の分化

は生活様式に近いが,意識的条件としての生活様式という表現が適切であろう.より具体的に言えば,生活の仕方や関係のあり方が文化として人々の生産活動を条件づけるということであるが,その現実的あり方についてはあとの項で触れるであろう.

文化的生産物の分化・独立については,活動としての文化とほぼ同じものとして性格づけられる.すなわち,生産物が生産用具あるいは生活用具などとしてではなく,生産物が本来の用途ではないかたちで享受の対象になることを意味する.ともあれここで一般的に確認する必要があるのは,文化の分化とその現実的あり方が分業および社会のあり方にもとづいて生じるということである.

敷衍すれば,余剰生産物と余剰時間は,文化の分化にとっては前者が客観的条件であり後者が主体的条件である.余剰生産物の増大は生活資料・生活活動を文化的生産物・文化的活動への転化を可能にする.余剰時間については,生活時間についての基本的(=概念的)再確認が必要である.生活時間は社会的必要時間,生理的必要時間,精神的必要時間の3つから構成される[19].生産力が未発展な段階では,精神的必要時間は皆無に等しく,したがって文化は生活から未分化であった.つまり,精神的必要時間がある程度確保できる層とそれに応える層が社会的に形成されることによって,その層(主として支配層・富裕層)にかぎって文化は生活そのものから分化して「限定された文化」が生まれるということである.精神的必要時間が乏しい層では社会的必要時間と重なることになり,文化享受の層の拡大は生産力の発展を待たねばならないことになる.

次に,集団分化にもとづく分化についても基本的には上に述べた論理と同じであるが,主として文化の多様性に結びつく分化として性格づけられることが異なっている.この分化については2つの分化として捉えられる.

1つは地域性にもとづく分化である.集団分化の進展は地域的境界を超えて〈交通〉の範囲を拡大するが,そのことによって異なる地域における同質の集団相互の文化的交通の拡大をもたらす.ただしそれぞれの地域の文化の生産は相対的独自性を有するので,文化的交通がかならずしもそのまま文化の伝播を

意味するわけではない．伝播に際して外の文化が受容されるには生活の相違に応じて一定の変形を蒙る．日本における食文化などはわかりやすい例であろう．例えば日本の中華料理と中国本土の料理を比較すれば，生活に照応した変形についてはおそらくうなずけるであろう．

もう1つは階級・階層による分化である．階級・階層によって相対的に独自な文化が生産されることについては，生活の違いに照応するという意味でおそらく了解されるところであろう．この分化はとりわけ生活時間のあり方と不可分に関連している．この分化は精神的必要時間が多い層で多様な文化が重層的かつ累積的に生産され，保存され，存続することになる．わかりやすい例としては，スポーツ（競技）を想起すればよいであろう．文化としてのスポーツについてはあとで若干触れられるであろう．

すでに〈集団分化論〉で確認したように，前近代社会では分業と集団分化が生産力の発展に限界づけられていたのと同じように，文化にも同じことがほぼ当てはまる．変化の連続と見なされる近代社会のあり方は，文化のあり方にも当然大きく作用することになる．

◆ 近・現代社会と文化の変貌

近代社会の成立・進展は文化状況に大きな作用を及ぼした．おおむね資本主義社会として成立した近代社会は，既述のように，経済合理主義を軸として生産力が飛躍的に発展したこと，および資本主義化が社会・生活のあらゆる分野に不断に浸透していくことによって特徴づけられる．経済における分業の進展と生活における集団分化の進展の要となるのが商品化の進展であることは，文化の変化にとってはとりわけ重要である．近代社会のこのような性格が現在も基本的には存続していることを考慮するならば，文化に結びつく商品化については，次の3つを確認しておく必要がある．

まずは，いわゆる労働力商品の枠には収まらない人間の諸活動の商品化の進展を挙げることができる．人間の活動としての「労働すること」が商品化することは，あらゆる人間の諸活動が商品化する可能性を宿していることを意味す

る．活動としての文化の商品化が進展することはその現実化にほかならない．次に，生産物としての文化の商品化が多様に進展することを指摘することができる．すなわち，古来から現在にいたるまでの生産物が「文化的価値」を付与されることによって商品化することを意味する．第3には，広義の交通（コミュニケーション，情報）にかんする商品化が（とりわけ現在は顕著に）進展することに注目する必要がある．これは，文化的な諸欲求の増大（受動的か能動的かにかかわりなく）と結びついた多様な商品化の進展として捉えられる．

　上の確認である程度は推察できるであろうが，資本主義の初期の段階では上記の文化の商品化は部分的であり，全面的な商品化は可能性のレベルであったが，あらゆるものの商品化を押し進めるという資本の論理にもとづく資本主義化の進展にともなって，現在では一般には商品にならない（商品生産ではない）と思われる活動および活動の所産が商品となることに照応する文化の生産が進展する．具体例としていわゆるテレビタレントの諸活動の商品化を想起すればよいであろう．「有名人」は私生活そのものまでも商品となる．そのような進展の具体的なあり方の把握における注目点は，商品化の進展と以下のような社会的変化によって文化の変化・変質がもたらされたことである．

　まずは生活そのものの変化，とりわけ「生活の社会化」の極度の進展による文化の変化を挙げることができる．「生活の社会化」の進展は社会的必要時間を全体として減少させ，精神的必要時間を増大させるとともに，「交通」と「生産力」の飛躍的発展とあいまって文化的享受の客観的条件および主体的条件の豊かさをもたらす．次に価値観の社会的あり方の変化，具体的には価値観の「多元的多様化」状況の到来により，文化的欲求の生産もまた拡大・多様化状況へと進展する[20]．

　上記の変化は一般的には文化の生産・享受を豊かにする条件を意味するが，商品化の極度の進展はそのような豊かさにはかならずしも直結しないで，文化の変質そして混迷をもたらすことになる．これは最後に触れる文化の社会的位置と不可分に関連しているのであるが，第1には，文化の生産の「手段化」を指摘することができる．商品化が全面的に展開しない段階でも文化はなんらか

の手段としての意味を有してはいたが，それは文化の生産そのものとしての意味であった．しかし現在は文化そのものとしてではなく，商品としての文化の生産が支配的になったことを意味する．それは労働の意味の変化と似ており，文化的生産活動そのものに意味があるのではなく，活動および活動の産物の商品価値に意味があるということである．第2には，文化享受における主体的活動の減退をもたらすことを指摘することができる．文化の生産活動そのものに意味があるとはその活動が能動的な主体的活動であることを意味する．文化の商品化の進展は，生産する側には若干の主体性を残しながらも，享受する側の主体性は相対的に乏しくなる[21]．第3には，その帰結として文化の生産と生活との乖離が進展する．具体的に述べるならば，文化活動においては，生産にしろ享受にしろ，精神的必要時間がそこに当てられるが，それがかならずしも精神的「必要」に結びつかないことを意味する．なお，この問題をめぐっては情報化の進展の行方が加わることになるが，原理論の範囲を超えるので注意をうながすにとどめる．

このように考えると，現代社会における文化の生産の変貌は人間生活の豊かさにとってプラス面とマイナス面の両方をそなえていることがわかる．上に指摘したマイナス的な状況はプラス面をもそなえているのであり，したがってその転化をどのように考えるかという課題をも提起している．理論的な着目点は「文化の累積性」である．一般に「文明の発展」はあるが「文化の発展」はないとされているようである．文明としての科学・技術に示されるような発展は，旧い文明の否定にもとづく「交代」を意味するが，文化はそうではない．そこで文化の歴史的進展に関しては，私は「文化の累積性」という視角を提起する．文化はその時代の物質的・意識的諸条件にもとづいて生産されるが，すでに示したように，人間生活の精神的必要時間と結びついている．もう一方では，価値観のあり方によっても文化の具体的生産がかかわっている．「文化の累積性」とは，この3つの要素の複合にもとづいて性格づけられる．したがって，「文化の累積性」の論理は文化的所産の保持と消滅の論理でもある．

現代社会の文化問題とは，文化をどのように累積していくかという問題であ

る．ごく少数の例外を除いては，文化はプラスとマイナスの両面をそなえている．したがって，精神的必要時間の質と量の両面から考えること，および商品化の制御という面から考えることによって，プラス面をどのように累積していくかが問われるのであり，これが文化創造の課題を導き出す基本的視角にほかならない．念のために確認すると，文化創造の方向については，それぞれの位層においてしかも各位層の相互関係において，この課題が提起されているのである．

◆ 文化の現実的諸形態

　文化の見方については，原理論的には以上のように組み立てることができるが，この項ではそのような組み立てにもとづいてその適用としての文化の現実的諸形態の見方について若干の具体的現象を取り上げて簡単に触れておくことにする．

　1) 慣習と宗教

　慣習（最広義に考えて習慣をも含める）は社会規範とも言われており，その現実も含めて多様に論じられている．文化としての慣習については，意識的条件として非意識的に生産される現実的な文化であること，および具体的には特定の限定された範囲における活動と関係として存在していること，この2つへの着目がその認識の基本となる．このような意味において慣習の生産は意識的条件として日々の生活活動において生産され続ける文化であり，したがって4つの生産すべてに結びついている．

　慣習は非意識的に生産されるので，根本的には変化しにくい文化であるが，生産活動がなにほどかにおいて構造化として作用することを考慮するならば，程度の差はあれ変化することになる．したがって慣習について注意する必要があるのは，変化と残存（存続）とを関連づけて認識することである．さらには根本的な変化あるいは消滅については，新しい欲求の生産との関連に着目することも必要である．

　宗教もまた意識および意識的条件として生産されるのであるが，〈第7章〉

で述べた宗教の起源などは集団分化論という視角から宗教組織として位置づける性格であった．再確認すると，意識の生産における集団分化であり，意識的条件に関与することおよび選択性という集団分化の端緒範疇というきわめて一般的な性格づけであった．ここでは文化としての宗教の生産をどのように性格づけるかが問われるのである．

　宗教の生産の発端を再確認すると，未知なる力（神秘的なもの）があると受け止める意識および精神的な結びつき（一体性，統合）の手段としての意識の生産であった．ということは，未知なる領域が存在するかぎり（おそらく存在しなくなることはないであろう），そして精神的な結びつきが求められているかぎりにおいて（これまた存続するであろう）宗教が生産されることを意味する．したがって，宗教の生産とは非現実的意識および関係の生産としての性格がきわめて濃厚であることになる．

　諸個人における宗教心（信仰）については，不安，死，精神の危機などとの関連でいろいろと論じられているが，ここではそこまでは立ち入らない．キリスト教，仏教などよく知られている宗教をはじめとして，次々に現れる「新興宗教」は非現実的意識の生産ではあるが，信仰による活動によって「神」，「聖者」，信者同士の結びつきを生産することが宗教を具体的に捉えるにあたっての基本的思惟となる．この意味では信仰による活動は，生活資料の生産以外の3つの生産すべてに該当するが，とりわけ「信頼関係」の生産に結びついている．さらには生活資料の生産が加わることもあれば，ひとりでひっそりと信仰している場合でも，自己の生産だけではなく関係をも生産している[22]．

　2）芸能，スポーツ，芸術

　この3つをセットにして考えるのは，これらは次の項で述べる社会的位置づけにおいては，〈活動としての文化〉として基本的に位置づけられるからである．しかも徹頭徹尾主体的活動として性格づけられるのである．周知のように，芸能，スポーツ，芸術には様々な種類がある．これまでの論述（社会学ではない論述）の多くはそれぞれの種類別に述べられることが圧倒的に多いようである．芸能を例とするならば，歌舞伎，文楽，能，狂言，落語などとして論じら

れてはいるが，最近では「芸能として」論じられることはほとんどないように思われる．スポーツ，芸術においてもほぼ似たような状況にある．しかしここでは，芸能論，スポーツ論，芸術論を一般的に展開するのではなくて，その展開にあたって文化としてのそれらについての社会学としての原理的な見方について述べる．

　社会学とはややずれるが，芸能を取り上げると，芸能における「芸」とは「わざ」であり，修練によって身につけた才を指し，「能」とはなし得る力だという見解に触れた私は，芸術，スポーツも含めて原理的に考えるための重要な見方だと受け止めている[23]．すなわち，文化の分化を考えるにあたっての必要な素材に結びついていることを意味する．修練によってなし得る力を増大させるには，それらが生活から分化することなしにはあり得ない．したがってそのためには，余剰生産物と精神的必要時間の増加が必要な条件となる．意識の外化（物質化）が具体的には言語，シンボル，パフォーマンスのいずれであってもそうである．修練によってなし得る力が向上することは，生活資料の獲得（現代では商品化）の手段ともなり得ること，そのことによってそのような文化を（プロとして）生産する人間と生産される文化を（鑑賞者として）享受する人間に分かれることになる．ただし，そのことは後者が自己活動として芸能を享受することを否定するものではない．

　スポーツについてもほぼ基本的には同じことが言える．意識の物質的表現としてのパフォーマンスについては前節で述べたが，スポーツは文化としてのパフォーマンスそのものである．スポーツとは何か（規定）ということについてはいくつかの見解があるが，定説はないようである．スポーツの特質としては遊び，闘い，身体活動に着目されて考えられることが相対的に多いようである．しかし，社会学的認識にとって大事なことは，芸能やスポーツの特質を明確化していくこともさることながら，両者が人間の生産および関係の生産にいかにかかわるかということを具体的に明らかにしていくことである．したがって，芸能の種類，スポーツの種目をそれぞれ個別的に論じるのではなく，複数の比較などを含めてそれ自体として論じることが要請される．

芸術が芸能やスポーツと異なるのは，芸術活動がパフォーマンスを含むとともに活動の所産が作品として物質化されることであり，この特質によって「芸術としての意味」を社会的に付与されることである．したがって，自己活動としての芸術活動もむろんあるが，社会的に芸術的価値を付与されることによってはじめて物質化された芸術となる．このことによって芸術作品は，時間と空間を超えた存在であるとともに，社会的には芸術本来の意味とは異なる社会的位置を占める可能性をも有することになる．「才」は「能」の水準の高低にかかわらず大部分の人間にそなわっているのにたいして，「能」は社会的に認められる一定の水準に達する者に限られている．したがって，芸能やスポーツにも芸術が有する社会的位置を占めることもあり得ることをことわっておこう[24]．

　3) 科学と技術

　文化の現実的諸形態として，最後に科学と技術についても簡単に触れておこう．芸能論やスポーツ論として一般的には展開しなかったように，ここでもまた私の言う文化としての科学と技術を社会学の立場からはどのように見るかという試論的提起を意味する．これまでは科学論・科学史についての論述は自然科学サイドからなされることが圧倒的に多いと言えよう．そして「第3章」で指摘した自然観の大転換を契機として，科学観そのものもある種の議論にさらされることになる．科学とはなんらかの知識の体系であることは確かだが，自然科学者が科学を「時間と空間に配置する」といった表現をしていることは，社会学からは歴史的・社会的にどのように位置づけるかということを意味する．科学論として一般的に論じるにはこのような大問題に応じることになるが，ここでもまた，文化としての科学および技術の生産に限定して簡単に触れるにとどめる．

　科学はなんらかの認識活動によって生産される認識内容から成るものとして，意識の生産のなかでも特別な位置にある．つまりこの場合には，認識内容を自覚的（あるいは目的意識的）に追求するという性格を意味する．他方，技術とは目的達成と結びつく方法・手段の体系であるとさしあたり指定しておいてよ

いであろう．両者についてもまた芸能や芸術と同じように，これまでは自然科学，人文科学，社会科学，そして現代テクノロジー，技術革新といったかたちで論じられることが圧倒的に多いようである．私は両者についても文化の生産として基本的に押さえることが社会学的思惟であると考える．つまり両者の生産の社会的位置づけをはっきりさせることにほかならない．

　文化としての両者の生産について考えてみると，もっとも基本的には芸能・芸術の生産と同じ論理が適用されることがわかるであろう．すなわち，剰余生産物と精神的必要時間の増大が必要であること，両者の新たな発展（発見）の意識の外化が必要であることなどである．加えて，新たな科学的認識も新たな技術の開発も直ちに文化の生産になるのではない，という確認も大事である．それらが個人レベルにとどまっているかぎりはまだ文化の生産ではない．両者の新たな生産の外化が社会的に一定の価値を付与されることによってはじめて文化としての生産になるが，芸能などと異なるのは生産者と享受者がかならずしも分離するとはかぎらないことである．社会的には科学が時間の経過とともに（そのすべてではないが）意識的条件としての位置を占めるのにたいして，技術には活動としての文化という位置を占めることも加わる．

◆ 文化の社会的位置

　最後に社会あるいは人間生活とのかかわりで，「文化とは何か」について整理するが，それは同時に文化に迫る基本視角・基本方法を意味することは言うまでもない．対象のあり方に方法を求めることを意味する．したがって，「文化とは何か」ということを一義的に規定するのではなくて，人間生活および社会との関連において文化を位置づけるという考え方によることになるが，これまでに述べてきたすべての帰結として，私は４つの位置づけが妥当であると考えている．

　〈活動としての文化〉とは，自己活動および対他活動として具体的に現れる文化であるが，社会的には２つの性格を有するものとして位置づけられる．１つは，関係の生産に結びつく対他活動であり，他者に見せる活動がこれに該当

する．具体的には他者を視野に入れた芸能・スポーツ活動などを想起すればよいであろう．これに加えて，他者への対応の仕方がこれに含まれる．具体的には冠婚葬祭における振る舞い，お客の接待の仕方，挨拶の仕方などを挙げることができる．もう1つは，精神的必要時間に結びつく自己活動であり，基本的（および主観的）にはいわゆる趣味などの活動がこれに該当する．趣味としての芸能・スポーツ活動は言うに及ばず，お茶・生花・園芸その他の具体例は日常生活の至る所に見い出せるはずである．これは自己自身の生産に結びつくことは言うまでもない．なお，叙述の都合上2つに分けて述べたが，これら2つは実際には截然と分けられるものではなく両方の性格があり得ることをことわっておこう．例えば自己活動である生花が物質化された作品などを想起すればよいであろう．

〈条件としての文化〉とは，人々のあらゆる生産活動を条件づけるという意味で人間や関係の生産にかかわる文化として社会的に位置づけられる．最広義に考えるならば，あらゆる文化が，純粋な自己活動を除いては条件としての文化として性格づけられるのであるが，ここでは意識的条件と物質的条件に限定する方がよいであろう．具体的には慣習・制度といった意識的条件，日常的な生活機器・交通手段などその文化的生産物固有の性格に結びつけて考えればよいであろう．条件としての文化はおおむね非意識的活動に結びついていることを特質としている．人々はこれらの文化が日常活動を条件づけていること，およびそのような文化を日々生産していることをほとんど自覚しないでいる．これについては具体例を挙げる必要はないであろう．

〈手段としての文化〉とは，文化（活動および活動の所産）が上記のような文化そのものの固有の性格とは異なる「手段」として性格づけられるような社会的位置を占めている文化を意味する．このことは先に取り上げた文化の現実的諸形態すべてに当てはまる．文化は生産活動として人間生活の豊かさに資するとともに豊かさそのものであることをその基本的性格としている．手段としての文化とは，そのような性格とは異なる社会的位置を占めていることを意味する．具体的には金儲けのためのみの商品としての文化の生産を想起するだけ

では不十分である．生活の豊かさに結びつかない自己活動（麻薬・武器などを想起せよ）に加えて，次の象徴としての文化という意味で支配の手段や権威主義・卓越性を示す手段としての社会的位置を占めている場合が多い．

〈象徴としての文化〉とは，人間の生産および関係の生産に結びつくものとして社会的に位置づけられる．支配および卓越性にかかわってのブルデューがつとに主張しているところであるが，これも日常生活を含めて社会分野の至る所で容易に認めることができるはずである．具体的には言語・シンボル・パフォーマンスなどいろいろなかたちで現象している．国旗，徽章，装飾品を含む服装，豪華な生活機器，その他人々を統合したり区別したりする意味づけができるものすべてが，象徴として社会的に位置づけられる．

4つに分けた社会的位置づけについてそれぞれの具体例を示したが，このような社会的位置づけについては，なんらかの具体例が1つの位置づけだけ与えられるのではないということに注意を喚起したい．警察官の服装（制服）を例とするならば，その服装が警察官の象徴であり，類似の服装の右翼団体が警察官にも見えるのである．それは同時に手段でもあり条件でもあり活動でもあることについては容易に了解できるはずである．

このような原理的位置づけはあくまでも試論的なものにすぎない．この節での私の主張は，社会学の動向以上に（あるいはそのような動向に照応して）文化についての言説が拡散状況にあるなかで，基本視角を含めて原理的性格づけにもとづく文化把握の必要性にほかならない．

注

1) 目的意識的活動とは未だに現実化していない目的とそれに到る活動のプロセスの意識の生産なしにはありえない．単なる石の利用から石器の制作への発展は未だ現実に存在しないできあがった石器の意識の生産（イメージすること）およびつくるプロセスについての意識の生産を不可欠とすることを想起すればよいであろう．
2) 意識の具体的内容は意識された現実という意味では現実を反映する側面を有するが，それは意識の生産の受動的側面であり，もう一方では反映された現実にたいする意識（精神）の能動的側面をも視野に収めることが要請される．人

間活動の必要性に結びつく意識の生産は現実の単なる反映を超えることによってのみ可能だからである（人間が精神的能動性を有する存在であることを想起するならば，このことが容易に了解されるはずである）．

3) 本文では論理として示したが，このような意識の生産はそれぞれの意識とそれにもとづく活動における矛盾による意識の発展を意味する．それらの具体例をすべて挙げるわけにはいかないので（別の独立した論考が必要），1つだけ例示しよう．個人レベルでの 1) から 2) への発展とは，より多い収入を求めての個人的努力から労働組合による努力への意識と活動へ進むことなどである．ただし，実際にはかならずしもそのように発展するとはかぎらない．1) にとどまり続ける場合もあり，その他のレベルでも発展する場合もあれば，とどまるあるいは後退する場合もある．

4) 共同活動に結びつく意識の発展においては，「共感の論理」が大事であることについては，ヴィーコ，スミス，テンニースから示唆を得て，1990 年代から私は機会がある毎に主張している．人が理性的な認識（＝意識）だけでは直ちに活動として現実化するとはかぎらないことは一般的にも言えるであろうが，日本人（アジア人も）の国民性においては「共感」がとりわけ大事であると思われる．

5) この意識は意識的条件に対抗する意識としての非現実的意識として生産されるのであるが，デマゴギーとは異なって未来を先取りする「現実的意識」の生産でもあり得る性格を有するので，相対的に多数の意識と活動によって社会的性格を帯びることになる．社会・労働・政治運動ではこの意識の生産が重要である，いや「共感」と結びついて運動の成否を左右するかもしれない．

6) 経済についての現実と未来についての意識の生産を具体的に想起すればよい．国家の経済政策と現状分析による意識の生産において，長期的には経済的に豊かになるという意識の生産，消費水準や失業率の現実分析による意識の生産などがデマゴギーか「ユートピア」かといった認識に結びつく意識の生産を具体例として挙げることができるが，1 時期の「1 億総中流意識」という意識の生産もこの種の意識の生産である．

7) 具体的には単純な個人的願望を想起すればよいであろう．この欲求の生産は活動としては現れない個人的願望にとどまるか，適応的活動として現れるか，さらには犯罪的活動のように不適応活動であるか，犯罪ではないが意識的条件にもとづかない活動であるか，といった多様性に結びついている．

8) 具体的には子育てや教育を想起すればよいであろう．親や教師が他の人間を生産する（しつけや教育する立場にある）存在である，という意識が支配的な全体的意識であり，具体的活動に結びつく意識が部分的意識である．

9) 組織活動において相対的に規模の大きいイベントの企画から実施に到るまでのプロセスについて具体的に考えてみれば，ここで言及した多様な意識の生産が複合的に存在していることがわかるはずである．と同時にそれらの多様な意

識を可能なかぎり認識するとともに，イベントの実施に向けて活動に結びつく意識をどのように生産していくかを具体的に明確にし得るという実践的意義をも合わせて有しているのである．
10) 後で述べるように，イデオロギーは社会的対立の存在によって生産される意識として基本的に性格づけられるので，社会的対立のもとでのヘゲモニー闘争の場としての社会機構では，イデオロギーという意識の構造化から全体化へというヘゲモニー闘争の場という意味で不可分に関連している．
11) 田中義久『人間的自然と社会構造　文化社会学序説』勁草書房，1974年
12) 思想やイデオロギーについてのこれまでの論じ方は，意識論の多くがそうであるように，その存在が前提となっていて，それらの具体的内容やその意義について論じられるという性格を有している．ここでは意識の生産という基本視角からの原理的把握（つまり概念的把握）が目指されるという意味で，論じ方が異なるのである．
13) いわゆる「イデオロギーの終焉」論は，意識論（あるいは学問論）についての見解というよりは社会的現実認識についての見解としての性格を有する．イデオロギーは社会的対立（主として階級対立）を現実的基盤として生産されるのであるから，この対立が存在するかぎり生産されることになる．だから「イデオロギーの終焉」論は社会的対立が存在しないつまり階級が存在しないという現実認識にもとづいている．しかし「階級」の項で述べたように階級は存続しているのであり，階級対立の具体的な現れ方が変化したにすぎないのである．したがってイデオロギーの終焉・消滅を主張するには，そのような現実の終焉・消滅を示す必要がある．
14) あえて定義をすれば，短い定義では該当しないことがしばしばあるだろうし，それを避けると，定義とは言えないほどの説明になるであろう．後に様々な「文化」について考える場合にも同じ難問にぶつかるであろう．したがってさしあたりは，言語がコミュニケーション手段として生産されたという単純な了解で十分であり，社会的・文化的にいかなる意味があるかとか，その他様々な属性については，具体的な現実認識において必要に応じて先学の見解の活用や新たな視角の導入という「応用」の方向を勘案すればよいであろう．
15) シンボルについての最近の例について若干考えてみると，何らかの集団・組織のメンバーであることを表現するもの，ステータスシンボルが多様化していること，統合を目指すシンボルの生産が国家・民族・階級といったマクロレベルだけでなく，仲間集団としての統合を目指すというミクロレベルにまで及んでいることを指摘することができる．
16) レヴィ＝ストロースについては『悲しき熱帯』や『親族の基本構造』が代表作であり，いわゆる構造主義の一方の流れに位置づけられるが，文化を考えるにあたっては2つの点に注目する必要があると思われる．1つは西欧を相対化するという思惟が根底にあることであり，もう1つは，総和性などに示されてい

るように，文化比較における概念的把握を目指したことである．

17)「拡散状況」を進める危惧があるものとして，宮島喬編『講座社会学7 文化』（東京大学出版会，2000年）を挙げたい．編者である宮島の執筆分にはそのような性向はないが，全体の構成について疑義を提示したい．とりわけ〈4 消費社会の政治学〉について，消費性向や女性雑誌のあり方は確かに文化領域であるが，「講座社会学」でなぜ「政治学」なのかは理解に苦しむところである．テーマについての「政治社会学」あるいは「政治的意味」ならばともかくとして，このようなあり方は「社会学はなんでもあり」という「拡散」に結びつくのではないだろうか．

18) レヴィ＝ストロース，その他の諸見解から示唆を得ての私の視角の提示であり，私の生活の捉え方を文化の生産の把握へと拡大する試み，つまり時間と空間を射程に入れた認識方法を意味する．現段階では仮説的性格を大きくは越えていないので，具体的な現実把握や文化比較などによってより確かで豊かな視角へと練り上げていくという課題があることは言うまでもない．

19) 生活時間をこのような時間として構成することは，私の理論における生活時間の概念的把握を意味する．やや具体的に追加説明を加えると，これまでの生活時間の分析においては，労働時間，休養時間，余暇時間（あるいは自由時間）というような個人の過ごし方の現象を分けるという見方が支配的であるのにたいして，私は社会的意味および諸個人の発展という観点を加えて構成し直したのである．拙著『現代日本生活論』202ページを参照．

20) 一般に最近の価値観については多様化の進行が語られることが多いが，高度経済成長以降の価値観については多様化だけでは捉えれない状況があるというのが私の基本的な見方であり，「多元的多様化」という見方がよりふさわしいのではないかと考えている．「多元的多様化」とは，それぞれの個人が1つの価値観にもとづいて活動したり考えたりするのではなく，ケース・バイ・ケースによって異なる価値観を採用することを意味する．それはテレビのチャンネル選びにも似ている．飯田哲也他編『新・人間性の危機と再生』（法律文化社，2001年 213〜214ページ）を参照．

21) 文化の商品化の進展は，享受する側の主体性が乏しくなるだけでなく，生産する側でも文化の主体的・能動的な生産ではなくなる状況が進行している．具体例としてはテレビならば視聴率に従属した番組づくり，そためのいわゆる「やらせ」などを挙げることができる．

22) すべての宗教者がそうであるとはかぎらないが，宗教者が有する清々しさについて想起すれば，関係の生産における客観的意味についてうなずけるのではないだろうか．「真に」信仰している人々には信仰心のない人間の世俗性とは異なる雰囲気と信頼感がかもしだされており，このことにもとづく関係が生産されることを意味する．

23) 守屋毅『近世芸能文化史』（弘文堂，1992年）は具体的な研究の範囲が近世で

はあるが，〈序説　芸能とは何か〉では芸能の研究方法が一般論として展開されており，「芸」と「能」という見方だけにとどまらず，芸能の「一回性」という特質の指摘など，芸能だけでなく広く文化研究について示唆するところ大である．

24)「芸術的」ということについて，芸術論という人文科学的思惟ではなくて，文化が社会的に生産される，したがって社会的に意味が付与されるという見方によれば，芸能活動やスポーツ活動についても社会的に意味付与されることによって，「芸術的」になるのである．優れたスポーツテクニックのパフォーマンスが芸術的と評価されたり，ある種の競技では芸術性が評価されることを想起すればよいであろう．

第10章　社会変動論

Introduction

　これまでの社会学的諸見解で社会構造論あるいは社会システム論などの表現で示されている全体社会の把握についての理論部分は，私の〈社会学原理〉にはそのままのかたちでは存在しない．これまでの理論的展開ですでに幾度か触れているように，社会は諸個人の日常生活（生活関係），集団・組織，社会機構，そしてそれぞれにおける諸関係から全体社会（現在では国民国家）にいたるまで絶えざる変化のプロセスにある．しかも近代化のプロセスを考える上での5つの社会分野それぞれの側面をそなえている．それらがそれぞれの位層で相互に影響（＝作用）していることは確かであろうが，その場合に「社会構造において」どれがもっとも重要あるいは決定的な要素であると一般的かつ具体的に果たして言えるであろうか．それぞれの社会のあり方によって異なるはずである．

　いわゆる「決定因」という思惟を採らないことが，そのまま多元論あるいは相対主義という思惟を意味するわけではない．史的唯物論における定式とも言われている生産力と生産関係の矛盾が歴史発展の原動力であるという見方は，社会変動における客観的条件を示していること，それはその通りであると私は考えている．しかし，それはもっとも原理的には人間の活動の所産における矛盾であり，人がそれを明確に意識して意識的条件にまでいたる，つまり意識的活動と意識的条件との矛盾が鮮明になる動向を捉えるにはこの見方だけでは不十分である．

　これまでは物質的条件に対置して意識的条件と表現したが，いろいろな変化を見る場合にはこの概念によることが妥当であろう．しかし，部分的とも思われるそれぞれの位層・社会分野の変化ではなくて，社会変動という全体的変化

の場合には，意識的条件という概念では不十分である．意識的条件は人間の活動の所産であるとはいえ，どちらかといえば人々の振る舞いを制約する性格に傾斜している．社会変動の場合にはそのような制約を変える人間主体のあり方が問われることになる．したがって，社会変動における客観的条件に対応するものとして主体的条件とする方が概念的には妥当であろう．前者が人間の活動の所産における変動因（＝矛盾）であるのに対して，後者はその矛盾を意識して変動に向けて活動する人間の主体的あり方と意識的条件の関係を意味する．

　この章では，変化と変動の違いを概念的に確認することが主要な狙いの１つでもあるが，その確認を抽象的思惟のレベルだけではなく，具体的な歴史的過程を軸として以下のような展開によって考えることになる．これまでもすでに強調しているところであるが，理論的主張においてはプリンシプルが問われるという意味で，基本的な発想の仕方と概念的展開の仕方によって理論の性格と現実認識にたいする有効性が決定される．そこで重複を厭わずに，これまでの理論展開の大筋をまとめて簡単に再確認する．

　出発点は生産活動と生産活動の所産としての社会的諸条件であり，その具体的内容についてはすでに展開している．私の理論構成においては，社会変動の認識原理および未来への展望が生産活動とその所産である社会的諸条件に求められるという意味で，私の思考原理が単なる相対主義ではないことをことわっておこう[1]．

　まず諸個人の生産活動については，すでに述べたように，社会的諸条件にたいしては受動性，相対的独自性，能動性のいずれかによって性格づけられる．前者から後者に進むにしたがって，両者の矛盾が増大する．これらの諸矛盾を個人（の生活関係），集団・組織，社会機構それぞれの位層において把握すること，そして全体社会という位層における諸矛盾の把握から社会変動に到るプロセスという社会の４層構成の動態的把握が不可欠なのである．活動の所産としての諸条件については，大きくは意識的条件と物質的条件の２つに分けられる．この２つの条件についても基本的には活動との関係において押さえることになる．これについては，社会の４層構成において押さえるだけでなく，さら

には既述の5つの社会分野（社会次元）それぞれと結びつけて押さえることが必要である．

次に変化そのものとも考えられる構造化と全体化については，この2つの作用についての一般的提示に加えて，具体的現実として明らかにすることが必要である．すなわち，ある社会におけるそれぞれの位層・社会分野での多様な構造化の全体としての趨勢に着目することにほかならない．それらの構造化が全体化へ向かうかどうか，向かうとしたらどのような全体化であるか，向かわないとしたら部分的変化にとどまるのか，あるいは一定の方向での変化が立ち消えになるのか，などといったことが客観的条件と主体的条件との関連をめぐって具体的に問われることになる．これらの捉え方を単に抽象的にではなくて具体的な歴史変動への適用によって明確にするのが，私の社会変動論の1つの特徴である．すなわち，歴史学その他の諸科学ですでに確認されており，その認識がほぼ大同小異である明治維新を素材とすることである[2]．

理論的および現実的論及の帰結として，1つの発展史観としての複眼的見方を最終的に提示するのが，この章のもう1つの特徴であるとともに私の社会学の特徴をも意味する．相対主義ではない複眼的見方の基本性格については，あらかじめ示しておいた方がよいであろう．周知のように古今東西にわたって実に多くの歴史観が多様に認められるが，私自身は大きくは発展史観の立場にある．具体的には「生産力」と「生活力」の発展としての人間生活の豊かさを基軸として歴史を観るという立場にある．歴史的変化の進行を単なる推移と見ることあるいはそれと同質の見方は人間生活における豊かさの追求という歴史的事実と相容れないだけでなく，社会問題を捉える論理が主観的になる．社会問題はなんらかの状態または人間活動をその社会のあり方と結びつく問題現象として捉えられるのであるが，その場合いかなる意味で問題現象であるかが問われるはずである．私は，すでに確認した人間存在と社会＝諸関係の豊かな発展を基準とすることによって，社会問題を捉えるのが妥当であるとするものである[3]．したがって，発展史観のみが歴史的事実に適合し，社会問題の解明の客観的論理をそなえていることを主張したい．

次に，これまでの「マルクス主義」の多くに相対的に支配的であったと思われる「テーゼ」にたいして，マルクス自身の方法を１つの導きの糸とする私の思惟あるいは理論構成の違いについても，あらかじめ言及しておこう．これまでのマルクス主義の多くにおいて支配的であったテーゼとしての「生産力と生産関係の矛盾」からは，社会変動の客観的条件を導き出す論理としてはともかくとして，主体的条件を導き出す論理は可能性あるいは蓋然性（漠然とした願望）にとどまるものである．私の場合には，これに「生活力」と「生活関係」を加えることによって，変革の主体的条件の論理を導き出すことが追及されることになる．ただし，後者の２つの関係および「生活関係」との関連は単純な論理ではないので，以下の具体的な理論展開によって明らかにされるであろう．このことは，豊かさを経済的豊かさにとどめない私の社会学的発想の論理的帰結でもある．

1. 社会変動についての発想

◆ 変化と変動

　社会変動論を展開するにあたっての前提的確認として，変化と変動の概念的区別からはじめることにしよう．

　変化と変動についての理解は「構造化」概念および「構造」概念と不可分であるが，さらには全体化の視点が不可欠である．構造化と全体化については，マクロなレベルへの射程を一般的には示唆しつつも，ミクロなレベルでその論理を述べてきたが，ここではミクロとマクロを含みかつ両者が結びついたトータルな論理が問われる．

　人間生活そして社会は不断に変化するが，この「変化」は部分的変化を意味する．したがって，大きくは変わらない部分（あるいは面）を残したままであること，つまり変化がそのままでは変動にはならないのである．単なる社会的変化ではない社会変動について，変化がいかにして社会変動を惹き起すか，その論理，認識方法が社会変動論である．

変動とは「構造」とみなされるものの性格の根本的変化を意味する．「構造」の変化はそれぞれの位層において多様であるが，全体としての変化はそれぞれの位層における「構造」と構造化の矛盾が拡大していくプロセスにほかならない．だから「構造」概念をどのように措定するかが問われる．そこではじめは単純な変動のプロセスを示して具体的な現実を考えることを通して，複雑な変動プロセスへと展開していくことになる．諸個人の生産活動からスタートすると，単純な変動プロセスは以下のように示される．

「構造化」作用による変化が各位層に全体化作用を引き起こす
↓
それぞれの位層の「全体化」作用がそれぞれの社会分野で新たな「構造」へ
↓
それぞれの位層の新たな「構造」がさらに「全体化」作用へ
↓
それらの「全体化」作用から構造転換へ

　つまり，社会変動とは「構造化」作用による変化から新たな構造転換へと変動することを意味する．これらすべてのプロセスがそれぞれの位層での全体化という意味をもっているのであり，最終的には，さらに新たな構造化を内に宿しつつも，全体社会という位層における新たな構造転換へと進展するのが社会変動である．
　これをもう少し具体的に考えてみよう．繰り返しの確認になるが，諸個人の生産活動＝生活とはモノ，ヒト，関係の生産であった．「構造」とはこれらの生産活動の諸条件を一応は意味するが，ここで「一応は」という意味は，諸個人それぞれが「構造」のなかに組み込まれており，他者にとっては他の諸個人それぞれもまた諸条件の構成要素としての意味をもつからである．この諸条件はもっとも基本的には客観的条件と主体的条件であり，すでに述べた５つの社会分野は，諸個人の活動（＝構造化作用）にとってはこの２つの条件として位

置づけられる．この2つの条件は単に諸個人にとってだけでなく，他の3つの位層にたいしてもまたそうなのである．しかもそのようなプロセスにおけるこの2つの相互関係もまた問われることになる．

変化が変動に到るまでの基本的な概念を整理しておこう．

　諸個人，集団・組織，社会機構，全体社会という〈4層構成〉としての縦軸
　経済，政治，生活，環境，文化という〈5つの社会分野〉としての横軸

として措定されるが，これらが活動および関係として存在すること，しかもそれぞれがそれぞれにたいして物質的条件と意識的条件としての位置を占めていること，そしてその活動と関係が動態的概念としての構造化と全体化という性格であることを，まとめて再確認しておきたい．これらすべての諸関係の組み合わせが要請されるのであるが，図式化すると静態的（＝固定的関係）になる．静態的把握に陥ることを避けるには社会的現実認識に適用することが大事であり，「構造」概念をはじめから措定しないのもそのためである．これまでの社会変動論の発想と私の発想とは根本的に異なるのである[4]．

◆ これまでの社会変動論の陥穽を避けて

社会変動についての私の発想を鮮明にするにあたって，これまでの社会変動論の大部分が有する発想の基本的性格とを対比する意味で簡単に見てみよう．それらにはいくつかの前提あるいは視点からスタートするという発想が認められるが，それらの発想に共通しているのは基底的な変動要因を措定するという性格である．これまではいわゆる「○○史観」と呼ばれているものの代表的な例としては，

　人口史観，精神史観，自然史観，経済史観的唯物史観，技術史観

などを挙げることができる．

完全な相対主義でないかぎりは，なんらかの規定的な変動要因が措定されるが，より具体的に指摘すると，このような発想にはマクロな社会構造（という想定）と結び付く発想とミクロな諸個人の活動（＝行為）を組み込む発想の2つに分けられる．前者の発想では，社会構造におけるいくつかの主要な要素に

着目される．具体例についてはすでに多くの論者が指摘しているところであろう．明確に〈史観〉というかたちをとっていないで，ある「決定因」を最重視するというかたちをとる場合が多い．しかも場合によってはそれが「背後仮説」（グルドナー）として，そのような前提的な思惟が隠されているあるいは隠していることが往々にしてあるのである．

　もう1つの発想はいわゆる方法的個人主義にもとづくものであるが，この発想では歴史的な社会変動が諸個人の行為に還元されることになる．具体的には諸個人の社会的行為の措定からスタートして「複眼的」歴史認識，主要な諸要因の相互作用というのが発想の基本的性格であり，あえて代表的な例を挙げるならば，M・ヴェーバーがこれに該当するであろう．ここにもいくつかの「背後仮説」があることはむろん言うまでもない．

　私は，これまでの発想ではマルクスの史的唯物論が最良とまでは言わないにしても，相対的に優れている，と受け止めている．なぜならば，もっとも原理的には社会変動論に必要な客観的条件と主体的条件を捉える視角および両者を結びつける論理を内含しているからである．しかし，すでに指摘したように，時代的制約もあって客観的条件の矛盾がストレートに主体的条件を産出すると解釈される不十分性がある．マルクス自身は客観的条件の解明に全力を注ぎ，主体的条件については現実認識つまり具体的な現実分析あるいは実際の社会運動への参加などで示してはいるが，一般性への示唆にとどまった，と私は受け止めている．これを継承したレーニンにおいても，具体的な現実認識はともかくとして，一般的にはイデオロギー注入論の域を大きくは出ていない，つまり主体そのものの発展への理論としては不十分であった[5]．その意味では変革への主体「産出」論という思惟にとどまっていることを意味する．ではどのように発想を転換するか．まずは内的要因（主としてミクロ）をどのように考えるかが問われるが，かならずしもミクロなレベルだけでなくよりマクロなレベルまでが射程に入ることになる．ミクロやマクロは他のレベルと対置した相対的レベルであることは，これまでの理論展開で明らかであろう．

　具体例としては，主として先進資本主義国における近代社会への転換におけ

る主体的成熟を指摘することができる．イギリスにおける名誉革命やフランスにおける「大革命」についてはよく知られているが，そこには産業革命による資本主義的生産における主役としてのブルジョワジーが変革主体として形成されたことを明瞭に認めることができる．植民地からの独立というやや性格の異なるものではあるが，アメリカの近代社会の確立についてもほぼ同様であるとみなすことができる．

　内的要因だけではなく外的要因（主としてマクロ）も加わった場合でも，基本的には上記と同じ論理になるが，日本を含むアジア諸国あるいは経済的発展途上国においては両者をセットにした世界的諸条件としての把握が要請される．したがって，両者を統合する論理としての構造化という視角が重要になる．すなわち前者の場合には，それぞれの社会内部のそれぞれの位層における矛盾と「構造化」作用から全体化へと進展するが，後者の場合には，外的要因が矛盾と「構造化」作用を促進したり変形させたりする．その場合には内的条件もかかわることは言うまでもない．

　似たような外的要因の作用がある場合でも，近代社会成立に際しての具体的プロセスには，例えば日本と中国との違いがあることは周知のことであろう．この違いについては基本的には2つの点に着目することになる．1つはミクロとマクロとの媒介項とりわけ社会機構への着目である．ここでは具体的な違いについては展開しないが（それには「アジア社会論」という壮大な論考を必要とする），日本における徳川政権下における社会機構と中国における清朝政権下における社会機構の違いを具体的に想起すればよいであろう．もう1つは歴史的位相による相違への着目である．ここでは原理的確認が狙いなので，ごく一般的に指摘するならば，外的要因（これ自体にも歴史的位相がある）の顕著な作用について日本の歴史的位相を例とするならば，戦国末期では封建制の再編成にとどまり，幕末期には封建制の崩壊をもたらしたことを想起すればよいであろう[6]．

　さて，一般には客観的条件とは諸個人にたいする外的条件を意味し，主体的条件とは活動主体としての諸個人のあり方を意味する．しかし，これまでに確

認した構造化と全体化の論理にもとづくと，それほど単純ではない．すでにネーミングしている「4層構成」という見方にもとづくならば，諸個人のあり方が主体的条件である場合には，そのような諸個人にとっては諸集団・組織，社会機構，全体社会が客観的条件である．次にはより上位の位層である諸集団・組織を主体的条件として措定するという発想が要請される．諸個人の主体的活動の構造化がその範囲内で全体化へと進むならば，その集団・組織としての諸活動としての性格を帯びることになる．この場合には，その集団・組織が1つの主体的条件として位置づけられるのであり，そうすると社会機構と全体社会（制度）が客観的条件になる．さらには社会機構までを主体的条件とする思惟へと展開される．

そこであえて〈社会構造〉概念を措定するならば，私の意味する〈社会構造〉とは，先にネーミングした「4層構成」ということになろう．しかし，これは単に1つの視角からの「構成」であって，〈社会構造〉概念としてはきわめて不十分な概念と言える．なぜならば，「構造」概念は構成要素の関係を意味するものだからである．〈社会構造〉が社会的諸関係をトータルに示す概念であるならば，さらには，「近代化」の5つの次元を加えてそれらの相互関係において捉えるかたちでの概念構成が必要である．私は，不十分ではあってもマルクスの「社会構成体」概念がこの2つを組み込んだ概念構成を志向していたと理解している．しかし，その理論化のためには複数の歴史的社会変動の分析が必要である．というのは，歴史的個体としての1つの社会をその変動において捉え得る理論構成は具体的現実分析からのみ導き出されるものだからである[7]．

2. 歴史的素材としての明治維新

◆ 社会変動としての明治維新

社会変動論を考えるにあたっては，明治維新が社会変動の「典型例」であると思われるので，社会変動の具体的な素材とすることからはじめよう．ここで

言う「典型例」とは，封建社会から近代社会へと変動する一般的あるいは代表的な例であることを決して意味しない．周知のように世界史上ではむしろ特殊な例と言えるであろう．しかし，それゆえに社会変動を考える具体的な素材としての「典型」になるのである．すなわち，外的要因と内的要因が複雑にからみあっているとともに，主体的条件もまた西欧とは異なる複雑さをもっているということである．この両面における（歴史的個性としての）複雑性こそが，歴史的素材として取り上げる理由である．ここでは，これまで支配的であった「一般性」と「特殊性」という見方そのものを根本的に考え直すことも目指される．

　これまでの発想にはM・ヴェーバー的発想が作用している．彼自身の本意ではないかもしれないし，彼自身は意識していなかったかもしれないが，近代社会の理念型はイギリスとフランスをモデルとして〈構成〉されている．例えば，一般性としては前近代社会から近代社会へ，あるいは封建制から資本制へという転換である．その場合には，それぞれの社会分野でのいわゆる「合理化の進展」を機軸として考えられている．つまり一種の理念型的なモデルという発想にほかならない．さらに付け加えるならば，このような発想の仕方は「マルクス主義者」たちにも共通している．すなわち，資本主義社会から社会主義社会を経て共産主義社会へという発想である．だからこそ，理論的にはマルクス主義の最良の部分が理念型であるという「批判」にさらされたり，イデオロギー的には社会主義社会の崩壊（ソ連など），中国における市場経済の導入などの大変動がマルクス主義そのものの破綻と見なされることにもなるのである．しかし，マルクス自身は資本主義分析の理論構築にあたって，当時の「先進国イギリス」をモデルにしたとはいえ，資本主義的経済関係がもっとも鮮明であることによるのであって，理念型的発想とは異なる[8]．

　そのようなモデル設定という発想にもとづくならば，明治維新における特殊性としては，近代的個人の未成熟問題，変革主体の問題，生産力問題，国際状況などが挙げられるのが普通である．つまり一種の特徴づけという性格の説明を意味する．事実としてはそのような事情があったことは確かである．しかし

私見では，一般性の現実化としての特殊性，具体的には近代社会への変動という一般性が構造化におけるいくつかの特殊性を有することを意味する．他方では，特殊性の現実における一般性，より具体的には構造化における特殊性がからみながらも近代社会へという社会変動をもたらす「全体化」作用（＝一般性）へと進むことを意味する．

　このように異なる発想にもとづくならば，歴史的個性とはなんらかの理念型を基準とする特殊性ではなくて，構造化の具体的あり方と全体化の進展とそれを阻む諸条件との矛盾の具体的あり方による両者の統合としての歴史的個性を意味する特殊性なのである．したがって社会学的な社会変動論にとっては，歴史的個性における一般的論理を構造化と全体化という見方からどのようにして易出するかが問われるのであり，その具体的追求によって社会変動の理論へと練り上げることが大事なのである．

◆ 明治維新をめぐる社会的変化の諸相

　まずは歴史認識として理解されている明治維新への社会的動きについて簡単に確認することからはじめよう．ここでは，基本視角，5つの社会分野，4層構成を念頭におきながら，主要な諸現象について確認し，これに構造化と全体化の視角を導入することによって最終的に整理するというかたちで展開する．

　幕藩制社会（＝封建社会）の歴史的進展にともない，物質的生活の生産における矛盾の進展が基礎にある．具体的には農業の生産力の発展と商工業の発展にともない，土地所有を基盤とする封建的な身分制とは異質の貨幣経済が次第に発展する．この矛盾によって下層身分の貧困化が進展するとともに同じ身分内での貧富の差も次第に拡大していくことになる．そのような矛盾の進展は上層身分と下層身分における生活経済の一定の逆転現象をもたらすというかたちで，身分制そのもののもつ矛盾が深化していくのがこの時代の歴史的過程であると基本的には捉えることができる．しかしそのような「逆転」をともなう客観的条件がそのまま変革の主体的条件には結びつかなかった．そこでそれぞれの社会分野の基本的な変化について簡単に確認することにしょう．その場合，

それぞれの社会諸分野における変化の重層性に着目することが大事である．

経済分野では，封建制のもとでの経済（＝自給自足経済・現物経済）にたいして商品経済（＝交換経済・貨幣経済）が発展することによって，大きくは3つの変化を認めることができる．1つには，商工業の発展が封建制にもとづく経済との矛盾を次第に深めていくという変化である．2つには，都市と農村における経済格差が次第に拡大していくという変化である．3つには，同じ身分層の内部での経済格差の拡大という変化である．このような変化（＝矛盾）からは，生産力の発展と生産関係の矛盾という客観的条件を明らかに確認することができる．

政治分野には，上記の経済的変化と矛盾への対応に関してはヨーロッパとは異なる日本独自の特徴が認められる．すなわち，武家政治と社会的変化とりわけ経済分野における変化をめぐる事情が，幕府の揺れ動く政策の展開に認められるということである[9]．天皇と将軍という2つの権威の存在における変化，そして大名と下級武士などの関係の変化が社会変動において重要な位置を占めていたこともまた，ヨーロッパにおける近代社会への変動とは異なる日本独自の性格といえる．他方，封建制のもとでの被支配層である農民と町人については，主体的条件の形成に向けての変化が乏しいことを指摘することができる．このことは経済的地位の政治への波及の変化が乏しいことを意味する．近代社会形成に向けてのこの2つの身分の主体的あり方が日本における主体形成の独自性といえる．

明治維新にかかわる客観的条件の1つとしての環境については，いろいろな指摘があるとはいえ，理論的にはほとんど位置づけられていないのではないだろうか．環境については全体としてのマクロレベルの変化と身近なミクロレベルの変化とをきちんと整理して捉えておく必要がある．山岳部が国土の3分の2を占めている島国であることおよび気候条件が基本的に環境としての自然的条件をなしていることは，社会・生活を考えるにあたっての前提に据えることがまず必要である．ほぼ周知の歴史的事実なので指摘だけしておこう．具体的には，国土については蝦夷などの一定の拡大，農地については開墾による一定

の拡大，道路については主要な街道の整備の進展などがあったとはいうものの，環境としての自然的条件については変化がきわめて乏しいと言える[10]．

次に主体的条件に結びつく変化としての生活と文化に目を転じてみよう．生活および文化は，主体的条件としての人間の生産と関係の生産の諸活動がすべての人間に直接関与しているという意味で，変化・変動を捉えるにあたっては不可欠な社会分野であり，この着目が社会学的把握の特質の1つと言える．生活の具体相の変化は，歴史的に形成されてきた諸身分それぞれの生活条件の違いによって異なるが[11]，ここではそこまでは立ち入らないで「全体としての」変化動向について簡単に指摘しておこう．

身分制のゆらぎと交通の発展にともなって，限られた身分層ではあるが，生活関係と生活空間の一定の拡大をもたらしたことを指摘することができる．次にほぼ安定した体制と農業技術の発展による生産力の上昇にともなって，相当な格差があったとはいうものの，生活経済とりわけ消費水準が上昇したことも否めない事実である．これらの変化は身分による格差をともないながら「余暇時間」が拡大するという生活時間へも波及することになり，主体的条件の物質的基盤としての意味をもつことになる．

これらに加えて，文化と意識および対外的変化（＝国際関係）について確認することが，変革の主体的条件に大きくかかわるという意味で欠かすことができない点である．文化と意識は生活活動と活動のあり方すべてにかかわるという意味できわめて広範囲に及ぶので，ここでは変革に結びつくという意味でいくつかにしぼって指摘しておこう．

主体的条件にかかわる「構造化」を促す点としては庶民の寺子屋，武士層の藩校・私塾といった教育の拡大を指摘することができる．これらは社会的現実（の問題性）の認識における視野の拡大と合理的思惟の前進の「構造化」としての意味を持つものであり，新しい思想の芽生えや漠然とした変革への期待感へと「構造化」されていくことになる．

そして先に簡単に指摘したように，対外的関係についての変化をも確認しておくことが必要である．鎖国という制約のもとでも「交通」が徐々に拡大して

いくことによって，外国から導入される物質的要件と精神的要件の作用がそれに照応して増大していくとともに，欧米列強の対日政策が具体的に進展していくことを確認できる[12]．

ここでは一般的に知られていることについて，私独自の視点が若干はあるとはいえ，さしあたりは並列に示したが，これを構造化の論理および全体化の論理にもとづいて，〈4層構成〉の相互関連において組み立てる必要がある．この組み立て方こそが社会変動論の骨格をなす理論的位置を占めるのである．

◆ **明治維新にいたる社会変動の基本論理**

5つの社会分野の変化を〈4層構成〉を軸にして整理すると，以下のように捉えることができる．まず諸個人の活動の位層においては，主として反封建ではなくて反幕府の意識と活動による構造化作用および鎖国と開国をめぐる意識と活動による構造化作用が一定程度認められるが，幕府政治が変わることへの漠然とした期待のみが全体化作用の性格を若干帯びるにとどまっている．したがって，この全体化作用は個人の位層では多数の人々の活動としては具体的に現れないので（構造化はあるが），そのままのかたちでは社会変動における主体的条件としての性格を有する物質的力にはならないことを確認することが大事である[13]．

次に，集団・組織の位層における構造化と全体化については，諸個人の位層よりは鮮明に認めることができる．百姓一揆，打ち壊しなどは経済的困窮にもとづく自然発生的性格が濃厚であり，先の位層における漠然とした期待の雰囲気程度の構造化作用にとどまっているのと同様に，これまた直接的には物質的力にはならなかった．この位層（だけではないが）では武士身分が主役を演じる．具体的には武士の脱藩，藩士ではない武士集団の形成がはじめは自然発生的性格だが，反幕府の方向への構造化としてはっきりと性格づけられるだけでなく，客観的には反封建としての構造化としても性格づけられるものである．そのような構造化の進展にともなって当然それを阻む構造化（かならずしも現状維持ではない）との対立が現れるが，当初は勤皇派と佐幕派それぞれの緩や

かな結びつきと対立，および鎖国派と開国派の対立が絡み合っている[14]．開国という政策を契機に勤皇・倒幕への構造化の方向が社会機構の位層にまで及ぶにいたり，そのような構造化が維新へ向かっての全体化の客観的・主体的条件の性格を帯びるようになる．

　以上のように，主体的条件としての下位の位層における構造化が社会変動に向かう全体化へと進むには，社会機構の位層における構造化としてどのように全体化へ進むかを問うことが要請される．これが明治維新への社会変動の論理としてもっとも重要であるとともに，そのことによって明治維新が基本的に性格づけられるのである．加えて，社会変動一般における一般性と特殊性の論理が典型的に示されることになる．

　さて，社会機構の位層における主体的条件の形成・発展をめぐる現実を捉えるにあたって，私は「ブロック」概念をあらたに措定することを表明しよう．社会機構における構造化が全体化へと進むには「ブロック」の形成が必要であり，明治維新への胎動がはじまるにともなって，全体化の方向の模索段階を経て具体的には3つの異なる性格の「ブロック」による構造化が進展することになる．当初は〈封建—反封建〉関係が諸個人および集団・組織の位層でまとまりのないままの構造化が叢生していたが，異なる性格の3つの「ブロック」，具体的には薩摩，長州などの藩を軸とした倒幕派の「ブロック」連合，大名と貴族を軸とした公武合体の方向を求める「ブロック」，徳川幕府を軸とした守旧派の「ブロック」を指摘することができる．つまりこのように異なる性格の「ブロック」におけるヘゲモニー争いが社会機構の位層でなされていたということである．

　このような「ブロック」それぞれの内部における諸関係のあり方が一定の不安定性を持ちながらも，歴史的進展の過程では旧守派の弱体化，公武合体派の挫折にたいして，倒幕派の「ブロック」連合の構造化が次第に全体化へ進展していったことは，歴史上よく知られていることであろう．その過程では物質的および思想的な外的条件がむろん作用していたが，ここでは具体的には触れない[15]．日本社会という位層における把握にとっては，主体的条件の形成・発

展が社会機構における「ブロック」連合を軸として進展し，このような構造化作用が1つの全体化へと進展することによって，倒幕・王政復古というかたちの構造転換として性格づけられる社会変動が現実化したのである．

　明治維新という社会変動を社会学の立場から以上のように把握（＝組立て）することによって，客観的条件の成熟と主体的条件の成長という一般性が貫徹していることは明らかであろう．簡単に整理するならば，客観的条件としての生産力と生産関係の矛盾をはっきりと認めることができる．よく知られている享保の改革，寛政の改革，天保の改革が時代が下がるにしたがって困難さが増していることに矛盾の進展が典型的に示されている．これらの政治過程は封建制の強化と殖産政策の推進という幕府政策のぶれを意味するが，それは身分制と産業の発展の矛盾の進展であり，生産力の発展にたいする封建的な生産関係が桎梏になる度合いを次第に強めていくことにほかならない．

　社会変動における主体的条件とは，このような客観的条件における矛盾が人々にどのように意識されるか，そしてそれらの意識がそれぞれの位層において現れる活動および関係の新たな生産を意味する．この場合大事なことは，客観的条件がどのようにして主体的条件を具体的に生み出すかが基本に据えられるということである．生産力と生産関係の矛盾は具体的には身分制の揺らぎとして現れてくるが，一方では身分制のもとでは支配層に属する武士身分とりわけ下級武士の貧困化が顕著になり，武士団の関係に変化をもたらすことになる．他方では被支配層に属する豪農・豪商においては，生産力のさらなる発展の追求および商品経済のさらなる進展にたいする桎梏が利益追求の制約をきたすようになる．そして一般農民・その他の被支配層においては，下級武士以上の貧困化がさらに進展する．

　そこで上に述べたような社会変動における客観的条件では一般性が貫かれているもとで，主体的条件についてさしあたりの整理をしておこう．整理の仕方としては，「4層構成」のそれぞれの位層および各社会分野すべてとの組み合わせによって，客観的条件の変化・矛盾にたいして主体的条件にはどのような変化（＝構造化）が進展するかという整理が望ましいことは言うまでもないが，

ここでの狙いは明治維新論を全面的に展開することではなく，社会変動論を社会学の原理論として明確化していくことなので，これまでに述べてきたことすべてから，主体的条件についての一般的なまとめを簡単にしておくことになる．その場合の着目点がこれまでの展開からしてそれぞれの位層における主体的活動であることは言うまでもないであろう．

　諸個人の位層においては身分による若干の違いがあるとはいうものの，とりわけ新たな生活関係に向けての構造化を進めるほどの変化はあまり認められない．この確認は明治維新による近代日本社会の性格（特殊性）にとって重要な意味をもっている．

　集団・組織の位層，とりわけ武士層における位層における構造化については，この位層における内部および外部の諸関係を変える構造化の趨勢が進展するが，全体化にまでは到らないところに注目する必要がある．具体的には武士層における上下関係の変化および藩の枠を超える関係の形成であるが，それらが全体化へ向かわないかたちで社会機構の新たな形成へと進んだことを指摘できる．社会機構の位層においては，社会機構の新たな形成ははじめは明瞭な結びつきなしに集団・組織から叢生するが，この位層では先に述べたようないくつかの「ブロック」形成とヘゲモニー争いによって下位の位層を若干は含んだ構造化が１つの方向へ，つまり全体化へと進展していくことになる．

　明治維新は幕藩制社会（＝封建社会）から近代社会への社会変動であったが，上に挙げたことから，主体的条件における一般性と特殊性を確認することができる．すなわち，各位層における構造化が最終的には社会機構における構造化から全体化へ進むという一般性が貫かれていることが確認できる．この場合，日本社会の変革という全体化の性格については，下位の位層における全体化が部分的あるいは不十分なもとで社会機構に著しく傾斜した全体化であったことの確認が大事である．近代日本社会が一般的には半封建的・絶対主義的性格とされているが，そのような社会変動について一般理論としてより具体的に展開するには，「構造転換」によって現実化した近代日本社会の基本性格を，維新政府の新政策との関連で理論的に捉え直す必要があるが，原理論の範囲を大き

く越えるので，ここでは簡単な指摘のみにとどめる[16]．

　経済における封建制の残存としては，地租改正を軸とした経済・財政政策などによって寄生地主制が創出されたこと，そして商工業のあり方にも及んだことを挙げるだけで十分であろう．政治においては社会機構に注目する必要がある．すなわち，明治維新への構造転換において主役を演じた「ブロック」が政治・行政における社会機構としての性格を維持・強化したことである．それは例えば文化としての意味をも有する「家」制度に典型的に認められるように，諸個人の生活関係や集団・組織における封建的（＝非民主的）性格を温存させることにより，この位層だけにとどまらないかたちで新たな構造化を阻む条件を維持・強化する制度・政策として性格づけられる．したがって，集団・組織における新たな構造化が生活関係における構造化に及ぶには，1945年の敗戦による近代日本社会からの構造転換を待たねばならなかった．

3. 社会変動と社会構造

◆ 社会構造をめぐって

　社会構造という言葉は，社会学においては（その他の社会諸科学においても）数多く使われている．しかし，社会構造という概念は必ずしも確定している概念ではない．社会構造とか社会の構造的把握とかという言葉はしばしば使われるので，概念としておおよその確定が必要であろう．おおよその確定とはあくまでもさしあたりの確定であって，きちんと確定するには，社会変動と同様に複数の社会の具体的考察が必要であろう．では社会構造を概念として確定していくにはどのように考えたらよいであろうか．

　社会学における社会構造としては，すでに〈第1部〉で簡単に触れているが，富永健一が詳細に跡づけているように，「社会システム論」として展開されてきたと言ってよいであろう．概念構成の基本的な発想について考えることが大事なので，発想の性格に絞って考えてみよう．スペンサーからはじまってルーマンにいたる展開はおおむね首肯されるのであるが，私自身の理論的立場から

は，マルクスへの言及を加えることによって，これまでの発想の基本的な性格を考えてみたい[17]．

　マルクスの社会構造論あるいは「マルクス主義」において構造的把握とされているものの大部分は〈第1章〉で引用した『経済学批判』の「序文」におけるいわゆる「史的唯物論の定式」にもとづく，と言ってもおそらく言い過ぎではないであろう．このことはかつて「(経済的)社会構成体論」の理解をめぐる論争がこの「序文」の解釈を軸として展開されたことに示されている．マルクスの社会構造の把握の仕方が鮮明に示されているのは，「生産関係の総体は社会の経済的構造を形づくる．これが現実の土台であり，そしてそのうえに法律的および政治的な上部構造がたち，そしてそれに一定の社会的意識諸形態が照応する」という部分である．すなわち，土台―上部構造・社会的意識諸形態の条件づけ・照応関係として社会構造が措定されていることを意味する．ここで注意する必要があるのは，土台が上部構造等を規定すると単純に受け止めないことである[18]．

　一見異なる把握の仕方のようにも思われるこれらの「社会構造」概念には，発想の仕方に共通性を見い出すことができる．すなわち，「社会」とされている存在をかなりはっきりした具体的な実体として措定し，主要な構成要素とそれらの関係をなんらかのかたちで具体的に措定していくという発想である．このような発想では，基本的にはなんらかのモデルを提示することになる．上に例示したようないくつかの社会構造論の違いは，「社会」にたいする着目点および構成要素および関係の措定の仕方，つまりモデルの違いであるということになる．ここでややくどいようであるが，社会構成と社会構造の違いを確認しておきたい．社会構成とは「社会」を主要に構成する要素に着目した概念であるのにたいして，社会構造とはそれらの諸要素の関係に着目した概念である．

　さて，複雑化している現代社会にたいする社会変動論にとっては，モデル提示という発想を転換する必要がある．そのモデル構成がどれだけ現実に依拠していてもそうなのである．つまり，社会構造（実質的には社会構成の場合が多い）から社会変動論へ展開するというこれまでの発想に対して，社会構造の概

念構成については，私は社会変動論から社会構造にいたるという発想によって確定することを主張する．すなわち，社会的現実認識の論理をミクロな位層から次第にマクロな位層への論理へ練り上げ，「4層構成」におけるそれぞれの位層のもとでの社会的諸分野の諸活動・諸関係における内的矛盾にもとづく変化から変動への論理を構造化と全体化の思惟によって「構造転換」の論理に到るということである．それぞれの位層における「構造転換」に直接かかわる要素がそれぞれの位層において認められるはずであり（明治維新について具体的に確認したように），それらの諸要素によってそれぞれの位層の構造が決まる．つまり，構造化および全体化として作用する諸要素によって構造（この構造は静態的なモデルではない）が決まることを意味する．したがって以下のような具体的検討が必要である．

　もっとも原理的には，生活活動の変化（＝諸個人における構造化）から出発してそれぞれの位層における「構造転換」のプロセスを導き出すという方法にもとづくが，このことが同時にその時の社会構造を具体的に捉えることにもなるのである．そこでそのプロセスをもっとも抽象的に展開することにしよう．

　諸個人の生活構造では諸要素の変化が問われる．諸個人の生活構造は「生活力」について述べたように，生活経済，生活時間，生活空間，生活関係，生活文化という生活を基本的に構成する諸要素の関係によって捉えることができる．次には，諸個人の生活関係を軸として集団・組織の位層における「構造」の変化＝構造化が問われることになる．諸個人の生活構造と同じ論理によって，諸集団・組織の構造が問われるのであるが，この位層における構造がどのような主体的条件を有するかが変化・変動を捉えるにはきわめて重要である．しかし，変動への主体的条件としての性格を有している諸集団・組織がそのままでは全体化へは進まない．この位層における構造化の進展から「構造転換」への主体的条件が具体的に問われることになる．すなわち，社会諸分野の変化と社会機構としての位層における構造化が問われることを意味する．社会構造の確認は，このような変化・変動という社会過程におけるそれぞれの位層の構成要素相互の関係にもとづいて導き出されるものであり，具体的な諸関係の検討による概

念レベルの整理が要請されるのである[19]。

それぞれの位層における主体的条件の形成には,「構造転換」への目的意識性が必要であり,そのような性格の内部集団・組織を,私は,〈ブロック〉概念として措定する.この位層での全体化による構造転換は社会変動に直接連なる位置を占めているので,ここまでに到る諸概念相互間の論理的関係の明確化により「社会構造」概念が具体的に浮かび上がってくるはずである.まとめて言えば,これまでとは逆の発想によって「社会構造」概念を明確化していくことを意味する.これまでの社会構造論と社会変動論における発想の多くは,まずなんらかの社会構造が論理的あるいは背後仮説的に措定されており,そのように措定された社会構造がどのように変化・変動するかという発想であった.そのような発想では,措定された社会構造の構成要素から何を重視するかという思惟,あるいはいくつかの要素の相互作用という思惟のいずれかに帰着する.例えば,これまでのマルクス主義の発想の多くが前者であり,M・ヴェーバー流の発想が後者である,と言えばわかりやすいであろう.

私の発想では,社会変動がいかにして起こるか,これを歴史的現実から組み立てる,つまり諸変化から社会変動への論理を組み立てることによって,そこでの社会的諸要素に着目する,それらの諸要素の社会的位置づけと相互関係の概念的整理によって,社会構造の概念化を追求することになる.以下はそのような発想による端緒的試みである.

◆ 変化から構造転換へのプロセス

これまでに確認してきたように,社会的現実はあらゆる位層,あらゆる社会分野における不断の構造化による変化の連続として理解される.構造化が全体化へと進展して構造転換へ向かう変動へのプロセスは範域としては社会の「4層構成」に応じて措定される.出発点(あるいは不可欠な最初の要件)は言うまでもなく諸個人の位層としての生活関係の変化である.諸個人の生活構造における諸要素の変化が生活関係にどのような構造化として作用するか,とりわけ具体的には上下関係の変化が重要な位置を占める.生活関係の変化が多数の

諸個人にかかわりがある生活全体のあり方の変化による主体的な諸活動は，より高い位層（あるいは広い範域）への構造化としての性格を持つことになる．すなわち，この位層における構造化の全体化への進展にほかならない．

次の位層については，簡単に示すために地域的変動を取り上げるが，この論理は他の社会分野の集団・組織にも当然適用される．生活関係の変化による構造化が全体化へと進むことによって地域関係がいかにして変化していくか．ここでもまた地域関係における構造化が地域の上下関係の再編成を促す方向に進むかどうかが問われるが，諸個人の生活関係の構造化よりも地域関係の構造化の方が複雑なので，まず簡単に示すならば，

　　　　外的条件　→　地域　←　生活関係

ということになるが，2つの構造化作用（矢印）について一般化して言えば，いろいろな集団・組織の位層における上下関係にたいする構造化であり，上下関係の維持，強化，再編成などの構造化として性格づけられる．この場合の外的条件はさらに複雑であるが，外的条件は基本的には三重に措定される．すなわち，同じ位層における他の集団・組織および社会機構と社会全体のあり方の2つの位層である．この段階においては，集団．組織の位層においてはすでに小規模な「ブロック」の萌芽が認められることになる．ここから社会の諸分野における変化と変動が本格的にはじまることになるが，各分野での変化・変動はかならずしも同じではない．ここではそれぞれの位層における動向が主役を演じる．小規模な「ブロック」が集団・組織の位層で形成されることによる構造化の推進あるいは後退が生じる．構造化が進む場合についての方向をもっとも単純化して示すと，以下のような道筋をたどる[20]．

　　　社会機構における「ブロック」（＝統合隊）の形成
　　　　　　↓　　　　　　　　←　構造化
　　　複数の「ブロック」（＝統合隊群）の結びつき（形成）
　　　　　　↓　　　　　　　　←　構造化・全体化
　　　より巨大な「ブロック」（＝統合隊連合）の形成と拡大
　　　　　　↓　　　　　　　　←　全体化

↓　　　　　　各種の諸要素の変化，さらには社会体制などの変動
　　　　１つの社会（国家）の変動（＝構造転換）

　上に示した道筋は，既述の幕末から明治維新への社会変動を現実的素材（根拠）にして組み立てられたものであることは，各種の「ブロック」，構造化，全体化について歴史的事実を当てはめれば容易に了解されるであろう．実際にはこれらに外的要因が加わる場合もある．明治維新の場合はそれぞれの主体のあり方（＝異なるブロック）によって作用も異なるというやや間接的な性格であった．したがって，外的条件を組み込んだ（内的条件とセットにした）変動の捉え方によってこの時期の変動（＝全体化）の論理が明らかになるのである．ここに示したことは，人間および関係のあり方＝主体的条件を軸にしてやや単純化した道筋であるが，上でことわった外的要因の性格づけと同じように，客観的条件としての生産力と生産関係だけでなく，内外の物質的条件および全体としての意識的条件が多様な主体的条件とりわけ各種の「ブロック」にどのように作用するかを具体的に捉える必要がある．言うなれば，社会変動における社会的（外的）条件の作用を捉えるにあたっての導きの糸となるのが，上に示した道筋にほかならない．

　社会変動を捉える理論枠としての以上の確認にもとづいて，未来を展望するという意味を込めて，21世紀初頭という現在の変動の可能性について簡単に言及しておこうと思う（より詳細な展開については本格的な〈現代日本社会論〉が要請される）．ただし，人間と関係のあり方に焦点を当てた試論的な提示の域を大きくは出ないであろう．

　まず生活関係と人間のあり方の変化については，「生活ヒエラルヒー」が激変しているが，人間のあり方がその変化にかならずしも照応しない二面性を示している．すなわち，権威一般にたいする消極的否定（現象としてはその意識が日常生活にきわめて部分的な活動に認められる程度）と権威主義の非意識的な容認（残存）という様相を呈しているという二面性である．権威主義の容認を否定する新しい生活関係の萌芽が若干は認められるとはいうものの，新たな

(民主的)生活関係形成の方向はまだ定かでない.

　次に集団・組織の位層においては,いわゆる都市化の進展というよりは全般的都市化状況と言えそうな歴史的位相として位置づけられて論じられることが多いが,そのような見方だけでは,生活様式における物質的な面に限定されている見方ではないだろうか.具体的に指摘するならば,飲食・住・衣といった生活の基本的な営みにおいては都市部と農村部では大きな違いがなくなっている.しかし,地域における生活構造という点からやや具体的に考えてみると,例えば生活空間や生活関係が両者において違いがあまりないと言えるであろうか.大都会と農村の風景を思い浮かべるだけで生活空間の違いがわかるはずである.生活関係では集団・組織の種類の多さやそれらの性格の多様性などは両者の違いとして体験的にも容易にうなずけるはずである.俗に人間関係における「都会的」と「田舎的」を思い浮かべればよいであろう.したがって,漸進的変化から全体的変動へ向かうかどうか,向かうとしたらどのような方向への全体化なのかについては,諸個人の日常生活のあり方を具体的に問う必要があろう.

　社会機構の位層については,体制内矛盾の進展という変化が次第に顕在化し始めていることが認められる.具体的に指摘するならば,いわゆる「内部告発」が増加していることなどがその現れであるが,このことは変化を促す構造化が社会機構の位層ではまだ脆弱であることをも意味している.したがって,変化の増大から変動へ向かうか,つまり〈全体化としての構造化〉であるかどうかについては,この位層におけるヘゲモニーの様相が具体的に問われることになる.

　構造化としてのこのような変化は高度経済成長期にはすでに進展していた.しかし,構造化から全体化への進展を阻む主体的条件とりわけ反民主主義および非民主主義という条件もまた顕著に存続・維持されているという社会的条件(とりわけ社会機構の位層において)があり,客観的条件の一定の成熟と主体的条件の一定の叢生があるにもかかわらず,変動への全体化は現実化していない.この意味では生活関係と人間のあり方における構造化が社会機構にまで波

及することによる全体化の動向が問われている．

　さてこの項の最後に，世界レベルとしての国際関係における変動について同じ論理が適用できるという意味で，簡単に触れておくが，この場合も主体的条件に焦点を当てることは言うまでもない．なぜならば，日本にしても国際社会にしても，変動へ向かい得る客観的条件は相当に成熟していると考えられるからである[21]．

　1つないしは複数の社会（国家）の変動による国際関係の変化・変動についても，社会機構の性格をもつ「ブロック」に着目することになる．というのは，それぞれの国内における集団・組織の位層のあり方が国際関係の変化・変動には直接結びつかないからである．国際関係レベルでの「ブロック」は2種類ある．国際的な各種の「ブロック」と国家群による「ブロック」の2つである．前者の「ブロック」とは，それぞれの国家の一定の制約を受けながらも，相対的に自立した社会機構の集合体であり，後者の「ブロック」では，複数の国家群による組織体および社会分野による国家群の組織体の2種類が認められる．したがって，それらの複雑な関係がどのような変化の趨勢にあり，どんな「全体化」へ向かおうとしているかが問われるが，その場合には，1つの社会の社会体制の変動における論理が同じように適用される．ここでは上に挙げた2種類の「ブロック」への着目の必要性の指摘にとどめるが，若干の具体的な示唆を加えておこう．

　世界あるいは国際関係の歴史的変化を「全体として」捉える試みは皆無に等しいと言ってもよいであろう．現段階で世界史として明らかにされていることは，比較的影響が大きいと思われる出来事，政治，経済，文化，環境などについての部分的な諸関係の変化などごく限られている．そもそも世界各国の人々の生活の整理した把握そのものがきわめて不十分である．したがって，私が提示した4層それぞれの現実を具体的に明らかにしていくことがまずは必要である．これらはそれぞれの国民の具体的生産活動として現れるので，その把握においては活動の条件に関連づけての変化動向が重要である．このような認識の方向は，「空間軸」および「時間軸」による発想にもとづくことを意味する．

なお，両者を結びつけるものとしてのコミュニケーション（＝広義の交通）活動をトータルに組み立てる方向での追究が加えられる[22]．

◆ 社会構造についての考え方

　社会変動がいかにして起こるかを「社会構成」から組み立てるという発想によって，静態的なモデルとは異なる社会構造の概念化の追究が可能になる．なぜならば，社会学の着目点は人間と関係のあり方（＝主体的条件）の変化・変動であり，社会構造とは社会構成における構成諸要件の関係のあり方だからである．したがって社会構造を考えるにあたって，社会を構成する諸要件とそれら相互の関係のあり方を具体的に整理して捉えることが要請される．

　これまでに確認している5つの社会分野およびそれぞれの位層に着目する視角にもとづく思惟によって，実際の社会構造の把握が可能な道が開かれるはずである．再確認するならば，社会を具体的に捉えるにあたっては，経済，政治，環境，文化，生活の5つの社会分野を横軸として措定し，諸個人の生活関係，集団・組織，社会機構，全体社会の位層を縦軸として措定する．それらの相互関係を具体的に捉えることが社会構造の把握＝社会の構造的把握を意味する．

　ここでやや具体的に考える必要があるのは，これらの諸要件を社会構造の「構成要素」とする発想によるものではなく，「構成要素」を導き出すにあたっての現実認識のための着目点である，ということである．これらに着目することが必要であることについては，私のこれまでの展開そのものによって明らかであろう．明治維新を1つの歴史的素材として検討したことによって社会変動の捉え方を導きだすことはできるが，社会構造を導き出すためにはさらに複数の時代・社会の社会変動を検討する必要がある．なぜならば，明治維新前後の社会構造は1つの歴史的個性であってただちには一般化できないからである．では，どのような方向が考えられるであろうか．

　諸要件と具体的な歴史的変動から社会構造について概念構成するには，いわゆる近代化過程を具体的素材とすることが適切であると思われる．複数の社会変動の検討の仕方としては2つの道がある．1つは，異なる社会の検討（おそ

らく近代社会への転換が適切であろう）であり，もう1つは，日本社会（あるいは自国）の異なる変動期の歴史的比較という検討である．私は，日本社会の2つの近代化過程，すなわち明治維新から敗戦にいたる近代社会と敗戦後の現代社会を比較することによって追究するという意図を持っている．近代化過程は，歴史的変化の継承及び複雑性・不均等性をそなえている．とりわけ民主化過程と結びつけることによって鮮明になると思われる．

　しかし，このような思惟プロセスではまだ〈社会構造〉概念には到らない．もう1つの思惟プロセスとして，「4層構成」における相互関係の動態的論理が次に問われる．これまでは変化・変動に焦点を当てるという狙いから，諸個人の活動がどのようなプロセス（＝社会過程）を経て全体社会へ到るかというかたちで展開したが（阻害要因の存在について指摘はしているが），その相互関係についてはかならずしも十分には展開していない．さらには集団分化論ともかかわって，社会学における重要な概念としての〈階級〉〈階層〉を理論的にどのように組み込むかという課題をも残したままである．この課題は単に社会構造の把握にあたっての課題だけにとどまらない．私の現段階としては，〈階層〉は操作概念としての性格なので，基本概念ではなくて現実認識において必要な場合の分析手段と考えている．〈階級〉は実体概念として性格づけられるが，1つの重要な視角として理論構成にいかに組み込むかが課題となる．

　社会構造についての考え方として，さしあたりの結論めいたことを言うならば，歴史貫通的な一般的な「社会構造」概念はモデル設定という方法でないかぎりは措定できないのであって，ある時代のある社会の社会構造論としての叙述になるということである．したがって「社会構造」概念の一般化のためには，これまでの「社会構造」概念についての諸見解の検討（富永健一の社会システム論の検討のように）に加えて，具体的な複数の歴史的変動の検討が必要である，というのが私の思惟方法による方向づけである．私の措定した社会構成における諸要件は，そのような社会構造論（社会の構造的把握）の基本概念として性格づけられる[23]．

4. 構造化・全体化と社会変動

◆ 歴史的変動

歴史的変動とはある構造の内部における構造化から，構造化の趨勢が全体化へと向かうことによって，新たな構造を創出すること（＝社会的構造転換）である．そこで，〈第9章〉で確認した基本的思惟を単線的にここで重複して再び示すことにする．

基本的思惟　人間活動　→　関係への作用　→　人間活動と関係の変化　→　集団への構造化作用　→　諸集団の変化　→　諸集団の相互関係への構造化作用　→　諸集団の相互関係の総体としての「社会機構」の変化　→　その変化の全体社会への構造化作用　→　〈社会変動〉

民主主義を基軸とする例を具体化すると，

諸個人の生活における多面的な民主主義的諸活動　→　民主的な人間関係の前進（民主的人間の形成の促進）　→　集団・組織における民主主義の実質的前進　→　「社会機構」の民主化への作用（＝現代的階級闘争）　→　社会の各分野における権威主義あるいは非民主主義の後退・減退　→　民主的な社会のあり方の具体化へ

誤解を避けるためにことわっておくと，上に示したことはこのような方向での目的設定を意味するものではない．人類が歴史的に獲得・発展させてきた普遍的価値として民主主義を措定していることによる論理を意味するのであって，このような方向での日本社会のより民主的なあり方の具体化は日本国民の「創意」と「総意」による．したがって，日本国民の多くがこの方向へ進むような活動（＝構造化作用）に乏しいならば，あるいはこのような方向を自覚的に望まないならば，民主的な社会のあり方への前進が停滞するかあるいは異なる方向に進むことになる[24]．

このような基本的思惟は，構造化と全体化の阻害条件を捨象するかぎりにお

けるものである.現実的には,構造化の趨勢やその「進展」への阻害条件があり,各分野・各位層における変動へ向かう主体的条件は不均等性に充ちているはずである.そのことが現実の変化の方向を見えにくくしている.具体例を挙げるならば,1970年代前半の日本の政治状況がわかりやすいであろう.この時期にはいわゆる「革新自治体」がかつてないほど多くの大都市で生まれた.当時はそのような「革新」が国政にも及ぶという気分が一定部分にあり,遠くない時期に実現するという方向の提起も政治分野では出されていた.しかし,このような「革新」への構造化は主として大都市を有する地方自治体の一定の部分にとどまり(とりわけ農村部にはあまり波及しなかった),日本社会では全体化へは進まないで,周知のように,70年代後半には異なる方向への構造化の趨勢が支配的になることに照応して「革新」が退潮するという経過を辿った.このような構造化が全体化へ進むことを阻む条件が社会機構の位層では政治・経済分野で強固であったこと,国政の変化へ向かう主体的条件においては構造化が著しく不均等であったことなどが指摘できる.ここではとりわけ諸個人,集団・組織などの位層における不均等性に注意をうながしたい.だからこそ基本的思惟方法をはっきりと措定する必要がある[25].

　最後に示すが,歴史は決して(だんだら坂のように)単線的には進展しない.基本的思惟は,「現在」の時間的・空間的位置づけのための座標軸を意味する.以下,社会変動論における最終的視角へと進もう.

◆ 変動の不均等性

　上に示した歴史的変動は全社会的あるいは全世界的には当然一様ではない.なぜならば,構造化作用とそれぞれの位層での矛盾・対立が具体的現実においては異なるからである.一般的に示すと,3つの視角として提示することができる.1つは,それぞれの位層における内的矛盾という視角であり,なんらかの集団・組織やなんらかの社会機構はそれぞれ独自の内的矛盾をかかえていることへの着目である.もう1つは,上向と下向の両面からの構造化作用という視角であり,例えば,諸個人の生活関係における構造化と諸集団そのものの構

造化，諸集団の構造化と集団が関連している社会機構の構造化の相互作用を挙げることができる．そして最後に，各位層での矛盾・対立による構造化という視角である．それぞれの位層に到るまでの構造化の性格および進展度は当然同じではない．

この視角をもっとも抽象的なレベルでまとめると，すでに〈全体化の論理〉で示したことを（63 ページ）再度整理することによって，次のように示すことができる．

諸個人→矛盾・対立←諸集団→矛盾・対立←「社会機構」→矛盾・対立←全体社会

このような関係が常に存在しつつも，現実的には以下のようなかたちをとる．

諸個人→矛盾・対立←諸集団・「社会機構」・全体社会

諸個人→矛盾・対立←諸集団→矛盾・対立←「社会機構」・全体社会

諸個人・諸集団→矛盾・対立←「社会機構」→矛盾・対立←全体社会

諸個人・諸集団・「社会機構」→矛盾・対立←全体社会

この場合，セットになっている部分にも最初の矛盾・対立は程度の差はあれ存在しているのが現実の姿であり，相互の〈矛盾・対立〉の例は上記だけではない．したがって，それぞれの位層のレベルで具体的に捉える必要がある[26]．

実は，上記の順序には現実的プロセスとしての意味も有しているのである．すでに〈全体化の論理〉で簡単に触れた公務労働者の例についてより具体的に考えてみよう．ひとりの個人である公務労働者は，直接勤労している職場のあり方・職場のあり方にかかわる行政機構・社会のあり方と彼の望ましい勤労のあり方と（客観的には）常に矛盾・対立している．そこには下位レベルと上位レベルそれぞれにおいても矛盾・対立が存在している．構造化から全体化へのプロセスについて具体的には以下のように想定できる．

彼と職場の構成員がセットになって「小ブロック」を形成

　　この「小ブロック」のヘゲモニーの獲得

　　　　　↓

「小ブロック」の複合的拡大による各レベルの行政機構との対峙

第10章 社会変動論　409

この拡大過程において行政機構との対峙のあり方の不均等性．
この不均等はヘゲモニー闘争を生み出す

↓

行政機構における「ブロック」の形成と行政機構との対峙
機構における「ブロック」のヘゲモニーの獲得

↓

この「ブロック」の強化と他の「ブロック」との結びつきの拡大
ここでもまたより大規模なヘゲモニー闘争

↓

形成されたより巨大な「ブロック」と社会のあり方との対峙

この対峙は1つの巨大「ブロック」だけではきわめて不十分である．これらはそれぞれの位層における変動プロセスを意味するが，「小ブロック」の形成と発展は，社会の各分野で不均等であるとともに1つの社会分野においても不均等である．「ブロック」形成と発展の不均等性は各位層にも該当することは当然であろう．したがって，より巨大な「ブロック」形成においては，具体的にはいかなる「ブロック」が主導的位置を占めるかによって，社会変動の性格が異なってくる（明治維新へ向けての変動過程を想起せよ）．

◆ 螺旋的変化と階段的変動

社会変動論の結論部分としての私の見解は螺旋的変化と階段的変動の統合論である．それは同時に歴史観としても性格づけられるであろう．それは最広義には一種の進化論的歴史観あるいは発展史観と言えるであろう．これまでの進化論的思惟や発展史観にはいくつかの不十分性があったと考えられる．ベースにあるのは歴史が一般的に進化あるいは発展するという考え方であり，そこには目的論的思惟があると言ってもよいであろう．そしてまたかならずしも直線的でないにしても，歴史はある特定の方向に発展するという思惟である．そこには特定の価値を基準とした思惟があることになる．

私の場合は，普遍的価値としての〈民主主義〉と〈生活の豊かさ〉が基準で

あり，それを目的論的思惟あるいは「特定の」価値観と評するならばその通りである．しかし，両者ともに具体化するのは人間であり，多くの人間がその発展を望まないならば，歴史はそのようには発展しない．また，私自身はすでに基本的な内容を示してはいるが，多くの人間がこの2つに私の意味内容とは異なる内容を与えるならば，歴史はそれに応じる進展を見せるであろう．そこで2つの変化の意味を明示しておこう．

　螺旋的変化とは，現象的には後退や前進を繰り返しながらも，長期的には一定の発展方向を示すことになるが，短期的にはかならずしも単一の方向へ進まない変化を意味する．具体的には日本における国政レベルでの選挙結果を想起せよ．螺旋的変化は当然繰り返されるのであり，現象的には変動の兆しとして映る場合も往々にしてあり得る．

　階段的変動とは，基本的には停滞と飛躍という見方を基本に捉えられる変動であるが，飛躍とは全体化としての構造化の進展が全般化することによる急激な社会変動であり，このような変動にあたってはある種の停滞がともなうのが階段的変動である．なぜならば全体化が全般化するには人々（主体的条件）の日々の活動と社会的条件との矛盾が許容できないほどに進むことによってはじめて現実化するからである．

　先に単線的に例示した日本社会の変革の可能性をめぐって簡単にではあるが，戦後50年の歴史過程における「螺旋的変化」について若干考えてみよう．大きくは「民主」と「非民主」という軸で捉えることができるが，戦後の変化・発展は，「非民主」を支配的な基盤として存続しているが，時には「民主」が一定の前進の兆しを見せるという繰り返しとして進展している．これが「螺旋的変化」にほかならない．

　したがって，〈民主主義の前進と後退〉という問題については，「螺旋的変化」という視角によって具体的に捉えられるはずである．歴史を展望するとは，このような視角から主体的条件を捉えることであり，より実践的な戦略・戦術について付け加えるならば，人が（とりわけ民主的リーダー層は）日本社会の民主的発展と生活の豊かさを追求する立場にあるならば，戦略的には螺旋の低

い部分を少なくかつ短くすることを基本とし，戦術的には，螺旋の上昇期には「ブロック」の強化・拡大を基本とすることである．このことによって，階段的発展の可能性の現実性への転化の道筋が見えてくるはずである．しがって社会の変化動向については，後退をも含む螺旋的発展のなかに位置づけて認識することが肝要である．（だから私の理論的主張は支配的な「非民主」にとっては一種の「危険理論」と映ることがあるかもしれない）．なお，日本社会のこのような変動，および〈生活の豊かさの不均等発展〉については，いくつかの重要と思われる視点をも含めて，その具体的認識については今後の課題としたい．

注

1) これまでに似たような思惟（あるいは発想が）ないわけではないが，〈第2部〉の構成そのものが示しているように，「行為」ではなくて「生産」を基本とする思惟方法であり，この「生産」概念は人間の主体的活動を意味するので，外的諸条件だけでなく「相互作用」を含むより広い概念であること，さらには諸個人の行為と言われている活動だけではなく，外的諸条件としての他者の活動，集団・組織および社会機構の活動にも適用される概念であること，に注意をうながしたい．したがって，社会変動論では「構造化」概念が主役を演じるが，ギデンズの「構造化」概念とは異なることもこのことによって了解されるであろう．

2) 社会変動の社会学的把握を現実認識に適用する素材としては，明治維新を軸とすることはあくまでも手始めにという意味で考えている．本文でも触れるのであるが，「社会構造」概念をどの程度一般化するかという課題は，複数の歴史的社会変動の把握なしには前進しないであろう．したがって，次の課題は現代日本の社会変動について未来を展望し得るかたちで追求することになるであろう．

3) 社会問題あるいは社会病理の認識においては何らかの価値選択が要請されるはずである．民主主義の発展についての価値選択の意味については，経済のみの豊かさの追求にとどまらない豊かさの認識がその追求にとって不可欠なのであり，このことが同時に社会問題・病理の認識における基準をも提供することを意味する．ここ20年ばかりの私の著書などには「問題状況」という認識が多く出てくるが，そのような認識は民主主義を基準としてのものである．

4) 「構成」と「構造」の違いをはっきりさせておくことがとりわけ重要である．構成とはなんらかの統一体（集団・組織，階級，社会などを想起せよ）の諸要

素の存在を意味する概念であるのにたいして，構造とはそれら構成諸要素の関係を意味する概念である．具体例としては，なんらかの「階級」概念によって階級構成を示すことはそれほど困難ではないが，階級構造は諸階級の関係を意味するのでかなり具体的な現実分析を必要とする，と言えばうなずけるのではないだろうか．

5) レーニンの変革主体形成論についてまとまって論じているものとして，元島邦夫『変革主体形成の理論』（青木書店，1977年）を挙げることができる．そこでは変革主体をどの階級・階層に求めるかということ，およびどのように組織化するかということが論じられている．レーニンの見解としてはおおむね元島の理解通りであるが，前者については「形成論」ではなくて「産出論」であり，後者については組織レベルでの「形成論」として性格づけられるので，個人レベルではどうかという課題を残していると考えられる．

6) 戦国末期にしても幕末期にしても日本に対する外的要因は欧米諸国の日本に対するあり方ということになるが，前者ではアメリカがまだ外的要因ではなかったこと，いわゆる「開国」への要請の具体的あり方が異なっていたことを想起するだけで十分であろう．

7) 〈第1章〉の注12)で述べているように，マルクス『経済学批判』の「序言」における彼の見解は，それまでの現実研究から導き出されたマルクスの理論的到達点を意味する．したがって，その後の社会的現実が大きく変化していることに応じて，変化した社会的現実に対応する理論的発展が求められることは言うまでもないであろう．私のこれまでの試みはそのような受け止めによるものであり，エンゲルスの『家族・私有財産および国家の起源』に〈集団分化〉という新たな視角を加える理論構成の試みは1つの例である．

8) マルクスがイギリスをモデルとして資本主義分析の1つの経済学理論を構築したが，〈中間考察〉でも述べたように，これを日本を含むアジア社会にそのまま適用することは，序章で指摘した3つの信仰の現れであり，しかも西欧を基準とする「理念型」的発想にもとづいてアジアの社会変動などを論じることを意味する．

9) 歴史上よく知られている享保の改革，寛政の改革，天保の改革という3つの「改革」それぞれの直前の元禄期，いわゆる田沼時代，文政期とを対比して考えてみれば，貨幣経済・殖産興業にたいする封建制の維持・強化のための引き締め策であることはあきらかであり，「揺れ動く」政策を典型的に示していると言えよう．

10) 人間を考えるにあたって自然的存在としての人間について確認したのと同じように，人間生活の条件についてもまた自然的条件を理論的に視野に収める必要があることを主張したい．とりわけいわゆる「近代化」の具体的方向にとっての意味が大きいのであり，現在の経済的な最先進国のエリアをのぞいては，それら「先進」の諸国をそのまま模倣するのではなく自然的条件（＝環境）の

具体的あり方との関連において経済発展の具体化を図ることが大事である．

11) 幕藩体制期における人々の生活条件は，いわゆる士農工商という身分によって大きく異なるだけでなく，それぞれの身分内においても生活条件が異なっていることを具体的に捉えることが大事である．拙著『現代日本生活論』で具体的な条件についてやや粗い素描を試みている．

12) いわゆる徳川幕府成立前後と幕末期を比べてみれば，前者ではキリスト教と鉄砲に示される若干の技術が伝来したに過ぎないが，後者ではロシア，イギリス，アメリカ，フランスなどが国家レベルでの関係を求めてきたこと，杉田玄白，伊東玄朴，志筑忠雄，平賀源内，伊能忠敬などの名前に示されているようないわゆる洋学の導入・普及が進められたことなどを想起すれば，2つの時期の違いは明らかであろう．

13) 明治維新への社会変動においては，社会機構における「ブロック」の形成とその性格が決定的に重要な位置を占めるわけであるが，社会変動にたいする直接的な物質的力にはならないにしても，「ブロック」の性格と変動への方向づけにたいする背後の主体的条件として，諸個人の具体的あり方がかかわるという意味で，「反幕府」の雰囲気を性格づける必要がある．

14) ここでは実質的な主体的条件の形成が，「反幕府」の雰囲気を背景としていわゆる「尊皇攘夷」の構造化から出発したこと，と同時に「反幕府」には開国もあったこと，さらに幕府側にも同じ様な対抗関係があったことなどを想起すればよいであろう．

15) すでに「構造化」の論理について述べたように，変化・変動にたいする外的な要因（この場合は外国の位置づけ）は理論的には単に外的作用とするのではなく，より広範囲な社会構成における「構造化」作用という位置づけになる．したがって，明治維新をめぐるこのような「構造化」については，日本国内にとどまらず世界史的規模での〈構造化から全体化へ〉という社会過程が具体的に問われることになる．

16) これまでに日本の家族・生活を論じるにあたっては，歴史的変化を重視する私の立場から『現代日本生活論』やその他の著書でそのテーマに応じて必要なかぎりにおいて言及しているので，それらを参照．

17) 「社会システム論」の歴史的展開については，第4章で触れた富永健一『行為と社会システムの理論』で見事に整理されている．私自身はそのような整理の延長線上に（あるいは理論的継承として）「社会構造」を捉えることには批判的立場にある．これは富永見解にかぎらないのであるが，〈第1部〉で言及した諸見解それぞれに批判的見解を表明しないで，私自身の見解を〈第2部〉で展開することによって批判的見解の表明とすることを意味する．したがって，社会構造と社会変動についてもそのような意味での批判的見解として性格づけられる．

18) すでに簡単に指摘しているが，マルクス『経済学批判』の「序文」では「存

在が意識を規定する」という表現以外は「照応する」あるいは「条件づける」という表現になっており，〈規定─被規定〉関係といった決定論的思惟が採られていないことをとりわけ強調したい．マルクス主義においてはこのような区別がかならずしも厳密になされていないので，ここで注意を喚起したい．

19) 社会構成における諸要素による一種の「構造的」な図式化は困難であるとともに避けた方がよい．というのはあえて一般化すれば固定的・静態的になるか，あるいは相互作用という「構造化」の雲海のようになってしまうであろう．したがって概念レベルの整理とは具体的な現実認識における要請であることを意味する．

20) ブロックの存在は経験的に確認できるはずである．幕末期についてすでに指摘したように，「ブロック」とは社会機構が統合されたものであり，本文では1つの「ブロック」の〈構造化から全体化へ〉というプロセスを示したが，実際には複数の「ブロック」が併存し得るだけでなく，ヘゲモニーをめぐる関係はさらに複雑である．なお，「ブロック」概念はグラムシの「歴史的ブロック」概念から示唆を得た．

21) 客観的条件の成熟については2つの点から指摘することができる．1つは世界的規模での生産力の発展であり，もう1つは制度およびタテマエにおける民主主義（および国際連帯）の一定の発展・成熟である．しかし，あたかも日本社会に諸個人の「自分主義」があるかのように，国際社会においてもそのアナロジーとしての「自国主義」があるという意味で，主体的条件の未成熟を指摘することができる．

22) 具体的な展開は今後の課題であるが，その方向について若干の補足をしておこう．広義のコミュニケーション（＝モノ・ヒト・意識の交通）活動について，「時間軸」＝歴史的変化の具体的認識および「空間軸」＝エリアレベルでの具体的認識からスタートして両者の統合を目指すというのが私の構想であるが，さしあたりは2国間を取り上げることになるであろう．

23) やや言い訳的な補足を若干加えておきたい．本文で言及した明治維新をめぐる社会変動の例は，社会の構造的把握としての意味をも有しているのであるが，整理して示すには到っていない．1つの例だけで一般化を方向づけるには不十分であると考えたことにもよるが，これを1つのステップとして現代日本社会の把握へ研究を進めることによって一般化への方向づけを試みることをこれからの課題としている．

24) ここで民主主義を例としたことに私の思想が投影されていることはたしかであるが，それはすでに述べている普遍的価値としての民主主義にもとづくものであり，異なる立場からの論理を全面的に否定するものではないことをことわっておこう．

25) このような動向については「現代日本社会論」としての具体化を課題としているが，民主主義を基軸としてそれぞれの位層における主体的条件をとりわけ

重視したいと考えている．というのは，当時の「革新」がそれぞれの位層において民主的であったかどうか，民主主義が未成熟であったことは否めない事実であると言ってよいであろうが，では未成熟さの克服への努力が具体的活動としてどの程度取り組まれたかが問われると思われるからである．この点での不均等性の具体的認識とその認識にもとづく具体的方策は現在ますます重要になっている．

26) それぞれの位層間の矛盾・対立をやや単純化して示したが，具体的現実としては，諸個人それぞれが自身としての内部矛盾を外的諸条件との関わりにおいて抱えているだけでなく，それぞれの位層でも同様にそれ自体の内部矛盾を抱えているのであり，したがって，実際の変化・変動をめぐってはそれらの具体的認識が要請される．

終章 「日本社会学」の発展のために

1. 日本社会と社会学の行方

◆ 岐路に立つ日本社会

　20世紀に入ってからは，世界のあり方はいろいろな岐路を経験してきた．日本社会に限定して言えば，戦後60年足らずの間にやはりいくつかの岐路に直面して現在に到っている．それぞれの岐路においては当然のことではあるが，日本社会の行方にたいする現実的な課題が提起されていた．ここでは，私自身の「日本社会の科学的自覚」をこれまでの検討の仕方のかぎりにおいて簡単に確認しておこうと思う．

　1945年の敗戦後，アメリカ占領軍の主導のもとに戦後改革としての「民主化」政策が次々に打ち出され，制度面での「民主化」が嵐のように進展したことはほぼ周知の事実であろう．それは日本社会で史上はじめて本来の意味での「市民社会」がスタートしたことをも意味する．しかし，そのような「戦後改革」のもとでは民主主義の制度面でのさらなる徹底化が求められるとともに，制度における民主化を具体的現実においていかに実質化するかという課題が提起されていた．このような課題にたいする日本社会のその後の進展については，私は，以下のような岐路を確認することができると見ている．

　　第1の岐路　　1950年頃　　　　「民主化」の推進か「逆コース」か
　　第2の岐路　　1960年頃　　　　日米安保条約の体制の選択か否か
　　第3の岐路　　1970年代半頃　　政治革新か保守への回帰か

　そして現在（2000年前後）は第4の岐路にあるのではないかというのが私の基本的な認識である．しかもこれまでの3つの岐路とは性格が異なることに注意をうながしたい．これまでの岐路は人々の意識（あるいは認識）においても実際の動き（主に政治的動き）においても，〈保守―革新〉という対立の行

方について国民の選択を迫るものとして性格づけられる．これらの岐路に面してどのような方向に進んだかは周知のことであろう．しかし，民主主義と市民社会の成熟ということを1つのメルクマールとするならば，上に指摘した岐路の経過はかならずしも民主主義の前進とそれにともなう市民社会の成熟の方向へは進んでいないことは明らかであると思われる．私は，政治的動きにおいても国民の非意識的動向においても，さらには「知識人」の問題提起の仕方においても，民主主義は「かけ声」の域を大きくは超えていなく，日本社会の客観的条件および日本人の主体的条件のトータルな認識にもとづいた具体的提起がきわめて不十分であった，と考える．そこで「岐路認識」においてもまた発想の転換によって考えることにしよう．

　これまでの岐路がある意味では「限定的」岐路であったのにたいして，現在提起されている岐路はこれまでとは性格を異にする，と私は見ている．政治的に革新か保守かという単純な選択ではない．すでに〈序章〉でも指摘した新しい局面のもとでは，人類社会のあり方が全面的に問われているという地球レベル（あるいは国際関係レベル）をも射程に入れた岐路という「自覚」が求められている．この意味で，発想の仕方および人間主体のあり方が鋭く問われている．

　現代日本社会が問題性に充ちていることを頭から否定する人はあまりいないであろう．では社会学の立場からは問題性をどのように考えたらよいのであろうか．私の言う民主主義の価値選択にもとづいて，諸個人の主体的あり方，各位層における関係のあり方および主体としての多様な協同様式のあり方において捉えることが社会学としての問題性の認識を意味する．ここではそのような把握を全面的に展開しないで，捉え方を示唆する程度に若干例示するにとどめる．〈生活力〉と民主主義が捉え方の基本に据えられることは，あらためて言うまでもないであろう．

　諸個人の日常生活では依然として生活経済を軸とする活動が支配的であり，このことがとりわけ生活関係のあり方の問題性にとって大きな位置を占めている．生活経済を豊かにするための稼得活動は生活の手段であって目的ではない

にもかかわらず，それが目的化されているというのが問題性の基本的な性格である．主観的にはそうでない考えを持っていても，社会的には「稼ぐこと」を軸とした生活が「強要」されているとも言える．

　集団・組織および社会機構においては，生活関係の問題性を引きずった諸活動が当然支配的であることによる問題性を指摘することができる．上で指摘したような諸個人における目的の手段化は，この2つの位層においてもまた支配的である状況をもたらしている．すなわち，これらの位層は様々な生活関係が織りなす関係態であり，関係のあり方（例えば民主的関係）こそが問われているにもかかわらず，ゲゼルシャフトと目的の手段化という転倒した関係とそれに結びつく権威主義が支配的であるということである．したがって，日本社会のあらゆる社会分野でもそのような状況が論理必然的に生み出されることになり，それを変える構造化の動きが問われている．

　すでに〈第10章〉における変化・変動の捉え方にもとづくならば，上で簡単に指摘した問題性を抱えた各位層における諸活動が日本社会全体としてのあり方の問題性に結びついていることは言うまでもないであろう．私は1970年代後半以降については，「生活の社会化」の進展のもとでの人間のあり方の変化による「休火山的問題状況」という見方によって，人間性の危機的状況を性格づけるとともに，その打開についての考え方を継続して表明している[1]．

　ところで現在は，二極対立という長い間続いている発想がやや少なくなってはいるが，依然として存続している．他方では，かつては二極対立のもとでそれほど強力ではなかった多元主義という発想が意識的にも非意識的にも多くなっているという状況にあるとも思われる．私は，そのような発想そのものの転換が問われているのが転換期であると考えている．とりわけ日本人の主体的あり方の現実が発想の転換を要請している[2]．したがって，日本の社会学の方向についてはそのような立場から考えることになる．

◆ 社会学の方向について

　社会学について検討するに先立って，発想の転換が要請されているのは社会

学だけではないという意味で,いくつかの社会諸科学の方向について簡単に指摘しておこう.

経済学　単純な経済発展と経済的問題・矛盾ではなく,これからの経済の社会的位置とその位置づけに照応した経済のあり方.

政治学　政策策定のあり方について,政策内容と政策主体という2つの面の統合および政策の運用,権力論を超える発想.

教育学　全面発達の具体的内容,その実現の制度と実践主体,これらを幼児,青少年,成人,高齢者それぞれについての方向と捉え方の統一原理.

経営学　管理と人間形成　私的経営体と公的経営体,営利企業と非営利企業,そしてマーケティング　つまり,Betriebe (Weber) と Verkehr (Marx) の統合.

他方,自然科学のあり方や方向についてもまた新たな(古くして新しい問題も)課題が提起されているのではないだろうか.自然科学の外部からの見解表明なので,門外漢の主観的な提起というそしりを受けるかもしれないことを承知で若干の指摘をしたい.第1には,自然科学の社会的意味に結びつけた(自覚した)研究の必要性を挙げることができる.新たな自然科学における発見とその技術的適用の問題が往々にして倫理問題として論議されることが多い.はたして倫理問題だけでよいのか,つまり社会的条件をも念頭においた論議を加える必要性ということを提起したい.この問題と不可分に関係していると思われるのは,科学的技術の管理のあり方および活用のあり方であろう.

門外漢の指摘はこの程度にするが,人文・社会科学がそうであることと同じように,自然科学についても,物理学,化学,生物学,医学などそれぞれについて個別的に新たな課題があると思われる.私は全くの素人なので,課題の具体化が望まれる.つまり,あらゆる科学(および科学者)に新たな方向が問われており,転換期とはそのような発想が必要な時期であることを強調したい.自然科学について「素人談義」を承知でこのように指摘することには,私なりの意図があるからである.すなわち,学際的研究の必要性が叫ばれてから久し

いが，自然科学と人文・社会科学の連携が果たして進んでいるのであろうか．例えば環境問題といったテーマでの「共同研究」がなされていないわけではないが，共同研究の実質がはたしてどれだけそなわっているであろうか．寡聞にして多くの事例を知っているわけではないが，それぞれの専門分野からの個別研究の寄せ集めの域を大きくは出ていないのではないだろうか．断定するには素材的根拠に乏しいが，私の少ない知見の範囲では，社会的関心が多少はあると思われる自然科学者でも日本社会の科学的自覚（大枠での基本的な認識）がお粗末であるように思われる．

広い意味での科学界のこのような状況のもとで，社会学においては〈現代日本社会の科学的自覚〉がとりわけ重要になってきている．単に理論研究だけでなく，個別分野の現実研究においてもそうである．すでに述べた意味での発想の転換の必要性を前提とするならば，社会学には少なくとも以下のことが要請されると考える．

1つには，社会学の性格づけを含めて「社会学原理」を可能なかぎり明確にすることにもとづく研究の推進が要請される．この要請は社会的現実の認識および個別社会学の理論化においても同様に適用される必要がある．現在の日本社会学界の実状を考えるならば，社会学の原理的立場はおそらく複数になるであろう．しかし，このような要請に応じることが社会学の拡散の歯止めになると同時に，異なる立場の間での具体的な論議および協力・協同が可能になるはずであり，またそのような追究が現在科学としての社会学の真の発展に結びつくであろう[3]．

2つには，政策策定に資する問題認識が要請される．様々な社会的諸問題が噴出しているこんにち，ミクロレベルからマクロレベルに到るまで具体的な対応が求められている．これまでにも述べているように，そのような状況のもとでは問題告発にとどまっていては時代遅れである．そのような問題認識と対応の方向づけにあたっては，政策策定の現実的根拠，主体的・客観的条件，具体的方向とそのプロセスなどを可能なかぎり提示することが求められる．このような追究は上の考え方の具体的適用を意味する．私見では，現実的根拠にもと

づく未来社会への展望の試みに到ることが望ましいと考えている．留意する必要があるのは，対症療法という思惟にとどまらないことである[4]．

3つには，日本の現実に根ざした理論構成の再構築を求めて独自の概念構成を彫琢していくという方向を挙げることができる．この課題の意味については，〈中間考察〉においてすでに述べているが，再確認という意味で繰り返し強調したい．

社会学の発展の方向を以上のように考えるならば，とりわけ強調したいのは，単なる説明科学（現実分析にとどまること）という性格からの脱皮ということである．このことは同時に単なる「実証」主義からの脱皮をも意味する．これまでも本論考全体としては，私がこの立場であることについては随所で述べられているはずである．しかし，次の方向提示との関連で誤解を避けるためにことわっておくと，このような主張が社会・生活の現実の説明の必要性および科学的意義のある実証研究をいささかも否認するものではないということである．

神々の争いであるかどうかはともかくとして，現在の社会学の理論状況あるいは社会学の性格づけについては，原理的レベルでも一定の多様化の様相を示している．それはおそらく現在の社会状況に照応しているのかもしれない．したがって，私の方向づけにたいして賛否いずれであろうとも，社会学の性格づけの必要性という考えだけにはおおかたの賛意が得られるのではないだろうか．もしそうでないならば，拡散状況を放置しておいても日本の社会学が発展するという見解を納得できるかたちで対置する必要があるだろう．

社会学の性格づけについては，〈第1部〉での展開でも明らかなように，現在においても原理的レベルでは複数の立場が存続しており，そのような状況は今後も存続するであろうと思われる．歴史的経過および価値観から考えるならば，複数の異なる立場があっても一向差し障りがない，いやむしろあった方が社会学の発展にとってはプラスに作用する可能性の方が大きいはずである．大事なことは，複数の原理のもとにあってなんらかの1つの立場を絶対化しないことであり，理論的にも現実認識においても，研究の具体的展開にもとづいて論議することである．

社会学の発展にとっては，かつて福武直が課題として提起したように，研究における共存的協同がフェアな論争をも含んで進められることがきわめて重要であることを強調したい．拡散でもなければ混棲でもない結びつきの追求は社会学の方向であり，日本社会に求められる方向ともおそらく合致するであろう．

2. 人間の未来のために

◆ 人間の未来とは

　最後にやや哲学的な思惟によって未来への思いを述べることから考えてみたい．私は大学での授業では，人間各自が生きていくことを考えることが社会学的思惟に直結しているので，社会学は自分が生きていくことと結びつけて学ぶというスタンスが大事であるということを，機会がある毎に強調している．それは科学的論証ができないスタンスであり，私という1人の社会学徒の信念に近いかもしれない．

　私は10年前に，「音楽や文学は人々の感性に訴えるが，社会科学は理性と感性の両方に訴えることによってはじめて現実的意味を帯びてくると思われる」[5]と述べ，未来に思いを馳せるという意味を込めて「ロマンを語ろう」と表明したことがある．"Stay Dream"という歌がかつて流行ったことがあるが，学問の世界にも"Stay Dream"があってもよいのではないかというのが私の思いである．

　社会学理論と言えばむずかしいと思う人（主に大学生）が多いが，事実としてもむずかしい言葉と「論理」が多くなっている．しかし，人間の未来への思いと共感の論理を背後におくならば，理論のむずかしさのみという受け止め方にとどまらないで，心ある人々は新たな知的インタレストへと進むのではないだろうか．では人間の未来についてどのように考えたらよいのであろうか．私が20代後半の頃に親しんだサルトルの書の影響があることを率直に認めながら，「人間の現在とは人間の未来である」と，つまり人間の現在の意識と活動が未来に結びつく（あるいは未来を意味する）ということである．サルトルの

実存主義流に言えば，人間とは主体的な未来への投企として意味づけられる，実存的存在としての人間は投企そのものである．

　人間はそのような実存的存在であるとしても，同時に社会関係のアンサンブルであることによって，それぞれの個人は全く自由な投企ではなくて，一定の社会的条件の制約のもとで活動し意識している．したがって，人間の現在が人間の未来であるならば，人間たちの活動の所産である社会の現在が社会の未来でもある．そこで日本社会の現在について考えてみると，抽象的表現ではあるが，先行き不透明な雰囲気に充ちている．不透明であることの根元には，人間たちがコントロールしがたい自然成長性の性格が強いマクロな経済成長に焦点を当てて，主に数字データに依拠して経済成長の追求を目的として論じるという発想が，継続して支配的に存在しているのである．私の「転換期」認識にもとづくならば，このような発想が支配的であるかぎりは，不透明さが薄れることは偶然性に委ねられるにすぎないであろう．

　では，発想を変えるとどのような未来が見えるであろうか．はじめに述べたように，経済を軸としない発想が経済的要素・豊かさを軽視（あるいは否定）するものでは決してないことを，ここで再確認しておこう．だから，1時期に流行った「清貧の思想」という現実離れの発想には，私は賛同しない．マクロなレベルであろうと諸個人の具体的な日常生活のレベルであろうと，あくなき経済的豊かさの追求ではなくて生活力というトータルな豊かさの追求へと発想を転換する，というのが私の基本的な主張であり，〈第2部〉の理論的試みも発想の転換にもとづいているはずである．

　先行き不透明とは，諸個人の生活においても未来にたいする予測が困難であり，したがって人生設計が描きにくい状況にほかならない．それは諸個人の生活において，"Stay Dream"の減退・喪失の状況を意味する．発想の転換によってこの状況に終止符を打つことが現在求められているのであり，そのように活動することが日本人すべてのあり方において求められているのである．ではどこからはじめるか．

　具体的な提言を1つだけしておこう．それは教育を変えることであり，その

ためには「教育者」自身が変わることである．ここで言う「教育者」とは，教育を職業としている者だけを意味しない．親・職場の上司・様々な社会分野でリーダーとしての位置を占める者等は広い意味で「教育者」である，と私は考えている[6]．したがって，圧倒的多数の成人が含まれることになる．社会学徒には，私の社会学の学問的性格づけからして，とりわけこのような要請に応えていくことが大事であることを強調したい．

◆ 民主主義についての科学的自覚を軸に

最後に，社会学（そして社会学者）においては，前の項を受けて，「現代日本の科学的自覚」こそが発展にとっての不可欠の要件であることを強調して本論を結びたいと思う．「現代日本の科学的自覚」という場合には，現代日本社会の歴史的進展についての具体的認識にもとづいて，「現段階」をどのように位置づけるかが重要である．そこで，現代日本社会の歴史的進展と社会学について簡単に確認することにしよう．

私は，戦後改革とも言われている敗戦後のいわゆる「民主化」政策が現代日本社会の出発点であるとみなしている．この「民主化」政策は，政治・経済・国民生活のあらゆる分野でなされたが，「民主化」のスタートにおける制度改革・具体的施策においてはかならずしも一様ではなく，徹底されたものと不徹底であったものとのアンバランスがあったことは否めない事実である．例えば，農地改革がかなり徹底されたのにたいして財閥解体が不徹底であったことをその典型的なものとして指摘することができる．したがって，「民主化」政策にもとづく戦後改革の実質化があらゆる社会・生活分野での課題であったことはおおかたの認めるところであろう．同時に経済的貧困問題もまた重要な課題であった．ただし，社会学ではあまり重視されなかった．

敗戦後新たにスタートした日本の社会学は，民主化と主体性が軸になって展開されたが，言葉としてはともかくとして，その意味するところはかならずしも一致していなく，民主的な社会像，民主的人間像が曖昧である場合が多かったように思われる．次の高度経済成長期における社会学の展開がこのことを物

語っている．民主化課題が近代化課題へと矮小化されたこと，主体性も置き去りにされたこと，すべてとは言わないまでも，民主化課題抜きの「実証」研究への傾斜が強まってきたこと，などが特徴的な動向である．具体的には，近代化の進展という社会的認識と日本社会が「安定状態」にあることが暗黙の前提となっていること，社会的矛盾とは切れたところでの人間像と「病理」認識，社会を与件としてそれに適応する人間の行為が背後仮説的に前提とされていることなどが支配的な動向になったことを指摘することができる．したがって，制度としての民主主義を与件とすることが暗黙の前提とされることになる．さらにはイデオロギーの終焉というイデオロギーが，非意識的に「受容」されたことをも指摘しておいてよいであろう[7]．

　他方，徹底した民主主義思想にもとづくはずのマルクス主義の側では，現実分析の点ではともかくとして，民主主義に関してはイデオロギーレベルではともかくとして理論的にはおおむねなおざりになっていたことは否めないのではないだろうか．つまり，民主主義の前進と後退および主体性の減退に理論的には適切に対応しなかったことを意味する．「民主化」政策による制度改革にたいして，その実質化の課題は個人の生活関係，集団・組織，全国的な組織・機構などすべての位層において，高度経済成長期にも継続している課題であったにもかかわらず，理論的には目をつむる結果になった．

　「ポスト成長期」としての現在は，すでに述べているように，国際化，情報化，地球環境問題，その他の新たな社会的現実への対応が迫られている．大事なことは新たな社会的現実の認識（分析）に対応していくだけでなく，これまでの諸課題をも累積的に背負い込んでいること，しかもそれら諸課題を提起する現実が新たな歴史的変化のもとではこれまで通りの性格ではなくて異なる性格になっていることに着目することである．そのような着目によってのみ全体として変化した現実認識が可能になるであろう．したがって，変化してやまない現実をいかに組み立てるかがこれからの社会学に問われている．

　これからの社会学理論の方向について，これまでの論考すべてを受けて簡単に提起して私の「理論的挑戦」をひとまず終えることになる．第1期に提起さ

れた民主主義の実質化とそれとセットになる主体性，これが総括と課題にとっての軸となるのであり，この課題は現在まで累積されて継続しているというのが私の主張である．そのためには，第4章で指摘した「転換期」としての歴史の現段階を想起してほしい．なぜそのような「転換期」かと言えば，社会学が俎上に挙げる現実の大部分がそれぞれ正の面と負の面を有しているからである．この現実に関しては，とりわけ近代（化）の正の面と負の面について明確におさえておく必要がある．なぜならば，近代（化）の進展が自由と豊かさに資するものとして性格づけられるという意識的条件が支配的だからである．

　近代（化）の正の面と負の面については，〈第6章3節〉の「近代社会の性格の一般的問い方」および「近代化の進展の問題性」の2つの項でやや具体的に述べている．したがって，近代を普遍化しないという思惟はこれまた本論考に一貫しているはずである．しかし大事なことは，近代を普遍化しないならばいかなる思惟であるかということである．近代（化）が問題性を孕んでいるからといって，〈近代―反近代〉という対抗的な問題の立て方によって近代批判をすることは，近代の正の面をも合わせて捨て去る（「産湯と一緒に赤ん坊を流す」としばしば言われている）ことを意味する．いわゆるポスト・モダンという思惟にも同じ様な近代批判の思惟があるのではないだろうか．

　民主主義についての科学的自覚とは，近代（化）の正の面と負の面を認識するにあたってぜひとも必要であることを強調したい．ここではこれ以上具体的に展開しないが，近代（化）は民主と反民主・非民主の両方を宿しているのであり，後者が負の面として多様に現象するのである．問題性を孕んだ日本社会の現実を再整序して認識すること，その時その時の社会的現実が提起する課題だけにとどまらず，累積的な課題を現在的に導き出すことが肝要である．近代化はこれからも累積的に進展するであろう．そのような社会的現実の進行のもとでは，社会的現実の認識にもまた累積的にトータルな認識が要請されるであろう．それは1人の社会学徒にとっては不可能に近い困難な道かもしれない．しかし，その困難な道を歩き続けるのが社会学徒のあり方である．私は自分の社会学理論書の1冊目である『テンニース研究』を『聖書』のなかの「コリン

ト前書」の文で結んだが，2冊目である本書をマルクスの『資本論』の「フランス語版への序言および後書き」の文で結ぼうと思う．

「学問にとっては平安の大道はない．そしてその嶮岨な小徑をよじ登るに疲れることを厭わない人々のみが，ひとりその輝ける絶頂に到達する仕合わせをもつのである」

注

1) 飯田哲也『家族社会学の基本問題』（ミネルヴァ書房，1985年）ではじめて表明して以降，機会がある毎に具体例をまじえて表明している．はじめは危惧としての表明であったが，そのような問題状況が残念ながら進行している．しかし，それは危機であると同時に主体的に打開する論理を含む見方なので，この見方に賛同する方々によってそのような問題状況と打開の方向について論じたものとして，もっとも新しい本が私の共編著『新・人間性の危機と再生』である．
2) 現在の日本人のあり方が「多元的多様化」の様相を呈していることについてはすでに簡単に指摘している．かならずしもイデオロギーの違い（対立）にのみ単純化できない価値観のそのような現状は，日本の社会学理論のこれからのあり方にたいしてそれに照応する発想によることが求められている，というのが私の考えである．とりわけ未来の展望にあたっては，多くの日本人が主体的にどのような未来を求めるかという問いかけを含む展望の提示が望ましいであろう．
3) 社会学の原理的立場が複数になる，あるいは複数であることが望ましいということには，私は2つの意味を与えている．1つは，上で述べたような価値観をめぐる現実が学界においても当然適用されるという意味においてそうである．もう1つは，「批判」問題の発展（＝社会学の理論的発展）に資するという意味があることである．つまり，批判のレベル（論理的次元）を鮮明にした論議の可能性が多くなることを意味する．
4) 最近，臨床社会学という新しいジャンルの自己主張が多くなりつつあるが，それ単独ではミクロレベルでの対症療法の域にとどまることになる．私は臨床社会学の存在をかならずしも歓迎するものではないが，上に述べた見解からして，テクニックだけでなくて原理的なメソッドを提示することが求められると考えている．
5) 飯田哲也『家族と家庭』（学文社，1994年　219ページ）この本の〈附論〉として「21世紀」の日本社会のあり方について，"Stay Dream" という意味を若干込めながら語ったのは，「家族の現在」認識から発する「地方分権」という日本社会のあり方であった．最近は「地方分権」という声が若干は聞こえるよう

になってきたが，私の知るかぎりでは，地方自治の強化という主張の範囲を大きくは越えていないように思われる．当時は地方自治体関係から予期せぬ反応があったので，「家族の現在」認識から「日本社会の現在」認識にもとづく主張を提示する必要がある時期にきているのではないかと考えている．

6) 教育を変えるというと，制度的改革について論じられることが圧倒的に多い．具体的には政府による制度改革や大学をはじめとした教育機関による制度改革を容易に想起することができるであろう．そして，これに家庭における子育てが加えられるのが教育について論じられる現状であろう．論者たちの多くは直接の教育関係者ではない第三者のようである．しかし，そのような人たちは「教育者」を「教育」していることを自覚する必要がある．つまり，「教育を変える」にはすべての成人の発想と活動のあり方を変えることを根底に据えることが要請されるのである．

7) 「イデオロギーの終焉」については，社会的現実との関連で検討し直すことが必要である．D・ベルの名と結びつけて語られる場合が多いようであるが，それは現代認識の1つであるだけでなく，「イデオロギーの終焉」（だけでなく他の「終焉」）はそもそも現代社会論という学界の範囲の現実であり，より広い社会諸分野の現実ではイデオロギーは社会的対立の現れとして存続していることに注意をうながしたい．

人名索引

あ 行

青井和夫　87, 125, 175, 176, 180, 198
秋元律郎　105, 127, 164, 183
阿閉吉男　54
有賀喜左衛門　183
有賀長雄　162
アレクサンダー, J.C.　133
アルチュセール, L.　133, 142
アロン, R.　142
石川晃弘　128
井上俊　185
居安正　83
岩崎卯一　163
岩崎信彦　83
ヴィーゼ, L. v.　57, 126
ヴィーコ, C.　376
ヴェーバー, A.　94, 98, 110, 356
ヴェーバー, M.　10, 57, 62, 74, 79, 81, 84, 94, 126, 133, 144, 147, 152, 153, 195, 200, 203, 205, 275, 386, 400
ウォード, L. F.　33, 162
ウォーラス, G.　57, 132
ウルフ, A.　132
エンゲルス, F.　22, 27, 115, 263, 290, 328, 413
遠藤晃　328
オーエン, R.　38
大河内一男　75, 84
小笠原眞　127, 149
オグバーン, W. F.　107, 109, 110, 127, 357
オシポフ, G.　115, 116, 128, 174

か 行

貝沼洵　156, 182
ガーシュイン, G.　361
ガーフィンケル, H.　142, 159
河村望　184
カント, I.　1, 39
樺俊雄　128
北川隆吉　129, 182, 185
北島滋　163, 183
ギデンズ, A.　14, 132, 133, 142, 156
グッドマン, B.　101
クーリー, C. H.　107, 108, 111, 133, 199, 200, 261
グラムシ, A.　120, 123, 151, 294, 301, 325
グルドナー, A. W.　26, 132, 142, 386
ケーニッヒ, R.　142
高坂健次　183, 185
厚東洋輔　167, 170, 183, 185
ゴフマン, E.　132, 142, 159
コント, A.　39, 44, 46, 52, 53, 190
コンドルセ, M.　45

さ 行

阪井敏郎　184
三溝信　83, 179
サルトル, J. P.　1, 423
サン＝シモン, C.　38, 39, 43, 45
四方寿雄　289
シェリング, F. W. J. v.　39
シェルスキー, H.　142
塩原勉　183
清水幾太郎　87, 174, 261
下田直春　184
シュタイン, L. v.　33
シュッツ, A.　132, 142, 143, 159, 181
シュトランク, H.　258
シュペングラー, O.　92, 93, 126
シュモラー, G. v.　75
庄司興吉　125, 168, 174, 183, 198, 200
新明正道　87, 164, 165, 183, 190
ジンメル, G.　57, 61, 62, 69, 79, 81, 126, 133, 190, 191
スウィンジウッド, A.　188, 200
鈴木榮太郎　175, 183
鈴木広　185
スタインベック, J. E.　101
スターリン, I. V.　88
ズナニエツキー, F. W.　103
スペンサー, H.　33, 397
スミス, A.　41, 376
副田義也　83

た 行

タイラー, E. B.　355
高城和義　181
高島善哉　327
高田保馬　87, 163
田口富久治　328
武田良三　184
建部遯吾　162

430

田中清助　129
田中浩　328
田中義久　346, 377
タルド, J. G.　57
ダーレンドルフ, R.　142
チャップリン, C.　101
鄭杭生　129, 198, 199, 200
ディルタイ, W.　71, 163
デカルト, R.　41
デュルケム, E.　57, 133
テンニース, F.　57, 62, 79, 81, 82, 83, 94, 126, 148, 200, 227, 229, 236, 258
戸田貞三　184
外山正一　162
トマス, W. I.　102, 103, 112, 128
富永健一　63, 82, 87, 176, 184, 397, 414

な 行

内藤莞爾　54
ナポレオン, B.　59
西村勝彦　184
ニュートン, I.　93

は 行

バーガー, P. L.　132, 142, 159
橋本健二　275, 291
ハーバーマス, J.　14, 132, 133, 142, 151, 152, 153, 156, 178, 203, 205
浜島朗　291
早川洋行　84
早瀬利雄　15, 129
パーク, R. E.　102, 104, 105, 112
パスカル, B.　225
パーソンズ, T.　111, 112, 132, 133, 142, 146, 151, 153, 178, 199, 203, 205
ビスマルク, O. E. L. v.　59, 60, 61
日高六郎　184
平賀源内　225
ファーガスン, A.　41
ファーブル, P & M.　113
フィアカント, A. F.　57
フィヒテ, J. G.　39
フーコ, M.　133
福武直　166, 184, 423
ブーグレ, C.　57
布施鉄治　129, 175, 184, 295
船津衛　108, 127
ブハーリン, N. I.　114, 115, 128, 174
フライヤー, H.　94, 99, 126, 160

ブラウ, P. M.　142
フーリェ, F. M. C.　38
ブレンタノ, L.　75
ブルデュー, P.　14, 132, 142, 154, 156, 158, 357, 375
ブルーマー, H. G.　142
フロイト, S.　171
フロム, E.　131
ヘーゲル, G. W. F　2, 39, 47, 96
ベーコン, F.　41, 95
ベル, D.　86, 429
ベルグソン, H.　71
ホッブズ, T.　36, 37
ホマンズ, G. C.　142
ホワイト, W. F.　127
本田喜代治　87, 129, 174

ま 行

マキァヴェリィ, N. B.　16, 95
マッキーヴァー, R. M.　107, 109, 110, 111, 261
松田博　130
マートン, R. K.　128, 142, 149
マリノフスキー, B. K.　356
マルクス, K.　10, 21, 27, 32, 39, 46, 52, 53, 87, 96, 113, 115, 123, 133, 153, 156, 158, 160, 171, 176, 202, 263, 275, 346, 383, 386, 388, 398, 413
マンハイム, K.　94, 126
見田宗介　82, 291
ミード, G. M.　102, 105, 107, 108, 112, 127, 199
宮島喬　125, 154, 180, 182, 185, 378
宮本孝二　157, 182
ミルズ, C. W.　131, 132, 142, 150
元島邦夫　181
森博　184
守屋毅　378

や 行

八木正　275, 291
矢澤修次郎　103, 125, 127, 180
ヤスパース, K.　92
柳田国男　184
ヤング, K.　107
吉田傑俊　151
米田庄太郎　162

ら 行

ラドクリフ＝ブラウン, A. R.　356
ラブレ, F.　34
リープマン, O.　60
劉豪興　129
リンド, R. S. & H. M.　105, 112
ルカーチ, G.　131
ルソー, J. J.　36, 37
ルター, M.　35
ルフェーブル, H.　123, 124, 130
ルーマン, N.　14, 132, 133, 142, 397

レヴィット, K.　195, 200
レヴィ＝ストロース, C.　142, 356, 377, 378
レーニン, V. I.　88, 115, 118, 123, 161, 277, 291, 386, 413
ロシェ, G.　181
ロック, J.　36, 37, 41

わ 行

ワグナー, A. H. G.　75
ワース, L.　102

事項索引

あ 行

アソシエーション　109, 261
イギリス経験論　41
意識　222, 342
意識性　250
意識的活動　216, 222, 329
意識的現実　5, 170, 330
意識的条件　5, 222, 273, 287, 312, 329, 330, 342
意識的生産　216
意識の外化　362
意識の生産　274, 287, 331
位層　41, 212, 218, 232
イデオロギー　95, 96, 120, 124, 343, 350
意味付与　145
イメージとしての文化　358
医療機関　286
エスニシティ（問題）　102, 104, 111, 112, 127
AGIL 図式　147
NGO　137
NPO　137
エリア　316, 318
円環的思考　175
厭世主義　93
応用社会学　69
オートポイエーシス　178
親子関係　228, 230
オルギー的攻撃　270

か 行

階級　275, 406
階級意識　349
階級関係　119
階級構成　276
階級構造　157
階級支配　314
階級社会　272, 274
階級対立　47
階級闘争　51, 61, 121
蓋然性　249
階層　176, 278, 406
階層意識　349
階層構成　276
階層説　275

階段的変動　410
概念構成　20, 191
科学　372, 373
鏡に映った自我　107
革新自治体　408
核抑止　136, 139
家族　172, 174, 199, 213, 263, 264, 268, 288
家族起源論　268
家族機能　265
価値　192
価値選択　196
価値理念　75, 78
活動としての文化　373
活動としての民主主義　229, 231
環境　176, 391
関係の生産　262, 278
慣習　309, 336, 369
管理された資本主義　102
機構　121, 299
技術　372, 373
疑念的矛盾　334
機能主義　150
機能集団　230
基本的人権　197
客観的意味　206, 213
客観的条件　48, 51, 114, 119, 138, 245, 395
教育機関　283, 285
教育機構　299
教育者　425
教育制度　299
共感の論理　41, 423
共時性　360
行政機構　298
行政制度　298
競争的共存　167
教団　266
共通意識　273
協同意識　210, 334
共同意識　334
協同活動　209, 210, 334
協働関係　337
協同主体　264, 267, 302, 308
共同性　43, 223, 227
協同性　224, 227
協同的存在　209, 249
協同様式　210, 216, 217, 219, 244
協働様式　219

事項索引　433

キリスト教　　35, 93
近代化　　246, 247
近代市民社会　　33
近代社会の科学的自覚　　31, 38, 42, 62
近代集団　　237
近代的自我　　36, 140
近隣関係　　230
偶然性　　249
グランドセオリー　　149, 150
経験社会学　　69
経験主義　　40
経済機構　　298, 307
経済制度　　298
経済的社会構成体　　54, 118, 295
形式社会学　　70, 72, 73, 162, 164
芸術　　174, 370, 371, 372
芸能　　370, 371, 372
契約関係　　227, 240
血縁関係　　227
ゲゼルシャフト　　65, 66, 67, 79, 140, 148, 227, 229, 239, 419
ゲノッセンシャフト　　68, 69, 235, 236
ゲマインシャフト　　65, 66, 67, 79, 140, 148, 227, 229, 236
権威主義　　12, 140, 227, 229, 231, 239, 309
言語　　351, 352
現在科学　　42, 186
現実科学　　99, 141
現実科学バネ　　100
現実的意識　　336, 339
現象学的社会学　　143
現代社会論　　89, 96
限定された文化　　358, 359, 360
限定性　　360
権力関係　　192
行為　　193
行為連関　　164
行為論　　175, 203, 204, 205, 220
後期資本主義　　153
公共性　　152
構成的認識　　40
構造　　241, 318
構造化　　156, 158, 212, 241, 315, 318, 320, 331, 342
構造機能主義　　147
構造転換　　241, 242, 397, 399
交通　　271, 285
高度経済成長期　　279

公務労働　　325
合理化の進展　　74
合理主義　　9, 32
合理的思惟　　207
国際化　　3
国際関係　　316
国家　　59, 192, 266, 271, 288, 310, 313
国民意識　　348
国民主権　　24, 197
国民性　　198, 284, 348
個人的欲求　　214
個人的欲求充足　　334
コミュニケーション　　108
コミュニケーション的行為　　151, 152, 153, 203
コミュニティ　　109, 110, 261

さ　行

サイバネティックス　　178
サービス経営体　　286
産業革命　　23
産業社会　　96
三段階の法則　　45, 54
シカゴ学派　　102, 112, 127, 133
自我の再構成　　108
自己活動　　215
自己組織　　178
自然　　332, 337
自然科学　　420
自然権　　37
自然的存在　　210, 266
自然法思想　　33, 34, 38, 43, 53, 207
思想　　350
思想革命　　24
氏族社会　　270, 271
実証的精神　　39, 45
実証哲学　　44, 45
実践の哲学　　121
師弟関係　　230
史的唯物論　　48, 52, 113, 114, 116, 174, 263, 380, 386
自分主義　　44, 248
資本主義化　　91
資本の運動法則　　90
市民社会　　47, 52, 122, 151, 153, 418
社会意識　　116, 347
社会解体　　103
社会学思想　　186, 187, 202
社会学の社会学　　163

社会過程　322, 323
社会関係化　72, 73
社会機構　122, 176, 293, 304
社会規範　347
社会計画　96, 97
社会契約　37
社会圏の交差　73
社会構成　398
社会構造　206, 245, 296, 323, 380, 388, 405
社会システム（論）　146, 296
社会指標　256
社会層　279, 282
社会的現実　2, 12, 17, 20, 31, 58, 62, 80, 118, 123, 159, 168, 170, 189, 293
社会的行為　77, 116
社会的資源　278
社会的事実　17
社会的集合体　321
社会的条件　202
社会的欲求　214, 224
社会変動　206, 380, 388
社会変動論　157
社会理論　82, 132, 157
習慣　333
宗教　174, 369
宗教改革　34, 35, 207
宗教組織　221, 273, 284, 289
自由　208, 238, 263
自由主義　229, 235
集合体　306, 309
集団・組織　212, 227
集団的欲求充足　334
集団分化　261, 262, 264
集団論　72, 261
主観的意味　205, 220
主体性　32, 36
主体的活動　202, 205, 206, 217, 322
主体的条件　51, 114, 119, 121, 137, 138, 245, 381, 395
手段としての文化　374
受動性　249, 285, 287, 289, 303, 305, 306, 324
受動的文化受容　361
純粋社会学　69
条件としての民主主義　229
条件としての文化　374
状態としての民主主義　231
象徴としての文化　375

情報化　4
初期綜合社会学　190
職能集団　283
所有関係　267
進化的変動論　146
新カント哲学　60
新・共同性　229, 235
人権・差別問題　5, 136, 139
信仰　221, 284
陣地戦　121, 123
心的相互作用　70, 72
シンボル　351, 353
人民主権　38
人類社会　256, 270
数字データ　11
スポーツ　370, 371, 372
西欧の危機　92
生活意識　346
生活格差　139
生活活動　106
生活関係　227, 245, 254, 263, 264, 392, 399, 401, 419
生活空間　245, 254, 285, 392, 399
生活経済　254, 399, 418
生活構造　245, 399
生活時間　245, 254, 285, 365, 399
生活主体　264, 267
生活世界　144, 145
生活の社会化　367, 419
生活文化　247, 363, 399
生活様式としての文化　358, 360
生活力　252, 260, 418
生産活動としての文化　363
生産関係　267, 284, 395
生産物としての文化　363
生産主体　281, 286
生産手段　277
生産能力　253
生産様式　51
生産力　51, 79, 176, 266, 282, 284, 367, 395
政治革命　23
政治機構　297, 307
政治制度　297
性生産タブー　269
政党　289, 300
生の哲学　71, 99
世界システム論　133
摂食タブー　273

セルフコントロール　280
禅　175
前近代性　229, 234
戦後改革　417
戦後復興期　169
全体化　212, 308, 310, 318, 323, 331, 343
全体的意識　339
創意工夫　333
相関主義　95
相対的独自性　249, 287, 289, 303, 305, 306, 311, 324
総和性　360
族議員　302
即自的階級　311
組織　299
組織体　308, 309
損得勘定　236
村落　172

た　行

第一次集団　107, 261
第3史観　163
対自的階級　311
大衆社会　96
第二次集団　107, 261
多元の現実論　144
多元の多様化　367
地域　199
地域意識　347
地域関係　401
地域社会　282
地縁関係　227
地球環境問題　3, 136, 139
知識社会学　95, 98
知的遺産　2, 31, 40, 42, 52, 57, 80, 110, 111, 122, 143, 159, 165, 179, 187, 294
中範囲の理論　149
調査至上主義　172, 186
直接生産者　267
通時性　360
適応感覚　333
哲学的認識論　21
デマゴギー　338
転換期　6, 133, 134, 137
天皇制　165
ドイツ観念論　39, 43
当該社会の科学的自覚　21, 22, 57, 71, 88, 132, 139, 146, 161, 163, 165, 198, 202

動物的個体主義　269
トーテム　273

な　行

日常生活　144, 145, 197, 244, 331
日教組　304
日本共産党　114, 128
日本資本主義論争　114
日本社会　417
日本文化論　357
ニューディール　101
人間関係　193
人間形成　193
人間性　105
人間疎外　47, 52, 63, 79, 248
人間的活動　213, 332
人間的集団主義　269
人間的欲求　331
人間的欲求充足　332
人間の生産　262, 266, 272, 278
能動性　249, 285, 287, 289, 303, 305, 306, 324
能動的文化享受　361

は　行

場　154, 155
背後仮説　189, 276, 359, 386
幕藩制社会　390
パーソナリティ　104
パターン変数　146
発達論的アプローチ　175
発展史観　382
発話行為　152
ハビトゥス　154, 155
パフォーマンス　351, 354
パラダイム　149, 150
　　──転換　173
ハレム家族　269
反民主主義　232, 403
非意識性　252
非意識的活動　217, 222, 223
非意識的生産　216, 232
非現実の意識　336, 338, 339
非合理主義　9
必然性　249
非民主主義　232, 403
平等　208, 238
ファシズム　229, 234
夫婦別姓　345

物質的条件　221, 223
物質的力　221
部分的意識　339
普遍的価値　18, 140, 194, 407
プラチーク　154, 155
フランクフルト学派　133, 142
ブロック　394, 397, 401, 404, 409, 410, 412
文化資本　155, 156
文化社会学　98, 110
文化人類学　105
文化的再生産　155
文化的支配　154
文化遅滞　110
文化の型　357
文化の生産　355
文化の分化　364, 365
文化の累積性　368
ヘゲモニー　120, 121, 409
ヘルシャフト　68, 69, 234, 236
変化　383
変革主体　387
変革主体論　119, 123
弁証法　40, 50, 320
変動　383
封建遺制　172
ポスト成長期　170
本土化　116, 198, 199

ま 行

マクロ―ミクロリンク　177
マスコミ（機関）　138, 288, 289
マルクス主義　87, 112, 116, 117, 133, 160, 171, 400
マルクス主義社会学　113, 114, 116, 117, 133, 166
身分関係　228
身分制　392
民主主義　7, 18, 33, 37, 79, 97, 140, 194, 197, 227, 229, 231, 238, 263, 322, 407, 418

民族　30, 59, 98, 310, 311
民族意識　313, 348
民族集団　311
民族独立運動　89
明治維新　382, 388
目的意識的活動　213
〈目的―手段〉関係　240
問題状況　170

や 行

友愛　35, 43, 197, 207, 233, 239
郵政事業　304
ユートピア　96, 124
友人関係　228, 230
余暇関連組織　289
欲求充足活動　209, 211, 215, 249, 251, 331
与件　212
世論　138
4層構成　294, 305, 385, 395

ら 行

螺旋的発展　231
螺旋的変化　410
理解社会学　77
リサイクル運動　137
理性主義　32
理念型　76, 78
ルネッサンス　24, 34, 207
冷戦構造　136
歴史意識　17, 22, 170
歴史的位相　403
歴史的個性　390, 405
歴史的変動　407
連字符社会学　15, 186, 191
連字符文化論　358
労働　199, 209
労働技能　280
労働組合　300
労働主体　264, 267, 280

事項索引　437

＜著者紹介＞

飯田哲也（いいだてつや）
1936 年　富山県生まれ
1969 年　法政大学大学院社会学研究科社会学専攻博士課程修了
　　　　　日本福祉大学専任講師をへて
現　在　立命館大学産業社会学部教授　文学博士
　　　　　中国人民大学客員教授
著　書　『家族の社会学』ミネルヴァ書房, 1976 年
　　　　　『家族社会学の基本問題』ミネルヴァ書房, 1985 年
　　　　　『テンニース研究』ミネルヴァ書房, 1991 年
　　　　　『家族と家庭』学文社, 1994 年
　　　　　『現代日本家族論』学文社, 1996 年
　　　　　『中国放浪記』学文社, 1997 年
　　　　　『現代日本生活論』学文社, 1999 年
編　著　『都市化と家族の社会学』ミネルヴァ書房, 1986 年
　　　　　『人間性の危機と再生』（共編）法律文化社, 1988 年
　　　　　『伝統と新しい波』（共編）時潮社, 1989 年
　　　　　『思春期と道徳教育』（共編）法律文化社, 1990 年
　　　　　『家族政策と地域政策』（共編）多賀出版, 1990 年
　　　　　『応用社会学のすすめ』（共編）学文社, 2000 年
　　　　　『新・人間性の危機と再生』（共編）法律文化社, 2001 年
　　　　　『「基礎社会学」講義』学文社, 2002 年

社会学の理論的挑戦

2004 年 9 月 30 日　第 1 版第 1 刷発行

著　者　飯田　哲也
発行所　株式会社　学文社
発行者　田中　千津子

〒153-0064　東京都目黒区下目黒 3-6-1
Tel.03-3715-1501　Fax.03-3715-2012

ISBN 4-7620-1343-9

ⓒ 2004 Iida Tetsuya Printed in Japan
乱丁・落丁本は, 本社にてお取替致します。　　http://www.gakubunsha.com
定価は, カバー, 売上カードに表示してあります。〈検印省略〉印刷／新灯印刷㈱